第2版

株式会社ATKdesign　一級建築士　近藤 岳志

はじめに

1級建築施工管理技士（以下，1級技士）は，建設業法第27条に基づく国家資格です。昨今は有資格者が不足していることから，以前にも増して社会的評価を高く受けている資格といえます。

試験は，2021年4月の建設業法第27条の一部改正により，これまで学科・実地試験により合否を判定されてきたものが，第一次検定・第二次検定でそれぞれ総合的に判定されるようになりました。第一次検定のみの合格で「1級技士補」，第一次検定と第二次検定の両方の合格で「1級技士」の称号が付与されます。1級技士は，監理技術者や主任技術者，専任技術者などとして工事現場などで活躍できます。一方，1級技士補は，主任技術者の要件を満たしていれば，監理技術者を補佐する「監理技術者補佐」になることができます。

これまでの1級技士の最終合格率は16%前後であり，非常に難関の試験です。ただし，突破口はあります。それは，過去問題に類似した出題が中心となっていることです。

そこで本書では，過去10年間で出題された試験問題の要点を抽出し，試験制度の改正に対応しながらわかりやすい解説に努めました。また，はじめて学習に取り組む読者も視野に入れ，基礎的な知識を身につけられるように考慮しています。さらに，各節末と後半には，過去問題の重要な問題を掲載していますので，知識の定着を確認できます。

本書により，合格の栄光を手にされることを祈念いたします。

目　次

第一次検定

第1章　建築学等

第4章 法規

第二次検定

第1章 施工経験記述

第2章 施工全般

※本書で掲載している過去問題は，本文の表記方法に合わせているため，実際の試験とは一部表現が異なります。

受検案内

技術検定の受検資格の見直し

建設業では入職者の減少が課題となっていることから，中長期的な担い手の確保・育成などを図ることを目的に技術検定の受検資格の見直しが行われました。令和6年度より施工管理技術検定の受検資格が変更されます。

◆新受検資格での受検イメージ

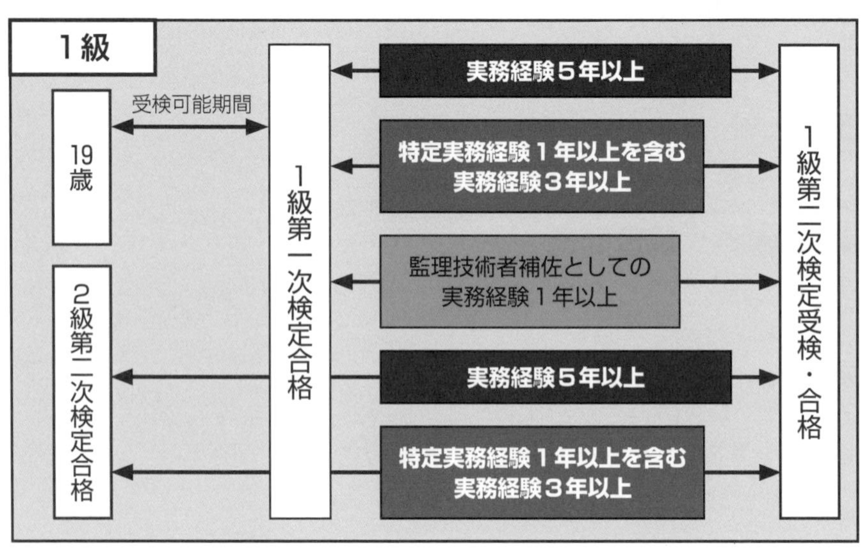

◆経過措置による受検資格

・令和10年度までの間は，制度改正前の受検資格要件による2次検定が可能

・令和6年度から10年度までの間に，有効な二次検定受検票の交付を受けた場合，令和11年度以降も引き続き同二次検定を受検可能（旧2級学科試験合格者および同日受検における一次検定不合格者を除く）

受検資格

受検資格は次の表のとおりです。詳細は，一般財団法人建設業振興基金のホームページを参照して下さい。

◆第一次検定

・満19歳以上であること

◆第二次検定

●1級一次検定合格後

・実務経験5年以上

・特定実務経験※1年以上を含む実務経験3年以上

・監理技術者補佐としての実務経験1年以上

●2級二次検定合格後

・実務経験5年以上

・特定実務経験※1年以上を含む実務経験3年以上（1級一次検定合格者に限る）

●1級建築士試験合格後，実務経験5年（特定実務経験1年を含む場合3年）以上

※ 特定実務経験：請負金額4,500万円（建築一式工事は7,000万円）以上の建設工事において，監理技術者・主任技術者（当該業種の監理技術者資格者証を有する者に限る）の指導の下，または自ら監理技術者・主任技術者として行った経験

◆第一次検定の一部免除の対象等

第一次検定の一部免除については，次の表の通りです。いずれも，令和6年以降の入学者または学位認定者に限り，令和11年度以降の検定が対象です。

免除を受けることができる者	免除の範囲
大学の建築学の専門課程卒業者（大学改革支援・学位授与機構により専攻分野を建築学とする学士の学位認定を受けた者，大学院に飛び入学した者を含む）	建築種目の1級および2級の一次検定のうち工学基礎に関する問題

※ 当該学科が高度な専門教育を行うものであることについて学校が証明し試験機関に届け出たものを適用対象とする。

試験日程

• 受検申込受付期間：2月下旬～3月上旬

• 第一次検定実施日：7月下旬　• 第二次検定実施日：10月中旬

• 合格発表日：第一次検定 8月下旬，第二次検定 1月上旬

試験科目・出題形式

◆**第一次検定**

出題形式：マークシート形式（知識：四肢一択，能力：五肢二択）

試験科目		試験基準
建築学等	知識	施工の管理に必要な建築学，土木工学，電気工学，電気通信工学および機械工学，設計図書に関する一般知識。
施工管理法	知識	監理技術者補佐として，建築工事の施工の管理に必要な施工計画の作成方法および工程管理，品質管理，安全管理など工事の施工の管理方法に関する知識。
	能力	監理技術者補佐として，建築工事の施工の管理に必要な応用能力。
法規	知識	建設工事の施工管理に必要な法令に関する一般知識。

◆**第二次検定**

出題形式：マークシート形式（知識：五肢一択），記述方式（能力）

試験科目		試験基準
施工管理法	知識	監理技術者として，建築工事の施工の管理に必要な知識。
	能力	監理技術者として，建築材料の強度などを正確に把握し，および工事の目的物に所要の強度，外観などを得るために必要な措置を行う応用能力。
		監理技術者として，設計図書に基づき，工事現場での施工計画の作成，および施工図を適正に作成する応用能力。

問い合わせ先

一般財団法人建設業振興基金　試験研修本部

〒105-0001

東京都港区虎ノ門4丁目2-12　虎ノ門4丁目MTビル2号館

TEL　03-5473-1581　　Mail　k-info@kensetsu-kikin.or.jp

ホームページ　http://www.fcip-shiken.jp/

第一次検定

第1章

建築学等

第1章 建築学等

CASE 1 環境工学

まとめ & 丸暗記　この節の学習内容とまとめ

- □ 二酸化炭素（CO_2）：室内汚染の指標
  許容量は1,000 ppm(0.1 %)以下
- □ 必要換気量（m^3/h）：二酸化炭素濃度を基準としている居室の必要換気量は，一般に1人当たり30 m^3/h程度

$$必要換気量\ Q(m^3/h) = \frac{在室者の\ CO_2\ 発生量(m^3/h)}{室内\ CO_2\ 許容濃度(m^3/m^3) - 外気\ CO_2\ 濃度(m^3/m^3)}$$

$$換気回数\ N(回/h) = \frac{1時間あたりの換気量\ Q(m^3/h)}{室の容積\ V(m^3)}$$

- □ 室内外の温度差による自然換気量：
  流入口と流出口との高低差が大きい
- □ 熱伝導率：材料内の熱の伝わりやすさを表す割合
  同じ材料でも吸水すると，熱伝導率が大きくなる
- □ 空気層の熱抵抗：厚さ20～30 mm程度まで比例して増加。それ以上はほとんど変化せず，少しずつ減少する
- □ 方位別可照時間：北緯35度の南面の垂直壁面の可照時間は，春・秋分（12時間）より夏至（7時間）のほうが短い
- □ 昼光率：全天空照度に対する室内のある点の照度の比
- □ 音の強さ：音源からの距離の２乗に反比例する
- □ マンセル表色系：「5 RP3/8」5 RPは色相，3は明度，8は彩度

換気・通風

1 空気汚染物質

室内では，さまざまな汚染物質が発生します。

①一酸化炭素（CO）

炭素が燃焼する際，酸素が不十分な環境で不完全燃焼を起こすと発生する気体で，許容量は6 ppm（0.0006％）以下です。

②二酸化炭素（CO_2）

室内汚染の指標とされていて，許容量は1,000 ppm（0.1％）以下です。

③浮遊粉じん

喫煙による空気汚染は，浮遊粉じんの発生量によって決まります。許容量は0.15 mg/m^3以下です。

2 換気の分類

換気は，大きく分けて自然換気と機械換気があります。

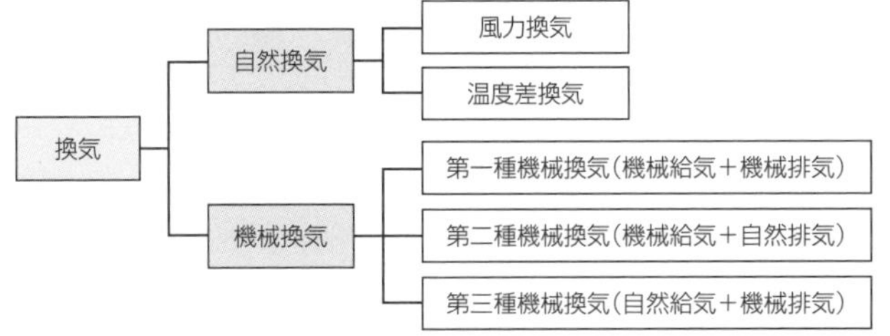

3 必要換気量

室内汚染物質濃度を許容濃度以下に保つために必要

ホルムアルデヒド
建材，家具，壁紙などの接着剤に含まれ，許容量は0.1 mg/m^3以下です。

ホルムアルデヒドの濃度測定方法
パッシブ型採取機器を用います。

効率的な換気経路
給気口から排気口に至る換気経路を長くすると換気効率がよくなります。

必要換気回数（回/h）
・厨房（30～60）
・浴室（3～5）
必要換気回数は浴室より厨房のほうが多くなります。

室容積と換気回数
換気量が一定の場合，室容積が大きいほど換気回数が少なくなります。

局所換気
局所的に発生する有害ガス，熱，水蒸気，臭気を室全体に希釈，拡散させないよう，汚染物質が拡散する前に捕集し排気する局所換気が有効です（例：台所の換気扇）。

な最小の換気量を必要換気量といいます。

二酸化炭素濃度を基準とした居室の必要換気量は，一般に1人当たり30 m³/h程度として算出します。

$$必要換気量\ Q(\mathrm{m^3/h}) = \frac{在室者の\ CO_2\ 発生量(\mathrm{m^3/h})}{室内\ CO_2\ 許容濃度(\mathrm{m^3/m^3}) - 外気\ CO_2\ 濃度(\mathrm{m^3/m^3})}$$

$$換気回数\ N(回/\mathrm{h}) = \frac{1\ 時間あたりの換気量\ Q(\mathrm{m^3/h})}{室の容積\ V(\mathrm{m^3})}$$

4 自然換気

自然換気は**風力換気**と**温度差換気**があります。

①風力換気

風による室内外の圧力差による換気です。風上側と風下側に外部開口部をもつ室における風力による自然換気量[※1]は，風向きが一定であれば，外部風速に比例し，風上側と風下側の風圧係数の差の平方根に比例します。

②温度差換気

温かい空気は軽く，冷たい空気は重いため，外部との圧力差から，下部より給気，上部より排気する換気です。温度差の換気量は，**開口部の高低差の平方根，室内外の温度差の平方根，開口部の面積に比例**します。

5 機械換気

機械換気は，給気と排気の方式から3種類があります。

①第一種機械換気方式（機械給気＋機械排気）

給気，排気の両方に送風機などの機械を用いる方式です。室内圧・室内気流を自由に設定・調整でき，映画館，劇場などに用いられます。

②第二種機械換気方式（機械給気＋自然排気）

機械で強制的に室内に空気を送り込み，自然排気口から排出する方式です。室内の圧力は**正圧**となり，**手術室やクリーンルーム**などに用いられます。

③第三種機械換気方式（自然給気＋機械排気）

室内の空気を機械で強制的に排気し，自然給気口から外気を取り入れる方式です。室内の圧力は負圧となり，便所，浴室，厨房などに用いられます。

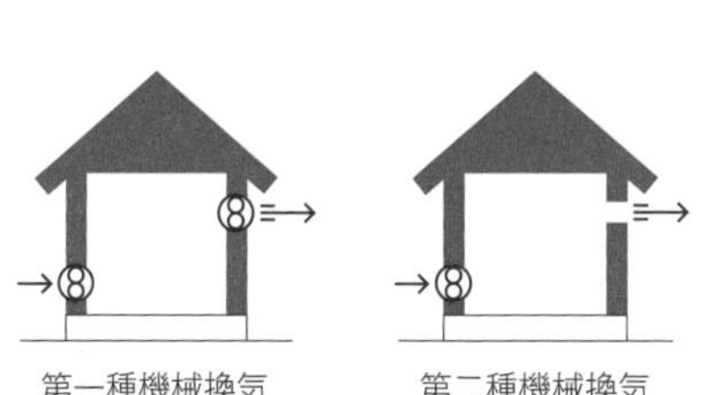

※1

自然換気量
流入口と流出口との高低差が大きいほど，室内外の温度差による自然換気量は大きくなります。

熱交換器
冷暖房時に換気する熱損失を軽減するために用いられます。

チャレンジ問題！

問1 難 **中** 易

換気に関する記述として，最も不適当なものはどれか。

(1) 在室者の呼吸による二酸化炭素発生量に基づく必要換気量は，室内の二酸化炭素発生量を，室内の許容二酸化炭素濃度と外気の二酸化炭素濃度の差で除して求める。
(2) 室内の許容二酸化炭素濃度は，一般に10,000 ppmとする。
(3) 室内外の温度差による自然換気量は，他の条件が同じであれば，流入口と流出口との高低差が大きいほど大きくなる。
(4) 風圧力による換気量は，他の条件が同じであれば，風上側と風下側の風圧係数の差の平方根に比例する。

解説

建築物環境衛生管理基準では，二酸化炭素の許容濃度は，1,000 ppm（0.1%）以下です。

解答（2）

伝熱・結露

1 伝熱

熱は，高温側から低温側に熱伝導，熱貫流，熱伝達によって移動します。

①熱伝導率　λ（ラムダ）［単位：W/(m・K)］

材料の熱の伝わりやすさを表します。また，同じ材料でも含湿率が増加すると，熱伝導率が大きくなります。

②熱貫流率　U（ユー）［単位：$W/(m^2 \cdot K)$］

床，壁，窓などの部位の断熱性能，保温性能を表す値です。この値が小さいほど熱が伝わりにくいです。熱貫流率の逆数は熱貫流抵抗（熱伝達抵抗＋熱伝導抵抗）といいます。

③熱伝達率　α（アルファ）［単位：$W/(m^2 \cdot K)$］

固体（壁など）と流体（水，空気など）の間での熱の伝わりやすさを表す値です。この値が小さいほど熱が伝わりにくいです。壁表面が粗なほど，伝達する表面に当たる風速が大きいほど，熱伝達率は大きくなります。

2 断熱

断熱とは，熱が伝わらないようにすることをいいます。

①空気層の熱抵抗

空気層の熱抵抗は，厚さ20～30 mm程度まで比例して増加しますが，それ以上はほとんど変化せず，少しずつ減少します。

また，空気層の熱抵抗は，気密性が高くなると増加します。密閉状態の場合に比べ，半密閉状態の場合の断熱効果は$\frac{1}{3}$程度に低下します。

②外断熱と内断熱

外皮の外側に断熱材を設置する構法を外断熱，室内側に設置する構法を内断熱といいます。外断熱は，熱容量が大きいため，室温変動の抑制，蓄熱，内部結露防止の効果があります。

3 結露

結露とは，天井，壁，床などの表面や内部の温度が空気の露点温度[※2]以下になったとき，空気中の水蒸気[※3]が水滴となって現れる現象です。結露防止には，壁体の温度を上げたり，湿度を下げたり，熱橋（ヒートブリッジ）部分の断熱性を高めることが有効です。

①表面結露

室内側の壁体表面の温度が室内の露点温度より低い場合に，壁体表面近くの水蒸気が露点以下に冷やされ，表面に水滴が付着する現象です。

②内部結露

壁体などの内部で結露する現象です。

※2
露点温度
絶対湿度を一定に保ったまま，空気を冷却した場合，相対湿度が100％となる温度のこと。

※3
水蒸気の量
乾燥空気と共存できる水蒸気の量は，気温が低いときよりも高いときのほうが多いです。

チャレンジ問題！

問1　難　**中**　易

伝熱に関する記述として，最も不適当なものはどれか。

(1) 壁体の熱貫流抵抗は，熱伝達抵抗と熱伝導抵抗の和によって得られる。
(2) 壁体の含湿率が増加すると，壁体の熱伝導率は小さくなる。
(3) 外断熱の施された熱容量の大きな壁は，室温の著しい変動の抑制に有効である。
(4) 外皮平均熱貫流率は，建物の断熱性能，保温性能を表す数値として用いられる。

解説

壁体の材料の含湿率が増加すると，熱伝導率が大きくなります。

解答（2）

日照・日影・日射

1 日照

日照とは，太陽の直射光が地表を照らしている状態のことをいいます。実際に日が照った時間を日照時間といい，日の出から日没までの時間を可照時間といいます。また，可照時間に対する日照時間の比を**日照率**といい，日照のあった割合を表します。太陽が真南にくる時刻を**南中時**といいます。また，太陽の南中から次の南中までの時間を**真太陽日**といいます。

$$日照率 = \frac{日照時間}{可照時間} \times 100(\%)$$

壁面の方位と可照時間（北緯 35 度） ※日の出直後と日の入り直前の合計

壁面の方位	夏至	春・秋分	冬至
南面	7時間 0分	12時間0分	9時間32分
東西面	7時間14分	6時間0分	4時間46分
北面	7時間28分※	0分	0分

2 日影

日影とは，建物によって直射光が遮られてできる影のことをいいます。建物の影を時刻ごとに平面図に表したものを**日影図**といい，日影図において日影時間の等しい点を結んだものを，**等時間日影線**といいます。

隣棟間隔は，建物と建物の間の距離です。日照，採光，建物の延焼防止，プライバシー保護などのために必要な距離です。特に南北方向は，採光のために重要な距離となります。同じ日照時間を確保するためには，緯度が高くなるほど南北の隣棟間隔を**大きく**とる必要があります。

日ざし曲線は，地平面上のある点が周囲の建物によって，日照時間に建物の開口部の日当たりなど，どのような影響を受けるかを検討するのに用いられます。日ざし曲線は日影曲線と**点対称**の関係にあります。

3 日射

太陽からの放射エネルギーのことです。日射は，一般的に直達日射と天空日射の2つに大別されます。

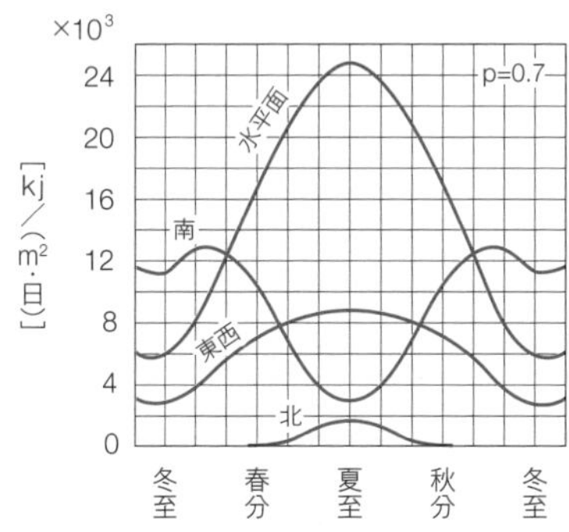

各方面の鉛直壁面・水平面の直達日射量(北緯35度)

隣棟間隔係数
隣棟間隔を建物の高さで除した値を隣棟間隔係数（隣棟間隔日）といいます。東京で4時間日照を確保するにはこの値が1.9程度必要ですが，札幌では2.7程度必要となります。

※4
直達日射量
太陽から直接地表面に到達した日射量のことで，各方面の垂直壁面・屋根面の直達日射量を左図に示します。

チャレンジ問題！

問1　難　中　**易**

日照，日射および日影に関する記述として，最も不適当なものはどれか。

(1) 北緯35度における南面の垂直壁面の可照時間は，春分より夏至の方が長い。

(2) 建物により影になる時間が等しい点を結んだ線を，等時間日影線という。

(3) 日射は，一般的に直達日射と天空日射の2つに大別される。

(4) 同じ日照時間を確保するためには，緯度が高くなるほど南北の隣棟間隔を大きくとる必要がある。

解 説

北緯35度の南面の垂直壁面の可照時間は，春・秋分（12時間）より夏至（7時間）のほうが短くなります。

解答（1）

採光・照明

1 光の単位と昼光率

自然光を光源とする照明を採光（昼光照明）といいます。光の単位を次の表に示します。

測光量	単位	定義
光束(F)	lm(ルーメン)：lm	単位時間当たりの発散，透過または入射する光のエネルギー量
光度(I)	cd(カンデラ)：lm/sr	光源からある方向に向かう単位立体角に含まれる光束の大きさ(光の強さ)
照度(E)	lx(ルクス)：lm/m^2	反射面を有する受照面の光の面積密度
輝度(L)	cd/m^2：$lm/m^2 \cdot sr$	発光体の単位面積あたりの明るさ

昼光とは太陽の光のことで，**直射光**と**天空光**に分けられます。大気層を通過して直接地上に到達する光を直射光といい，大気層で拡散，乱反射してから地上を照らす光を天空光といいます。室内の採光計画には，一般に天空光を利用します。**昼光率**[※5,※6]は，全天空照度に対する室内のある点の照度の比で，屋外の明るさが変化しても昼光率は変化しません。周囲に障害物のない開放された場所での直射日光を除いた天空光だけの水平面照度を**全天空照度**といいます。

$$昼光率 D = \frac{室内のある点の水平面照度 E(lx)}{屋外の全天空照度 Es(lx)} \times 100(\%)$$

2 窓の形状・位置と照明

壁面に窓を設ける場合，横長窓より縦長窓のほうが**均斉度**（明るさの均一の度合い）はよくなります。窓が高い位置にあるほど採光上有利になり，天窓の採光に有効な面積は，同じ面積の側窓の3倍とされています。

人工照明は，人工光源の直射光と反射光を利用して行われます。推奨照度を次の表に示します。

（単位lx）

室		推奨照度	照度範囲
事務所	製図室・事務所	750	500～1000
	屋内非常階段	50	30～75
学校	教室・教職員室	300	200～500
	廊下	100	75～150
劇場	ロビー・ホワイエ	200	150～300

最大照度側窓は形状と面積が同じ側窓の場合，高い位置にあるほど室内の照度の均斉度が上がります。

※5
直接昼光率
窓から直接受照点に入射する昼光のこと。

※6
間接昼光率
室内の仕上面等に反射してから受照点に入射する反射光のことで，壁や天井などの室内表面の反射率の影響を受けます。

演色性
照明光による物体色の見え方についての光源の性質をいいます。

チャレンジ問題！

問1 難 **中** 易

採光，照明に関する記述として，最も不適当なものはどれか。

(1) 光束とは，単位時間当たり，発散，透過または入射する光のエネルギー量をいう。

(2) 演色性とは，照明光による物体色の見え方についての光源の性質をいう。

(3) 光度とは，反射面を有する受照面の光の面積密度をいう。

(4) 昼光率とは，全天空照度に対する室内のある点の天空光による照度の比をいう。

解説

光度とは，光源からある方向に向かう単位立体角に含まれる光束の大きさ（光の強さ）をいいます。

解答（3）

音響

1 音の基本的性質

人が聞き取れる音の周波数は，20 Hzから20 kHzといわれています。音の物理的な強さは，音の通過によって空気中に生じる圧力を示す音圧レベルで表すことができ，dB（デシベル）を用います。音の強さには性質があり，音の強さが2倍になると3 dB増加，距離が2倍になるごとに約6 dBずつ減衰，音の進む方向に音源からの距離の2乗に反比例します。

音は波動としての性質を持っているため，障害物の背後へ音が回り込む現象を音波の回折現象といい，障害物がその波長より小さいと起こりやすくなります。複数の音波が同時に存在すると，音波が互いに打ち消し合ったり，大きくなったりする干渉が発生します。また，現在聞こえている音が，それよりも大きな他の音の発生により聞こえにくくなるマスキング（隠ぺい作用）効果も起こります。相互の音の周波数が近いほど，効果は大きくなります。さまざまな音が混在して聞こえる場合でも，聞きたい音だけを抽出して聞くことができる現象をカクテルパーティ効果といいます。

2 遮音・吸音

遮音は，音を透過させないようにすることで，コンクリートのような固く密な材料ほど遮音効果が高く，透過損失も大きくなります（高音域）。

吸音は，壁体などに入射する音を吸収または透過させ，反射させないようにすることです。多孔質材料は，高音に対してよく吸音します。

3 残響・反響

音が鳴ったあと，室内に音が残る現象を残響といいます。残響時間は，音源が停止してから音圧レベルが60 dB減衰するのに要する時間のことで，室容積に比例し，室内の総吸音力に反比例します。直接音と反射音の到達時間のずれ（$\frac{1}{20}$秒を超える）により，音が二重に聞こえる現象をエコー[※7]（反響）といいます。

※7
フラッターエコー（鳴き竜）
向かい合った平行な壁などで音が多重反射する現象をいいます。

ロングパスエコー
時間遅れのある反射音によって，1つの音が2つに聞こえる現象です。

4 騒音

不快や苦痛を感じる音を**騒音**といいます。固体音として構造体に伝わってくる振動からも，騒音は発生します。同じ音圧レベルでも，一般に高音のほうが低音よりうるさく感じます。NC値は，周波数帯域ごとのうるささを表したNC曲線で許容値を示します。値が小さいほど静かに感じます。

チャレンジ問題！

問1　難　**中**　易

音に関する記述として，最も不適当なものはどれか。

(1) 1つの点音源からの距離が2倍になると，音圧レベルは6 dB低下する。
(2) 向かい合った平行な壁などで音が多重反射する現象を，ロングパスエコーという。
(3) 残響時間とは，音源が停止してから音圧レベルが60 dB減衰するのに要する時間のことをいう。
(4) 人間が聞き取れる音の周波数は，一般に20 Hzから20kHzといわれている。

解説

設問は，フラッターエコーの説明です。

解答（2）

色彩

1 マンセル表色系

マンセル表色系では，色彩を色相，明度，彩度の3要素で表します。

①色相（ヒュー）

R（赤），Y（黄），G（緑），B（青），P（紫）の5色相と，その中間となるYR（黄赤），GY（黄緑），BG（青緑），PB（青紫），RP（赤紫）を加えた10色相で構成されています。

②明度（バリュー）

色の明るさの度合いを表し，その色の反射率0％を黒色（明度0），反射率が100％を白（明度10）の10段階に分割しています。

③彩度（クロマ）

色の鮮やかさの度合いを表し，鮮やかさが増すほど，値が大きくなります。最高彩度は，色相や明度によって異なります。

④表示方法

「5 RP3/8」の「5 RP」は色相，「3」は明度，「8」は彩度を表します。

2 色の表示と対比・同化

色の表示方法として，無彩色，有彩色があり，色の対比として補色や，面積が大きいか小さいかによって色の見え方が変わります。

①無彩色と有彩色

無彩色は，白，灰色，黒などのように色みがなく，明るさの程度で色の違いを表します。表記方法は記号Nと明度を使用します。また，無彩色以外のすべての色を有彩色といい，色相，明度，彩度を持ちます。

②補色対比

2つの色を混合すると無彩色（灰色）になる色で，マンセル色相環で向かい合った色が補色の関係となります。補色を並べると，互いに彩度を高め合い，両方とも鮮やかに見えます。

③面積対比

面積の大きいものほど，明度も彩度も高く見えます。

④同化

ある色が他の色に隣接しているとき，その隣接した色に同調して見える現象をいいます。

⑤色彩効果

色の温度感覚では，赤や橙，黄などの暖かく感じる色を暖色といい，青などの冷たく感じる色を寒色といいます。色の進退感覚では，暖色系の色は進出的，寒色系の色は後退的に感じます。

プルキンエ現象
照度の低いところでは，寒色系は明るく感じ，暖色系では暗く感じる現象のこと。

マンセル色立体
高さの軸方向に無彩色軸（明度），その中心軸からの距離を彩度，回転方向を色相として表します。

チャレンジ問題！

問1 難　中　易

マンセル表色系に関する記述として，最も不適当なものはどれか。

(1) マンセル記号で表示された「5 RP3/8」のうち，数値「3」は彩度を表す。

(2) マンセル色相環の相対する位置にある色相は，互いに補色の関係にある。

(3) 明度は，理想的な白を10，理想的な黒を0として，10段階に分割している。

(4) 彩度は，色の鮮やかさの程度を表し，マンセル色立体では，無彩色軸からの距離で示す。

解説

「5 RP3/8」の「5 RP」は色相，「3」は明度，「8」は彩度を表します。

解答（1）

第1章  建築学等

CASE 2 構造力学

まとめ & 丸暗記　この節の学習内容とまとめ

□ 力のモーメント：物体に回転を起こさせる力

$$M = P \times \ell$$

M：モーメント　P：作用する力
ℓ：基準点から力の作用点までの距離

□ 力のつり合い条件：
垂直方向（Y方向），水平方向（X方向）の合力が0，力のモーメントの和が0の状態のとき，力がつり合っている

$$\Sigma X = 0 \quad \Sigma Y = 0 \quad \Sigma M = 0$$

□ 集中荷重と等分布荷重のせん断力図と曲げモーメント図：

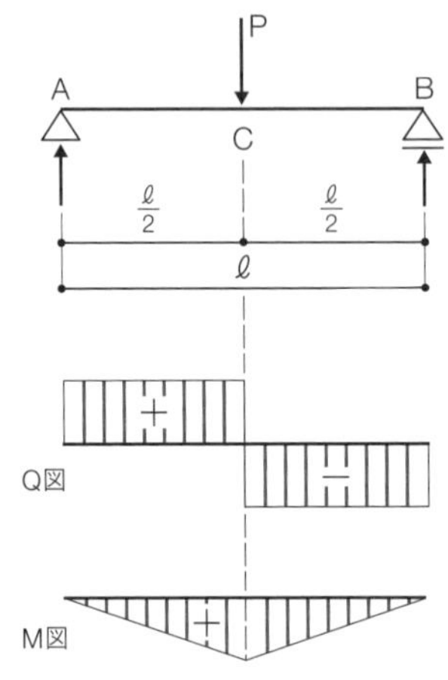

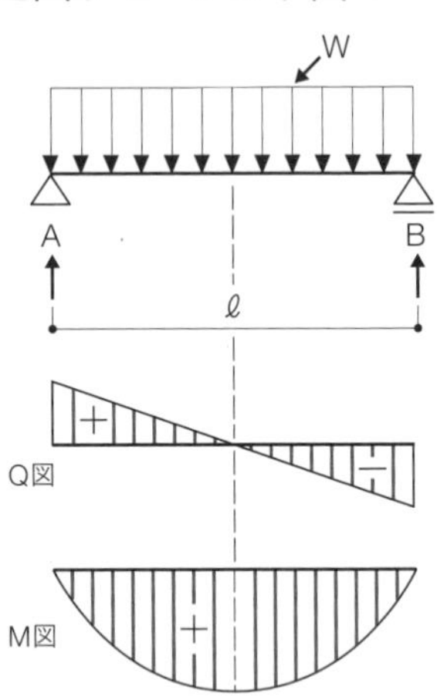

□ 風圧力：速度圧に風力係数を掛けて求める。風力係数は，建築物の外圧係数と内圧係数の差により算出する

□ 免震構造：地震動による建物に作用する水平力を大きく低減させる

力学

1 力

力とは，物体に作用し，物体に加速度を生じさせ，または物体の加速度を変化させるものです。

①力の三要素

力の大きさ：線の長さで表示

力の方向　：矢印で表示

力の作用点：黒丸・で表示

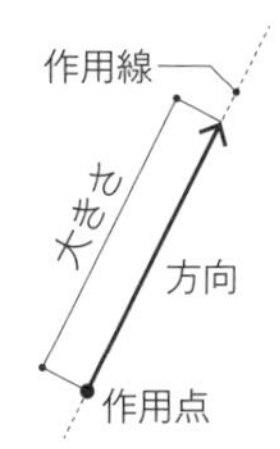

②力の符号[※1]

力の符号は座標軸（X軸・Y軸）を基本にして，図のようにX軸は右方向が⊕，Y軸は上方向が⊕とします。

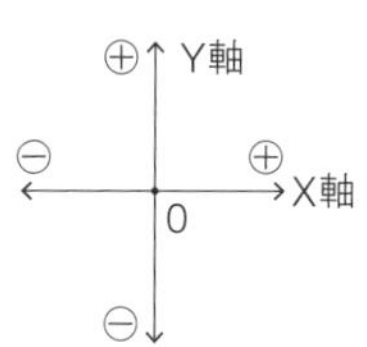

※1
符号について
「力の符号」と「力のモーメント」の符号は考え方が違うので，注意が必要です。

2 力のモーメント

力のモーメントとは，物体に回転を起こさせる力のことで，作用する力と，回転の中心から作用線への垂直距離との積で求めます。よって，力のモーメントは，力の大きさと作用線までの距離に比例します。

$$M = P(\text{力}) \times \ell(\text{距離})$$

M：モーメント　P：作用する力

ℓ：基準点から力の作用点までの距離

●力のモーメントの符号

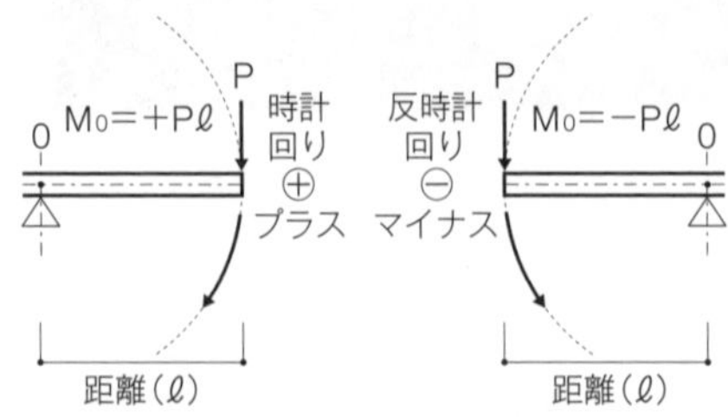

3 力の合成・分解

複数の力を，これらの力が同時に作用したときと同じ働きをする1つの力に置き換えることを**力の合成**といい，1つに合成された力を**合力**といいます。逆に，1つの力を，これと同じ働きをするいくつかの力に分けることを**力の分解**といいます。

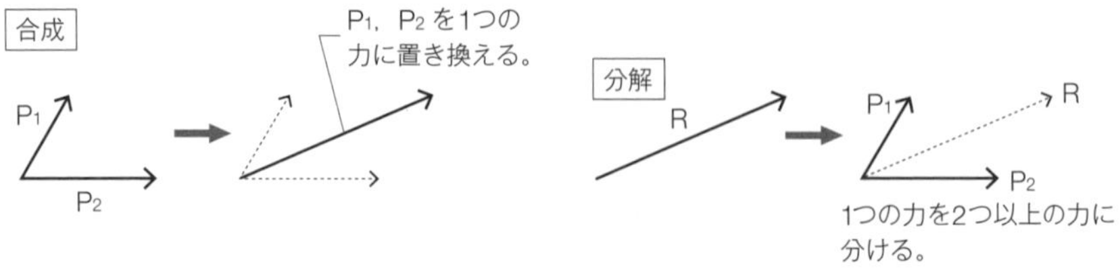

4 力のつり合い

構造物が動かず，回転しない状態は**力がつり合っている状態**といえます。

①2つの力のつり合い条件

2つの力が作用する場合，次の条件がすべて成立すれば2つの力はつり合っているといえます。

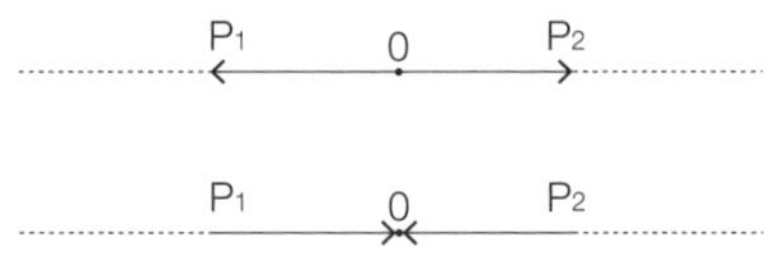

・大きさが等しい　・方向が等しい（同一作用線状にある）　・向きが反対

②3つ以上の力のつり合い条件

3つ以上の力が作用する場合，次の図のように，力の始点と終点をつなぎ，閉じた状態を，これらの力はつり合っているといえます。

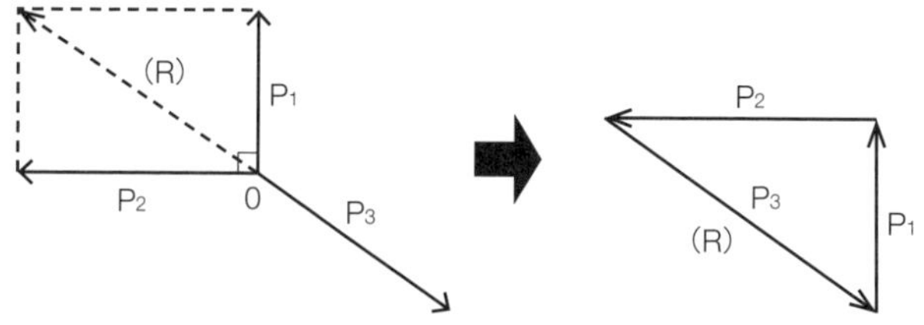

③力のつり合い条件式

垂直方向（Y 方向），水平方向（X 方向）の合力が0，力のモーメントの和が0の状態のとき，力がつり合って次の式で表されます。

$$\Sigma X = 0 \quad \Sigma Y = 0 \quad \Sigma M = 0$$

5 応力と反力

●応力の種類

荷重が作用する点から支点まで，力が伝達する力を応力といいます。

①軸方向力（N）

部材の軸方向に作用する力で，力の向きによって圧縮力と引張力があります。

②せん断力（Q）

部材をせん断しようとする外力に対抗する一対の力です。

③曲げモーメント（M）

部材を曲げようとする外力に抵抗する一対の力です。

●荷重と反力

構造物には，圧力や外力，重さなど，構造物に作用する荷重が働いており，集中荷重と等分布荷重があります。また，外力を受ける構造物が移動や回転を起こ

示力図
力の三角形や多角形の始点と終点が一致した状態の図をいいます。

Σ（シグマ）
総和を示す記号です。

許容応力度
部材の応力度の限界値のこと。

軸方向による応力度

$$\sigma = \frac{N}{A}$$

σ：垂直応力度
N：軸方向力
A：断面積

せん断による応力度

$$\tau = \frac{Q}{A}$$

τ：せん断応力度
Q：せん断力
A：断面積

曲げモーメントによる応力度

$$\sigma_{max} = \frac{M}{Z}$$

σ_{max}：曲げ応力度
M：曲げモーメント
Z：断面係数

さないように支点を設けたとき，この外力に抵抗するように各支点に働く力を反力といいます。

①集中荷重　　　　　　　　②等分布荷重

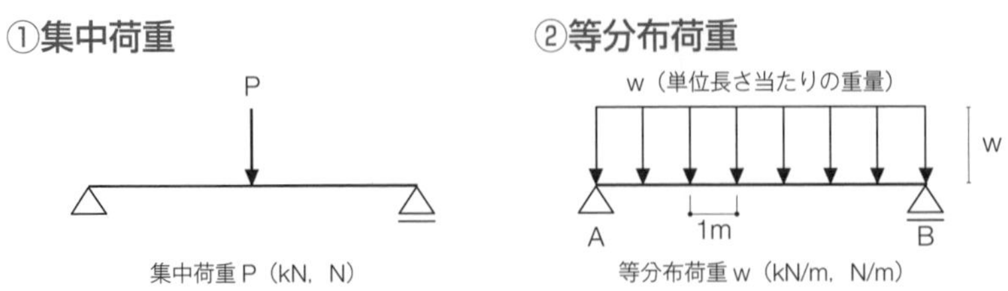

③反力と支点の種類

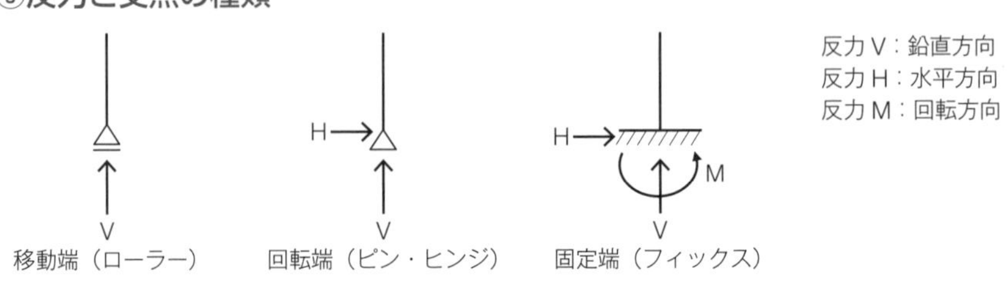

④節点の種類

名称	記号	特徴
ピン(ヒンジ)節点		・節点は自由に回転する ・モーメントは伝達できない
剛節点		・節点は拘束され回転しない ・RC造などの節点

6 安定構造物と不安定構造物

①安定と不安定

構造物が任意の外力の作用により，移動したり，形を崩したりすることのない状態を安定といいます。一方，その外力の作用により，抵抗できる要素が何もない状態を不安定といいます。

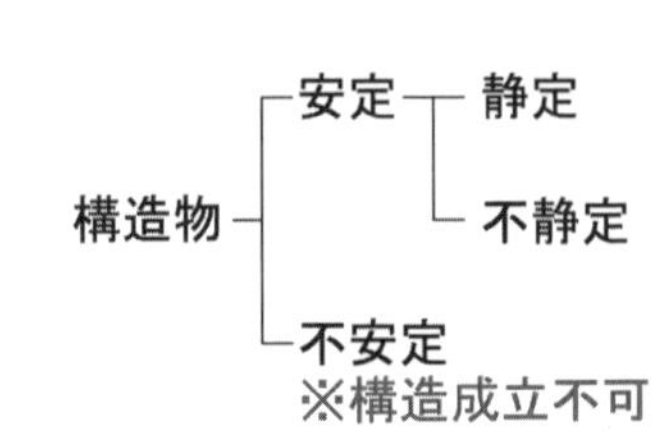

②静定構造物と不静定構造物

安定構造物は，静定構造物と不静定構造

物に分かれます。

静定構造物は力のつり合い条件のみで反力，応力を求めることができますが，**不静定構造物**は反力の数が4つ以上になり，力のつり合い条件と変形条件などを合わせて考える必要があります。

③安定・不安定の判定式

$m=n+s+a-2k>0$（安定で不静定）

$=0$（安定で静定）

<0（不安定）

n：　総反力，s：部材総数

a：　剛接合部材数（節点で剛接合されている部材の数から1を引いた数）

k：　総節点数（自由端，支点，節点の合計数）

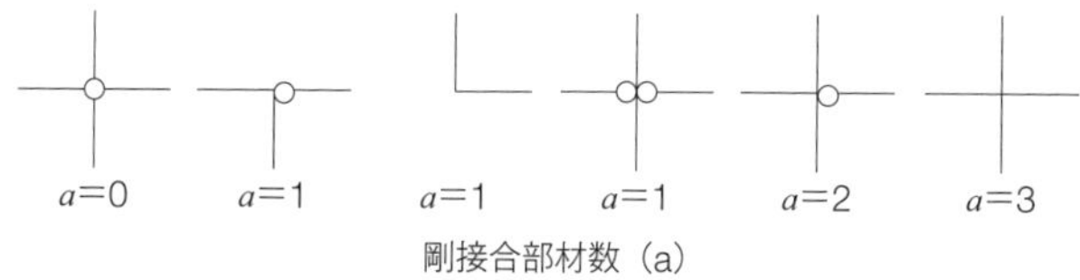

剛接合部材数（a）

7 反力の求め方

荷重と反力がすべてつり合っていれば，構造物が成り立ちます。図に示す単純梁の支点A，Bに生じる反力は等分布荷重や等変分布荷重を集中荷重に置き換えて求めます。

図に示す単純梁の支点A, Bに生じる反力を求めよ。

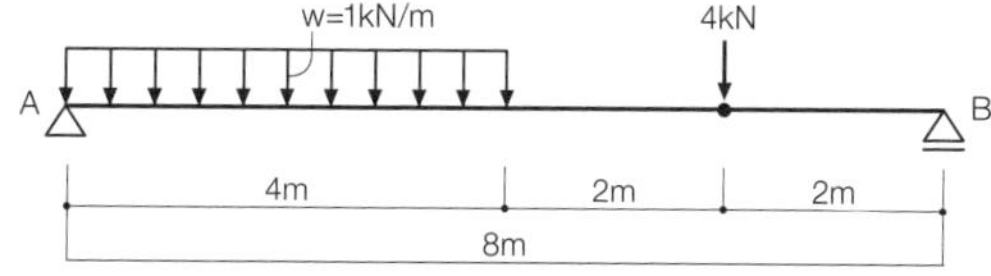

等分布荷重や等変分布荷重は集中荷重に置き換える。

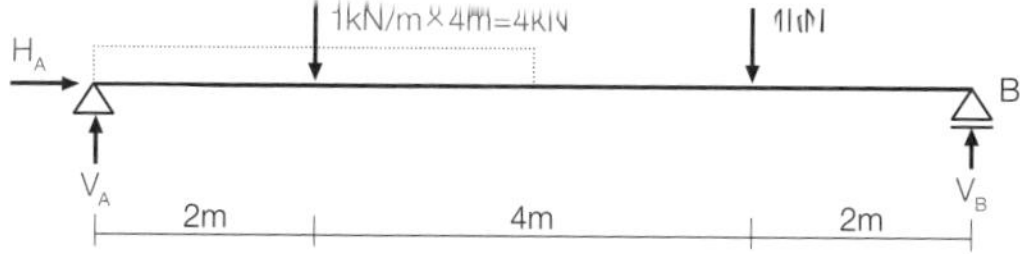

$\Sigma M_A=0$より，$4\,\mathrm{kN}\times 2\,\mathrm{m}+4\,\mathrm{kN}\times 6\,\mathrm{m}-V_B\times 8\,\mathrm{m}=0$　$\therefore V_B=4\,\mathrm{kN}$

$\Sigma \mathrm{Y}=0$より，$V_A-4\,\mathrm{kN}-4\,\mathrm{kN}+V_B=0$　$\therefore V_A=4\,\mathrm{kN}$

$\Sigma \mathrm{X}=0$より，$H_A=0\,\mathrm{kN}$

V_A，V_Bは，いずれも「＋」の値なので，仮定した反力の向きは正しい。

$\therefore H_A=0\,\mathrm{kN}$　$\therefore V_A=4\,\mathrm{kN}$（↑）　$\therefore V_B=4\,\mathrm{kN}$（↑）

8 断面の性質

①断面一次モーメントS（cm^3）

断面積（A）に，基準となる軸から図心までの距離（x_0, y_0）を掛けた値です。断面図形の図心（重心）を求める場合に利用されます。

・X軸に関する断面一次モーメントS（cm^3）

$$S_x=A\cdot y_0$$

・Y軸に関する断面一次モーメントS（cm^3）

$$S_y=A\cdot x_0$$

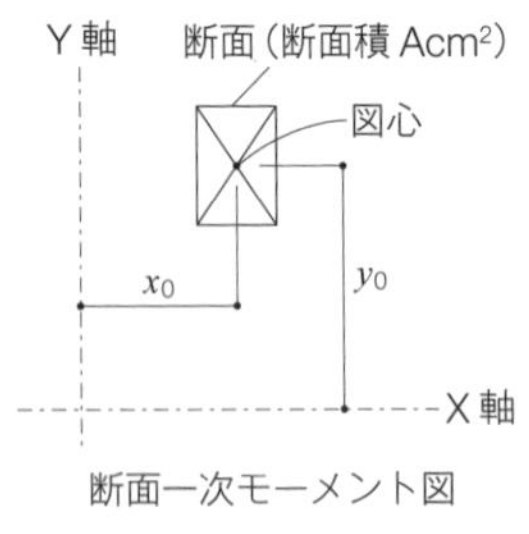

断面一次モーメント図

②断面二次モーメントI（cm^4）

断面による部材の曲げ変形のしにくさを表します。Iが大きい部材ほど曲げ変形しにくくなります。

・X軸に関する断面二次モーメントI（cm^4）

$$I_x=\frac{bh^3}{12}$$

b：Y軸に平行な位置
h：X軸に平行な位置

・Y軸に関する断面二次モーメントI（cm^4）

$$I_y=\frac{hb^3}{12}$$

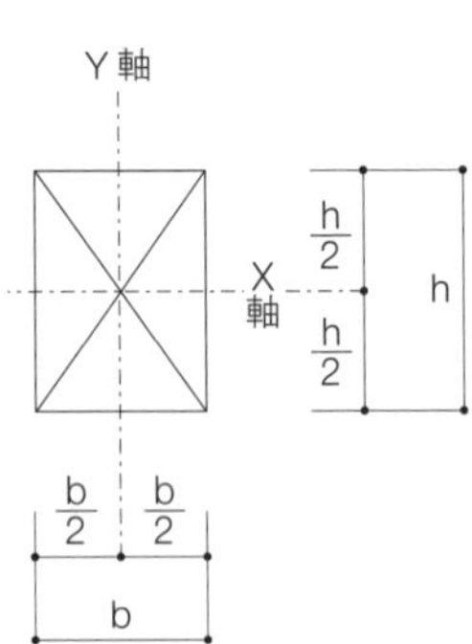

断面二次モーメント図

③断面係数Z（cm^3）

部材の曲げ強さを示します。

・X軸に関する断面係数Z（cm^3）

$$Z_x = \frac{bh^2}{6}$$

・Y軸に関する断面係数Z（cm^3）

$$Z_y = \frac{hb^2}{6}$$

9 梁のたわみと座屈

梁に荷重が作用したときの曲げ変形をたわみ（δ）で表します。座屈[※2]とは，構造部材が外力を受けたとき，その外力が増加していくと，ある点で急に今までの変形様式を変える現象をいいます。

移動に対する条件	水平移動拘束			水平移動自由	
回転に対する条件	両端ピン	両端固定	一端固定他端ピン	両端固定	一端固定他端ピン
座屈形 ℓ：材長 ℓ_b：座屈長さ ℓ	ℓ_b	ℓ_b	ℓ_b		
座屈長さℓ_b	ℓ	0.5ℓ	0.7ℓ	ℓ	2ℓ

座屈荷重

$$P_k = \frac{\pi^2 EI}{{l_k}^2}$$

P_k：座屈荷重
E：ヤング係数
I：断面2次モーメント
l_k：座屈長さ

※2

座屈の種類

圧縮力を受ける圧縮部材の「曲げ座屈」，曲げを受ける丈の高い梁の「横座屈」などがある。

梁のたわみ

ℓ：部材長さ
E：ヤング係数
I：断面二次モーメント
δ：たわみ

・片持ち梁のたわみ

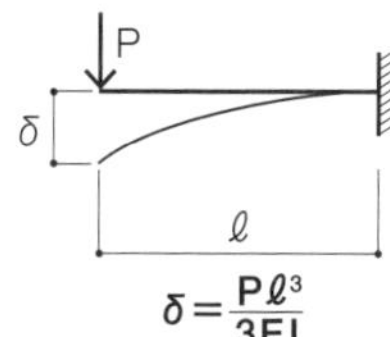

・単純梁のたわみ

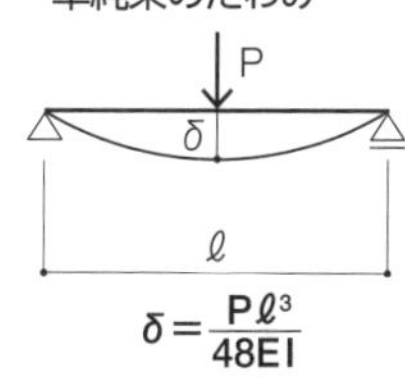

・両端固定梁のたわみ

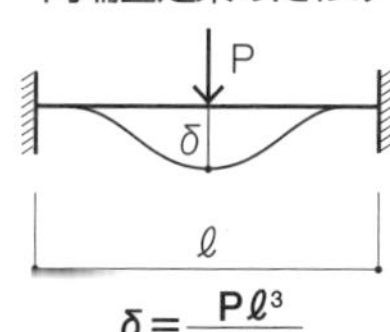

10 応力図（参考）

応力には，軸方向力，せん断力，曲げモーメントがあります。片持ち梁，単純梁などの梁の種類や，集中荷重や，等分布荷重などの荷重条件に応じた代表的な応力図を次に示します。

	荷重条件	せん断力図	曲げモーメント図
片持ち梁	P ℓ	P (−)	$P\ell$
	w ℓ	(−) $w\ell$ $Qx=-wx$	二次曲線 $\frac{w\ell^2}{2}$ $Mx=-\frac{wx^2}{2}$
	w ℓ	(−) $\frac{w\ell}{2}$ $Qx=-\frac{wx^2}{2\ell}$	三次曲線 $\frac{w\ell^2}{6}$ $Mx=-\frac{wx^3}{6\ell}$
	M ℓ	0	M
単純梁	P $\frac{\ell}{2}$ $\frac{\ell}{2}$	$\frac{P}{2}$ (+) (−) $\frac{P}{2}$	一次関数 $\frac{P\ell}{4}$
	W ℓ	$\frac{w\ell}{2}$ (+) (−) $\frac{w\ell}{2}$	二次曲線 $\frac{w\ell^2}{8}$
	M ℓ	(+) $\frac{M}{\ell}$	M
	M $\frac{\ell}{2}$ $\frac{\ell}{2}$	(+) $\frac{M}{\ell}$	$\frac{M}{2}$ $\frac{M}{2}$

チャレンジ問題！

問1

難　中　易

単純梁に荷重が作用したときの梁のせん断力図が右図のようであるとき，そのときの曲げモーメント図として，正しいものはどれか。ただし，曲げモーメントは材の引張り側に描くものとする。

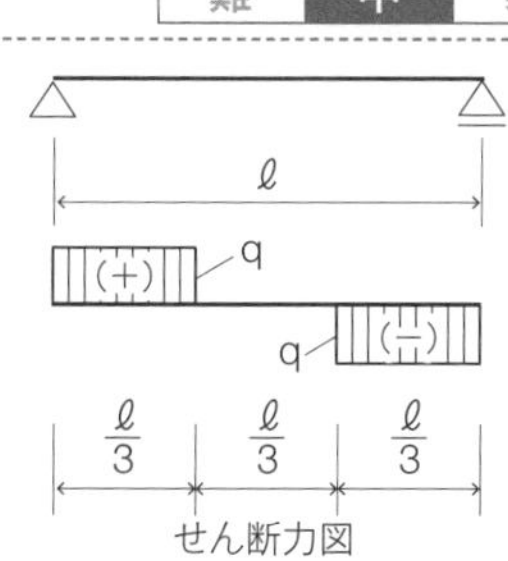

（1）

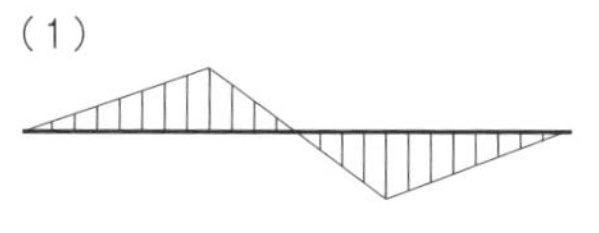

（2）

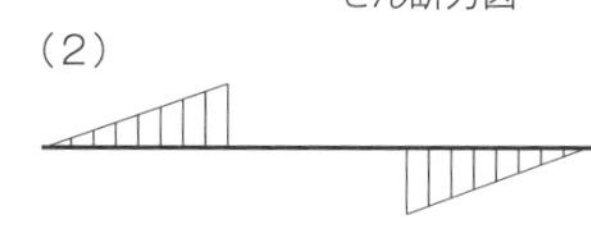

（3）

（4）

解説

■せん断力図
時計回りの組合わせ（↑・↓）が「＋」
反時計回りの組合わせ（↓・↑）が「－」

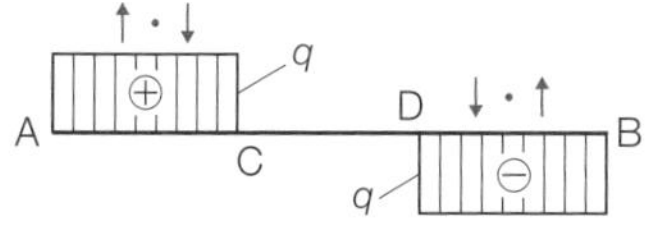

⬇せん断力より反力を求める。

■反力

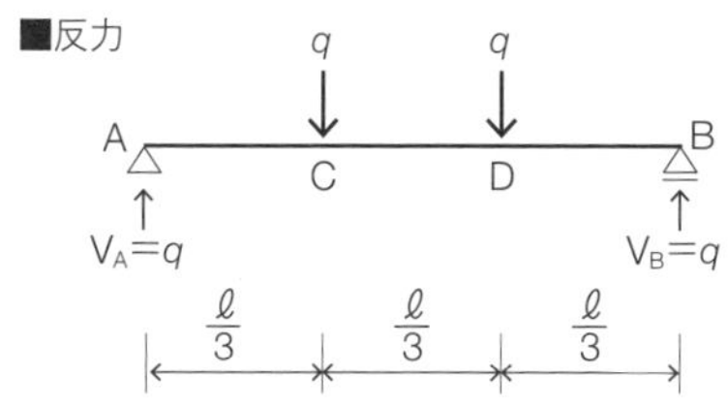

■曲げモーメント（M_C, M_D）

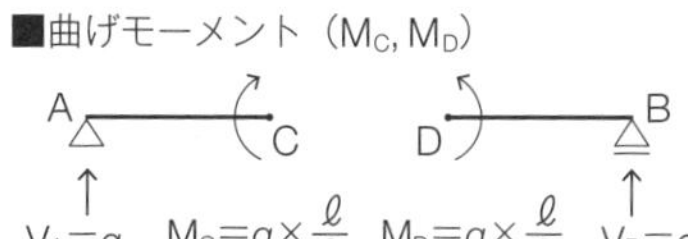

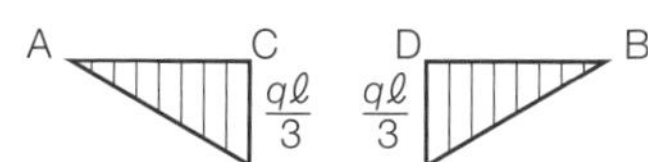

⬇せん断力が 0 の部分では，M は一定

■M 図

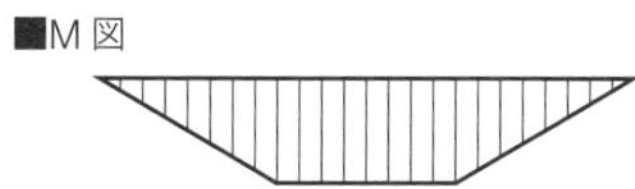

解答（3）

チャレンジ問題！

問2　　難　中　易

図のような荷重を受ける3ヒンジラーメンの支点AおよびBに生じる垂直反力をそれぞれV_AおよびV_Bとしたときの反力の組合せとして，正しいものはどれか。

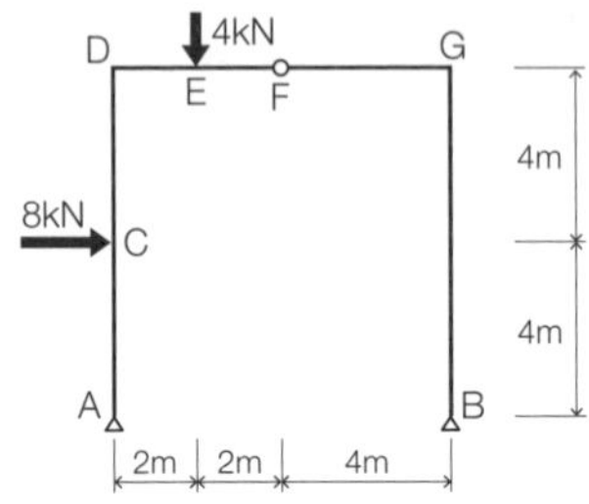

(1)　$V_A=2$ kN（下向き）　$V_B=6$ kN（上向き）

(2)　$V_A=1$ kN（下向き）　$V_B=5$ kN（上向き）

(3)　$V_A=5$ kN（上向き）　$V_B=1$ kN（下向き）

(4)　$V_A=6$ kN（上向き）　$V_B=2$ kN（下向き）

解　説

3ヒンジラーメン構造は，3つのヒンジ（ピン接合）を持った構造なので，支点A，支点Bには図のように反力をV_A, V_B, H_A, H_Bと仮定します。

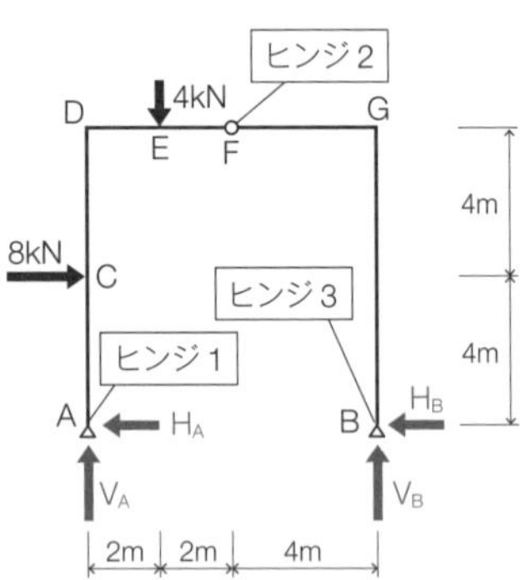

$\Sigma M_A=0$より，

$8\ \text{kN}\times 4\ \text{m}+4\ \text{kN}\times 2\ \text{m}-V_B\times 8\ \text{m}=0$

$\therefore V_B=5$ kN（上向き）

$\Sigma Y=0$より，

$V_A+V_B-4\ \text{kN}=0$

$V_A+5\ \text{kN}-4\ \text{kN}=0$

$V_A=-1$ kN（反力が「－」のときは，仮定した反力と逆の向きになります）

$\therefore V_A=1$ kN（下向き）

解答（2）

チャレンジ問題！

問3　難　中　易

図に示す長方形断面部材の図心軸（X軸）に対する許容曲げモーメントの値として，正しいものはどれか。ただし，許容曲げ応力度 f_b は12.54 N/mm^2 とする。

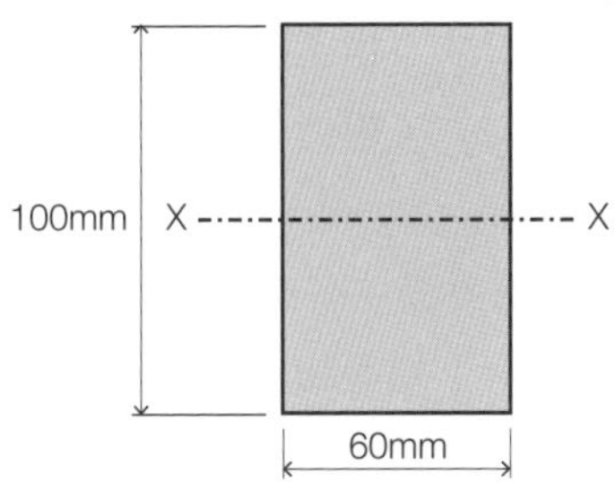

(1)　$12.54 \times 10^5 N \cdot mm$　(2)　$7.52 \times 10^5 N \cdot mm$

(3)　$6.27 \times 10^5 N \cdot mm$　(4)　$3.76 \times 10^5 N \cdot mm$

解　説

$\sigma_b = \frac{M}{2} \leqq f_b$ より　$\left(断面係数 Z = \frac{bh^2}{6}\right)$

σ_b：曲げ応力度
M＝許容曲げモーメント
Z＝断面係数
f_b：許容曲げ応力度

$M \leqq f_b \cdot Z = f_b \times \frac{bh^2}{6}$

$M = 12.54 \times \frac{60 \times 100^2}{6}$

$= 12.54 \times 10^5$

$\therefore 12.54 \times 10^5 N \cdot mm$

解答（1）

構造設計

1 構造設計の概要

構造設計は，建築物の設計にあたって，構造計画の立案や構造計算，構造図の作成などを行うことです。構造物は，固定荷重，積載荷重，積雪荷重，風圧力，地震力などに対して構造耐力上安全でなければいけません。

①荷重

荷重には，3つの種類があります。まず**固定荷重**は，容易に取り外したり移動したりすることのない，建築物の構成部分（仕上材などの荷重も含む）の重さによる荷重をいい，**積載荷重**は建築物の使用に伴って生じる移動可能な荷重をいいます。積載荷重は室の種類および構造計算の対象によって荷重が異なり，常時作用するなど等分布荷重として扱います。**積雪荷重**[※3]は積雪の単位荷重に屋根の水平投影面積およびその地方における垂直積雪量を掛けて計算しますが，屋根勾配が60度を超える場合は積雪荷重を考慮しなくてもかまいません。

②風圧力

風圧力は，風が建築物などに与える圧力で，**速度圧に風力係数を掛けて**求めます。**風力係数**は，建築物の外圧係数と内圧係数の差により算出します。**防風林**などにより風を有効に遮ることができる場合，風荷重は低減できます。小さい面に作用する**外装材用風荷重**の単位面積当たりの値は，大きい面に作用する**構造骨組用風荷重**に比べ，大きくなります。

③地震力

地震力とは，地震によって作用する荷重です。算定に必要な用語，計算式を以下に示します。

●**地震層せん断力**[※4]（Q_i）

$$Q_i = C_i \times W_i$$

Q_i：i階に作用する地震層せん断力

C_i：i階の地震層せん断力係数

W_i：i階よりも上部の固定荷重，積載荷重

●**地震層せん断力係数（C_i）**

$$C_i = Z \times R_t \times A_i \times C_o$$

Z：地震地域係数[※5]，R_t：振動特性係数

A_i：高さ方向の分布係数，C_o：標準せん断力係数

●**振動特性係数（R_t）**

建築物の振動特性を表すもので，建築物の弾性域における固有周期[※6]と地盤種別に影響されます。

●**長期応力度計算**

多雪区域の積雪時における長期応力度計算に用いる荷重は，固定荷重と積載荷重の和に，積雪荷重に0.7を掛けた値を足したものです。

2 構造計画

構造計画とは，建築物の使用目的，立地条件，安全性，経済性などを考慮して，最適な構造方式や骨組形式などを検討することです。**建物形状は，平面的には正方形に近い形状が理想的で，立体的にもバランスがとれた形状が望ましいです。**

①エキスパンションジョイント

エキスパンションジョイントとは，地震などで，構造体が相互に力学上有害な影響を及ぼさないようにするため，**構造体を力学的に分離した**

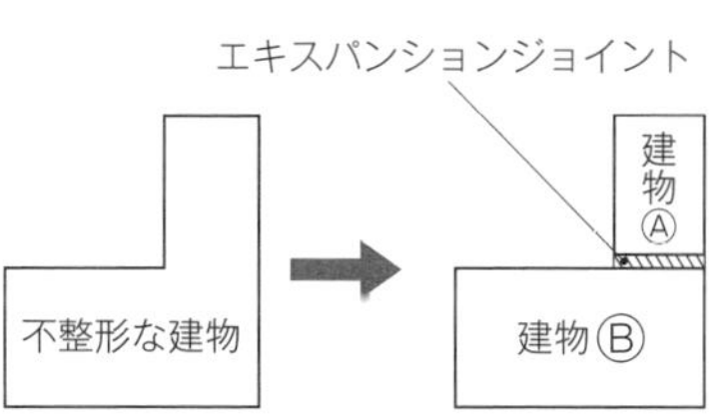

基準風速
その地方の再現期間50年の10分間平均風速値に相当します。

※3
積雪の単位荷重
積雪量1 cmごとに20 N/m²以上とします。

※4
地震層せん断力（Q_i）
建築物の上階に比べて下階のほうが地震層せん断力は大きくなります。

※5
地震地域係数（Z）
地域による地震力の低減係数で，0.7～1.0の範囲があり，大きな地震が起こりやすい地域は数値が大きくなります。

※6
固有周期
振動系に強制的に初期変位を与え，強制力を除いた後に派生する振動の周期で，質量が大きくなるほど長くなり，剛性が大きくなるほど短くなります。

屋上突出物の地震力
屋上から突出した部分は，一般階に比べて剛性が小さく，変形が大きくなり，破壊しやすいので設計震度を増大させて設計を行います。

接続方法の接続部分をいいます。平面的に長大な建物には，コンクリートの乾燥収縮や不同沈下などの問題が生じやすいので，エキスパンションジョイントを設けます。また，クリアランスは，大地震時でも建物相互が衝突しないように，十分に確保する必要があります。

②剛性率（0.6以上）と偏心率（0.15以下）

剛性率は，建物の構造設計を行う際に，建物の**剛性**（外力に対する部材の変形のしにくさ）の上下方向のばらつきを評価するための指標で，各階の剛性を全階の剛性の平均値で割った値のことです。特定の階だけ階高を高くすると剛性が不連続になるので，耐震壁を増やすなど，その階の剛性増加を図る必要があります。

重心と剛心が一致しない建築物では，地震時にねじれ変形が生じ，剛心から近い構面ほど層間変形が小さくなります。

偏心率は，各階の重心と剛心との距離のねじれ抵抗に対する割合であり，値が大きいほどねじれ振動が生じやすくなります。

3 特殊な構法

①免震構造

免震構造は，建物と地盤との間に装置を設け，固有周期を長くすることにより，構造物に生じる応力や変形を小さく抑制しようとする構造のことです。地震動による建物に作用する水平力を大きく低減する効果があり，建物を鉛直方向および水平方向に支える機構（アイソレーター）と，建物に作用するエネルギーを吸収する機構（ダンパー）から構成されます。アイソレーターは，上部構造の重量を支持しつつ，水平変形に追従し，適切な復元力を持ちます。

ねじれの影響を小さくするためには，上部構造全体の重心と免震部材全体の剛心とのずれを極力小さくすることです。

地下部分に免震層を設ける場合の注意点としては，水平変位[※7]に支障のないように上部構造と周囲の地盤との間に十分なクリアランスを確保することです。

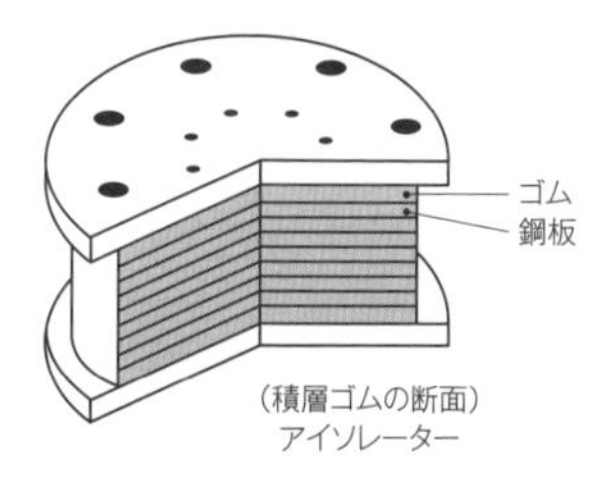

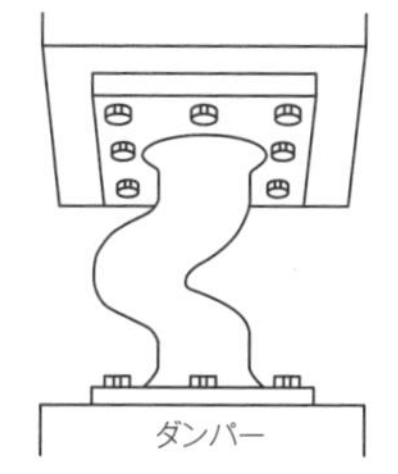

②免震層の変形

上下階をつなぐエレベーター，階段，設備配管，配線などにフレキシブルジョイントを設けるなど，水平変位が許容できるような対応が必要となります。

倉庫業を営む倉庫
床の積載荷重は，3,900 N/m^{2}未満でも3,900 N/m^{2}として計算します。

※7
各層の水平変位
層間変形角が大きくなると外装材などの脱落につながるので，一定制限内に納まるよう計画することが必要となります。

チャレンジ問題！

問1　難　中　**易**

建築物に作用する荷重および外力に関する記述として，最も不適当なものはどれか。

(1) 劇場，映画館等の客席の積載荷重は，固定席の方が固定されていない場合より小さくすることができる。
(2) 雪止めがない屋根の積雪荷重は，屋根勾配が60度を超える場合には0とすることができる。
(3) 倉庫業を営む倉庫の床の積載荷重は，実況に応じて計算する場合，2,900 N/m^{2}とすることができる。
(4) 防風林などにより風を有効に遮ることができる場合は，風圧力の算定に用いる速度圧を低減することができる。

解説

倉庫業を営む倉庫における床の積載荷重は，実況に応じて計算した数値が3,900 N/m^{2}未満の場合でも，3,900 N/m^{2}とします。

解答（3）

第1章  建築学等

CASE 3 一般構造

まとめ & 丸暗記　この節の学習内容とまとめ

■ 基礎構造

□ 既製コンクリート杭の打込み杭と埋込み杭の中心間隔：
- 打込み杭は，既製杭を地盤に打ち込んで施工する杭工法の1つで，杭どうしの中心間隔は，杭径の2.5倍以上，かつ750 mm以上必要
- 埋込み杭は，地中に孔を掘ってから既製杭を埋め込む杭工法の1つで，杭どうしの中心間隔は，杭径の2倍以上必要

□ 負の摩擦力：杭周面に生じる，下向きに作用する摩擦力のこと

■ 鉄筋コンクリート構造

□ 柱のせん断破壊防止：
柱のせん断破壊は，構造体の不安定化につながるため，柱の変形能力を高めるよう，せん断耐力は曲げ耐力を上回るように計画する

□ スリーブ：梁などの構造体に配管などを通すために空けた孔をいう。梁に2個以上の貫通孔を設ける場合，梁せいの$\frac{1}{3}$以下とし，孔の中心間隔は孔径の3倍以上とする

■ 鉄骨造

□ ボルト穴周辺に生じる応力集中：
鋼材の接合部をボルト接合する場合，ボルト孔周辺に生じる応力集中は，高力ボルト摩擦接合より普通ボルト接合のほうが大きい

□ 接合方法の併用：溶接と高力ボルト併用の場合は，溶接より先に高力ボルトを施工すれば，応力を分担できる

基礎構造

1 基礎構造

基礎とは，上部構造からの荷重を支え，地盤に伝える下部構造で，直接基礎と杭基礎があります。

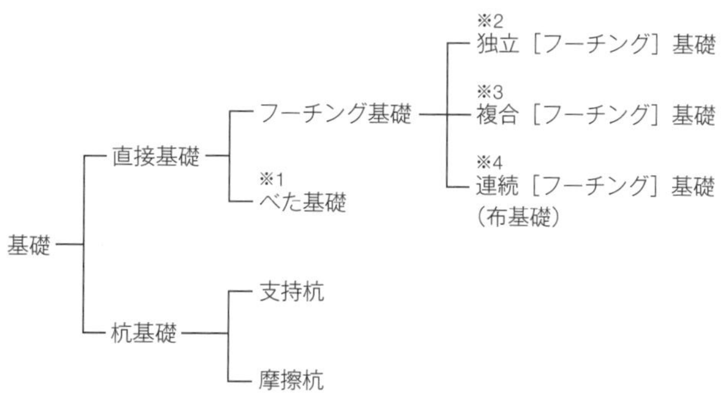

2 杭基礎

杭とは，構造物の荷重をフーチングや基礎スラブから，地盤中あるいは地盤の深部に伝達する役割をする柱状の構造材をいいます。地盤が軟弱で，建物が過大な沈下を起こしたり，支持力が不足したりする場合は，支持杭や摩擦杭などで建物を支持させます。支持杭は地中の良質地盤に荷重を支持させる形式，摩擦杭は杭周面の摩擦力で荷重を支持させる形式をいいます。

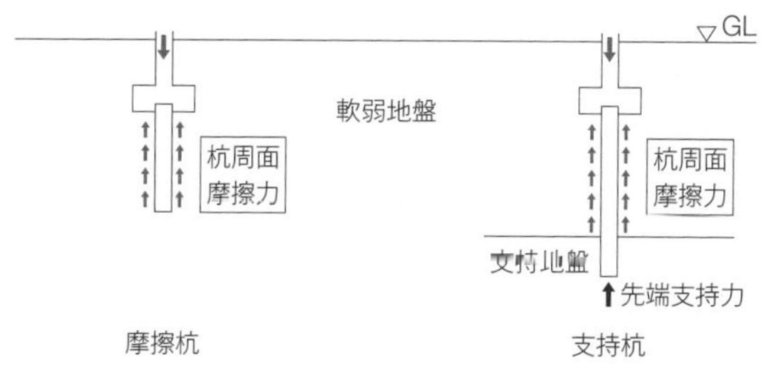

※1
べた基礎
建築物の底面全体に設けられた基礎です。

※2
独立〔フーチング〕基礎
柱ごとに単一に設ける基礎です。

※3
複合〔フーチング〕基礎
隣接した数本の柱を1か所で支えるために設ける基礎です。

※4
連続〔フーチング〕基礎
外壁や間仕切壁の下に連続して設ける基礎です。

※5
許容支持力
荷重を加えられた地盤が，せん断破壊に対して安全で，かつ，せん断変形による沈下が許容量以下であるときの地盤の支持耐力です。

鋼杭
曲げや引張力に対する強度と変形性能に優れており，既製コンクリート杭のようにひび割れによる曲げ剛性の低下のない杭です。

3 直接基礎

直接基礎とは，建物の荷重を基礎スラブで直接地盤に伝える構法です。

基礎底面に水平力が作用する場合は，**基礎の根入れを深く**するなどして，基礎のすべりに対して検討する必要があります。

直接基礎下における粘性土地盤の**圧密沈下**は，地中の応力の増加により長時間かかって土中の水が絞り出され，**間隙が減少**することで生じます。また，圧密沈下の許容量は，独立基礎のほうがべた基礎よりも**小さく**なります。

基礎梁の剛性および強度を大きくすることにより，フーチング基礎の**沈下を均等化**できます。

フローティング基礎は，軟弱地盤の場合に用いることがあり，基礎などの構築による排土重量と建築重量をつり合わせ，**地盤中の応力が増加しない**ようにする基礎形式です。

フローティング基礎

4 杭基礎についての留意点

杭基礎の許容支持力[※5]は，**杭の支持力のみ**によるものとし，基礎スラブ底面の地盤は支持層としては期待できないため，基礎スラブ底面の支持力は**加算しません**。

極限先端支持力（杭が支え得る限界の荷重）と**極限周面摩擦力**（杭周面の摩擦抵抗の支持力の限界値）との和を**杭の極限鉛直支持力**といいます。杭の鉛直支持力の判定方法としては，**杭の載荷試験**が最も信頼できます。

既製コンクリート杭には，打込み杭と埋込み杭があります。埋込み杭は，地中に孔を掘ってから既製杭を埋め込む杭工法の1つで，打込み杭は既製杭を地盤に打ち込んで施工する杭工法の1つです。埋込み杭[※6]は，打込み杭[※7]

に比べて極限支持力に達するまでの沈下量が大きくなります。

支持杭の場合は，杭周囲に**地盤沈下**が生じると杭が沈下しないので，杭周面に**負の摩擦力**（下向きに作用する摩擦力）が生じます。一般に，支持杭のほうが摩擦杭より**負の摩擦力が大きく**なります。

杭基礎は，地盤から求める杭の引抜き抵抗力に杭の自重を加える場合，**地下水位以下の部分の浮力を考慮**します。

※6
埋込み杭の中心間隔
杭径の2倍以上です。

※7
打込み杭の中心間隔
杭径の2.5倍以上，かつ750 mm以上です。

基礎杭の先端の地盤の許容応力度
場所打ちコンクリート杭＜埋込み杭

チャレンジ問題！

問1　難　中　易

杭基礎に関する記述として，最も不適当なものはどれか。

(1) 鋼杭は，曲げや引張力に対する強度と変形性能に優れており，既製コンクリート杭のようにひび割れによる曲げ剛性の低下がない。
(2) 杭の周辺地盤に沈下が生じたときに，杭に作用する負の摩擦力は，一般に支持杭の方が摩擦杭より大きい。
(3) 基礎杭の先端の地盤の許容応力度は，セメントミルク工法による埋込み杭の方がアースドリル工法による場所打ちコンクリート杭より大きい。
(4) 埋込み杭の場合，杭と杭との中心間隔の最小値は，杭径の1.5倍とする。

解説

埋込み杭の中心間隔は杭径の２倍以上です。なお，打込み杭の中心間隔は，杭径の2.5倍以上，かつ750 mm以上であり，打込み杭のほうが杭の中心間隔は大きくなります。

解答（4）

鉄筋コンクリート構造（RC造）

1 鉄筋コンクリート構造の特徴

鉄筋コンクリート構造（RC造）とは，圧縮に強いコンクリートを，引張りに強い鉄筋で補強したものをいいます。コンクリートと鉄筋の線膨張係数（温度上昇による材料の単位長さ当たりの伸縮量）はほぼ同じであり，コンクリートの圧縮強度と単位容積質量が大きくなるほど，ヤング係数[※8]は大きくなります。

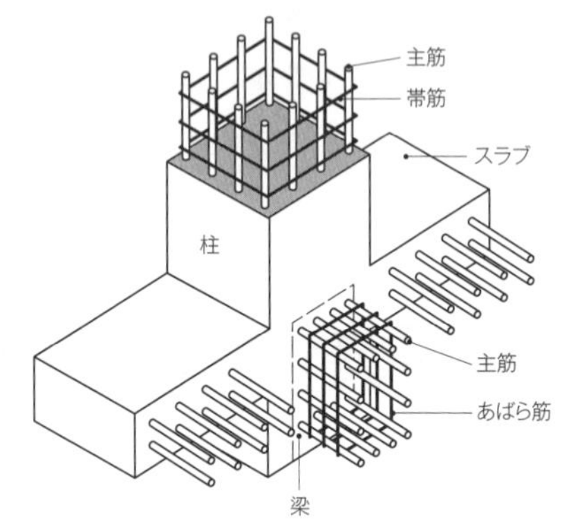

2 柱

柱とは，建物の軸組において基礎などに荷重を伝えるための垂直の部材です。柱の最小径は，構造耐力上主要な支点間（上下の梁の内法）距離の $\frac{1}{15}$ 以上とします。

①主筋

柱の主筋[※9]は，上下に流れる太い鉄筋のことです。主筋の断面積の和は，コンクリート断面積の0.8 %以上とします。

②帯筋（フープ）

帯筋は，柱に作用するせん断力に抵抗し，座屈によって主筋がはみ出るのを防ぐために，柱の主筋に所定の間隔で水平に取り付ける補強筋のことです。帯筋を密に入れると，せん断耐力が増し，ねばり強くなります。柱のじん性を確保するためには，帯筋の間隔を密にすることや，副帯筋を用いることが有効です。帯筋比は0.2 %以上とします。柱梁接合部内の帯筋間隔は，原則として150 mm以下とし，かつ隣接する柱の帯筋間隔の1.5倍以下とします。

③留意点

柱の変形能力を高めるため，せん断耐力は曲げ耐力を上回るように計画します。柱の引張鉄筋比が大きくなると，付着割裂破壊[※10]が生じやすくなります。

垂れ壁や腰壁があると，支点間距離の短い短柱となり，地震時に水平力が集中するので，せん断破壊を起こしやすくなります。そのため，柱と壁の間にスリット（切り欠き）などを設けます。

3 梁

柱と柱の間をつなぎ，床や屋根を支える構造を梁といいます。梁の圧縮鉄筋は，じん性の確保やクリープによるたわみ防止に有効です。大梁は大地震に対してねばりで抵抗させるため，原則として，両端での曲げ降伏がせん断破壊に先行するように設計します。

①主筋

梁の主筋は，梁の上部と下部に流れる太い鉄筋のことです。曲げモーメントによって引張力を生じる側に主筋を入れたものを単筋梁といい，圧縮力を生じる側にも主筋を入れたものを複筋梁といいます。通常は複筋梁を使用します。

②あばら筋（スタラップ）

あばら筋は，主筋を囲んで巻いた鉄筋のことです。端部に大きく加わる力であるせん断力を負担するため，あばら筋を端部に密に入れます。これにより，ひび割れ防止やねばりのある梁になります。あばら筋の間隔は，直径9 mmの丸鋼またはD 10の異形鉄筋を用いる場合は，梁せい[※11]の$\frac{1}{2}$以下かつ250 mm以下とします。また，あばら筋比は，0.2 %以上とします。

※8

ヤング係数

材料の変形のしにくさを表す係数で，材料によって異なり，数値が大きいほど変形しにくいです。

※9

主筋

鉄筋コンクリート造において，曲げモーメントおよび軸方向力によって生じる引張力を負担するために配置される鉄筋です。柱は，材軸方向に入れ，梁では上端筋・下端筋，スラブでは短辺方向の上・下端筋に入れます。

※10

付着割裂破壊

コンクリートと異形鉄筋の節の部分で発生する破壊で，コンクリートの最も薄い面で鉄筋に沿って縦ひび割れを生じる現象をいいます。

柱の軸方向圧縮応力度

柱は，地震時のぜい性破壊の危険を避けるため，軸方向圧縮応力度が小さくなるように計画します。

※11

せい（成）

長方形断面の部材の縦寸法です。

③スリーブ（梁貫通孔）

スリーブとは，梁などの構造体に配管などを通すために空けた貫通孔をいいます。位置は梁のスパンの中央付近，かつ梁せいの中央付近に設けます。梁に2個以上の貫通孔を設ける場合は，梁せいの$\frac{1}{3}$以下とし，孔の中心間隔は孔径の3倍以上とすることが望ましいです。また，貫通孔周辺は斜筋などで補強します。

梁に貫通孔を設けた場合の耐力の低下の割合は，一般に曲げ耐力よりせん断耐力のほうが著しくなります。

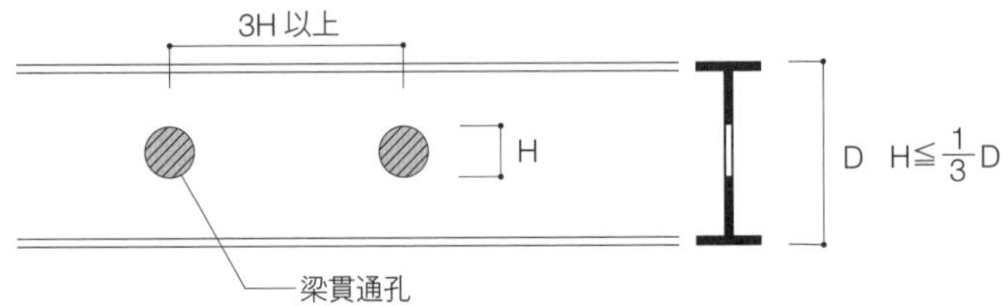

4 床スラブと耐震壁

①床スラブ

床スラブとは，床に用いられる鉄筋コンクリート造の板状のものをいいます。鉛直荷重や水平荷重を，梁や柱などに伝える役割を持っています。また，地震力に対し，同一階の水平変位を等しく保つ役割を持ち，内面剛性が高いほどよいです。

床スラブの厚さは80 mm以上とし，かつ短辺方向における有効スパンの$\frac{1}{40}$以上とします。また，各方向の全幅について，スラブの配筋の割合は，鉄筋全断面積のコンクリート全断面積に対して0.2 %以上とします。

②耐震壁

耐震壁[※12]とは，鉛直荷重による軸力と，地震時の水平荷重によるせん断力，曲げモーメントを負担する柱や梁に囲まれた壁のことです。

壁厚は120 mm以上，かつ壁板の内法高さの$\frac{1}{30}$以上とし，壁厚が200 mm以上ある場合は，壁筋を複配筋とします。

耐震壁の剛性評価では，曲げ変形，せん断変形，回転変形を考慮します。

壁板のせん断補強筋比は，直交する各方向に関して，それぞれ0.0025（0.25 %）以上とします。

下図のように，壁に小さな開口がある場合でも，その壁を耐震壁として扱うことができます。

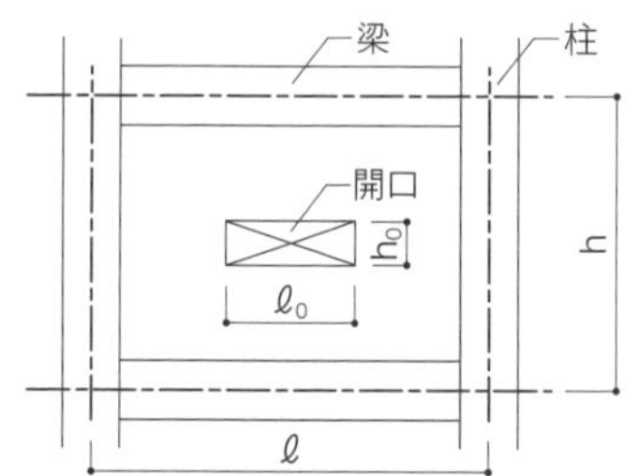

$\sqrt{\frac{h_0\ell_0}{h\ell}} \leqq 0.4$

※12
開口のある耐震壁
開口隅角部には斜め引張力が，開口周囲には縁応力が生じるため，前者には斜め筋，後者には縦筋および横筋を用いて補強します。

チャレンジ問題！

問1　難　**中**　易

鉄筋コンクリート構造に関する記述として，最も不適当なものはどれか。

(1) 梁のあばら筋にD10の異形鉄筋を用いる場合，その間隔は梁せいの$\frac{1}{2}$以下，かつ，250 mm以下とする。
(2) 梁に2個以上の貫通孔を設ける場合，孔径は梁せいの$\frac{1}{2}$以下，中心間隔を両孔径の平均値の2.5倍以上とする。
(3) 開口のある耐震壁では開口隅角部には斜め引張力が，開口周囲には縁応力が生じるため，前者には斜め筋，後者には縦筋および横筋を用いて補強する。
(4) 柱のじん性を確保するためには，帯筋の間隔を密にすることや副帯筋を用いることが有効である。

解説

梁に2個以上の貫通孔を設ける場合は，梁せいの$\frac{1}{3}$以下とし，孔の中心間隔は孔径の3倍以上とすることが望ましいです。

解答（2）

鉄骨造（S造）

1 鉄骨造の特徴

鉄骨造とは，主要な骨組みが形鋼でつくられた構造をいいます。部材としては，H形鋼やラチス柱，角形鋼管や鋼管が用いられます。鉄筋コンクリート構造よりも軽く，ねばり強く，地震に強いので，**大スパンの構造物や高層建築物に向いています**が，**耐火性に乏しく**，座屈や腐食しやすい欠点があります。構造形式には，ラーメン構造[※13]，ブレース構造[※14]，トラス構造[※15]などがあります。

2 柱と梁の座屈

①座屈

座屈とは，圧縮力により急激に部材の耐力低下を引き起こす現象のことで，**圧縮座屈**，**局部座屈**，**横座屈**があります。柱は**細長比の大きいものほど座屈しやすく**なります。

座屈長さの大きい場合や，せいの高い場合の梁は，**横座屈**を生じやすくなりますが，シャーコネクターと呼ばれる2つの部材を一体化するための接続金物でコンクリートスラブと結合された鋼製梁は，**横座屈**を考慮する必要がありません。また，構造用鋼管の柱は，**横座屈**を生じにくくなります。スラブに接する鋼フランジは，**局部座屈**も考慮する必要がありません。

H形鋼の梁には，曲げ応力を受けるフランジと，せん断応力を受けるウェブがあります。フランジやウェブの板要素の幅厚比が大きくなると**局部座屈**を生じやすいため，ウェブの座屈を防ぐスチフナと呼ばれるプレートを用います。

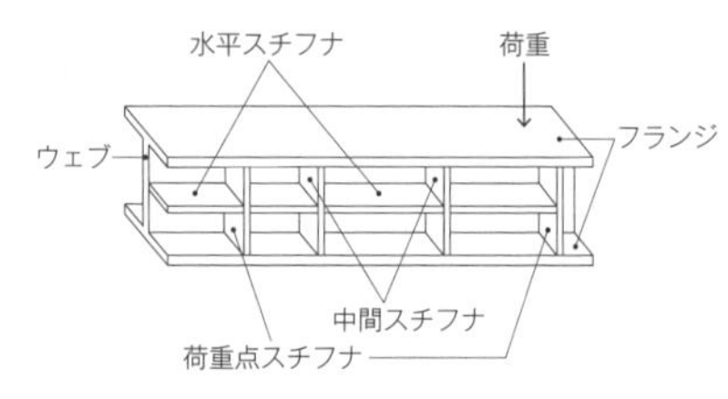

中間スチフナは主としてせん断座屈の補強，水平スチフナは主として曲げ，圧縮座屈の補強として用います。

3 高力ボルト接合

高力ボルトとは，高張力鋼を用いてつくられた引張耐力の大きいボルトで，ハイテンションボルトともいいます。高力ボルト接合には引張接合と摩擦接合があり，摩擦接合は，接合部を強い力で締め付け，鋼材間に生じる摩擦力を利用して接合します。

高力ボルトの種類は，F８T，F10Ｔ，F11Ｔの3種類があり，F10Ｔが最も一般的に使用されます。

①高力ボルト接合の特徴

部材の引張力によってボルト孔周辺に生じる応力集中の度合は，普通ボルト接合の場合より高力ボルト摩擦接合のほうが少なくなります。

高力ボルト摩擦接合における許容せん断力は，二面摩擦の場合，一面摩擦の2倍です。引張材の接合を高力ボルト摩擦接合とする場合は，母材のボルト孔による断面欠損を考慮して引張応力度を計算します。

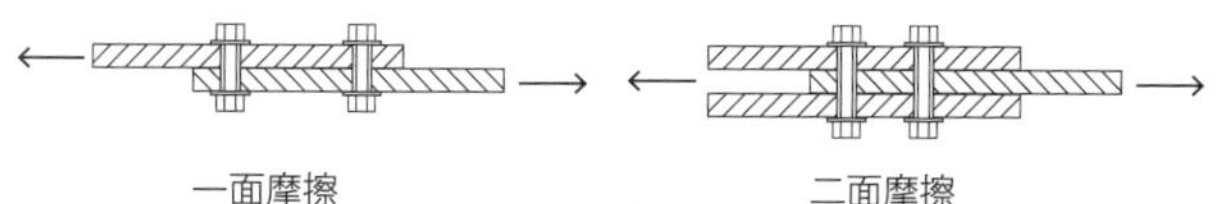

引張力とせん断力を同時に受けるときの摩擦接合部の高力ボルトの軸断面に対する許容せん断応力度は，引張力を受けないときの許容値より低減させます。

高力ボルトの摩擦接合は，接合部分に繰返しのせん断力を受けても，高力ボルトの応力は変動しないので，疲労による低減はしません。

筋かい
接合部の破断耐力を軸部の降伏耐力より大きくします。また，大規模な構造物で，圧縮と引張りに抵抗する筋かいには，一般にH形鋼や鋼管が用いられます。

※13
ラーメン構造
柱と梁など，部材と部材を剛接合で骨組みが構成された構造です。

※14
ブレース構造
柱と梁に加え，ブレース（筋かい）と呼ばれる斜め部材で地震力を負担させた構造です。

※15
トラス構造
各節点がピン接合で，各部材が負担する力を軸方向力となるように，各部材を三角形で構成した構造です。

圧縮に対する検討
圧縮材は，使用鋼材の許容圧縮応力度以下となるように全断面積を決めます。

4 溶接接合

溶接接合とは，鋼材などの部材と部材を物理的，科学的に融合するなどして接合を行う方法です。剛性が大きく，施工方法によっては，**母材と同じ耐力**があるものとして考えられます。しかし，接合部の収縮，変形によりひずみが生じやすく，ボルト接合に比べて施工の良否によって接合耐力に差が現れやすくなります。

溶接接合には，突合せ溶接（完全溶込み溶接），隅肉溶接，部分溶込み溶接などがあります。溶接継目ののど断面に対する長期許容せん断応力度は，溶接継目の形式にかかわらず同じです。

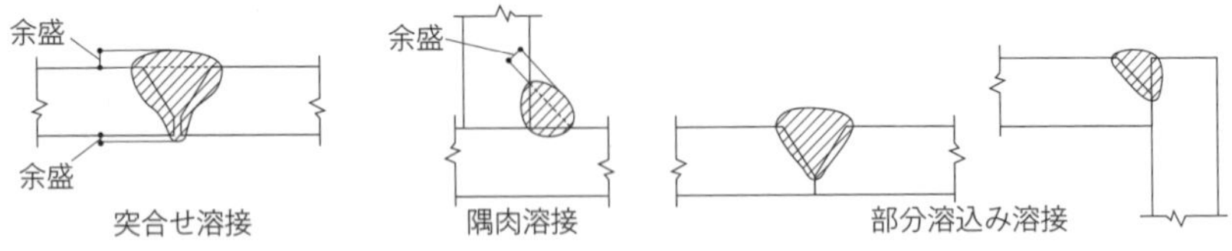

①突合せ溶接（完全溶込み溶接）

完全溶込み溶接とは，突き合わせた母材に開先と呼ばれる母材間に設ける溝をつくり，その間を溶着金属で全断面を完全に接合する溶接です。完全溶込み溶接の許容応力度は，接合される**母材の許容応力度**とすることができます。

完全溶込み溶接による，T継手の**余盛**と呼ばれる溶着金属が規定面以上に盛り上がった部分は，溶接部近傍の応力集中を緩和する上で重要です。

②隅肉溶接

隅肉溶接とは，直角あるいは角度を持つ母材相互の隅の部分に行う溶接です。T継手，角継手，重ね継手などの場合に用いられます。

応力を負担させるT継手の隅肉溶接の場合，母材間の交角は，60度から120度の範囲とします。

③部分溶込み溶接

部分溶込み溶接とは，継手の一部に不溶着部分を残す溶接です。

片面溶接による部分溶込み溶接は，継目のルート部に，曲げまたは荷重の偏心による付加曲げによって生じる引張応力が作用する箇所に使用してはいけません。

④接合方法の併用

溶接と高力ボルトの併用の場合は，全応力を溶接が負担します。ただし，溶接より高力ボルトを先に施工すれば，応力を分担できます。

⑤ダイアフラム

ダイアフラムとは，柱と梁を一体化させるために必要な鋼板のことです。角形鋼管柱とH形鋼梁の剛接合の仕口部には，ダイアフラムを設けて力が円滑に流れるようにします。

通しダイアフラム

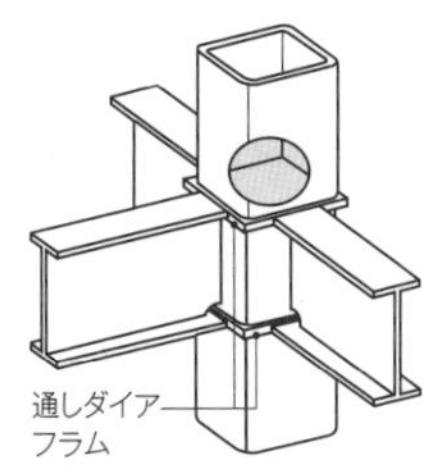

鋼構造において中空断面材や仕口部分の剛性を高めるために中間に設ける薄板のこと。

チャレンジ問題！

問1　難　**中**　易

鉄骨造に関する記述として，最も不適当なものはどれか。

(1) 溶接継目ののど断面に対する長期許容せん断応力度は，溶接継目の形式にかかわらず同じである。

(2) 片面溶接による部分溶込み溶接は，継目のルート部に，曲げまたは荷重の偏心による付加曲げによって生じる引張応力が作用する箇所に使用してはならない。

(3) 引張材の接合を高力ボルト摩擦接合とする場合は，母材のボルト孔による欠損を無視して，引張応力度を計算する。

(4) 引張力を負担する筋かいの接合部の破断耐力は，筋かい軸部の降伏耐力以上になるように設計する。

解　説

引張材の接合を高力ボルト摩擦接合とする場合は，母材のボルト孔による断面欠損を考慮して引張応力度を計算します。

解答（3）

第1章  建築学等

CASE 4

建築材料

まとめ & 丸暗記　この節の学習内容とまとめ

- □ 早強ポルトランドセメント：
  モルタルやコンクリートの原料として用いられるセメントの種類の1つで，一般的な普通ポルトランドセメントに比べて短期間で高い強度を発現するようにしたセメント。セメント粒子の細かさを示す比表面積（ブレーン値）が大きく，早期強度が高い
- □ 溶接構造用圧延鋼材（SM鋼）：
  溶接に適した鋼材の1つ。SM鋼は，SS鋼（一般構造用圧延鋼材）に比べ，溶接作業性に優れている
- □ 強化ガラス：板ガラスを熱処理してガラス表面に強い圧縮応力層を形成したもの。衝撃強度が高い
- □ 2成分形シーリング材：
  基剤と硬化剤の2成分を施工直前に練り混ぜて使用する材料
- □ 凝灰岩：石垣や室内装飾に用いられる石材の1つ。軟質で加工しやすく耐火性に優れているが，耐久性や耐摩耗性に乏しい
- □ ドロマイトプラスター：
  白雲石（ドロマイト）を高温焼成してつくられるもの。気硬性で強度が大きく，壁や天井などの塗り仕上げ材として用いられ，粘性が高く，糊が不要
- □ 合成樹脂エマルションペイント（EP）：
  水が蒸発し，樹脂粒子が融合して塗膜を形成する塗料の1つ。一度，硬化乾燥すれば，表面光沢が少なく，耐水性を示す塗膜となる

セメント・コンクリート

1 セメント

ポルトランドセメント[※1]は，セメントクリンカー[※2]に凝結時間調整用のせっこうを加え，粉砕してつくられます。また，セメントは，時間の経過とともに水和反応が進行し，強度が発現していく**水硬性材料**です。

①セメントの種類

種類	特性	用途
普通ポルトランドセメント	一般的に使用されるセメント	一般の建築構造物
早強ポルトランドセメント[※3]	普通セメントより強度発現が早く，低温でも強度を発揮する	緊急工事，寒中コンクリート，コンクリート製品
中庸熱ポルトランドセメント	水和熱が小さく，乾燥収縮が小さい	マスコンクリート，遮へい用コンクリート
低熱ポルトランドセメント	初期強度は小さいが長期強度が大きく，水和熱と乾燥収縮が小さい	マスコンクリート，高流動コンクリート，高強度コンクリート
高炉セメントB種	初期強度はやや小さいが長期強度が大きく，水和熱と化学抵抗性が大きい	一般建築構造物，マスコンクリート，海水・熱の作用を受けるコンクリート，地下構造物コンクリート
フライアッシュセメントA種・B種	ワーカビリティがよく，長期強度が大きいが，水和熱と乾燥収縮が小さい	一般建築構造物，マスコンクリート，水中コンクリート

※1

セメント
セメントとは，モルタルやコンクリートの原料として用いられる材料です。

※2

クリンカー
セメントの主原料である粘土と石灰石を粉末状にして，適当な割合に調合・混和し，融点近くまで焼成してできた小さな球粒で，焼塊ともいいます。

※3

早強ポルトランドセメント
セメント粒子の細かさを示す比表面積が大きくなると，早期強度は高くなる。

セメントの特徴
セメント粒子の細かさを示す値に比表面積（ブレーン値）があります。値が大きいほど細かく，早期強度が大きいですが，発熱によるひび割れなどの弊害を伴うこともあります。
セメントの貯蔵期間が長いと，空気中の水分や二酸化炭素を吸収し，風化による品質劣化を起こしやすくなります。

②資源リサイクル型セメント（エコセメント）

エコセメントは，都市ごみ焼却灰を主とし，必要に応じて下水汚泥などを加えたものを主原料として製造されます。普通エコセメントの**塩化物イオン量**は，普通ポルトランドセメントに比べて多くなります。

2 コンクリート

コンクリートとは，セメント，水，骨材（砂や砂利）を必要な割合に混ぜて練り合わせ，固体化したものです。コンクリートの**ヤング係数**は，**単位容積質量が大きくなるほど，大きくなります**。単位水量の小さいコンクリートほど，乾燥収縮が小さくなります。空気量が**1%増加**すると，コンクリートの圧縮強度は**4～6%低下**します。ポアソン比は**0.2**程度です。

①骨材の品質

骨材とは，モルタルまたはコンクリートをつくるための砂や砂利類の総称です。骨材は，コンクリートのワーカビリティをよくするため，なるべく丸みをおびて，適当な粒度分布をしていることが望ましいです。また，偏平で細長いものや，角が尖ったものは，流動性とともに強度上もよくありません。比重が小さく，吸水率の大きい骨材を使用したコンクリートは，凍結融解作業に対する抵抗性が小さくなり，凍害を受けやすくなります。

②混和材料

混和材料とは，モルタルやコンクリートの性質を用途に応じて改良するために，練混ぜの際に加えられるセメント，水，骨材以外の材料です。

AE剤は，コンクリートに空気泡を混入させることでワーカビリティが改善して型枠への充填性が良くなり，凍結融解に対する抵抗性を向上させます。

AE減水剤は，コンクリート中の単位水量を減少させるとともに，気泡を発生させて，ワーカビリティの改善，耐久性，水密性を向上させることができ，標準形，遅延形，促進形の3種類があります。

高性能AE減水剤は，コンクリートの練混ぜ時に，ほかの材料とともにミキサーに投入して用いる混和材料です。空気連行性を有し，AE減水剤よりも高い減水性能と良好なスランプ保持性能を有します。標準形や遅延形があります。

フライアッシュは，微粉炭燃焼ボイラーの煙道ガスから採取した粉じんです。コンクリートのワーカビリティを改善し，密実性を高める効果がありますが，中性化速度は早まります。

高炉スラグ
高炉で銑鉄を生産する際，同時に生成するもので，ワーカビリティの改善，水和熱の低減，長期強度の増大，水密性の向上，塩化物イオンの浸透を抑制しますが，中性化速度は早まります。

チャレンジ問題！

問1　難　**中**　易

セメントに関する記述として，最も不適当なものはどれか。

(1) 高炉セメントB種を用いたコンクリートは，普通ポルトランドセメントを用いたものに比べ，耐海水性や化学抵抗性が大きい。

(2) 早強ポルトランドセメントは，セメント粒子の細かさを示す比表面積（ブレーン値）を小さくして，早期強度を高めたセメントである。

(3) エコセメントは，都市ごみ焼却灰を主とし，必要に応じて下水汚泥等を加えたものを主原料として製造される，資源リサイクル型のセメントである。

(4) フライアッシュセメントB種を用いたコンクリートは，普通ポルトランドセメントを用いたものに比べ，水和熱が小さく，マスコンクリートに適している。

解説

セメント粒子の細かさを示す比表面積（ブレーン値）が大きくなると，早期強度が高くなります。

解答（2）

金属材料

1 鋼材

鋼材とは，鉄と炭素，あるいはそのほかの金属との合金である鋼を，圧延または引抜きを行ってつくった材料です。**構造用鋼材**には，主として軟鋼が用いられます。

①鋼材の種類と性質

記号	名称	特性
SS材	一般構造用圧延鋼材	一般的な鋼材。添加元素を極力低減した純鉄に近い鋼で，強度を低くし，延性を高めている
SM材	溶接構造用圧延鋼材	溶接に適した鋼材。マンガン，ケイ素などの元素を添加することで溶接性を高めており，SS材に比べて，溶接作業性に優れている
SN材	建築構造用圧延鋼材	比較的新しい鋼材で，建造物の耐震補強を目的につくられた。大梁，支柱に用いられる
SMA材	耐候性鋼材	銅，クロム，ニッケルなどをSM材に添加し，耐候性を向上させた鋼材
TMCP材	建築構造用TMCP鋼	熱加工制御により製造された，高じん性で溶接性に優れた鋼材。従来の厚鋼板と比較して，優れた溶接性がある
FR材	建築構造用耐火鋼	耐火性の高い鋼材で，耐火被覆を省略できるので，好ましい外観となるが，コストは高くなる

②炭素量と強度

鋼材の炭素量が少ないと，軟質で強度は小さくなりますが，ねばり強さに富み，加工性がよくなります。

鋼材の炭素量が多いと，引張強さと硬さが増しますが，伸び，ねばり強さ，加工性，溶接性は悪くなります。

③応力度とひずみ

部材に力が加わり，その力が増していくと部材が変形します。構造用鋼材の引張応力度と，ひずみ度との関係を下図のグラフに示します。

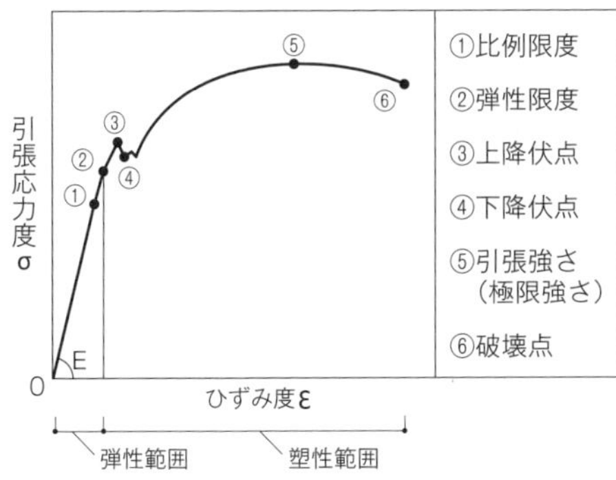

引張応力とひずみは，**比例限度**までは比例関係です。引張強さに対する降伏点の割合を**降伏比**と呼び，一般に高張力鋼になるとその値は大きくなります。

引張強さは，鋼材の温度が200～300℃で最大となり，それ以上温度が上がると急激に低下します。500℃では$\frac{1}{2}$，900℃では$\frac{1}{10}$程度になります。

鋼材は，強度にかかわらず，ヤング係数が一定なので，強度の大きい鋼材でも，変形に対しては有利になりません。ヤング係数は，コンクリートの約10倍です。

④ステンレス鋼

ステンレス鋼[※4]とは，クロム，ニッケルを含み，炭素量が少ないものほど軟質で，耐食性に優れている材料です。よく使用される建築材料としては，SUS304や

引張強さの下限値
建築構造用圧延材SN400Aの数値400は，引張強さの下限値（N/mm^2）を示します。

※4

ステンレス鋼の材料記号
ステンレス鋼材を「SUS」と表現しますが，これは，「Steel Use Stainless」の略称です。

SUS430などの種類があります。

SUS304は，磁性はありませんが，耐食性，耐熱性に優れ，加工性，溶接性ともに良好です。SUS430は，磁性があり，磁石に付く性質があります。

⑤銅鋼

銅鋼とは，銅を添加して耐候性を高めた鋼です。

2 非鉄金属

①アルミニウム

アルミニウムは，軽量で加工性のよい軽金属材料です。純度の高いものは空気中で表面に酸化皮膜を生じ，耐食性が増します。耐候性は銅や鋼より優れています。

アルミニウムの密度およびヤング係数は，それぞれ鋼の約$\frac{1}{3}$です。

清水には侵されませんが，海水，酸，アルカリに弱く，コンクリートに直接接しないほうがよいです。

マグネシウムやケイ素を添加すると，耐食性と強度が増します。

②チタン

チタンは，表層の酸化皮膜の安定性により保たれ，塩化物やアルカリなどに対しても優れた耐食性がある金属で，屋根や外装などに用いられます。鋼に比べ，密度が小さく，耐食性に優れています。

③銅

銅は，熱や電気の伝導率が大きく，湿気中では表面に酸化による緑青（ろくしょう）が生じ，耐食性に優れています。

④鉛

鉛は，酸その他の薬液に対する抵抗性やX線遮断効果が大きいですが，アルカリ性に弱いです。

⑤亜鉛めっき

亜鉛めっきとは，腐食防止のために，鋼材の表面に亜鉛の皮膜をつくることをいいます。

海岸や工業地帯のような過酷な腐食環境下では溶融亜鉛めっきが用いら

れます。

⑥黄銅

黄銅は真鍮（しんちゅう）ともいい，銅と亜鉛の合金で，加工がしやすく，耐食性や耐候性は大きいです。しかし，酸やアルカリには弱いです。

⑦青銅

青銅は，ブロンズともいいます。銅とすずの合金で，黄銅よりも耐食性が大きいです。

⑧すず

すずは，銀白色で光沢を有し，延性や展性に富み，耐食性があります。鋼板の表面にめっきしてブリキ板となります。

チャレンジ問題！

問1　難｜中｜**易**

金属材料に関する一般的な記述として，最も不適当なものはどれか。

(1) アルミニウムの密度およびヤング係数は，それぞれ鋼の約$\frac{1}{3}$である。
(2) ステンレス鋼のSUS430は，SUS304に比べ磁性が弱い。
(3) 青銅は銅とすずを主成分とする合金で，黄銅に比べ耐食性に優れている。
(4) チタンは鋼に比べ密度が小さく，耐食性に優れている。

解　説

ステンレス鋼のSUS430は，磁性があり，磁石に付く性質があります。また，SUS304は，磁性はありませんが，耐食性，耐熱性に優れ，加工性，溶接性ともに良好です。

解答（2）

ガラス

1 ガラスの種類

ガラスは，珪酸塩を主成分として得られる硬くてもろい透明体です。フロート板ガラスや型板ガラスなど，さまざまな種類があります。

種類	特徴
フロート板ガラス	表面が平滑な一般的な透明ガラス。割れた場合は大小さまざまな破片が飛び散る
型板ガラス	ロールアウト方式により，ロールに彫刻された型模様を片方のガラス面に熱間転写して製造された板ガラス。光を拡散させながら視線を遮る
倍強化ガラス	板ガラスを熱処理してガラス表面に適切な大きさの圧縮応力層をつくり，破壊強度を増大させる。割れた場合は，フロート板ガラスのような割れ方になる
強化ガラス	板ガラスを熱処理してガラス表面に強い圧縮応力層を形成したガラスで，衝撃強度が高い。割れた場合は破片が粒状となるため，安全性が高い
複層ガラス	2枚のガラスの間に乾燥空気を設けて密封したもので，結露防止に効果がある。断熱性や遮音性に優れている
熱線反射ガラス	日射熱の遮へいを主目的とし，ガラスの片側の表面に熱線反射性の薄膜を形成したガラスで，太陽光輻射熱を反射する。冷房負荷軽減に優れ，ハーフミラー効果により，プライバシーも確保できる
熱線吸収板ガラス	鉄やニッケル，コバルトなどを微量添加した，冷房負荷の軽減に効果のあるガラス。可視光線や太陽輻射熱を吸収する

合わせガラス	2枚以上の板ガラスに中間膜を挟み全面接着したガラスで，防犯に効果がある。外力の作用によって破損しても，破片の大部分が飛び散らず，安全性が高い
Low-E（低放射率）複層ガラス	遠赤外線の放射率が低く，反射率が高い特殊金属膜をガラス表面にコーティングしたガラス。日射遮へい性と断熱性が向上されている

網（線）入りガラス
板ガラスの中に金網または線を封入したガラスで，割れたときの飛散を防止します。網入りガラスは，主に防火ガラスとして使用されています。

チャレンジ問題！

問1 難 **中** 易

ガラスに関する記述として，最も不適当なものはどれか。

(1) 強化ガラスは，板ガラスを熱処理してガラス表面付近に強い引張応力層を形成したもので，耐衝撃強度が高い。

(2) Low-E複層ガラスは，中空層側のガラス面に特殊金属をコーティングすることで，日射制御機能と高い断熱性を兼ね備えたガラスである。

(3) 熱線反射ガラスは，日射熱の遮へいを主目的とし，ガラスの片側の表面に熱線反射性の薄膜を形成したガラスである。

(4) 型板ガラスは，ロールアウト方式により，ロールに彫刻された型模様をガラス面に熱間転写して製造された，片面に型模様のある板ガラスである。

解 説

強化ガラスは，板ガラスを熱処理してガラス表面に強い圧縮応力層を形成したガラスで，衝撃強度が高いです。

解答（1）

防水材料・シーリング材

1 アスファルト防水

アスファルト防水とは，アスファルト，アスファルトフェルト，アスファルトルーフィングなどを重ねて防水層を構成するものです。

①アスファルトルーフィング

アスファルトルーフィングとは，天然繊維を原料とした原紙に，アスファルトを浸透させ，裏表面に鉱物質粉末を付着させたものです。

アスファルトルーフィング1500の，1500という数値は，製品の単位面積質量が1500（g/m^2）以上であることを表しています。

②ストレッチルーフィング

ストレッチルーフィングとは，合成繊維不織布にアスファルトを浸透させたものです。ストレッチルーフィング1000の数値1000は，製品の抗張積（引張強さと最大荷重時の伸び率との積）を表しています。

③改質アスファルトルーフィング

合成ゴムまたはプラスチックを添加して性質を改良したアスファルトを，原反（生地）に含浸，被覆させたシートです。

温度特性の区分によりⅠ類とⅡ類があり，Ⅱ類のほうが低温時の耐折り曲げ性がよいです。

④アスファルトプライマー

アスファルトプライマーの有機溶剤タイプは，ブローンアスファルトなどを揮発性溶剤に溶解したものです。防水層を下地の上に施す際に，アスファルトとの密着をよくするために用いられます。

2 塗膜防水材料

塗膜防水とは，合成高分子系の液状材料を塗り重ね，防水処理を施すことをいいます。硬化して被膜を形成し，防水層となります。

①屋根用ウレタンゴム系

屋根用ウレタンゴム系の塗膜防水材は，**高伸長形**（旧1類）と**高強度形**に区分されます。

②ウレタンゴム系

1成分形のウレタンゴム系防水材は，防水材と空気中の水分が反応して塗膜を形成します。

2成分形のウレタンゴム系防水材は，施工直前に主剤，硬化剤の2成分に，必要によって硬化促進剤，充填材などを混合して使用します。

③ゴムアスファルト系

塗付けタイプゴムアスファルト系防水材は，ゴムアスファルトエマルションだけで**乾燥造膜**するものと，硬化剤を用いて**反応硬化**させるものがあります。

3 シーリング材

シーリング材とは，建築材料などのすき間をシールするために用いられる合成樹脂などの材料の総称で，気密性や防水性を高めます。シーリング材には多くの種類があり，各成分系統によって用途が変わります。シーリング材の区分は，グレイジング（ガラス取付け

通気緩衝シート
通気緩衝シートは，塗膜防水層の破断やふくれの発生を低減させるために用います。

補強布
塗膜防水に用いる補強布は，必要な塗膜厚さの確保と，立上がり部や傾斜面における防水材の垂れ下りの防止に有効です。

用）に使用するシーリング材をタイプG，グレイジング以外に使用するシーリング材をタイプFとします。

①１成分形シーリング材

1成分形シーリング材とは，あらかじめ施工に供する状態に調製されているシーリング材です。水分の蒸発乾燥によって硬化するエマルションタイプと，溶剤の揮発によって硬化する溶剤タイプの2種類があります。

②２成分形シーリング材

2成分形シーリング材とは，基剤と硬化剤の2成分を施工直前に練り混ぜて使用するシーリング材のことです。

③定形シーリング材

定形シーリング材とは，形状があらかじめ定まっているもので，ガスケットとも呼ばれます。

④不定形シーリング材

不定形シーリング材とは，施工時に粘着性のあるペースト状のシーリング材のことです。

4 シーリング材の特徴と用語

①シリコーン系シーリング材

シリコーン系シーリング材は，耐候性や耐熱性，耐寒性に優れています。

②１成分形高モジュラス形シリコーン系シーリング材

1成分形高モジュラス形シリコーン系シーリング材は，耐熱性，耐寒性に優れています。防かび剤を添加したものは，浴槽や洗面化粧台などの水まわりの目地に用いられます。

③２成分形低モジュラス形シリコーン系シーリング材

2成分形低モジュラス形シリコーン系シーリング材は，耐光接着性に優れています。ガラス・マリオン方式のカーテンウォールの目地などに用いられます。

④2成分形ポリウレタン系シーリング材

2成分形ポリウレタン系シーリング材は，塗装などの仕上げ下地などに適しています。耐熱性や耐候性に劣り，金属パネルや金属笠木などの目地には適しません。

⑤2成分形変成シリコーン系シーリング材

2成分形変成シリコーン系シーリング材は，耐候性や耐久性が良好です。プレキャストコンクリートカーテンウォールの部材間の目地などに用いられます。

⑥二面接着

二面接着とは，シーリング材が相対する2面で被着体と接着している状態をいいます。

LM

LMとは，シーリング材の引張応力による区分で，LMは低モジュラス，HMは高モジュラスを表します。

クレージング

クレージングとは，ウェザリングなどによって生じたシーリング材表面の細かい亀甲状のひび割れをいいます。

チャレンジ問題！

問1　　難　**中**　易

防水材料に関する記述として，最も不適当なものはどれか。

(1) ストレッチルーフィング1000の数値1000は，製品の抗張積（引張強さと最大荷重時の伸び率との積）を表している。

(2) 改質アスファルトルーフィングシートには，Ⅰ類とⅡ類があり，Ⅰ類の方が低温時の耐折り曲げ性がよい。

(3) 塗膜防水に用いる補強布は，必要な塗膜厚さの確保と立上がり部や傾斜面における防水材の垂れ下がりの防止に有効である。

(4) 通気緩衝シートは，塗膜防水層の破断やふくれの発生を低減するために用いる。

解説

改質アスファルトルーフィングシートには，Ⅰ類とⅡ類の温度特性区分があり，Ⅱ類のほうが低温時の耐折り曲げ性がよいです。

解答（2）

石材・タイル

1 石材の種類と特性

石材とは，建築・土木用のほかにも，墓石や工芸品などの材料に利用される岩石のことです。耐久性，耐火性，吸水性など，それぞれ特性が異なります。

①火成岩

マグマがもととなる岩石のことで，花こう岩や安山岩などがあります。

花こう岩は硬さと強度があり，圧縮強さ，耐久性，耐摩耗性が大きく，耐火性が小さいといった特徴を持つため，床や建物外部，階段などに用いられます。

安山岩は強度があり，耐久性や耐火性が大きいです。また，色調が不鮮明であったり，磨いても光沢が得られないといった特徴を持つため，外装用石材などに用いられます。

②堆積岩

さまざまな種類の起源を持つ粒子などが体積してできた岩石のことで，凝灰岩や砂岩などがあります。

凝灰岩は軟質で加工性がよく，耐火性や吸水性が大きいですが，耐久性や耐摩耗性が小さく，風化しやすい特徴があり，石垣や室内装飾に用いられます。

砂岩は耐久性が小さく，耐火性や吸水性，磨耗性が大きいという特徴があります。光沢はなく，汚れがつきやすいです。主に石垣や外構に用いられます。

そのほかの堆積岩としては，吸水性が少なく，耐久性が大きい粘板岩や，加工性がよく，耐久性に劣る石灰岩などがあります。

③変成岩

火成岩や堆積岩が高圧，高温などによって変化したもので，大理石などがあります。大理石は，耐酸性や耐火性に劣るため，屋外で使用すると表面が劣化しやすいです。ち密で磨くと光沢が出ますが，風化しやすいといった特徴を持ち，室内装飾などに用いられます。

ユニットタイル
多数のタイルを並べ，ネット状の台紙などを張り付け，施工しやすいように連結したものです。

モザイクタイル
装飾仕上げ用の小型タイルです。磁器質のものと，陶器質のものがあり，色彩，形状ともに種類が多いです。

陶器質タイル
素地が陶器質のタイルで，吸水性があります。主に屋内の壁や床に用いられます。

2 タイルの特性と性質

タイルは，床や壁面などに用いられる薄板状の材料です。吸水率によってそれぞれの性質や特徴が異なります。

分類	吸水率	特徴	用途
Ⅰ類	3.0%以下	吸水性はほぼなく，耐摩耗性に優れる	外装，内装，床
Ⅱ類	10.0%以下	吸水率は小さく，堅硬である	外装，内装，床
Ⅲ類	50.0%以下	吸水性が高く，屋外使用に適さない	内装

チャレンジ問題！

問1　難　**中**　易

石材に関する一般的な記述として，最も不適当なものはどれか。

(1) 大理石は，ち密で磨くと光沢が出るが，風化しやすく，耐酸性，耐火性に劣る。
(2) 花こう岩は，耐磨耗性，耐久性に優れるが，耐火性に劣る。
(3) 砂岩は，耐火性に優れるが，吸水率の大きなものは耐凍害性に劣る。
(4) 凝灰岩は，強度，耐久性に優れるが，光沢がなく，加工性に劣る。

解説

凝灰岩は，軟質で加工性，耐火性に優れていますが，耐久性や耐摩耗性に乏しいです。

解答（4）

左官材料

1 左官材料の各種壁材の材料と性質

左官材料の中で，水中では硬化せず，空気中で硬化するものを**気硬性**といい，水との化学反応によって硬化するものを**水硬性**といいます。

下表に，材料と特徴について示します。

硬化性	主な材料	特徴
気硬性（空気中の炭酸ガスと反応して硬化する）	消石灰	しっくい壁に使用。表面が硬く，強度は弱いがひび割れが分散して目立たない。アルカリ性で耐水性に劣る
	ドロマイトプラスター[※5]	粘性が高く，糊が不要。しっくいより施工が簡単で経済的であるが，収縮および強度が大きく，ひび割れが生じやすい
水硬性（水と反応して硬化する）	せっこうプラスター	糊や継ぎ材を必要としない。弱酸性で防火性がある。ドロマイトプラスターに比べ，乾燥収縮が小さい
	セメント	モルタルとして使用。耐火性は大きいがアルカリ性なので，塩酸や硫酸などの酸に弱い

2 左官材料の特徴・注意点

①せっこうプラスター

せっこうプラスターは，乾燥が困難な場所や乾湿の繰返しを受ける部位では硬化不良となりやすいです。

②消石灰

セメントモルタルの混和材として消石灰を用いると，こて伸びがよく，平滑な面が得られます。

③しっくい用ののり剤

しっくい用ののり剤には，海草またはその加工品と，水溶性高分子があります。

④セルフレベリング材

セルフレベリング材は，せっこう組成物やセメント組成物に骨材や流動化剤を添加した材料です。

※5
ドロマイトプラスター
白雲石（ドロマイト）を高温焼成してつくられます。壁や天井などの塗り仕上げ材として用いられます。

チャレンジ問題！

問1　　難　中　易

左官材料に関する記述として，最も不適当なものはどれか。

(1) せっこうプラスターは，乾燥が困難な場所や乾湿の繰返しを受ける部位では硬化不良となりやすい。
(2) セルフレベリング材は，せっこう組成物やセメント組成物にドロマイトプラスターを添加した材料である。
(3) セメントモルタルの混和材として消石灰を用いると，こて伸びがよく，平滑な面が得られる。
(4) しっくい用ののり剤には，海草またはその加工品と，水溶性高分子がある。

解説

セルフレベリング材は，せっこう組成物やセメント組成物に骨材や流動化剤を添加した材料で，流し込むだけで水平な床下地をつくることができます。

解答（2）

木材

1 木材の特徴

木材とは，樹皮や木部，樹心などで構成された樹木を総称したものです。針葉樹材と広葉樹材に大別され，針葉樹材は主に構造用，広葉樹材は主に各種仕上げ用，造作用として使われます。

①春材と秋材

春材（早材）は，木材の春から夏にかけて成長した部分です。組織が粗大でやわらかく，秋材に比べて**蟻害を受けやすい**です。秋材（晩材）は，木材の夏から秋にかけて成長した部分です。組織が小さく硬いです。

②心材と辺材

心材（赤身）は，木材の樹心に近い，赤みをおびている部分です。乾燥に伴う曲がりや反りが少なく，**硬質で腐りにくい**です。

[※6]辺材（白太）は，木材の樹皮に近い，淡く白い部分です。一般に**含水率が高く**，組織は粗く，軟質で腐りやすいです。

③含水率と強度

含水率は，木材中にどの程度の水分が含まれているかを表します。

含水率が約30%の状態を繊維飽和点といい，木材中の細胞膜の自由水がすべて蒸発した後に，結合水で満たされた状態をいいます。また，**含水率0%を絶乾状態**といい，木材中の水分がすべて蒸発した状態となります。**気乾状態**とは，空気中での乾燥で，湿気と平衡状態になるまで乾燥させた状態で，**含水率は約15%**です。含水率が繊維飽和点以上では，強さの変化はありませんが，含水率が繊維飽和点以下では，**含水率が減少するに従がって強度が大きくなり**，絶乾状態で最大値を示します。

現場搬入時の木材の含水率は，高周波水分計を用いて，**造作材，下地材で15%以下，構造材で20%以下**であることを確認します。

節のある木材は，節のないものより強度が小さいです。**同じ含水率の場合，比重が大きいほど強度が大きくなります**。繊維方向の強さは，「曲げ＞

圧縮＞引張り＞せん断」となります。

④膨張と収縮

木材の膨張，収縮は，含水率が繊維飽和点（約30%）以上の範囲ではほとんど変わりませんが，それ以下になるとほぼ直線的に0に向かって縮みます。

※7膨張収縮率は繊維に直角な板目方向で約5～10%，柾目（まさめ）方向で約2～5%，繊維方向で約0.1～0.3%です。

木材の乾燥収縮の割合は，接線（板目幅）方向＞半径（柾目）方向＞幹軸（繊維）方向です。

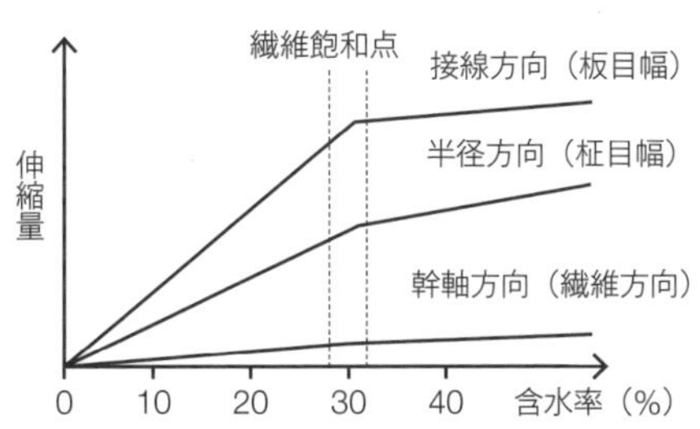

※6
辺材
心材と比較して耐朽性に劣り，虫害を受けやすいです。

※7
木材の膨張収縮率

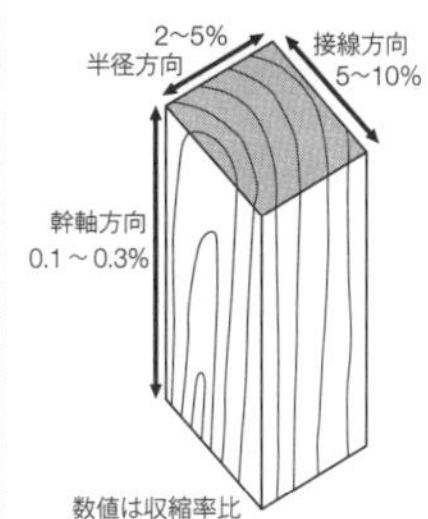

チャレンジ問題！

問1　難　中　易

木材の性質に関する記述として，最も不適当なものはどれか。

(1) 辺材は，心材と比較して耐朽性が劣り，虫害を受けやすい。
(2) 強さは，繊維飽和点以下では，含水率の低下とともに低下する。
(3) 節のある場合は，節のない場合より強度が小さい。
(4) 乾燥収縮の割合は，接線方向＞半径方向＞幹軸方向の順である。

解説

含水率が繊維飽和点（約30%）以下では，含水率が減少するに従って強度が大きくなり，絶乾状態（0%）で最大値となります。

解答（2）

塗装

1 塗装の種類と特徴

塗装とは，材木や金属などの物体に塗料を塗って仕上げることです。

①合成樹脂エマルションペイント（EP）

合成樹脂エマルションペイントは，**水が蒸発し，樹脂粒子が接近融合**して塗膜を形成します。使用用途は，木部，コンクリート面，モルタル面，せっこうボード面などに適しています。

塗料は，**水で希釈**でき，取扱いが容易で，**有機溶剤は用いません**。一度硬化乾燥すると，表面光沢が少なく，耐水性を示す塗膜となります。

②つや有り合成樹脂エマルションペイント（EP-G）

つや有り合成樹脂エマルションペイントの塗膜**硬化機構**は，合成樹脂エマルションペイントと同じで，**水で希釈**できます。使用用途は，木部，コンクリート面，モルタル面，せっこうボード面，屋内の木部，**鉄鋼面**，および亜鉛めっき鋼面に適しています。

③合成樹脂調合ペイント（SOP）

合成樹脂調合ペイントは，溶剤の蒸発とともに油分の**酸化重合**が進み，乾燥硬化して塗膜を形成します。使用用途は，木部，鉄鋼面および亜鉛めっき鋼面に適しています。塗膜の**耐アルカリ性が劣る**ため，コンクリート，モルタル，ボード類の素地には適しません。

④フタル酸樹脂エナメル（FE）

フタル酸樹脂エナメルは，フタル酸樹脂を用いたワニスに，顔料などを加えてつくられた顔料で，耐候性に優れ，平滑で仕上がりの良い塗膜面を形成します。使用用途は，木部や鉄部の高級仕上げに適しています。プラスターやモルタル面には適しません。

⑤アクリル樹脂エナメル（AE）

アクリル樹脂エナメルは，熱可塑性アクリル樹脂に顔料を配合した，自然乾燥形の揮発乾燥性塗料です。使用用途は，コンクリート，モルタル面など，内外部の美装を目的とした壁面に適しています。速乾性があり，比較的耐水性，耐アルカリ性，耐候性，美装性がよいです。耐薬品性では，塩化ビニル樹脂エナメル[※8]の方が優れています。

⑥アクリル樹脂系非水分散形塗料

アクリル樹脂系非水分散形塗料とは，樹脂を粒子化して，有機溶剤に分散させた塗料です。屋内のコンクリート面，モルタル面に適していますが，せっこうボード面には適していません。

気温が20℃の場合，工程間隔時間は**3時間以上**とします。下塗り，中塗り，上塗りは同一材料を使用し，塗付け量はそれぞれ0.10 kg/m^{2}とします。

※8

塩化ビニル樹脂エナメル（VE）

塩化ビニル樹脂エナメルは，塩化ビニル樹脂を展色剤とし，顔料を用いた塗料です。使用用途は，金属やモルタル面に適し，浴室，厨房，地下室，食品工場の壁面や天井などに適し，耐薬品性，難燃性，耐アルカリ性，耐水性に優れています。

チャレンジ問題！

問1　難　**中**　易

塗料に関する記述として，最も不適当なものはどれか。

(1) 合成樹脂エマルションペイントは，モルタル面に適しているが，金属面には適していない。

(2) つや有り合成樹脂エマルションペイントは，屋内の鉄鋼面に適しているが，モルタル面には適していない。

(3) アクリル樹脂系非水分散形塗料は，モルタル面に適しているが，せっこうボード面には適していない。

(4) 合成樹脂調合ペイントは，木部に適しているが，モルタル面には適していない。

解説

つや有り合成樹脂エマルションペイントは，モルタル面にも適しています。

解答（2）

第1章 建築学等

CASE 5 建築設備

まとめ & 丸暗記　この節の学習内容とまとめ

- □ ポンプ直送方式：給水方式の１つで，受水槽の水を給水ポンプで直接加圧し，建物内部の必要な箇所へ直送する方式
- □ 受水槽のマンホール：受水槽の定期的な点検・清掃のため，円形マンホールの最小内法直径は60 cm以上とする
- □ 排水管の通気管：外気と連結させて取り付けられる管で，配管内の空気の流れを円滑にし，トラップ封水がサイホン作用および背圧によって破壊されるのを防ぐ
- □ 単一ダクト方式：空調機でできた冷風または温風を１本の主ダクトで供給する方式。CAV方式（定風量方式）は空調機から各室へ常時一定風量を供給する方式で，ゾーンごとの負荷には対応できない
- □ 電気方式：需要者に電力を供給する方式。大型の動力機器が多数使用される場合は，三相３線式200 Vまたは三相４線式とする
- □ 避雷設備：雷災からの被害を防止する設備。指定数量の10倍以上の危険物を貯蔵する倉庫には，原則，避雷設備を設けなければならない
- □ 屋内消火栓：建物内に設けられる私設の消火栓。鋼板製格納箱内にホース，ノズル，消火栓弁が納められている。在住者などによる消火活動が期待され，消防隊が到着するまでの初期消火に利用される

給排水設備

1 給水方式

給水方式とは，飲用水などを供給する方式をいい，施設や用途に合わせて，さまざまな給水方式が用いられています。

①水道直結直圧方式

[※1]水道直結直圧方式とは，水道本管から分岐した水道引込み管から，配水管の水圧によって直接各所に給水する方式です。

②水道直結増圧方式

[※2]水道直結増圧方式とは，水道本管から分岐した水道引込み管に増圧給水装置を直結し，各所に給水する方式です。

③高置タンク方式

[※3]高置タンク方式とは，一度受水槽に貯留した水を，ポンプで建物高所の高置水槽に揚水し，この水槽から重力によって各所に給水する方式です。

④圧力タンク方式

[※4]圧力タンク方式とは，一度受水槽に貯留した水を，ポンプで圧力タンクに送り，圧力タンク内の空気の圧縮・加圧を利用して，建物内部の必要な箇所に給水する方式です。

⑤ポンプ直送方式

[※5]ポンプ直送方式とは，タンクなしブースタ方式とも呼ばれ，受水槽の水を給水ポンプで直接加圧して，建物内部の必要な箇所へ直送する方式です。

※1

水道直結直圧方式

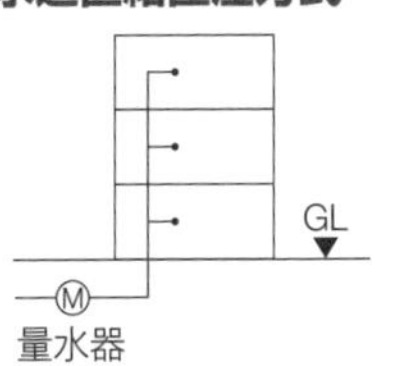

※2

水道直結増圧方式

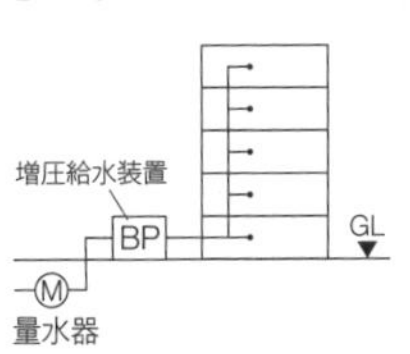

※3

高置タンク方式

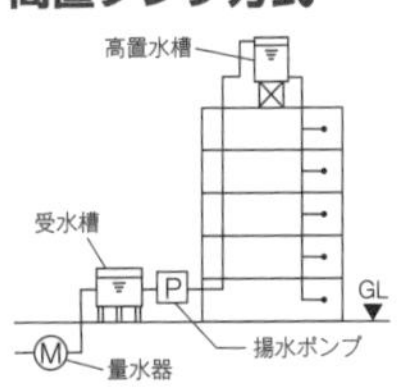

※4

圧力タンク方式

※5

ポンプ直送方式

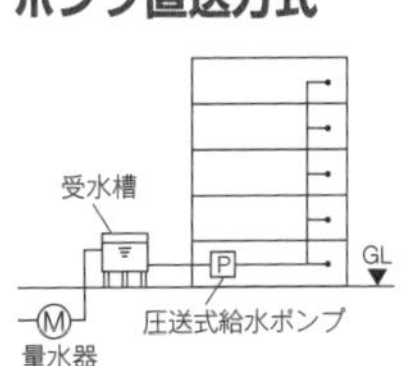

2 給水設備の留意点

①受水槽，高架タンク（給水タンク）

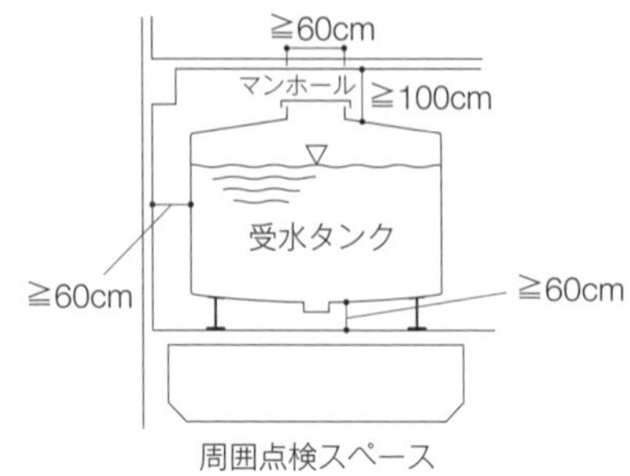

受水槽や高架タンクは，一時的に水を溜める給水設備の1つです。内部に入って保守点検を行うために設ける円形マンホールの最小内法直径は60 cm以上とします。

②オーバーフロー管

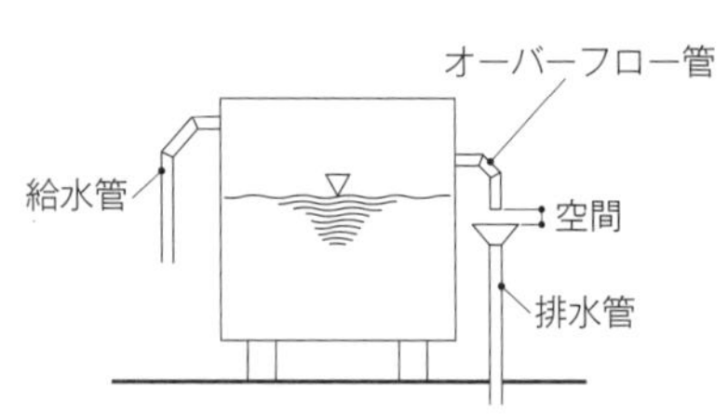

オーバーフロー管とは，余分な水を排水する管です。排水の逆流による汚染の防止や臭気・虫などのタンクへの侵入防止のため，排水管と直結しないようにします。

③ウォーターハンマー（水撃）

ウォーターハンマーは，水栓を急に閉めるなど，給水管内の水の流れを急閉したときに，急な圧力変動で衝撃音が発生する現象のことです。**エアチャンバー**により，ウォーターハンマーの水撃圧を吸収します。

④クロスコネクション

クロスコネクションとは，上水道配管に上水以外（井戸水や中水など）の水が混入し，飲料水が汚染される現象をいいます。逆流による給水系統の汚染もクロスコネクションの1つです。

⑤排水再利用水（中水）

排水再利用水とは，一般に建物内で発生する一般排水を浄化処理して，再利用する水のことです。中水道とは，水の有効利用を図るため，排水を回収して処理再生し，雑用水などに再利用する水道をいいます。排水再利用配管設備は，水栓に**排水再利用水**である旨の**表示**が必要です。また，塩素消毒その他これに類する措置を講ずる必要があります。

3 排水設備

排水設備とは，排水を処理するための設備の総称です。排水は，汚水，雑排水，雨水に分類されます。

①排水トラップ

排水トラップは，排水管を通して下水道などからの悪臭や害虫などが室内へ流入するのを封水によって防止する器具のことです。排水トラップの**封水深は，**阻集器を兼ねるものを除き，**5～10 cm**とします。

二重トラップは通気の阻害や排水不良を引き起こすため禁止されています。

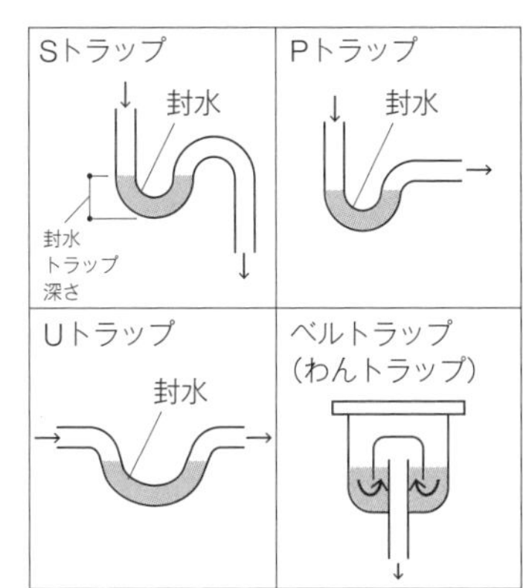

②通気管

外気と連結させて取り付ける管のことで，配管内の空気の流れを円滑にし，**排水トラップの封水がサイホン作用による封水切れを起こすことを防ぎます。**

通気管の横走り管の勾配は，$\frac{1}{200}$先上がり程度が望ましいです。

雨水排水立て管は，汚水排水管もしくは通気管と兼用したり，これらの管に**連結してはいけません**。

通気弁を有しない通気管の末端は，屋根を貫通して大気中に開口する場合，屋根面から200 mm以上立ち上げます。

③排水ます

排水ますとは，**配管の掃除，点検，排水方向の変更**を容易にするために設けられるますのことです。合流点などに設けることで，水あか，泥などが詰まるのを防止します。

管きょの排水方向や管径が変化する箇所および管きょの合流箇所には，ますまたはマンホールを設けます。雨水用排水ますおよびマンホールの底部には，排水管などに泥が詰まらないよう，深さ150 mm以上の泥だめを設けます。

埋設排水管路の直線部のますは，埋設管の内径の120倍以内ごとに設けます。

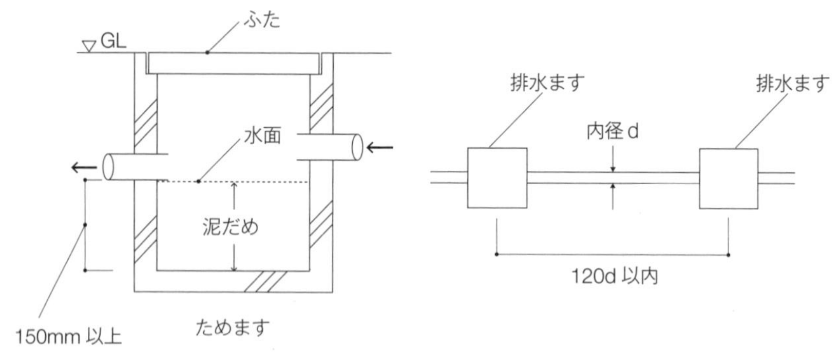

④横走り排水管の管径と勾配

管径(mm)	65以下	75・100	125	150
勾配	1／50	1／100	1／150	1／200

上表のように，横走り排水管の管径と勾配は，管径が太いものほど勾配を緩くし，管径が細いものほど，急勾配とします。屋内の自然流下式横走り排水管の最小勾配は，管径が100 mmの場合，$\frac{1}{100}$とします。

遠心力鉄筋コンクリート管の排水管は，一般に，埋設は下流部より上流部に向けて行い，勾配は$\frac{1}{100}$以上とします。構内舗装道路下の排水管には，遠心力鉄筋コンクリート管の外圧管を使用します。

排水管を給水管と平行にして埋設する場合は，原則として両配管の間隔を500 mm以上とし，排水管は給水管の下方に埋設します。

浸透トレンチ[※6]の施工において，掘削後は浸透面を締め固めず，砕石などの充填材を投入します。

⑤公共下水道における排水方式の区分

公共下水道には**合流式**と**分流式**があります。**合流式**は「汚水＋雑排水」と「雨水」を合流させる方式で，**分流式**は「汚水＋雑排水」と「雨水」を別系統とする方式です。建物の敷地内では，合流式，分流式のどちらの方式でも**雨水は別系統**としなければいけません。

※6

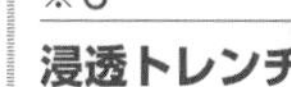

浸透トレンチ

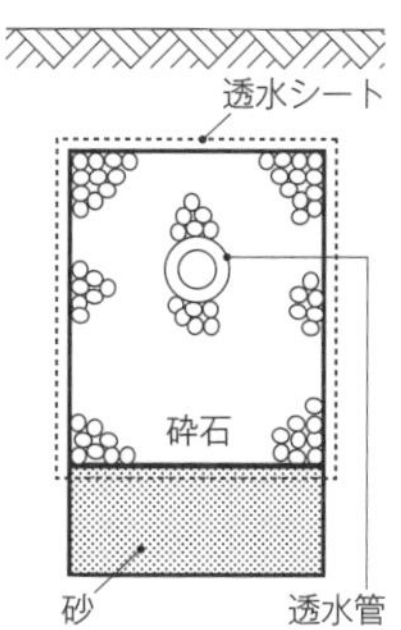

チャレンジ問題！

問1　難　**中**　易

給排水設備に関する記述として，最も不適当なものはどれか。

(1) エアチャンバーは，給水管内に生ずるウォーターハンマーの水撃圧を吸収するためのものである。

(2) 通気管は，サイホン作用によるトラップの封水切れを防止するためのものである。

(3) 排水トラップの封水深は，阻集器を兼ねるものを除き，5～10 cmとする。

(4) 給水タンクの内部の保守点検を行うために設ける円形マンホールの最小内法直径は，45 cmとする。

解説

給水タンクには，タンク内の水位を検知するボールタップなどの保守点検および水槽内の清掃などに便利な位置に，最小内法直径60 cm以上の円形マンホールを設けます。

解答（4）

空気調和設備

1 空気調和設備方式の種類と特徴

空気調和機は，一般にエアフィルタ，空気冷却器，空気加熱器，加湿器および送風機で構成されます。熱源の位置によって**中央熱源方式**と**個別分散熱源方式**に分類され，中央熱源方式は熱の配送方法により**単一ダクト方式**，**二重ダクト方式**，**ファンコイルユニット方式**に分類できます。

①**中央熱源方式**

●単一ダクト方式

主機械室の**空気調和機1台**でゾーン全体に調整された空気を，**1本の主ダクト**で各室に供給する方式です。温度調節した**一定の風量**を常時各室に供給する**定風量方式（CAV方式）**と，**供給風量が制御**される**変風量方式（VAV方式）**があります。CAV方式はゾーンごとの負荷変動には対応できませんが，VAV方式は負荷変動に対して風量を変えることができます。

●二重ダクト方式

主機械室の空気調和機でつくられた温風と冷風を**2系統のダクト**で供給し，混合ユニットにより熱負荷に応じて混合量を調整して吹き出す方式をいいます。

●ファンコイルユニット方式

各室に小型空調機である**ファンコイルユニット**を設け，主機械室の熱源機器でつくられた**温水と冷水**を送って送風する方式です。**2管式配管**は行き返り2本の配管で，冷水と温水を季節で切り替えて使用します。**4管式配管**は，温水と冷水を同時に使用できるため，冷房と暖房の同時運転が可能であり，室内環境の**制御性**に**優れています**。

②**個別分散熱源方式**

●パッケージユニット方式

パッケージユニット方式とは，機内に冷凍機，ファン，コイルを内蔵するユニット形空気調和機を各室に設置する方式で，**個別制御が可能**です。

2 熱源機器

冷却塔
空気調和を行うにあたって，冷凍機からの熱を空気中に放散し，冷却水を循環させて再使用するための装置です。クーリングタワーともいいます。冷凍機内で温度上昇した冷却水を空気と直接接触させて，気化熱により冷却します。

①圧縮式冷凍機

圧縮式冷凍機は，冷媒を圧縮することによって冷凍を行う冷凍機の総称です。冷媒が圧縮機，凝縮器，膨張弁，蒸発器の中を巡回する過程で，気体や液体の状態変化を繰り返しながら水を冷却します。

②吸収式冷凍機

吸収式冷凍機とは，熱によって冷媒を吸収分離する**吸収液**の性質を利用して冷凍する冷凍機のことです。

チャレンジ問題！

問1　　難｜**中**｜易

空気調和設備に関する記述として，最も不適当なものはどれか。

(1) パッケージユニットは，機内に冷凍機を内蔵するユニット形空調機である。

(2) ファンコイルユニット方式の4管式配管は，ゾーンごとに冷暖房の同時運転が可能である。

(3) 単一ダクト方式におけるCAV方式は，負荷変動に対して風量を変える方式である。

(4) 冷却塔は，冷凍機内で温度上昇した冷却水を空気と直接接触させて，気化熱により冷却する装置である。

解説

単一ダクトのCAV方式（定風量方式）は，空気調和機で調整された空気を各室へ常時一定風量を供給する方式で，ゾーンごとの負荷変動には対応できません。設問は単一ダクトのVAV方式（変風量方式）の説明です。

解答（3）

電気・避雷

1 電圧の種別など

電圧[※7]の種別，契約電力[※8]・供給電圧，電気方式などは，次の通りです。

①電圧の種別

	直流	交流
低圧	750 V以下	600 V以下
高圧	750 Vを超え7,000 V以下	600 Vを超え7,000 V以下
特別高圧	7,000 Vを超えるもの	

②契約電力[※9]と供給電圧

契約電力	供給電圧
50 kW未満	低圧(100 V，200 V)
50 kW以上	高圧(3 kV，6 kV)
2,000 kW以上	特別高圧(20 kV，30 kV，60 kV)

③電気方式と電圧

電気方式	定格電圧(V)	主な用途・特徴
単相2線式	100	一般住宅，ビル，工場の電灯に使用
	200	蛍光灯，大型電熱器，電動機に使用
単相3線式	100／200	100 Vは電灯・コンセントの幹線，200 Vは40 W以上の蛍光灯などに使用
三相3線式	200	動力用および中規模以上の建物の40 W以上の蛍光灯など，主に一般低圧電動機の幹線と分岐回路，単相200 V分岐回路などに使用
三相4線式	240／415	40 W以上の蛍光灯に200 V級，動力用に400 V級など大規模な建物で負荷が大きい時に使用

2 配線工事

配線工事には，金属管やバスダクトなど，用途に応じたさまざまな配線管と方式があります。

配線材料である電線は，許容電流，電圧降下，機械的強さの3要素を考慮して太さを決めます。電流が大きくなると，電線は太いものを使用しなければなりません。また，同一電力を供給する場合は，電圧を高くすると，電流が小さくなり，電線を細くできます。

①金属管

金属管とは，金属製の管のことで，外圧による損傷や火災のおそれから電線を保護します。低圧屋内配線に使用する金属管の厚さは，コンクリートに埋め込む場合，1.2 mm以上，日本壁やしっくいなどの場合は1.0 mm以上とします。

②合成樹脂管

合成樹脂管には，硬質塩化ビニル電線管（VE管），合成樹脂製可とう電線管[※10]（PF管とCD管）の3種類があります。軽量で扱いやすい上，腐食しにくく，絶縁性に優れています。合成樹脂管内，金属管内および金属製可とう電線管内では，電線に接続点を設けてはいけません。

③金属ダクト方式

金属ダクト方式とは，幅5 cm以上，厚さが1.2 mm以上の鉄板でできた金属ダクトを配線に用いる方式です。

④バスダクト配線方式

バスダクト配線方式とは，金属製のダクトの中に絶縁物で支持した電流容量の大きい幹線を設置する方式です。

※7

電圧
2点間の電位差，または零電圧とある点の電位差をいいます。単位はボルト（V）です。

電流
電荷の流れです。正電荷の動く向きを正とし，大きさは単位時間に通過する電気量で表します。単位はアンペア（A）です。

※8

電力
電流による単位時間あたりの仕事で，電流と電圧の積で表されます。単位はワット（W）です。

※9

契約電力と供給電圧
契約電力50 kW未満では低圧，50 kW以上では高圧で供給されます。

※10

合成樹脂製可とう電線管（PF管）
合成樹脂製可とう電線管とは，電気の伝送に用いられる電線を収納・保護し，建物内の電気配線に使用される電線管の1つで，PF管は自己消火性があり，埋込みや隠ぺい，露出配管に使用可能です。

⑤フロアダクト配線方式

フロアダクト配線方式とは，床内に厚さ2 mm以上の鋼板でつくられたダクトを格子状に埋設する配線方式です。使用電力が300 V以下で，屋内の乾燥した場所の床埋込み配線に用いられています。内部では，電線に接続点を設けません。ダクトには，**D種接地工事**が必要であり，使用電圧が**300 V以下**の配線に限られます。

⑥セルラダクト配線方式

セルラダクト配線方式とは，床構造材として使用される波形デッキプレートの溝を利用して配線用ダクトとした方式です。内部では，電線に接続点を設けません。

3 接地工事（アース工事）

①電圧の種別

接地工事は，漏電による感電事故や火災を防止するため，電流を大地に逃がすための工事のことです。電路に施設する機械器具には，次の区分に応じて各接地工事を施すこととされています。

工事種別	機械器具の区分
A種接地工事	高圧用または特別高圧用
B種接地工事	高圧と低圧の接続点用
C種接地工事	300 Vを超える低圧用
D種接地工事	300 V以下の低圧用

低圧屋内配線の使用電圧が**300 Vを超える場合**における金属製の電線接続箱には，**C種接地工事**を施す必要があります。

ケーブルラックの金属製部分には，**接地工事を施すことができます**。

4 避雷設備工事

避雷設備とは，雷災からの被害を防止する設備のことです。高さが**20 m**を超える建築物には，原則として避雷設備を設けます。以下，避雷設備の特徴や注意点です。

①引下げ導線

鉄筋コンクリート造の鉄筋や鉄骨造の鉄骨は，構造体利用の引下げ導線の構成部材として利用ができます。

②危険物を貯蔵する倉庫

指定数量の10倍以上の危険物を貯蔵する倉庫には，高さにかかわらず，原則として避雷設備を設けます。

③受雷部

受雷部は，保護しようとする建築物などの種類，重要度などに対応した4段階の保護レベルに応じて配置します。

許容電流
電気機器や電線を過熱させずに，電流を流すことが可能な最高限度のことです。

電圧降下
電線に電流を流したときに，抵抗によって電圧が降下することです。電線の長さに比例し，電線の太さに反比例します。

チャレンジ問題！

問1　難　**中**　易

電気設備に関する記述として，最も不適当なものはどれか。

(1) 電圧の種別で低圧とは，直流にあっては750 V以下，交流にあっては600 V以下のものをいう。
(2) 大型の動力機器が多数使用される場合の電気供給方式には，単相3線式100／200 Vが多く用いられる。
(3) 特別高圧受電を行うような大規模なビルや工場などの電気供給方式には，三相4線式400 V級が多く用いられる。
(4) バスダクトは，電流の容量の大きい幹線に用いられる。

解　説

大型の動力機器が多数使用される工場や大規模なビルの幹線として用いられるのは，三相3線式200 Vまたは三相4線式です。単相3線式100／200 Vは容量の大きい蛍光灯，コンセント用の幹線などに使用されます。

解答（2）

消火設備

1 消火設備の種類と特徴

①消火栓設備

消火栓設備は屋内消火栓と屋外消火栓に大別されます。屋内消火栓とは，建物内に設けられる私設の消火栓です。鋼板製格納箱内にホース，ノズル，消火栓弁が納められています。主に在住者や施設の利用者などによる初期消火として，消防隊が火災現場に到着するまでに利用されます。屋外消火栓とは，大規模建築物や広大な敷地の屋外に設けられた公設または私設の消火栓で，地上式と地下式があります。建築物の各部分から1つのホース接続口までの水平距離が40 m以下になるように設けます。

②スプリンクラー設備

スプリンクラー設備とは，スプリンクラーヘッドの吐水口が熱を感知して自動的に開き，散水して消火する設備です。閉鎖型ヘッドのスプリンクラー消火設備は，スプリンクラーヘッドの放水口が火災時の熱の感知により開放され，流水検知装置が作動し，放水して消火します。

③水噴霧消火設備

水噴霧消火設備とは，天井に設置した水噴霧ヘッドから，霧状の微細な水が噴霧され，冷却効果や窒息効果により消火する設備です。電気火災や自動車駐車場などの火災に適しています。

④泡消火設備

泡消火設備とは，天井に設置した泡ヘッドから，主として水を含んだ泡を放射し，冷却効果や窒息効果により消火する設備です。特に引火点の低い油類による火災の消火に適しており，電気室などには適しません。

⑤粉末消火設備

粉末消火設備とは，消火粉末を放射することにより消火する設備です。燃焼の抑制効果に加え，窒息効果による消炎作用が大きく，油などの表面火災に適しています。また，繊維工業関係の火災や寒冷地での使用にも適します。

⑥不活性ガス消火設備

不活性ガス消火設備とは，二酸化炭素などの消火剤を放出することで，酸素濃度の希釈作用や気化するときの熱吸収による冷却作用で消火する設備です。

⑦連結送水管

連結送水管とは，高層階での火災の際にポンプ車から送水口を通じて送水し，消防隊が放水口にホースを接続して消火活動を行うための設備です。

⑧連結散水設備

ポンプ車から，地階の散水ヘッドに送水して消火する設備です。地下街など，火災が発生すると煙が充満して消火活動が困難な場所に設置されます。

ハロゲン化物消火設備
ハロゲン化物の消火剤を放射し，空気中の酸素濃度を低下させる窒息作用と，ハロゲン化物が燃焼の際に周囲から蒸発熱を吸収することによる冷却作用および燃焼の抑制作用を利用して消火する設備です。

チャレンジ問題！

問1　難　中　**易**

消防用設備等に関する記述として，最も不適当なものはどれか。

(1) 連結散水設備は，地下街など，火災が発生すると煙が充満して消火活動が困難な場所に設置される。
(2) 水噴霧消火設備は，微細な霧状の水の噴霧による冷却，窒息効果により消火するもので，自動車駐車場に適している。
(3) 粉末消火設備は，燃焼の抑制効果と窒息効果により消火するもので，ボイラ室に適している。
(4) 泡消火設備は，主として泡による冷却，窒息効果により消火するもので，電気室に適している。

解説

泡消火設備とは，主として水を含んだ泡を放射し，冷却効果や窒息効果により消火する設備で，電気室などには適しません。

解答（4）

昇降設備

1 エレベーター

人や荷物を上下に運ぶ搬送設備です。用途，速度，配置形式によって多様な運転機能があります。

①火災時管制運転

火災発生時にエレベーターを避難階に帰着させる機能をいいます。

②自家発電管制運転

自家発電管制運転とは，停電時に自家発電源によりエレベーターをグループ単位で順次避難階または最寄り階に帰着させる機能です。

③浸水時管制運転

浸水時管制運転とは，地盤面より下に着床階がある場合に，洪水などで浸水するおそれがあるとき，エレベーターを避難階に帰着させる機能です。

④地震時管制運転

地震時管制運転とは，地震発生時に地震感知器の作動により，エレベーターを最寄り階に帰着させる機能です。

⑤非常用エレベーター

非常用エレベーターには，かごの戸を開いたまま昇降させることができる装置を設ける必要があります。

⑥群管理方式

群管理方式とは，エレベーターを複数台にまとめた群とする運転操作方式です。交通需要の変動に応じて効率的な運転管理を行うことができます。

⑦その他，エレベーターのルール

乗用エレベーターでは，1人当たりの体重を65 kgとして計算した最大定員を明示した標識を掲示します。また，乗用エレベーターの昇降路の出入口の床先とかごの床先との水平距離は，**4 cm以下**とします。

エレベーターの昇降路内には，原則，エレベーターに必要な配管以外の**配管設備**を設けてはいけません。

2 エスカレーター

エスカレーターとは，自動階段として上下階を結ぶ，斜めに走行する交通設備です。エスカレーターの踏段の幅は1.1 m以下とし，踏段の両側に手すりが必要です。勾配が8度を超え30度以下のエスカレーターの踏段の定格速度は，45 m/分です。勾配が8度以下のものは50 m/分です。

チャレンジ問題！

問1　難　中　**易**

昇降設備に関する記述として，最も不適当なものはどれか。

(1) 勾配が8度を超え30度以下のエスカレーターの踏段の定格速度は，50 m/分とする。
(2) エスカレーターの踏段の幅は1.1 m以下とし，踏段の両側に手すりを設ける。
(3) 乗用エレベーターにあっては，1人当たりの体重を65 kgとして計算した最大定員を明示した標識を掲示する。
(4) エレベーターの昇降路内には，原則として，エレベーターに必要な配管以外の配管設備を設けてはならない。

解　説

エスカレーターの勾配に応じて踏段の定格速度が変わり，勾配が8度以下のものは50 m/分，勾配が8度を超え30度（踏段が水平でないものは15度）以下のものは45 m/分です。

解答（1）

第1章 建築学等

CASE 6 測量・外構など

まとめ & 丸暗記 この節の学習内容とまとめ

- □ 平板測量：アリダードと巻尺で測量した結果を，平板上で直接作図していく方法
- □ スタジア測量：トランシットと標尺を利用し，間接的に水平距離と高低差を同時に求める方法。高い精度は望めない
- □ シールコート：アスファルト表層に散布し，薄い被膜を形成して水密性を高め，腐食や酸化を防ぐもの
- □ アスファルト混合物：敷均し時の温度の下限値は110℃以上で行い，敷均しにはフィニッシャーを用いる
- □ 植栽の植付け：工事現場への搬入後の樹木の植え付けは，仮植えや保護養生せずに速やかに植え付けるとよい
- □ 根巻き：土を付けたままで鉢を掘り，樹木の根元幹径の3～5倍の鉢土をつけ，わら縄，こもなどで覆うこと
- □ 積算：鉄骨鉄筋コンクリート造におけるコンクリートの数量は，コンクリート中の鉄骨の体積分を差し引いたものとする
- □ 一般的損害（公共工事標準請負契約約款第28条）：工事目的物の引渡し前に，工事目的物又は工事材料について生じた損害その他工事の施工に関して生じた損害については，受注者がその費用を負担する
- □ 受注者の催告によらない解除権(公共工事標準請負契約約款第52条)：受注者は，発注者が設計図書を変更したために請負代金額が$\frac{2}{3}$以上減少したときは，契約を解除できる

測量

1 測量の種類と特徴

測量は，目的によってさまざまな方法があります。

レベルと標尺（箱尺）によって高低を測定する方法を水準測量といいます。

平板測量は，巻尺で測った結果を，平板の上でアリダードを用いて直接作図していく方法で，箱尺は使いません。スタジア測量は，トランシットと標尺を利用し，間接的に水平距離と高低差を同時に求める方法で，高い精度は望めません。

距離測量
巻尺，光波測距儀，GPS受信機などを用いて行います。

公共測量
公共測量における水準点は，正確な高さの値が必要な工事での測量基準として用いられ，東京湾の平均海面を基準としています。また，公共測量における水準測量は，レベルを標尺間の中央に置き，往復観測とします。

チャレンジ問題！

問1　難　**中**　易

測量に関する記述として，最も不適当なものはどれか。

(1) 平板測量は，アリダードと箱尺で測量した結果を，平板上で直接作図していく方法である。

(2) 公共測量における水準測量は，レベルを標尺間の中央に置き，往復観測とする。

(3) 距離測量は，巻尺，光波測距儀，GPS受信機などを用いて行う。

(4) 公共測量における水準点は，正確な高さの値が必要な工事での測量基準として用いられ，東京湾の平均海面を基準としている。

解　説

平板測量は，巻尺で測った結果を，平板の上でアリダードを用いて直接作図する方法です。箱尺は使いません。

解答（1）

舗装

1 舗装の構造

舗装の種類には，大別するとアスファルト舗装とコンクリート舗装があり，アスファルト舗装は，一般に路床の上に路盤，表層または路盤，基層，表層の順で構成されます。また，コンクリート舗装は，路床の上に路盤，コンクリート版の順で構成されます。

①路床

表層や路盤を通して荷重を安全に支持する役目をする部分を路床といい，**路床の強さを判定する指標を路床土支持力比（CBR）**といいます。通常，路盤の下の部分で約1 mの深さまで路床と考えます。

路床が軟弱な場合，路床土が路盤用材料と混ざることを防止するために路盤の下に設ける砂などの層を遮断層といいます。路床土の安定処理に用いられる安定材は，一般に**砂質土にはセメント，シルト質土および粘性土には石灰**を用います。

②路盤

道路の路体構造のうち，表層または基層と路床との間に設けられている部分を路盤といい，**路盤の強さを判定する指標を修正CBR**といいます。通常，路盤は下層路盤と上層路盤とに分けられます。

粒度調整砕石は，所要の粒度範囲に入るように調整された砕石のことで，路盤の支持力を向上させます。

③アスファルトの舗装の基層・表層

アスファルトを用いて道路を舗装し，路盤が仕上がったあとは，路盤工，プライムコート，基層，タックコート，表層の順に施工を行います。

プライムコートにより，路盤の仕上がり面を保護し，その上のアスファルト混合物層との接着性を向上させます。

タックコートは，アスファルト混合物からなり，基層と表層の接着をよくするために施します。

シールコートは，アスファルト表層に散布し，薄い被膜を形成して水密性を高め，腐食や酸化を防ぎます。

排水性アスファルト舗装
透水性のある表層の下に不透水層を設けて，雨水が不透水層上を流下して速やかに排水され，路盤以下に浸透させない構造としたもの。

2 アスファルト舗装施工の注意点

フィラーは，石灰岩などを粉砕した砕石のことです。アスファルトと一体となり，混合物の安定性や耐久性を向上させます。舗装用のストレートアスファルトは，一般地域では主として**針入度60～80の範囲のものが使**用されます。アスファルト混合物の敷均し時にはフィニッシャーを用い，温度は**110℃を下限値**とします。舗装終了後の交通開放は，舗装表面の温度が**50 ℃以下**になってから行います。

アスファルト混合物の締固め作業
一般に継目転圧，初転圧，2次転圧，仕上げ転圧の順に行います。

チャレンジ問題！

問1　難　中　易

構内アスファルト舗装に関する記述として，最も不適当なものはどれか。

(1) アスファルト混合物の敷均し時の温度の下限値は，90℃である。
(2) 舗装に用いるストレートアスファルトは，一般地域では主として針入度が60～80の範囲のものを使用する。
(3) アスファルト混合物の締固め作業は，一般に継目転圧，初転圧，2次転圧，仕上げ転圧の順に行う。
(4) アスファルト舗装終了後の交通開放は，舗装表面の温度が50℃以下になってから行う。

解説

アスファルト混合物の敷均し時の下限値は，110℃です。

解答（1）

植栽

1 樹木の寸法

①樹高

樹高とは，樹木の樹冠の頂端から根鉢の上端までの垂直高をいいます。一部突出した枝および先端は含みません。

②幹周[※1]（幹回り）

樹木の幹の周長をいい，根鉢の上端より1.2 mの位置を測定します。

③枝張り（葉張り）

樹木の四方面に伸長した枝の幅をいい，測定方向により長短がある場合は，最長と最短の平均値とします。なお，一部突出した枝は含みません。

2 根回し

根回しとは，樹木の移植をする際の前準備の1つで，溝掘式と断根式があります。根回しの際は，できるだけ細根を残すように掘り下げます。

①溝掘式

溝掘式とは，幹の根元径の3～5倍程度の鉢径を定め，支持根となるべき太根を残して掘り下げる方式です。

②断根式

断根式とは，モッコク，キンモクセイ，サザンカなどの比較的浅根性，または非直根性の樹種に用いる方式です。

3 掘取り

掘取りとは，根回しの後に樹木を運搬するための準備作業をいい，移植後の樹木の枯れを防止するため，掘取りの前に枝抜きや摘葉を行います。運搬のために根巻きを行う場合，掘り取る際の根鉢の鉢径は，樹木の根元幹径の

3～5倍とします。樹木の掘取りにより根鉢側面に現れた根は，鉢に沿って鋭利な刃物で切断します。根巻きの際は，鉢土の崩れを防止するため，鉢の表面を縄やこもなどで十分に締め付けます。

※1
幹周
幹が2本以上の樹木の場合には，おのおのの周長の総和の70%をもって周長とします。

芝張り
法面の芝張りは，べた張りで，縦目地は通しません。

4 運搬・植付け

運搬に先立ち，移植後の樹木の幹からの水分の蒸散や幹焼けの防止，防寒などのために幹巻きを行います。

工事現場へ搬入後の樹木は，仮植えや保護養生してから植え付けるよりも，速やかに植え付けるほうがよいとされます。

チャレンジ問題！

問1 難 **中** 易

植栽工事に関する記述として，最も不適当なものはどれか。

(1) 樹木は工事現場搬入後，仮植えや保護養生してから植え付けるよりも，速やかに植え付ける方がよい。
(2) 幹周は，樹木の幹の周長をいい，根鉢の上端より1.2 mの位置を測定する。
(3) 断根式根回しは，キンモクセイ，サザンカなどの比較的浅根性または非直根性の樹種に用いる。
(4) 根巻きを行う場合，掘り取る際の根鉢の鉢径は，樹木の根元幹径の1.5倍とする。

解 説

根巻きは，樹木の根元幹径の3～5倍の鉢土を付け，縄やこもなどで覆います。

解答 (4)

積算

1 土工事

根切り作業上のゆとり幅は0.5 mを標準とし，山留め壁と躯体間の余幅は1.0 mを標準とします。根切りまたは埋戻しの土砂量は地山数量とし，掘削による増加，締固めによる減少は考慮しません。

根切りの数量の算出では，杭の余長による根切り量の減少はないものとします。

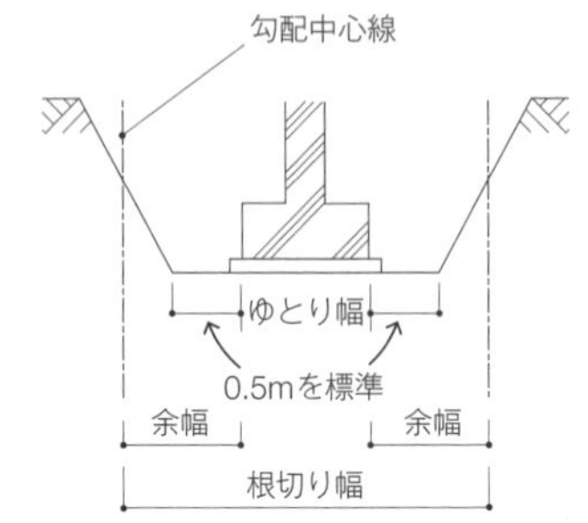

2 鉄骨工事

鉄骨の溶接長さは，種類に区分し，溶接断面形状ごとに長さを求め，隅肉溶接脚長6 mmに換算した延べ長さとします。

ボルト類のための孔あけ，開先加工，スカラップなどによる鋼材の欠除は，原則としてないものとします。

3 コンクリート工事

①鉄筋コンクリート工事

鉄筋のフープ（帯筋）の長さの算出では，柱のコンクリート断面の設計寸法による周長を鉄筋の長さとします。また，スタラップ（あばら筋）の長さの算出では，梁のコンクリート断面の設計寸法による周長を鉄筋の長さとします。圧接継手による鉄筋の長さの変化はないものとします。

コンクリートの数量の算出では，鉄筋および小口径管類によるコンクリートの欠除はないものとします。開口部の内法の見付面積が1か所当たり0.5 m^2以下の場合は，原則として，型枠の欠除はしません。

②鉄骨鉄筋コンクリート工事

鉄骨鉄筋コンクリート造におけるコンクリートの数量は，コンクリート中の鉄骨の体積分を差し引いたものとします。

積算
施工に先立ち設計図書に基づいて，その工事を完成するために必要な総工事費を推定・算出することです。

4 仕上げ工事

平場の防水層の数量の算出では，原則として躯体または準躯体の設計寸法による面積とします。設備器具類による各部分の仕上げの欠除が，1か所当たり0.5 m^2以下の場合，その欠除は原則としてないものとします。

仕上げの凹凸
間仕切り仕上げの凹凸が0.05 m以下のものは，原則として，凹凸のない仕上げとみなした面積とします。

チャレンジ問題！

問1　　難　**中**　易

数量積算に関する記述として，「公共建築数量積算基準（国土交通省制定）」上，誤っているものはどれか。

(1) 根切りの数量の算出では，杭の余長による根切り量の減少はないものとする。
(2) コンクリートの数量の算出では，鉄筋及び小口径管類によるコンクリートの欠除はないものとする。
(3) スタラップ（あばら筋）の長さの算出では，梁のコンクリート断面の設計寸法による周長にフック相当部分を加えた長さとする。
(4) 平場の防水層の数量の算出では，原則として躯体または準躯体の設計寸法による面積とする。

解説

スタラップは，梁のコンクリートの断面の設計寸法による周長を，鉄筋の長さとします。

解答（3）

契約約款

1 公共工事標準請負契約約款

公共工事標準請負契約約款とは，建設業法により中央建設業審議会が作成し，官公庁などにその実施を勧告している約款のことです。以下，約款の抜粋を示します。

①一括委任又は一括下請負の禁止（第6条）

受注者は，工事の全部若しくはその主たる部分又は他の部分から独立してその機能を発揮する工作物の工事を一括して第三者に委任し，又は請け負わせることができません。

②特許権等の使用（第8条）

受注者は，特許権，その他第三者の権利の対象となっている施工方法等を使用するときは，原則として，その使用に関する一切の責任を負わなければなりません。

③現場代理人及び主任技術者等（第10条第2項）

現場代理人は，契約の履行に関し，工事現場に常駐し，その運営，取締りを行うほか，請負代金額の変更及び請求，受領，受理，決定及び通知並びに契約の解除に係る権限を除き，この契約に基づく受注者の一切の権限を行使することができます。

④工事用地の確保等（第16条第1項）

発注者は，工事用地その他設計図書において定められた工事の施工上必要な用地を，受注者が必要とする日までに確保しなければなりません。

⑤条件変更等（第18条第1項）

受注者は，工事の施工に当たり，設計図書に示された施工条件と実際の工事現場が一致しないことを発見したときは，その旨を直ちに監督員に通知し，その確認を請求しなければなりません。

⑥賃金又は物価の変動に基づく請負代金額の変更（第26条第1項）

発注者又は受注者は，工期内で請負契約締結の日から12月を経過した後に，賃金水準又は物価水準の変動により請負代金額が不適当となったと認めたときは，相手方に対して請負代金額の変更を請求することができます。

⑦一般的損害（第28条）

工事目的物の引渡し前に，工事目的物又は工事材料について生じた損害その他工事の施工に関して生じた損害については，受注者がその費用を負担します。

⑧第三者に及ぼした損害（第29条第2項）

工事の施工に伴い通常避けることができない騒音，振動，地盤沈下，地下水の断絶等の理由により第三者に損害を及ぼしたときは，発注者がその損害を負担しなければなりません。

⑨検査及び引渡し（第32条第2項）

発注者は，工事の完成を確認するために必要があると認められるときは，その理由を受注者に通知し，工事目的物を最小限度破壊して検査することができます。

⑩部分使用（第34条第1項）

発注者は，引渡し前に，工事目的物の全部又は一部を受注者の承諾を得て使用することができます。

⑪契約不適合責任（第45条）

発注者は，引き渡された工事目的物が契約不適合であるときは，受注者に対し，目的物の修補又は代替物の引渡しによる履行の追完を請求することができます。

⑫発注者の催告による解除権（第47条）

発注者は，受注者が正当な理由なく，工事に着手すべき期日を過ぎても工事に着手しないときは，契約を解除することができます。

発注者は，受注者が設計図書に定める主任技術者若しくは監理技術者を設置しなかったときは，契約を解除することができます。

工事材料の品質及び検査等（第13条第2項）
設計図書において監督員の検査を受けて使用すべきものと指定された工事材料の当該検査に直接要する費用は，受注者の負担とします。

工事材料の品質及び検査等（第13条第5項）
検査の結果不合格と決定された工事材料は，受注者が所定の期日以内に工事現場外に搬出しなければなりません。

受注者の請求による工期の延長（第22条第1項）
受注者は，その責めに帰すことができない事由により工期内に工事を完成することができないときは，その理由を明示した書面により，発注者に工期の延長変更を請求可能です。

発注者の請求による工期の短縮等（第23条第1項）
発注者は，特別の理由により工期を短縮する必要があるときは，工期の短縮変更を受注者に請求可能です。

⑬受注者の催告によらない解除権（第52条）

受注者は，発注者が設計図書を変更したために請負代金額が$\frac{2}{3}$以上減少したときは，契約を解除することができます。

⑭火災保険等（第58条）

受注者は，工事目的物及び工事材料等を設計図書に定めるところにより火災保険，建設工事保険その他の保険に付さなければなりません。

チャレンジ問題！

問1　難　中　易

請負契約に関する記述として，「公共工事標準請負契約約款」上，誤っているものはどれか。

(1) 発注者又は受注者は，工期内で請負契約締結の日から6月を経過した後に，賃金水準又は物価水準の変動により請負代金額が不適当となったと認めたときは，相手方に対して請負代金額の変更を請求することができる。

(2) 発注者は，受注者が設計図書に定める主任技術者若しくは監理技術者を設置しなかったときは，契約を解除することができる。

(3) 受注者は，発注者が設計図書を変更したために請負代金額が$\frac{2}{3}$以上減少したときは，契約を解除することができる。

(4) 発注者は，工事の完成を確認するために必要があると認められるときは，その理由を受注者に通知して，工事目的物を最小限度破壊して検査することができる。

解　説

発注者又は受注者は，工期内で請負契約締結の日から12月を経過した後に，賃金水準又は物価水準の変動により請負代金額が不適当となったと認めたときは，相手方に対して請負代金額の変更を請求することができます。

解答（1）

第一次検定

第2章

建築施工

第2章  建築施工

CASE 1

躯体工事

まとめ & 丸暗記　この節の学習内容とまとめ

□ 一軸圧縮試験：円柱状の供試体に側圧を受けない状態で最大圧縮応力を求める試験。粘性土のせん断の強度と剛性を求めることができるが，砂質土には適さない

□ 水平震度　：地震による水平方向の振動に対する震度のこと。地震力を震度法により静的水平力として構造計算する場合，0.2とする

□ ヒービング：軟弱な粘性土地盤の掘削時，山留め壁の背面土のまわり込みにより掘削底面の土が盛り上がる現象

□ セメントミルク工法：
アースオーガーにより杭孔を掘削し，既製杭を建て込む工法。掘削時の，アースオーガーヘッドは回転させながら地中に穴を掘るもので，掘削径は杭径より10 cm程度大きくする

□ 梁の主筋の重ね継手の位置：
鉄筋継手が隣り合う時の中心位置は，重ね継手長さの約0.5倍または1.5倍以上ずらす

□ せん断孔あけ：ボルト，アンカーボルト，鉄筋貫通孔の孔あけは，鋼材の板厚が13 mm以下の場合，せん断孔あけとすることができる

□ コンクリートの圧入工法：
コンクリートポンプなどの圧送力を利用して，型枠の下から上へコンクリートを圧入する方法

地盤調査

1 地盤調査とは

地盤調査とは，建築物の設計や工事計画の立案にあたって，建築予定地の地層，土質，地下水の状況や地耐力などを調査することで，以下の方法があります。

①ボーリング調査

掘削用機械によって地中に穴をあけ，地層各深さの土を採取して，地層の構成を調査する方法です。建物下の地盤状況を調べる場合や，杭を打つ場合にどれくらいの深度まで根入れが必要なのかを調べます。

ボーリング調査では，ロータリー式がよく使われる手法で，ボーリングロッドの先端にコアチューブビットを取り付けて，高速回転させて掘り進めます。

②標準貫入試験

標準貫入試験とは，地盤の硬軟，相対密度などを調べる試験で，比較的規模の大きい建築物の場合に採用されます。ロッドの先にサンプラーを取り付けてボーリング孔の中に入れ，重さ63.5±0.5 kgのハンマーを高さ76±1 cmから自由落下させ，サンプラーを30 cm打ち込むのに要する打撃回数（N値）を測定します。試験後は試料の採取が可能です。

③平板載荷試験

平板載荷試験とは，基礎を設置する深さまで地盤をならした後に，直径30 cm，厚さ25 mmの載荷板を設置し，ジャッキで直接荷重を加えて沈下量を測定することで，地盤の変形，支持力を調べます。載荷板直径の1.5～2.0倍の深さまで支持力を計測することが出来ます。

ハンドオーガーボーリング
浅い深さの調査に適していて，粘性土や砂質土で深度5 mくらいまで調査することができます。

孔内水平載荷試験
ボーリング孔を使い，地盤の強度と変形特性を求めることができます。

地盤常時微動測定
地盤の卓越周期と増幅特性を推定することができます。

電気検層
ボーリング孔近傍の地層の変化を調査することができます。

現場透水試験
事前の調査ボーリング孔を利用し，人工的に水位差を発生させ，水位の回復状況により透水係数を求めることができます。

粒径加積曲線
粒度試験の結果で求められ，透水係数の推定に用いられます。

④スウェーデン式サウンディング試験

戸建住宅向けなどの地盤調査で，土地の硬軟，土層構成などを調べます。まず，ロッドの先端にスクリューポイントを取り付け，基準面に設置した底板を通して，上から荷重をかけ，貫入量を計測します。次に，荷重をかけたままの状態で，スクリューを回転させ，一定の長さを貫入させるのに要する半回転数を測定します。

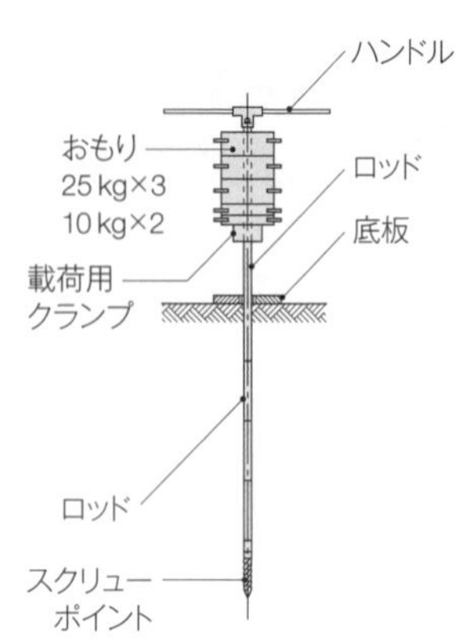

2 土の分類

地盤調査で調べる土には種類があり，土を構成している土粒子の粒径によって性質が変わります。

①土の粒度区分

礫（れき）＞砂＞シルト＞粘土

②粒度試験

粒度試験とは，土を構成する土粒子の粒径の分布を求める試験です。粒度試験の結果で求められる粒径から，透水係数の概略値を推定したり，細粒分含有率などの粒度特性を求めることができます。

粒度試験のうち液性限界試験，塑性限界試験の結果は，土の物理的性質の推定や塑性図を用いた土の分類に利用されます。

③圧密試験

圧密試験とは，供試体に荷重を加え，その圧縮状態から土の沈下特性を求める試験で，粘性土地盤の沈下量や沈下時間などを把握するために行います。

④一軸圧縮試験

円柱状の供試体に側圧を受けない状態で最大圧縮応力を求める試験で

す。粘性土のせん断強度と剛性を求めることができますが，砂質土には適しません。

⑤三軸圧縮試験

円柱状の供試体に拘束圧を作用させた状態で，原位置の状態に近い条件で圧縮強さを調べるものです。粘性土のせん断強度，粘着力，内部摩擦角を求めることができます。

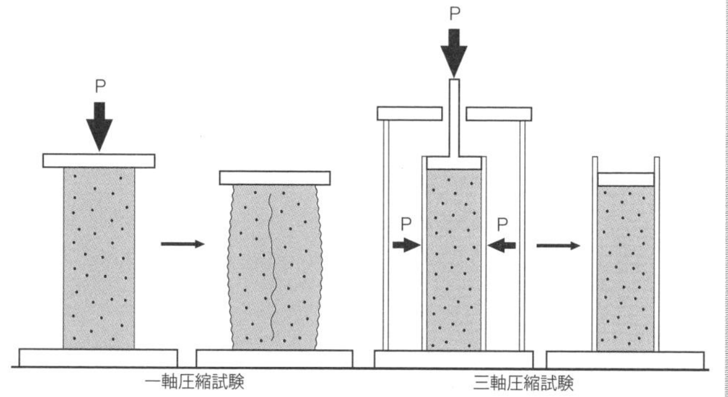

地下水調査
被圧地下水位の測定は，ボーリング孔内において自由地下水および上部にある帯水層を遮断して行います。自由地下水位の測定は，ボーリング時に清水掘りにより比較的精度よく行うことができます。

揚水試験
地盤の透水性を調べる試験です。最初の水位，各時間での揚水量および水位を測定します。

チャレンジ問題！

問1 難 **中** 易

土質試験に関する記述として，最も不適当なものはどれか。

(1) 粒度試験により，細粒分含有率等の粒度特性を求めることができる。
(2) 液性限界試験および塑性限界試験により，土の物理的性質の推定や塑性図を用いた土の分類をすることができる。
(3) 三軸圧縮試験により，粘性土のせん断強度を求めることができる。
(4) 圧密試験により，砂質土の沈下特性を求めることができる。

解説

圧密試験で求めることができる沈下特性は，砂質土ではなく粘性土です。

解答（4）

仮設工事

1 共通仮設工事

共通仮設工事とは，仮囲い，現場事務所，詰所，資材置き場[※1]など，着工前に設置され，工事終了後には撤去される仮設物の工事のことです。

①仮囲い

仮囲いとは，工事現場の周囲に，地盤面から1.8 m以上の板塀などを設けることです。木造の建築物で高さが13 mもしくは軒の高さが9 mを超えるものや，木造以外の2階建て以上の場合に設置されます。ただし，工事現場の周辺や工事の状況により危害防止上支障がない場合は設けなくてもよいです。

仮囲いに設ける通用口の扉は，歩道の通行人の安全を確保するため，施錠できる引き戸，または内開きとし，工事に必要がない限り閉鎖します。

鉄筋コンクリート造の工事の場合，ゲートの有効高さは，空荷時の生コン車が通過できる高さとします。

②仮設事務所・作業員詰所

現場に設ける工事用の仮設事務所は，強度や防火性能を満足した上で，経済性や転用性も重視します。

事務所内の施工者用事務室と監理者用事務室は，両事務所の職員同士の打合せや，相互の行き来しやすい配置とします。同一建物内でそれぞれ独立して，設けるとよいです。

作業員詰所は，大部屋方式のほうが，火災防止，整理整頓，異業種間のコミュニケーションが図れ，衛生管理がしやすいです。

③便所[※2]

作業員の仮設男性用小便所の箇所数は，同時に就業する男性作業員30人以内ごとに1個以上を設置する計画とし，大便所の便房の数は，同時に就業する作業員60人以内ごとに，1個以上設置する計画とします。

2 直接仮設工事

直接仮設工事とは，縄張り，遣方[※3]，墨出し，乗入れ構台，足場など，工事に直接的に関係する仮設工事をいいます。

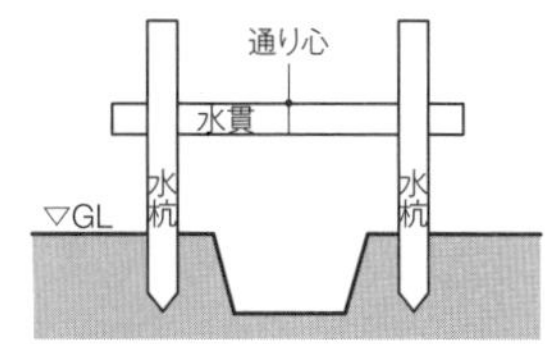

①ベンチマーク

ベンチマークとは，建物の位置と高さの基準となり，原則として，2か所以上設置します。

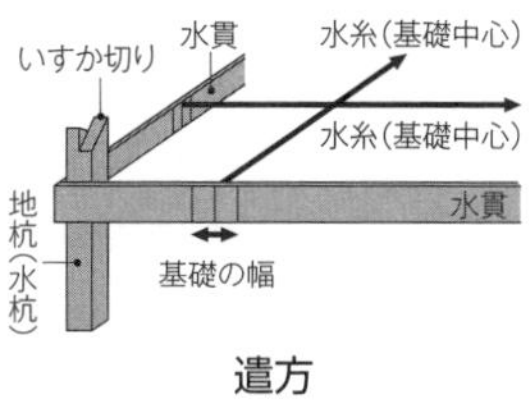

遣方

②墨出し

墨出しとは，コンクリート面に柱心，壁心，仕上げ面の位置などを表示することをいい，墨出しした建物軸線の基準を基準墨といいます。

実際の施工では，壁や柱の中心が基準の場合が多く，墨出しが困難な場合が多いので，床面の通り心などの基準墨は，一般に1m離れた位置に返り墨（逃げ墨）を設けます。また，建物四隅の基準墨の交点を上階に移す場合，床面に開口を設け，下げ振りなどで移します。また，鉄骨鉄筋コンクリート造では，一般に鉄骨柱を利用して躯体工事用の基準高さを表示し，これによりレベルの墨出しを行います。

③乗入れ構台

乗入れ構台とは，作業構台の1つで，掘削機械，残土搬出用トラックおよびコンクリート工事用の生コン車

ハンガー式門扉
ゲートに設置するハンガー式門扉は，重量と風圧を軽減するため，上部に網を張ります。

仮囲いのすき間
鋼板製仮囲いの下端に生じたすき間は，木製の幅木や，コンクリートなどで塞ぎ，すき間のない構造とします。

※1
資材置き場
塗料や溶剤などの保管場所は，施錠や換気が必要です。溶接に使用するガスボンベ類の貯蔵小屋の壁は，1面を開口とし，他の3面は上部に開口部を設けます。

※2
女性作業員用の仮設便房数
同時に就業する女性作業員20人以内ごとに1個を設置します。

※3
遣方
建築物の位置や柱心，壁心などを示すための仮設物をいいます。

仕上げ部材の墨出し
仕上げ部材を取り付けるための墨は，基準墨を基準として墨出しを行います。

などを導入するための仮設台です。地下工事期間中に行われる根切り工事やコンクリート工事などで使用されます。

乗入れ構台の**支柱の位置**は，基礎，柱，梁および耐力壁を避け，**3〜6 m程度の間隔**とし，使用する施工機械，車両の配置を考慮して位置を決める必要はありません。また，支柱と山留めの切梁支柱は，荷重に対する安全性を確認した上で**兼用**することができます。

乗入れ構台の**高さ**は，躯体コンクリート打設時に，大引下の1階床面の均(なら)し作業ができるように考慮し，大引下端が床スラブ上端より**20〜30 cm**高く設定します。

※4乗入れ構台の幅は，車の通行を**2車線**とする場合，幅を**6 m**とし，車両動線を**一方通行**とする場合，幅を**4 m**とします。

乗入れ構台に曲がりがある場合，**車両の回転半径**を検討し，コーナー部の所要寸法を考慮して構台の**幅員を決定**します。また，乗入れ構台の幅が狭いときは，交差部に車両が曲がるための**隅切り**を設けることができます。

乗込みスロープは，乗入れ構台への車両の出入りに支障がないようにするため，勾配は一般に $\frac{1}{10}$ 〜 $\frac{1}{6}$ 程度とします。出入口が近く，乗込みスロープがどうしても躯体に当たる場合は，その部分の躯体は後施工とします。

乗入れ構台の大引材や根太(ねだ)材の構造計算は，強度検討のほかに，たわみ量についても検討します。

地下立上がり部の躯体にブレースが当たる場合，支柱が貫通する部分の床開口部にくさびを設けて支柱を拘束し，ブレースを撤去することができます。また，乗入れ構台の各段の水平つなぎとブレースは，各段階の根切りにおいて，可能となった段階で設置し，構造上安全な状態にしてから使用し，まとめて取り付けてはいけません。

地震力を震度法により静的水平力として構造計算する場合，水平震度を**0.2**とします。

④単管足場

鋼管を緊結金具や継手金具によって組み立てた足場を単管足場といいます。

建地の間隔は，けた行方向を**1.85 m以下**，梁間方向を**1.5 m以下**とします。また，壁つなぎの間隔は，垂直方向**5 m以下**，水平方向**5.5 m以下**とします。地上第一の布の高さは，2 m以下とします。

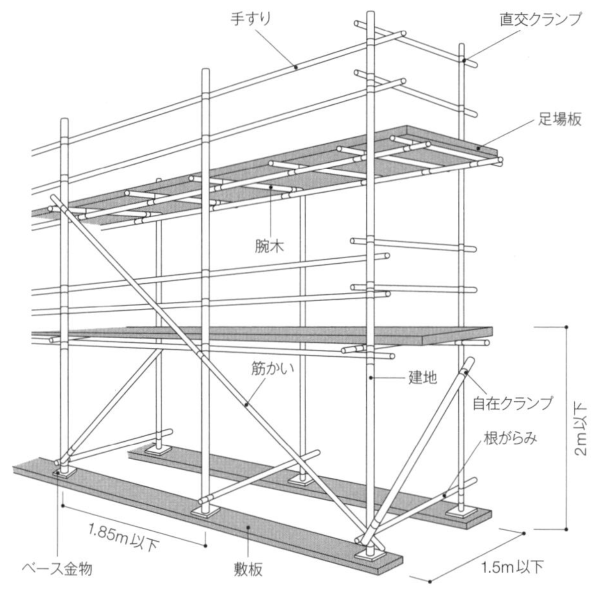

単管足場

単管足場の建地間の積載荷重は，400 kg以下とし，見やすい位置に表示します。建地の最高部から測って31 mを超える部分は，鋼管を2本組とします。

⑤移動式足場（ローリングタワー）

脚部にキャスターを付け，移動が自由に行えるようにした足場で，控枠（アウトリガー）※5を設けない場合の移動式足場の高さ（H）と幅（L）は，$H \leqq 7.7 \times L - 5$により求められます。

⑥枠組足場

工場生産の鳥居形建枠と布枠を主体として，筋かいで固めて組み立てられた足場を枠組足場といいます。

高さが20 mを超える枠組足場の主枠は，高さ2 m以下，かつ主枠間の間隔は，1.85 m以下とします。壁つなぎ，または控えの間隔は，垂直方向9 m以下，水平方向8 m以下とします。

※4

乗入れ構台の幅

クレーン能力50 t級のラフテレーンクレーンを使用するため，旋回半径を考慮し，乗入れ構台の幅を8 mとします。

荷受け構台

材料を各階に搬入するための仮設の架台で，作業荷重は，自重と積載荷重の合計の10 %とします。また，荷受け構台への積載荷重の偏りは，構台全スパンの60 %にわたって荷重が分布するものと仮定して検討します。

※5

移動式足場のアウトリガー

作業中の移動式足場の転倒を防ぐために，足場から外に張り出して設けられた支柱のこと。

足場の作業床

高さ2 m以上の作業場所には，原則として作業床を設ける必要があります。床材と建地とのすき間を12 cm未満とし，作業床は，幅を40 cm以上，床材間のすき間を3 cm以下とします。

最上層および5層以内ごとに水平材を設け，使用高さは，通常使用の場合45 m以下とします。

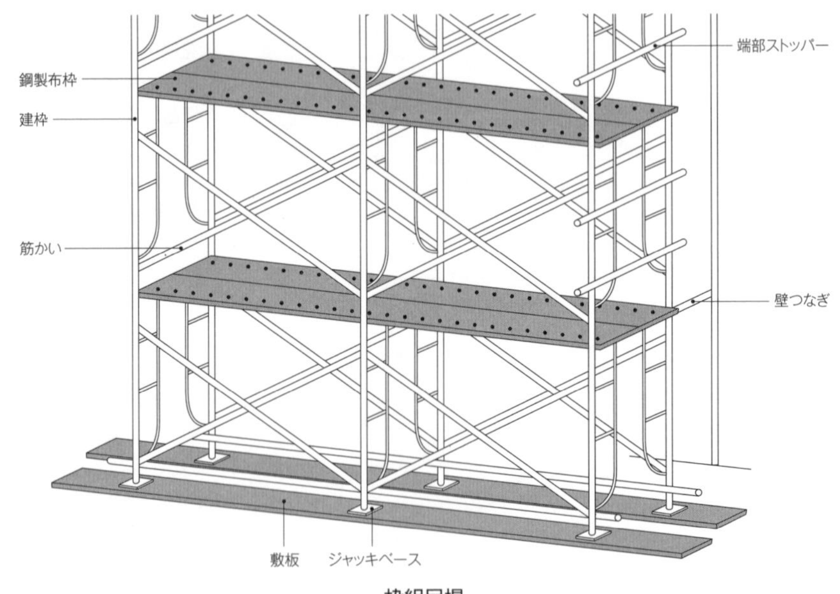

枠組足場

⑦昇降設備

高さ，または深さが1.5 mを超える箇所で作業を行う場合，昇降するための設備を設けます。

⑧防護棚（朝顔）

防護棚とは，落下物を防止するために，足場の途中に設けられる棚のことで，地盤面からの高さ10 m以上の場合は1段以上，20 m以上の場合は，2段以上設置します。外部足場の外側から水平距離で2 m以上突き出し，水平面となす角度を20度以上とします。歩道防護構台を水平距離で2 m以上設けた場合，最下段の防護棚は省略できます。防護棚の敷板の厚さは，木板の場合，30 mm程度，鋼板の場合は1.6 mm以上とします。

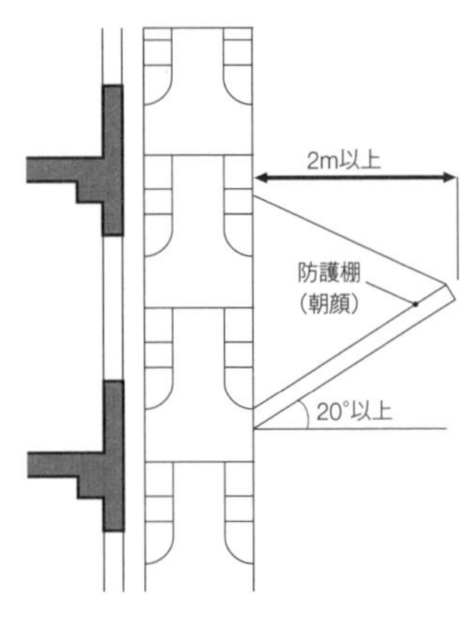

⑨架設通路（登り桟橋）

架設通路の勾配は30度以内とし，踏桟（滑り止め）を設けます。ただし，階段式または高さが2 m未満で丈夫な手掛けを設けたものは，勾配が30度を超えることができます。墜落や落下防止のため，85 cm以上の手すりおよび高さ35 cm以上50 cm以下の中桟を設けます。高さ8 m以上の階段には，7 m以内ごとに踊場を設けます。

⑩棚足場

棚足場は，作業用の床を設けた足場のことで，単管を用いた棚足場の組立てにおいて，3層3スパン以内ごとに水平つなぎ，斜材などを設け一体化します。

つり足場
作業床が上部からつり下げられた足場のことで，作業床は幅を40 cm以上とし，すき間がないようにします。また，作業床のすき間を3 cmとした場合，作業床の下方にネットなどの墜落や落下防止設備が必要です。
つり足場の上で，さらに脚立やはしごなどを用いての作業はできません（二重足場の禁止）。

チャレンジ問題！

問1　難｜中｜易

乗入れ構台の計画に関する記述として，最も不適当なものはどれか。

(1) 構台の高さは，大引下端を1階スラブ上端より30 cm上になるようにした。

(2) 地震力を震度法により静的水平力として構造計算する場合，水平震度を0.1とした。

(3) 構台に曲がりがある場合，車両の回転半径を検討し，コーナー部の所要寸法を考慮して構台の幅員を決定した。

(4) 地下立上り部の躯体にブレースが当たるので，支柱が貫通する部分の床開口部にくさびを設けて支柱を拘束し，ブレースを撤去した。

解説

地震力を震度法により静的水平力として構造計算する場合，水平震度を0.2とします。

解答（2）

土工事・山留め工事

1 土工事

土工事とは，敷地造成，基礎，地下構造体の構築のために地盤を掘削し，構築後に再び周辺部を所定の地盤高さに埋め戻す工事です。根切り，すき取り，床付け，排水，山留め，埋戻し，盛土，残土処分などが含まれます。

2 根切り

根切りとは，建築物の基礎や地下構造物をつくるために，地盤を30 cm以上掘削することをいい，**総掘り**[※6]，**つぼ掘り**[※7]，**布掘り**[※8]などがあります。

砂からなる地山を手掘りとする場合は，法面の勾配は**35度以下，5 m未満**にする必要があります。

3 床付け

地盤の掘削が所定の深さまで達することをいいます。**礫や砂質土**において，床付け面を乱した場合，ローラーなどによる転圧や締固めを行い，シルトや**粘性土**においては，礫や砂質土に置換したり，セメント，石灰などによる**改良が必要**です。床付け地盤が凍結した場合は，凍結した部分を良質土と**置換**する必要があります。

4 埋戻し・盛土

埋戻し土は，水締めなど締固めが行いやすい**砂質土**(均等係数が大)が適しています。締固めで機械を使う場合は，盛土材料にばっ気または**散水**を行い，含水量を調節することがあります。盛土材料は，敷均し機械によって均等，かつ，一定の厚さに敷均してから締固めを行わないと，将来盛土自体の不同沈下の原因となることがあります。

粘性土を埋戻しに使用する場合，埋戻し厚さ30 cmごとにランマーで締め固めながら行い，余盛りは砂質土の場合より大きくします(10～15 cm程度)。

5 排水の方法

工事中に発生する地下水，雨水溜まり水，外部からの流入水を排水・止水する目的とし，次の工法があります。

①釜場工法

根切り部への浸透水や雨水を，根切り底面に設けた釜場に集め，ポンプで排水する重力排水工法の1つです。安定性の低い地盤での湧き水に対しては，ボイリングを発生させ地盤を緩めることがあるので，適しません。

②ウェルポイント工法

真空ポンプを利用して地下水などを揚水する工法です。透水性の高い粗砂層から透水性の低いシルト質細砂層までの地盤に用いられ，ボイリング現象を防止することができます。隣接地の地盤沈下や井戸の水位低下，井戸枯れを起こすことがあり，排水の打切りにより，地下構造物を浮き上がらせることがあります。シルト層，細砂層に適し，粗砂や礫の地層には適しません。

③ディープウェル工法（深井戸工法）

深井戸を設置し，地下水を水中ポンプで強制排水する工法で，透水性の高い砂層や砂礫層の地下水位を低下させる場合に用いられます。地下水の排水量は，初期のほうが安定期よりも多いです。

④リチャージ工法

土工事で地下水を汲み上げて工事を行い，その水を

※6

総掘り

べた基礎や地下構造物をつくるために，建築物の底面全体を根切りすることを総掘り（べた掘り）といい，1 m程度，山留めとの間隔をとります。

※7

つぼ掘り

独立基礎などをつくるために，基礎の形状に合わせて穴状や角形に根切りすることです。

※8

布掘り

布基礎のような連続した基礎をつくるために，基礎の位置に沿って連続的に根切りすることです。基礎幅から300～600 mmを掘削範囲とします。

止水工法

掘削場内への地下水の流入を山留め壁や薬液注入などにより遮断する工法です。

再び地中に戻す工法です。排水に伴う周辺の井戸枯れや地盤沈下などの防止に有効ですが，水質が問題になることがあります。

6 地盤の異常

根切り作業の際に，次のような異常現象が発生する場合があります。

①ヒービング

軟弱な粘性土地盤の掘削時に，山留め壁の背面土のまわり込みにより掘削底面の土が盛り上がってくる現象をいいます。軟弱地盤のヒービング対策としては，大きな平面を分割して掘削を行い，順次コンクリートなどで固めてから次の部分の掘削を行ったり，根切り土の山留め壁に近接した背面上部の土を減らし，荷重を減らしたり，山留め壁の根入れを深くする方法などがあります。

②盤ぶくれ

掘削底面やその直下に難透水層があり，その下にある被圧地下水により掘削底面が持ち上がる現象をいいます。盤ぶくれを防止するために，ディープウェル工法で地下水位を低下させたり，止水性の高い山留め壁を被圧帯水層以深の不透水層まで根入れするなどの方法があります。

③ボイリング

地下水位の浅い砂質土地盤で起こりやすく，掘削底面付近の砂地盤に上向きの水流が生じ，砂が持ち上げられ，掘削底面が破壊される現象をいいます。ボイリングの発生防止のために，周辺井戸の井戸枯れや軟弱層の圧密沈下を検討し，ディープウェル工法で地下水位を低下させたり，止水性の高い山留め壁の根入れを深くし，動水勾配を減らしたりするなどの方法があります。

7 山留め工事

山留めとは，根切りによる周囲の地盤の崩壊を防ぐことで，次のような工法があります。

①親杭横矢板工法

親杭横矢板工法は，一定の間隔で親杭を地面に鉛直に打ち込み，横矢板を親杭の中に横に差し込んで，山留め壁とする工法です。比較的硬い地盤に対して，工費が安いためによく用いられますが，木製の板を使うため，止水性はありません。水圧も受けず，支保工に有利ですが，軟弱地盤やヒービングを起こす地盤には適しません。間隔保持材を用いたガイド定規，建込み定規を用いて，親杭の杭心位置の精度を確保します。腹起しと親杭の間に裏込め材を設置し，山留め壁からの水平荷重を均等に受けられるようにします。

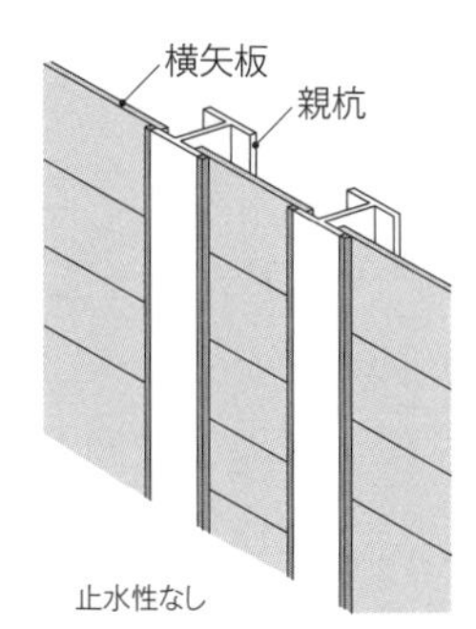

②ソイルセメント柱列山留め壁工法※9

現場の土と適量のセメントとを必要な水で混合し，柱列状の山留め壁に造成した後，シートパイルやH形鋼，I形鋼を挿入する工法で，地下水位が高い地盤や軟弱な地盤に適した工法です。泥水処理は不要です。

ソイルセメントは，止水の役目と山留め壁の構造材の一部として使用される場合があります。また，ソイルセメントの硬化不良部分は，モルタル充填や背面地盤への薬液注入などの処置を行います。

8 山留め支保工の種類・取付け・計測等

山留め支保工とは，山留め壁の崩壊を防止するための，腹起しや切梁などの総称をいい，次のような工法があります。

クイックサンド
砂質土のように透水性の高い地盤で，地下水の上向きの浸透力が砂の有効重量より大きくなり，砂粒子が水中で浮遊する状態のこと。

パイピング
水位差のある砂質地盤中の地下水が地盤内で水みちを作り，水の噴出が起きる現象のこと。

法付けオープンカット工法（山留め工事）
根切りの周囲に傾斜を付けて地盤を掘削する工法です。また，法面保護をモルタル吹付けで行った場合，水抜き孔が必要です。

※9
ソイルセメント柱列山留め壁の留意点
セメント系注入液と混合かく拌する原位置土が粗粒土になるほど，ソイルセメントの一軸圧縮強度が大きくなります。多軸のオーガーで施工する場合に，N値50以上の地盤などは，先行削孔併用方式を採用します。掘削土が粘性土の場合は，砂質土と比較して掘削かく拌速度を遅くします。

①水平切梁工法

根切りを行う部分の周囲に矢板を打ち込み，総掘りを行いながら腹起しを当て，切梁を水平面に格子状に組み，山留めを行う工法です。

②逆打ち工法

地階のある建築物などで，上層部から下層部へと段階的に掘削し，コンクリートを打ち下げていく工法で，不整形な平面形状などにも適用できます。**地上と地下の工事を並行して施工する場合，工期短縮につながり，騒音や粉じん**などの周辺環境への影響も少ないです。

③地盤アンカー工法（アースアンカー工法）

壁の背面の地山にアンカーを設け，アンカーに腹起しを緊結して山留め壁を受ける方法です。**根切り内の空間が開放**され，施工の利点が大きいです。敷地の高低差が大きく，山留めにかかる側圧が**偏土圧**となる場合の処理に適しています。

④山留め支保工の取付け

水平切梁工法における腹起しの継手位置は，切梁と火打梁との間または切梁に近い位置に割り付けます。

プレロード工法は，掘削の初期段階から順次切梁に油圧ジャッキで圧力をかけ山留め壁を外側へ押え付け，周囲の地盤沈下を防止する工法です。油圧ジャッキの加圧力は，設計切梁軸力の50～80％程度で，切梁交差部の締付けボルトを緩めた状態で行います。

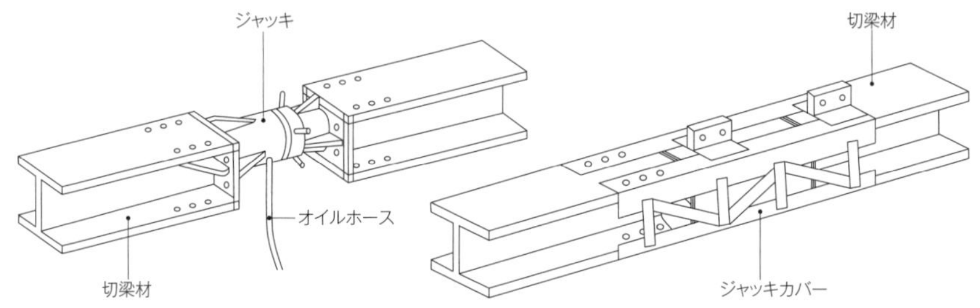

⑤山留め支保工の計測・管理・点検

地盤の沈下を計測するための**基準点**は，沈下などの影響を受ける可能性がない場所に設けます。

切梁にかかる軸力を計測する油圧式荷重計は，切梁の中央部を避け，火打梁との交点に近い位置に設置します。山留め壁の頭部の変位を把握するために，トランシットやピアノ線を用いて計測し，H形鋼を用いた切梁の軸力を計測するためのひずみ計は，2台を1組としてウェブに設置します。

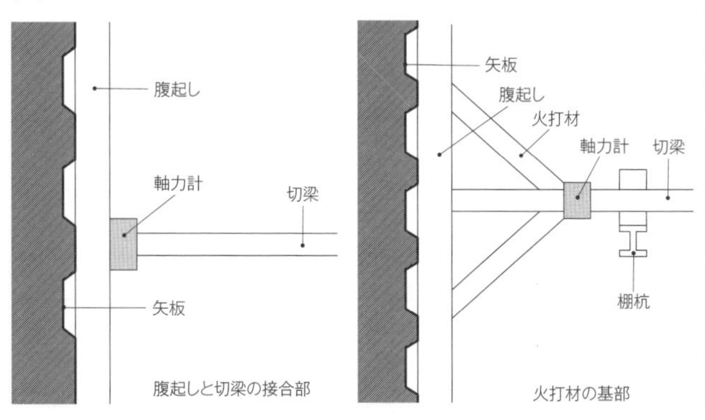

腹起しと切梁の接合部　火打材の基部

鋼矢板工法（シートパイル）（山留め工事）
鋼製で，特殊な断面形状の矢板を，連続して鉛直に打ち込み，山留め壁とする工法です。水密的で強度も大きく，打込みが容易です。透水性の大きい砂質地盤に適しています。
鋼矢板の許容応力度の数値は，新旧関係ありません。

チャレンジ問題！

問1　難　中　易

土工事に関する記述として，最も不適当なものはどれか。

(1) 根切り底面下に被圧帯水層があり，盤ぶくれの発生が予測されたので，ディープウェル工法で地下水位を低下させた。
(2) ボイリング対策として，周辺井戸の井戸枯れや軟弱層の圧密沈下を検討し，ディープウェル工法で地下水位を低下させた。
(3) 床付け地盤が凍結したので，凍結した部分は良質土と置換した。
(4) ヒービングの発生が予測されたので，ウェルポイントで掘削場内外の地下水位を低下させた。

解説

ウェルポイント工法で防止できるのは，ボイリングです。

解答（4）

基礎・地業工事

1 基礎・地業

建築物の基礎とは，上部構造からの荷重を地盤に伝える下部構造の総称です。地業は，構造物の基礎構造のうち，もとの地盤に対して基礎工事を行った部分です。

2 既製杭の打込み工法

①打撃工法（直打ち工法）

[※10]ドロップハンマーや[※11]ディーゼルハンマーなどを用いて，杭を地中に打ち込む形式で，騒音や振動が大きくなります。

②プレボーリング併用打撃工法

スクリューオーガーを回転させながら地中に穴を掘るアースオーガーで一定深度まで掘削した後，杭を建て込んで打撃により支持層に打ち込む工法です。騒音や振動が軽減されます。

③杭の打ち込み順序

なるべく群の中心から外側へ向かって杭の打込みを進めます。

3 既製杭の埋込み工法

①[※12]セメントミルク工法（プレボーリング工法）

アースオーガーによりあらかじめ杭孔を掘削し，その後，[※13]既製杭を建て込む工法で，セメントミルク工法が代表的です。

セメントミルク工法における杭の設置は，根固め液（セメントミルク）注入の後に，圧入または軽打によって杭を根固め液中に貫入させます。アースオーガーヘッドの掘削径は，杭径より10 cm程度大きくします。アースオーガーは掘削時および引上げ時とも孔壁の崩落を考慮し，正回転とし，引き上げる際には，負圧によって地盤を緩めないよう行います。杭の自重だけでは埋設が困難な場合は，杭の中空部に水を入れて重量を増し，安定させることもあります。

根固め液の強度試験用供試体の養生は標準養生[※14]とし，根固め液の4週強度は20 N/mm^2，杭周固定液（セメントミルク）は0.5 N/mm^{2}以上とします。

先端が開放されている杭を打ち込む場合，杭体内部への土や水の流入が原因で杭体が損傷することがありますので，原則として先端閉塞杭を用います。

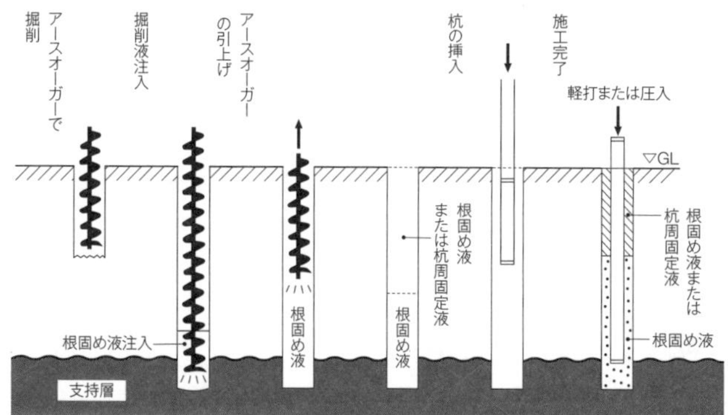

セメントミルク工法（プレボーリング工法）

②中掘り工法

中掘り工法とは，杭の中空部にオーガーを通し，オーガーによる地盤の掘削と杭の打設とを同時に行います。掘削しながら，杭の中空部から排土します。

中掘り工法では，砂質地盤の場合，先掘り長さを杭径よりも少なくし，杭径以内に調整します。

③回転貫入工法（回転根固め工法）

杭の先端部にオーガーヘッド兼用の特殊掘削ビットを取り付け，杭を回転させ，掘削液を噴出させながら圧入する工法で，先端は根固め液により杭を定着させます。

※10
ドロップハンマー
重量物を杭頭に落下させて杭を打ち込む機械のこと。

※11
ディーゼルハンマー
ディーゼルエンジンの爆発圧力を利用して，杭を連続的に打ち込む機械のこと。

※12
セメントミルク
セメントと水を練り混ぜてできたミルク状のものです。

※13
既製杭
大きく分けて，既製コンクリート杭と鋼杭があります。

プレボーリングの根入れ部分
打込みや圧入により設置するか，根固め液の注入などを行います。良質砂による埋戻しだけでは不十分です。

※14
標準養生
モルタルやコンクリートを20 ℃前後の水中または湿度100 %に近い空気中に保持した養生をいいます。

●既製コンクリート杭の作業上の注意点

荷降ろしのため杭をつり上げるときは，安定するよう杭の両端から杭の長さの$\frac{1}{5}$の位置付近に2点で支持します。

杭は，なるべく群の**中心から外側**へ向かって打込みを進めます。外側から中心に向かって打ち込むと地盤が締まって，打込みが困難です。

杭を接合する場合，接合する上杭と下杭の軸線が一致するように上杭を建て込みますが，下杭が傾斜していると，**継手部分で修正して上杭を鉛直に建て込むことはできません**。杭に現場溶接継手を設ける際には，原則として**アーク溶接**[※15]とし，継手部の開先の目違い量は**2 mm以下**，許容できるルート間隔を**4 mm以下**とします。

杭の施工精度は，傾斜を$\frac{1}{100}$**以内**とし，杭心ずれ量は杭径の$\frac{1}{4}$，かつ，**100 mm以下**とします。

プレストレスト杭（PHC杭）の**頭部を切断**した場合，切断面から350 mm程度まではプレストレスが減少しているため，**補強を行う必要があります**。

4 場所打ちコンクリート杭

場所打ちコンクリート杭とは，地盤をあらかじめ掘削した後，鉄筋かごを入れて，コンクリートを打設してつくる杭のことです。

①オールケーシング工法

まず，ケーシングチューブ[※16]を揺動（ようどう），圧入作業を行いながら，ハンマーグラブをケーシング内に入れて，内部の土砂を掘削，排出した後，ケーシング内に鉄筋かごを挿入し，コンクリートを打設しながらケーシングを引き抜いて杭をつくる工法です。砂質地盤の場合は，**ボイリング**が発生しやすいため，孔内水位を**地下水位より高く保って**掘削することがあります。また，軟弱粘性土地盤では**ヒービング**防止のため，ケーシングチューブの**先行量を多く**します。

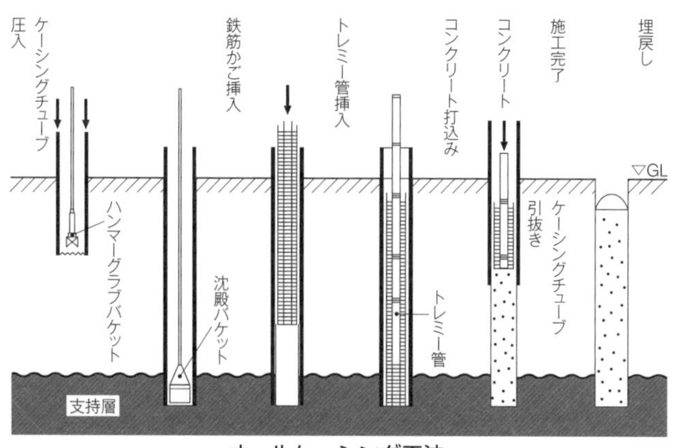

オールケーシング工法

②アースドリル工法[※17]

アースドリル工法とは，杭を構築する工法の1つで，地表面の破壊防止のために用いられる中空の鋼管（表層ケーシング）を地盤に圧入します。そして，ベントナイト液[※18]などの安定液で孔壁の破壊を防止しながら，回転バケットで必要な深さまで地盤を掘削した後，鉄筋かごを挿入し，コンクリートを打設して杭を構築します。掘削深さの確認は，検測器具を用いて孔底の2か所以上で検測します。地下水がなく孔壁が自立する地盤では，安定液は必要としません。

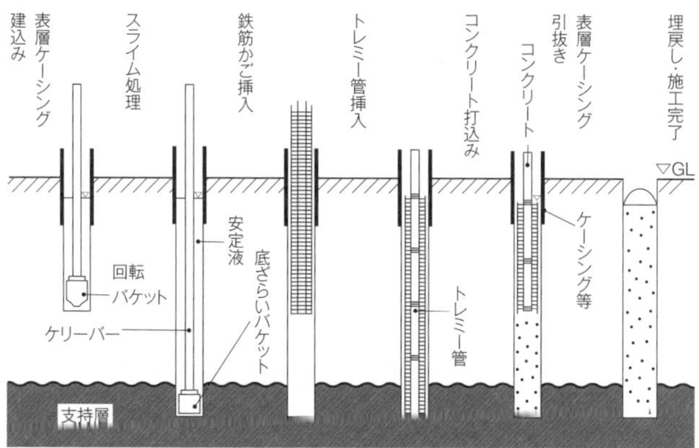

アースドリル工法

※15
アーク溶接
母材と溶接棒との間に発生するアーク熱によって接合部を溶融し，溶加材を加えて接合を行う方法です。

※16
ケーシングチューブ
ボーリングや場所打ちコンクリート杭などの孔壁の崩壊を防ぐために挿入される補強用の鋼製のチューブです。

※17
アースドリル工法の記録
記録すべき事項として，全数で深さおよび支持地盤を確認し，その内容を報告書に記載します。

※18
ベントナイト液
スメクタイトと呼ばれる鉱物の中で，モンモリロナイトを主成分とする膨張・可塑・粘性が高い微細粘土に水を混合させたもので，アースドリルなどによる掘削などを行うときに，孔壁の崩壊を防止するために用いられ，安定液ともいいます。

③リバースサーキュレーションドリル工法（リバース工法）

掘削面の安定のために用いられる泥水を，掘削した土砂とともにドリル先端から吸い上げて，地上で土砂を取り除き，泥水だけを再利用しながら掘削孔に環流させて支持層まで掘削し，底ざらえ後に鉄筋かごを挿入し，トレミー管を建て込んだ後，コンクリートを打ち込んで杭をつくる方法です。掘削時は，孔内水位を地下水位より**2m以上**高く保つよう注意が必要です。

トレミー管とは，直径15～30 cm程度のコンクリート輸送管で，管の先端をコンクリートの中に入れたまま管を引き上げることにより，コンクリートを**連続的**に打設することができます。

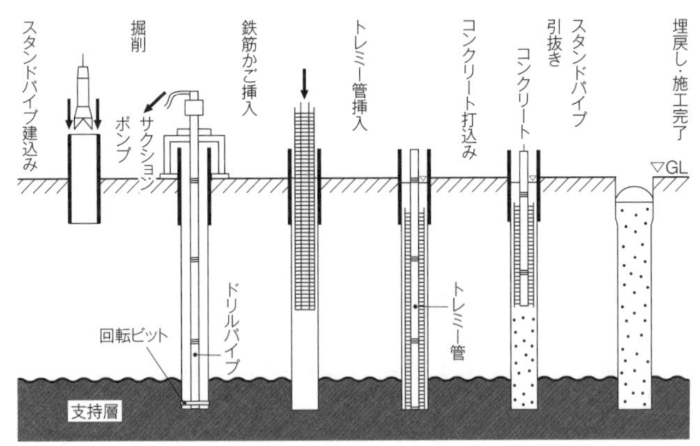

リバースサーキュレーションドリル工法

④施工上の注意点

オールケーシング工法における１次スライム処理は，孔内水がない場合やわずかな場合にはハンマーグラブにより掘りくずを除去します。スライム量が多い場合の２次スライム処理は，**エアリフト**や**水中ポンプ**による方法で行います。また，コンクリート打設中はケーシングチューブの先端を，常に**2m以上**コンクリート中に入っているように保持します。

アースドリル工法におけるスライム処理は，掘削終了後，鉄筋かごを挿入する前に１次スライム処理を行い，有害なスライムが残留している場合には，コンクリートの打込み直前に**２次スライム処理**を行います。

リバース工法の１次スライム処理は，孔内泥水の循環により掘りくずを除去し，孔底部付近の**孔内泥水を排除**します。また，２次スライム処理は，一般にトレミー管とサクションポンプを連結し，スライムを吸い上げて排出します。

鉄筋かごのスペーサーは，D 13以上の鉄筋を使い，主筋と帯筋は原則として鉄線結束で結合します。杭頭部の余盛りの高さは，孔内水が多い場合には80～100 cm程度，孔内水が少ない場合は50 cmとします。

プランジャー方式[※19]を用いて，水中でコンクリートを打ち込む場合，トレミー管内上部に針金でつって，プランジャーを装着します。

空掘り部分の埋戻しは，一般にコンクリートの打込みの翌日以降，杭頭のコンクリートが初期硬化をしてから砂や礫などの良質土を用いて行います。

※19
プランジャー方式
コンクリート打設用機械の1つで，水中コンクリートをトレミー管を使用して打設する際にトレミー管に入れておき，コンクリートが水と混じり合うのを防ぎます。

チャレンジ問題！

問1　難　中　**易**

既製コンクリート杭の施工に関する記述として，最も不適当なものはどれか。

(1) 荷降ろしのため杭をつり上げるときは，安定するよう杭の両端の2点を支持してつり上げるようにする。
(2) セメントミルク工法において，アースオーガーを引き上げる際には，負圧によって地盤を緩めないよう行う。
(3) 杭に現場溶接継手を設ける際には，原則としてアーク溶接とする。
(4) セメントミルク工法において，アースオーガーは掘削時および引上げ時とも正回転とする。

解説

杭の両端から杭の長さの$\frac{1}{5}$の位置付近で2点で支持します。

解答（1）

鉄筋工事

1 鉄筋の加工・組立て

品質確認のために，現場に搬入・加工された異形鉄筋が，所定の規格の異形鉄筋であることを証明するため，ミルシートと荷札の照合と，圧延マークを確認し，写真で記録します。

鉄筋の折り曲げは，冷間加工とし，曲げ加工機を用います。

①鉄筋末端部のフック

丸鋼の末端部には，すべてフックが必要ですが，異形鉄筋では，柱・梁の出隅，あばら筋・帯筋，煙突の鉄筋，片持ち梁・片持ちスラブの先端の上端筋にはフックを設け，それ以外は一般にフックを必要としません。

鉄筋の折り曲げ形状と寸法

折り曲げ角度		鉄筋の種類	鉄筋径による区分	鉄筋の折り曲げ内法直径(D)
180°フック d D 余長4d以上 135°フック d D 余長6d以上 90°フック d D 余長8d以上	180° 135° 90°	SD295 A	D16以下	3d以上
		SD295 B SD345	D19～41	4d以上
		SD390	D41以下	5d以上
	90°	SD490	D25以下	5d以上
			D29～41	6d以上

鉄筋の加工寸法の許容差

項目			符号	許容差(mm)
各加工寸法	主筋	D25以下	a,b	±15
		D29～D41	a,b	±20
	あばら筋・帯筋 スパイラル筋		a,b	±5
加工後の全長			ℓ	±20

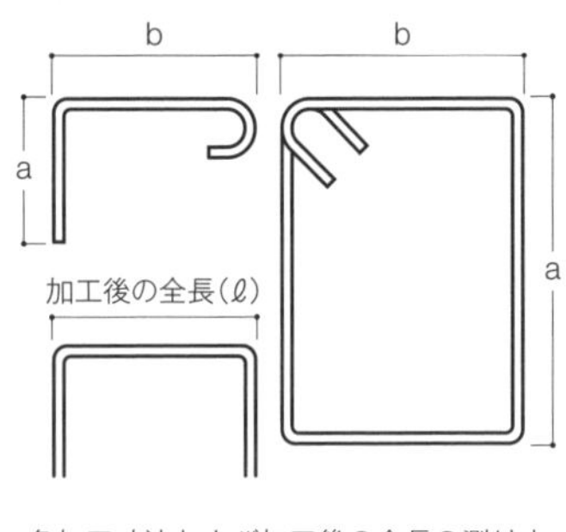

各加工寸法および加工後の全長の測り方

②鉄筋の組立て

鉄筋は鉄線結束などを使い，互いに堅固に緊結します。

異形鉄筋のあき

	あき	間隔
異形鉄筋	・呼び名の数値の1.5倍 ・粗骨材最大寸法の1.25倍 ・25 mm	あき寸法 ＋ 最外径

③かぶり厚さ[※20]

最小かぶり厚さ

<table>
<tr><th colspan="2" rowspan="2">部材の種類</th><th>短期</th><th colspan="2">標準・長期</th><th colspan="2">超長期</th></tr>
<tr><th>屋内・屋外</th><th>屋内</th><th>屋外</th><th>屋内</th><th>屋外</th></tr>
<tr><td rowspan="2">構造部材</td><td>柱・梁・耐力壁</td><td>30</td><td>30</td><td>40</td><td rowspan="3">30</td><td rowspan="3">40</td></tr>
<tr><td>床スラブ・屋根スラブ</td><td rowspan="3">20</td><td rowspan="3">20</td><td rowspan="3">30</td></tr>
<tr><td rowspan="2">非構造部材</td><td>構造部材と同等の耐久性を要求する部材</td></tr>
<tr><td>計画共用期間中に維持保全を行う部材</td><td>(20)</td><td>(30)</td></tr>
<tr><td colspan="2">直接土に接する柱・梁・壁・床および布基礎の立上がり部</td><td colspan="5">40</td></tr>
<tr><td colspan="2">基礎</td><td colspan="5">60</td></tr>
</table>

※杭基礎の基礎筋（ベース筋）の最小かぶり厚さは，杭天端から確保します。

2 鉄筋の定着・継手

①鉄筋の定着長さ

鉄筋をコンクリートの中に必要な長さだけ埋め込み，引き抜けないようにすることです。

異形鉄筋のあき

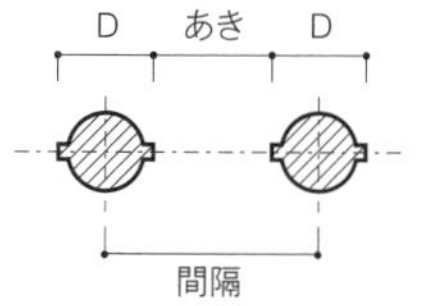

※Dは鉄筋の最大外径

設計かぶり厚さ
最小かぶり厚さ+10 mm。

※20
かぶり厚さ
鉄筋の表面から，これを覆うコンクリート表面までの最短寸法のこと。

小梁，スラブの下端筋以外の定着長さ　※（　）内はフック付きの場合

コンクリートの設計基準強度 (N/mm^2)	SD295A SD295B	SD345	SD390	SD490
18	40d (30d)	40d (30d)	—	—
21	35d (25d)	35d (25d)	40d (30d)	—
24 ～ 27	30d (20d)	35d (25d)	40d (30d)	45d (35d)
30 ～ 36	30d (20d)	30d (20d)	35d (25d)	40d (30d)
39 ～ 45	25d (15d)	30d (20d)	35d (25d)	40d (30d)
48 ～ 60	25d (15d)	25d (15d)	30d (20d)	35d (25d)

※異形鉄筋の定着長さ（L_2，L_{2h}）。表中のdは異形鉄筋の径を表します。

小梁，スラブの下端筋の定着長さ

コンクリートの設計基準強度	鉄筋の種類	フックなし		フックあり	
		小梁	スラブ	小梁	スラブ
18 ～ 60 (N/mm^2)	SD295A SD295B SD345 SD390	20d	10dかつ150 mm以上	10d	—

※異形鉄筋の定着長さ（L_3，L_{3h}）。表中のdは異形鉄筋の径を表します。

②配筋に関する留意点

大梁主筋を柱内へ90度折り曲げ定着する場合の柱への投影定着長さは，柱せいの$\frac{3}{4}$倍以上です。また，梁の下端筋は原則曲げ上げます。柱頭および柱脚のスパイラル筋の末端の定着は，1.5巻以上の添巻きとします。

床や壁の開口部，貫通孔などは，開口部の周囲に斜め補強筋で補強します。梁端の上端筋をカットオフする場合には，梁の端部から当該梁の内法長さの$\frac{1}{4}$となる点を起点とし，15 d以上の余長を確保します。

③鉄筋の継手

鉄筋と鉄筋を同一方向に接合する方法で，重ね継手，ガス圧接継手，機械[※21]式継手，溶接継手があります。

異形鉄筋の重ね継手の長さ[※22]

コンクリートの設計基準強度 (N/mm²)	L_1 (L_{1h})			
	SD295A SD295B	SD345	SD390	SD490
18	45d (35d)	50d (35d)	—	—
21	40d (30d)	45d (30d)	50d (35d)	—
24～27	35d (25d)	40d (30d)	45d (35d)	55d (40d)
30～36	35d (25d)	35d (25d)	40d (30d)	50d (35d)
39～45	30d (20d)	35d (25d)	40d (30d)	45d (35d)
48～60	30d (20d)	30d (20d)	35d (25d)	40d (30d)

④継手の注意点

重ね継手の長さは，フックの折り曲げ開始点間の距離とし，末端のフックは継手長さに含みません。D 35以上の鉄筋には，重ね継手を設けません。梁の主筋の重ね継手は，水平重ねや上下重ねとし，壁の配筋間隔が異なる場合は，あき重ね継手とすることができます。

大梁端部の下端筋の重ね継手中心位置は，梁端から梁せい分の長さの範囲内には設けません。梁の主筋を重ね継手とする場合，隣り合う鉄筋の継手中心位置は，重ね継手長さの約0.5倍または1.5倍以上ずらす必要があります。隣り合う鉄筋のガス圧接継手の位置は，400 mm以上ずらします。柱に用いるスパイラル筋の重ね継手の長さは50 d以上，かつ300 mm以上です。

3 鉄筋のガス圧接

ガス圧接（ガス鉄筋圧接法）は，鉄筋の接続方法の1つで，2本の鉄筋を特殊な圧接器で軸方向にそろえて

※21

鉄筋の機械式継手

ねじ節継手は，定着部にカプラーやナットなどで締め付け，グラウトを注入したものです。

充填継手は，内面に凹凸のついた比較的径の大きい鋼管（スリーブ）に異形鉄筋の端部を挿入した後，スリーブ内に高強度の無収縮モルタルなどを充填して接合する工法です。

端部ねじ継手は，端部をねじ加工した異形鉄筋，あるいは加工したねじ部を端部に圧接した異形鉄筋を使用し，雌ねじ加工されたカプラーを用いて接合する工法です。

併用継手は，2種類の機械式継手を組み合わせることでそれぞれの長所を取り入れ，施工性を改良したものです。

※22

異形鉄筋の重ね継手の長さ（表の注意点）

表中のdは異形鉄筋の径です。L_1：重ね継手の長さ，L_{1h}：フックあり重ね継手の長さです。径の異なる鉄筋を重ね継手とする場合，重ね継手長さは，細い方の径によります。

加え，特殊なガスバーナーで同時に2本の鉄筋を平均に加熱しながら，約3 kgf/cm^{2}の圧力で徐々に加圧し接着させる方法です。鉄筋の圧接部の加熱は，圧接端面が密着するまでは**還元炎**で行い，その後は**中性炎**で加熱します。

①圧接技量資格者の圧接作業可能範囲

圧接技量資格者の圧接作業可能範囲

技量資格種別	作業可能範囲	
	鉄筋の材質	鉄筋径
1種	SR235，SR295 SD295 A，SD295 B SD345，SD390	径 25 mm 以下，呼び名 D25 以下
2種		径 32 mm 以下，呼び名 D32 以下
3種	SD490 （3・4種のみ）	径 38 mm 以下，呼び名 D38 以下
4種		径 50 mm 以下，呼び名 D51 以下

SD490の鉄筋を圧接する場合，施工前試験を行います。

②圧接位置

圧接継手は，その径または呼び名の差が7 mmを超える場合には，原則として圧接継手を設けてはいけませんが，**種類が異なる**鉄筋相互は可能です。

③圧接部の形状

径の異なる鉄筋のガス圧接部のふくらみの直径は，細い方の径の**1.4倍以上**とします。同一径の鉄筋の圧接部のふくらみの長さは，鉄筋径の**1.1倍以上**とし，鉄筋中心軸の偏心量は，鉄筋径の$\frac{1}{5}$**以下**とします。

④圧接部の処理

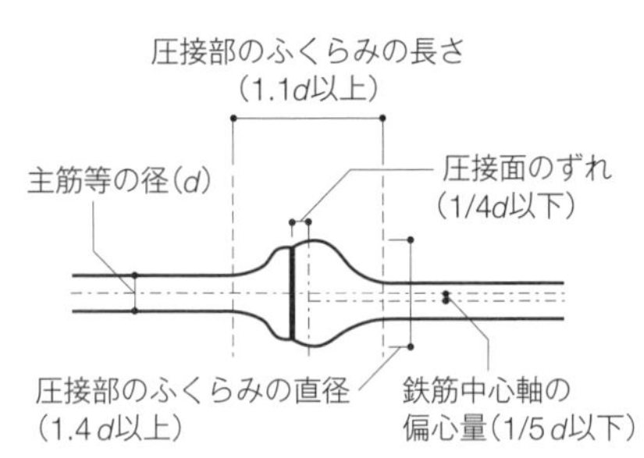

ガス圧接継手で，圧接当日に鉄筋冷間直角切断機を用いて切断した鉄筋の圧接端面は，グラインダー研削を行いません。圧接継手において鉄筋の長さ方向の縮み量は，鉄筋径の**1～1.5倍**考慮します。鉄筋に圧接器を取り付けて突き合わせたときの圧接端面間のすき間は，**2 mm以下**としま

す。圧接端面は面取りなどで平滑に仕上げ，ばりなどを除去します。圧接端面の加工を圧接作業の当日より前に行う場合には，端面保護剤を使用します。

⑤圧接継手の補正

圧接部における相互の鉄筋の偏心量が規定値を超えた場合は，**圧接部を切り取って再圧接します**。圧接部のふくらみの直径が規定値に満たない場合は，**再加熱し圧力を加えて所定のふくらみに修正します**。圧接部に明らかな**折り曲がり**が生じた場合は，**再加熱して修正します**。圧接部のふくらみが著しいつば形の場合は，**圧接部を切り取って再圧接します**。圧接面のずれが規定値を超えた場合は，**圧接部を切り取って再圧接します**。

鉄筋の検査と合否判定
ガス圧接部の検査は，外観検査は目視で全数検査とします。超音波探傷検査は抜取り検査とし，1検査ロット（200か所程度）に対して30か所無作為に抜き取って行い，不合格となったロットについては，試験されていない残り全数に対して超音波探傷試験を行います。不合格となった圧接部については，切り取って再圧接します。

チャレンジ問題！

問1　難　中　易

異形鉄筋のガス圧接に関する記述として，最も不適当なものはどれか。ただし，径は，呼び名の数値とする。

(1) 同一製造所の同径の鉄筋で，種類が異なるSD390とSD345を圧接した。

(2) 鉄筋に圧接器を取り付けて突き合わせたときの圧接端面間のすき間は，2 mm以下とした。

(3) 同径の鉄筋をガス圧接する場合の鉄筋中心軸の偏心量は，その径の$\frac{1}{5}$以下とした。

(4) 径の異なる鉄筋のガス圧接部のふくらみの直径は，細い方の径の1.2倍以上とした。

解説

鉄筋のガス圧接部のふくらみの直径は，細い方の径の1.4倍以上です。

解答（4）

型枠工事

1 型枠工事とその材料

①型枠

鉄筋コンクリートの打込みにあたって鋳型となるもので，せき板と支保工で構成されます。仮枠ともいいます。型枠工事は，計画，設計，加工，組立て，除去などに関する工事の総称です。

②型枠材料

型枠材料は，コンクリート型枠用合板，木製型枠，透水型枠，打込み型枠，システム型枠，メタルフォームなどがあり，透水型枠は，コンクリート表層部を緻密にするため，余剰水の排水ができます。

柱型枠を四方から水平に締め付けるための支保工をコラムクランプといいます。

2 型枠の設計

コンクリート施工時の鉛直荷重は，固定荷重（D.L）と積載荷重（L.L）があり，さらに積載荷重は作業荷重と衝撃荷重に分かれます。

①床版型枠設計用荷重（T.L）

床版型枠設計用荷重(T.L)
＝固定荷重(D.L)＋積載荷重(L.L)

固定荷重（D.L）は，コンクリート，型枠などの自重で，普通コンクリートの場合は23.5×d（kN/m^2）に型枠の重量として（0.4kN/m^2）を加えます。dは床版の厚み（m）です。

積載荷重（L.L）は，作業荷重と衝撃荷重で1,500 N/m^2とします。

②コンクリートの側圧

コンクリート打込み高さが1.5 m以下の型枠の側圧[※23]は，フレッシュコンク[※24]

リートの単位容積質量に重力加速度とフレッシュコンクリートのヘッドを掛けた値とします。

③材料の許容応力度

支保工の鋼材の許容曲げ応力度および許容圧縮応力度の値は，その鋼材の降伏強さの値または引張強さの値の$\frac{3}{4}$の値のうち，いずれか小さい値の$\frac{2}{3}$の値以下とします。

支保工以外の材料の許容応力度は，長期と短期許容応力度の平均値とします。

④水平方向の荷重

パイプサポートを支保工とするスラブ型枠の場合，打込み時に支保工の上端に作用する水平荷重は，作業荷重を含む鉛直荷重の5％とします。

⑤曲げ・たわみ

合板せき板のたわみの計算では，両端ピンの単純梁として計算します。また，合板を型枠に用いる場合は，方向性による曲げヤング係数の低下を考慮します。

せき板や根太を支える大引のたわみは，単純支持と両端固定の支持条件で計算した値の平均値とします。

コンクリート打込み時の側圧に対するせき板の許容たわみ量は，3 mmとします。

3 型枠の加工・組立て

①支保工の組立てに関する安全基準

枠組の支保工は，負担する荷重が大きいので，コンクリートまたは十分に突き固めた地盤上に，敷角[※25]などを使用して設置します。

支柱としてパイプサポートを2本継いで使用する場合，継手部は4本以上のボルトで固定しますが，パイプ

※23
側圧
フレッシュコンクリートが，せき板に作用する圧力をいいます。

※24
フレッシュコンクリート
練り上がり後の，まだ固まらないコンクリートのこと。

※25
敷角
支保工の支柱の下に置く，板や角材のこと。

型枠の許容変形量
荷重，外力に対し，型枠の許容変形量は2 mm以下を目安とします。

サポートの高さが3.5 mを超えるときは，高さ2 m以内ごとに水平つなぎを2方向に設けます。

鋼管枠を使用する場合，1枠当たりの許容荷重は荷重の受け方により異なり，水平つなぎを設ける位置は，最上層および5層以内ごととします。

組立て鋼柱を支柱として用いる場合は，高さ4 m以内ごとに水平つなぎを2方向に設けます。柱型枠の組立てにおいて，型枠の精度の保持を目的の1つとして，足元は桟木で根巻きを行います。両面仕上げ下地用の丸型セパレータ[※26]は，コンクリート表面に残るねじ部分をハンマーでたたいて除去します。

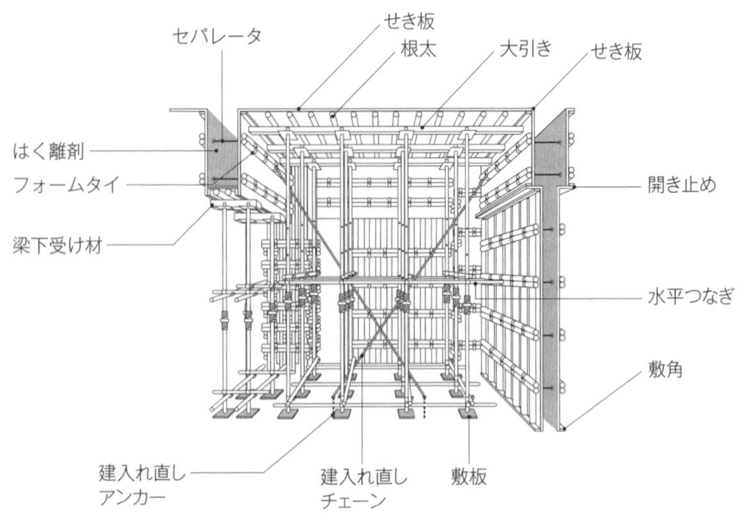

4 型枠の存置期間

①せき板の存置期間

コンクリートの圧縮強度による場合の，基礎，梁側，柱，壁のせき板の最小存置期間は，短期および標準の場合は圧縮強度が5 N/mm^{2}に達するまでとし，長期および超長期の場合は10 N/mm^{2}に達するまでとします。

②支保工の存置期間

スラブ型枠の支柱は，コンクリートの圧縮強度が12 N/mm^{2}以上，かつ，施工中の荷重および外力について安全であることを確認して取り外し，転用します。片持ち梁やひさしは，設計基準強度の100 %以上の圧縮強度が得られたことが確認されるまで存置します。

※26
セパレータ
型枠工事における締付け金具の1つです。フォームタイの一部を構成し，せき板間の距離を保持するために用いられます。

フォームタイ
型枠締付け用ボルトのことです。相対するせき板間の距離を保持するために用いられます。

5 その他の工法

①デッキプレート

鋼板を溝状の形に折り曲げて合成を高めたもので，鉄骨造や鉄筋コンクリート造などの**床型枠**として用いる工法です。軽量化，工期短縮，安全性の確保を目的とし，型枠を支えるための支柱は必要ありません。

チャレンジ問題！

問1　難　中　**易**

型枠の設計に関する記述として，最も不適当なものはどれか。

(1) 固定荷重の計算に用いる型枠の重量は，0.4 kN/m^{2}とする。
(2) 合板せき板のたわみは，単純支持で計算した値と両端固定で計算した値の平均値とする。
(3) 型枠に作用する荷重および外力に対し，型枠を構成する各部材それぞれの許容変形量は，2 mm以下を目安とする。
(4) 型枠の構造計算において，支保工以外の材料の許容応力度は，長期と短期の許容応力度の平均値とする。

解説

合板せき板のたわみの計算では，両端ピンの単純梁として計算します。

解答（2）

コンクリート工事

1 コンクリートの調合

コンクリートの調合とは，セメント，水，細骨材，粗骨材，空気を適切な割合で練り混ぜ，求められる強度・耐久性・ワーカビリティ（施工軟度）などが得られるよう定めることです。

①調合管理強度

コンクリートの調合管理強度は，品質基準強度に構造体強度補正値を加えたものです。構造体強度補正値は，セメントの種類およびコンクリートの打込みから材齢28日までの期間の予想平均気温の範囲に応じて定めます。

②水セメント比（X）

水セメント比とは，コンクリートにおける水とセメントの質量比で，強度，水密性，耐久性に大きく影響します。水セメント比が小さいほど，コンクリート強度は大きくなります。

$$水セメント比（X）= \frac{単位水量(W)}{単位セメント量(C)} \times 100(\%)$$

普通ポルトランドセメントの水セメント比の最大値は，計画供用期間の級が標準供用級において65 %です。水セメント比を低減すると，コンクリート表面からの塩化物イオンの浸透に対する抵抗性が高められ，中性化[※27]速度を遅くすることができます。

③単位水量（W）

骨材中の水量以外の，フレッシュコンクリート1 m^3中に含まれる水量をいい，最大値は185 kg/m^3以下です。コンクリートの品質が得られる範囲内で，できるだけ小さくし，状況によっては高性能AE減水剤を使用します。

④単位セメント量（C）

単位セメント量とは，フレッシュコンクリート1 m^3中に含まれるセメント重量をいい，最小値は270 kg/m^3です。過小の場合はコンクリートのワーカビリティが悪くなります。細骨材率を小さくすると，所要のスランプを得るのに必要な単位セメント量および単位水量を減らすことができます。

⑤スランプ[※28]

鉄製のスランプコーンに，練ったばかりのコンクリートをほぼ等しく3層に分けて詰め，スランプコーンを真上に抜き取った後，コンクリートの下がりを［cm］で表した値で，ワーカビリティを数値的に表す指標の1つです。スランプの最大値は，調合管理強度が33 N/mm^{2}以上の場合は21 cm以下，33 N/mm^{2}未満の場合は，18 cm以下とします。

⑥空気量[※29]

コンクリート中に含まれる空気の量で，空気量の標準値は普通コンクリートで4.5 %，軽量コンクリートは5.0 %です。また，荷卸し時の空気量の許容差は，指定した空気量に対して±1.5 %です。

⑦細骨材率

細骨材率は，次の式で求めることができます。

$$細骨材率 = \frac{細骨材(砂)の絶対容積}{骨材(砂と砂利)の絶対容積} \times 100(\%)$$

細骨材率が小さすぎると単位セメント量および単位水量を減らします。細骨材率が大きすぎると，所定のスランプを得るのに必要な単位セメント量および単位水量は多くなります。調合上の留意点は，球形のほうが偏平に近い骨材を用いるよりもワーカビリティがよいことです。粗骨材の最大寸法が大きくなると，所定のスランプを得るのに必要な単位水量は減少します。

コンクリートのヤング係数
ヤング係数とは，材料の変形のしにくさを表す係数で，コンクリートのヤング係数は，単位容積質量に比例して，大きくなります。

※27
中性化対策
中性化とは，モルタルやコンクリートのアルカリ性が，失われていくことをいい，鉄筋の防錆効果が失われます。中性化対策として，水セメント比を小さくしたり，良質のAE剤やAE減水剤を用います。中性化は，屋外より屋内の方が，進行します。

※28
大きいスランプ値
流動性はよいが，付着強度の低下，乾燥収縮などが起こりやすく，コンクリートの品質低下につながるので，できるだけ小さくします。

※29
空気量の影響
コンクリートの圧縮強度は，空気量が1%増加すると4～6 %低下します。コンクリートにAE剤を混入すると，凍結融解作用に対する抵抗性が改善し，耐久性が上がります。

2 レディーミクストコンクリート

レディーミクストコンクリートとは，あらかじめ工場で練り混ぜて，まだ固まらない状態のまま工事現場へトラックアジテータなどで輸送するコンクリートのことで，生コンともいいます。

①レディーミクストコンクリートの工場選定

工場の選定については，コンクリートの打設計画において，同一打込み区画に2つ以上の工場のコンクリートが打ち込まれないよう考慮します。

3 運搬・打込み・養生

①輸送・運搬

コンクリートの現場までの輸送は，トラックアジテータを使用します。コンクリートの打設を行うときの，練混ぜから打込み終了までの時間の限度は，**外気温が25 ℃未満は120分以内，25 ℃以上は90分以内**です。

②コンクリートポンプ工法

コンクリートポンプ工法とは，ピストンの往復運動などによってモルタルやコンクリートを水平および垂直に圧送するポンプの方式です。

コンクリートの圧送負荷を算定するにあたり，ベント管の水平換算の長さはベント管の実長の**3倍**とします。また，粗骨材の最大寸法が**25 mm**の普通コンクリートを圧送する場合の輸送管の呼び寸法は，**100 A以上**とします。

輸送管の水平配管は，型枠，配筋および打ち込んだコンクリートに振動による有害な影響を与えないように，支持台や緩衝材を用いて支持します。

スランプ18 cm程度のコンクリートを，コンクリートポンプ工法で打ち込む場合，一般に，打込み速度の目安は**20～30 m^3/h**となります。

軽量[※30]**コンクリートは，比重が小さく，**普通コンクリートに比べてスランプの低下や輸送管の**閉塞が起こり**やすいです。

③打継ぎ

打継ぎ部とは，コンクリートの接続部分をいい，同一区画のコンクリート打込み時における打重ね時間は，先に打ち込まれたコンクリートの再振動可能時間以内とします。打継ぎ部には鉛直打継ぎ部や水平打継ぎ部などの種類があり，梁，床スラブ，屋根スラブの鉛直打継ぎ部分はスパンの中央または端から$\frac{1}{4}$付近に設けます。水平打継ぎ部分は，十分に散水して湿潤状態とし，残っている水は取り除きます。

打継ぎ面に発生したレイタンス[※31]は，高圧水洗により取り除き，健全な部分を露出させて打ち継ぎます。

④締固め

締固めとは，コンクリートの打設時に振動機やタンパーを用いてコンクリート型枠内部あるいは鉄筋，埋設物の周囲にコンクリートを密実に打ち込むことです。

⑤養生

養生とは，コンクリートやモルタルを十分に硬化させ，良好な性質を発揮させるために適正な温度や水分を保持することです。湿潤養生の方法には，低透水性のせき板による，被覆，養生マット，水密シートによる被覆，散水，噴霧，膜養生剤の塗布などがあります。

湿潤養生の期間

セメントの種類	短期および標準	長期および超長期
早強ポルトランドセメント	3日以上	5日以上
普通ポルトランドセメント	5日以上	7日以上
その他のセメント	7日以上	10日以上

※温度が2℃を下らないような養生が必要

早強，普通，中庸熱ポルトランドセメントを用いた厚さ18 cm以上のコンクリート部材では，計画供用期間の級が短期および標準の場合，コンクリートの圧縮

高性能AE減水剤を用いた高強度コンクリートの練混ぜから打込み終了までの時間
外気温にかかわらず，原則120分を限度とします。

先送りモルタル
コンクリートの圧送に先立ち圧送される先送りモルタルは，品質の低下を防ぐため，型枠内には打ち込んではいけません。

※30
軽量コンクリート
人工軽量骨材を使い，普通コンクリートより単位容積質量や密度の小さいコンクリートのこと。

※31
レイタンス
コンクリート打込み後に，表面に浮き上がるセメントと骨材中の微粒子とからなる薄膜のこと。

打込み厚さと締固め
コンクリート1層の打込み厚さは，振動機の長さを考慮し60 cm以下，挿入間隔も60 cm以下とします。また，締固めにおいて，加振時間を1か所5～15秒程度とします。

強度が10 N/mm^{2}以上，長期および超長期の場合は15 N/mm^{2}以上に達したことを確認すれば，以降の湿潤養生を打ち切ることができます。大断面の部材で，中心部の温度が外気温より25 ℃以上高くなる場合は，保温養生により，温度ひび割れの発生を防止します。膜養生剤の塗布による湿潤養生は，ブリーディング[※32]が終了した後に行います。

4 コンクリートの品質管理・試験方法

①圧縮強度試験

圧縮強度試験とは，材料に圧縮力が加わったときの材料の挙動あるいは破壊荷重を知るための試験で，試験の回数は，打込工区ごと，打込日ごと，150 m^{3}またはその端数ごとに1回とし，1回の試験に使用する供試体の数は3個を標準とします。1回の構造体コンクリートの圧縮強度の推定試験に用いる供試体は，適切な間隔をあけた「3台の運搬車」から1個ずつ採取し，合計3個の供試体を作製します。

マスコンクリートにおいて，構造体コンクリートの圧縮強度の推定試験に用いる供試体の養生方法は，標準養生とします。

②コンクリートの品質管理・検査

受入れ検査は，原則として荷卸し地点で行いますが，塩化物量については，生産者との協議によって工場出荷時に行うことができます。

スランプコーンに詰めてから，詰め終わるまでの時間は2分以内とします。塩化物イオン量は，0.30 kg/m^{3}以下とし，1回の試験における塩化物量は，同一試料からとった3個の分取試料についてそれぞれ1回ずつ測定し，その平均値から算定します。アルカリシリカ反応性試験で無害でないものと判定された骨材であっても，コンクリート中のアルカリ総量を3.0 kg/m^{3}以下とすれば使用することができます。

③コンクリートの精度

コンクリート工事において，コンクリート部材の設計図書に示された位置に対する各部材の位置の許容差は，±20 mmとし，ビニル床シート下地のコンクリート面の仕上がりの平坦さは，3 mにつき7 mm以下とします。

5 各種コンクリート

①寒中コンクリート

養生期間中に凍結のおそれのある場合に使用され，初期養生の期間は，圧縮強度が5 N/mm^{2}に達するまでとし，加熱養生を行う場合は，コンクリートに散水を行います。

②暑中コンクリート

気温が高く，スランプの低下や，水分の急激な蒸発などのおそれがある場合に施工されるコンクリートです。荷卸し時のコンクリート温度は，原則35℃以下とし，湿潤養生の開始時期は，コンクリート上面においてはブリーディング水が消失した時点とします。

※32

ブリーディング
コンクリートを型枠に打設した後，材料が分離して練混ぜ水の一部がコンクリート上面に上昇する現象です。

高流動コンクリート
流動性を増大したコンクリートで，荷卸し地点におけるスランプフローの許容差は，指定したスランプフローに対して，±7.5 cmとします。

チャレンジ問題！

問1　難　中　易

コンクリートの養生に関する記述として，最も不適当なものはどれか。

(1) 湿潤養生を打ち切ることができる圧縮強度は，早強ポルトランドセメントと普通ポルトランドセメントでは同じである。
(2) 寒中コンクリートの初期養生の期間は，圧縮強度が5 N/mm^{2}に達するまでとする。
(3) 暑中コンクリートの湿潤養生の開始時期は，コンクリート上面においてはブリーディング水が消失した時点とする。
(4) コンクリート温度が2℃を下らないように養生しなければならない期間は，コンクリート打込み後2日間である。

解説

養生期間は，打込み後5日間以上必要です。

解答（4）

鉄骨工事

1 工場作業

①材料確認

鋼材の品質は，ミルシートだけでなく，ミルマーク，ステンシル，ラベルなどを活用して確認します。

②テープ合わせ

鉄骨製作工場で現寸作業用に使用する鋼製巻尺と，工事現場で墨出しなどに用いる鋼製巻尺を照合して，温度，張力，たるみなどの誤差を確認することです。工事現場で使用する鋼製巻尺は，JISの1級品とし，巻尺に表記された張力で鉄骨製作工場の基準巻尺と**テープ合わせ**を行います。巻尺に指定されたテープ張力は，一般に**50 N**とします。

③工作図・現寸

施工者は，設計図書に基づいて工作図を作成しますが，**床書き現寸**は，一般に工作図をもってその一部または全部を**省略**することができます。

④けがき

鋼材の表面に，孔あけや切断位置などを，けがき針などを用いて書き記すことで，490 N/mm^{2}級以上の高張力鋼にけがきをする場合，孔あけにより除去される箇所であればポンチによりけがきを行うことができます。

⑤切断・孔あけ

鋼材の切断は，機械切断法，ガス切断法，プラズマ切断法などがあります。**せん断切断**の場合は，鋼材の板厚は原則として**13 mm以下**とします。

切断面にばりなどが生じた場合は，グラインダーなどにより修正します。

高力ボルト用の孔あけ加工は，**ドリルあけ**としなければなりません。

ボルト，アンカーボルト，鉄筋貫通孔の孔あけは，**板厚が13 mm以下**の場合，**せん断孔あけ**とすることができます。

公称軸径が24 mm の高力ボルト用の孔あけ加工は，**ドリルあけ**とし，径を26 mmとします。径27 mm以下の高力ボルトの孔径はボルト径より

2 mmを超えて大きくしてはいけません。

公称軸径に対する孔径（mm）

種類	孔径D	公称軸径d
高力ボルト	d+2.0 d+3.0	d<27 27≦d
ボルト	d+0.5	—
アンカーボルト	d+5.0	—

溶融亜鉛めっき高力ボルトは，高力ボルトの孔径と同じです。高力ボルト，ボルト，リベットの摩擦接合におけるボルト相互間の中心距離は，公称軸径の2.5倍以上とします。

⑥開先加工

自動ガス切断機で開先を加工し，著しい凹凸（あらさ100 μmRz，ノッチ深さ1 mmを超える）が生じた部分はグラインダーなどで修正します。

⑦組立て溶接※33

組立て溶接のビード長さ（手溶接・半自動溶接）

板厚	最小ビード長さ
t≦6 mm	30 mm以上
t>6 mm	40 mm以上

2 溶接

溶接とは，金属の接合法の1種で，金属自身を溶融または半溶融状態にして接合する方法です。

①開先・スカラップ・エンドタブ

溶接の始端や終端の欠陥を防ぐため，原則として適切な形状のエンドタブを取り付け，溶接終了後の切断

※33

組立て溶接
本溶接の前に部材，仕口などを定められた形状に保持するために行う溶接です。

曲げ加工
厚さ6mmの鋼板に外側曲げ半径が厚さの10倍以上となる曲げ加工を行う場合，加工後の機械的性質などが加工前の機械的性質などと同等以上であることを確かめなくてもよいです。加熱加工は，青熱ぜい性域（200～400℃）を避け，赤熱状態（850～900℃）で行います。

溶接材料の保管
溶接材料は湿気を吸収しないよう保管し，吸湿の疑いがある場合，乾燥して使用します。

溶接技術者
現場溶接は，溶接工1人1日当たりの平均能率は，ボックス柱で2本，梁で5か所程度です。

高張力鋼の組立て溶接
490 N/mm^2 級の組立て溶接を被覆アーク溶接で行う場合，低水素系の溶接棒を使用します。

は必要ありません。ただし，[※34]クレーンガーダーのエンドタブは，溶接後切除してグラインダーで仕上げ加工します。

裏当て金を用いる柱梁接合部のエンドタブの取付けは，母材に直接溶接せず，裏当て金に取り付けます。柱梁接合部に取り付けるエンドタブは，本溶接によって再溶融される場合，開先内の母材に組立て溶接ができます。溶接線が交差する場合，扇形の切欠き（スカラップ）を設けます。エンドタブの厚さは12 mm以上とし，母材と同等以上で，同じ厚さや同じ開先が一般的です。エンドタブの長さは，手溶接で35 mm以上，半自動溶接で40 mm以上，自動溶接で70 mm以上とします。

②環境

溶接作業環境は重要で，気温が－5 ℃を下回った場合，溶接作業を行うことはできません。ただし，－5 ℃以上～5 ℃のときは，溶接部より100 mmの範囲の母材を適切に加熱して溶接することができます。[※35]ガスシールドアーク溶接において，風速が2 m/s以上の場合は，防風処置が必要です。

③完全溶込み（突合せ）溶接

完全溶込み（突合せ）溶接の余盛りの高さ（h:余盛りの高さ）

図	管理許容差	限界許容差
	B<15 mm 0 mm<h≦3 mm	B<15 mm 0 mm<h≦5 mm
	15 mm≦B<25 mm 0 mm<h≦4 mm	15 mm≦B<25 mm 0 mm<h≦6 mm
	25 mm≦B 0 mm<h≦(4/25)Bmm	25 mm≦B 0 mm<h≦(6/25)Bmm

応力の大きい箇所に用いられ，突き合わせる部材の全断面を完全に溶接する必要があります。完全溶込み溶接で両面から溶接する場合，裏側の初層を溶接する前に裏はつりを行います。

完全溶込み溶接の突合せ継手における余盛りの高さは，許容値3 mm以下の場合，グラインダー仕上げを行わなくてもよいです。

④隅肉溶接

直角あるいは角度をもつ母材相互の隅の部分に行う溶接で，T継手，角継手，重ね継手などの場合に用います。隅肉溶接の有効長さは，隅肉サイズの10倍以上，かつ，40 mm以上とします。

⑤スタッド溶接※36

鋼棒や黄銅棒などをボルトの代わりに母材に植え付けるアーク溶接の一方法です。スタッドを母材に接触させておいて電流を流し，次にスタッドを母材から少し離してアークを発生させ，適当に溶融したときにスタッドを溶融池に押し付けて圧着させます。

スタッド溶接後の仕上がり高さと傾きの許容差

図	管理許容差	限界許容差
θ / L+ΔL	−1.5 mm≦ΔL≦+1.5 mm	−2 mm≦ΔL≦+2 mm
	θ ≦3°	θ ≦5°

⑥超音波探傷試験

超音波探傷試験は，探触子から発信する超音波の反射波を利用して，溶接の内部欠陥を検出する方法です。検査ロットは，300か所以下の溶接で構成し，各検査ロットごとに30個のサンプリングを行います。

⑦放射線透過試験（RT）

放射線透過試験は，放射線が物質内部を透過していく性質を利用し，内部欠陥を検出する方法です。

⑧溶接欠陥の処理

溶接部の表面割れは，割れの範囲を確認した上で，その両端から50 mm 以上溶接部をはつり取り，補修溶接します。

※34

クレーンガーダー

天井走行クレーンのレールを設置するための梁のこと。

※35

ガスシールドアーク溶接

母材と電極または2つの電極の間に発生するアークの熱を利用して溶接する方法で，ワイヤー（電極）とシールドガスが自動的に供給されます。

※36

スタッド溶接

大電流の溶接法で，十分な溶接品質を確保するために専用電源を用います。短時間の電力については，ゼネレーター（発電機）の供給対応でもよいです。

マクロ試験

溶接部の断面や表面の溶込み，熱影響部，欠陥などの状態を目視で調べる試験です。

磁粉探傷試験

磁場を与えて磁粉を散布し，表面あるいは表面に近い部分の欠陥を検出する方法です。

3 現場作業

工場などで製作した鉄骨部材を現場で組み立てるために，アンカーボルトの設置，建方，鉄骨部材を接続する作業をいいます。

①アンカーボルトの設置

構造用アンカーボルトは，構造耐力を負担するものです。特に引張力を負担するボルトは，**台直しによる修正**を行ってはいけません。

②仮ボルトの締付け

仮ボルトは中ボルトなどを用い，ボルト１群に対して，**高力ボルト継手**では$\frac{1}{3}$**程度かつ2本以上**をウェブとフランジにバランスよく配置します。

混用接合および**併用継手**の仮ボルトの場合，ボルト１群に対して$\frac{1}{2}$**程度かつ2本以上**バランスよく配置し，締め付けます。

柱の溶接継手のエレクションピースに使用する仮ボルトは，**高力ボルト**を使用して**全数締め**付けます。

③建入れ直し

柱などの垂直度の調整を建入れ直しといい，架構の倒壊防止用に使用するワイヤロープを，そのまま建入れ直し用に**兼用**することができます。しかし，ターンバックル付き筋かいでの建入れ直しを行ってはいけません。建入れ直しに用いたワイヤロープは，各節や各ブロックの現場接合が終わるまで**緊張**させたままにしておきます。部材の**剛性が小**さい鉄骨の場合，小ブロックごとに建入れ直しを行う計画が望ましいです。

柱と梁の接合では，梁を柱間につり下ろすとき，**上側スプライスプレート**をあらかじめはね出しておくと，建方が容易になります。

④本締め

仮締めボルトを締め固めることを本締めといい，ウェブを高力ボルト工事現場接合，フランジを工事現場溶接接合とする**混用接合**は，原則，**高力ボルトを先に**締め付け，その後溶接を行います。スパン間の計測寸法が正規より小さい場合は，ワイヤによる建入れ直しの前に，梁の接合部のクリアランスへのくさびの打込みなどにより押し広げてスパンを調整します。

⑤建方精度

建方精度の測定にあたっては，日照による温度の影響を考慮します。

計測寸法が正規より小さいスパンの微調整に，梁の接合部のクリアランスに矢（くさび）を打ち込んで押し広げます。

建方精度

名称	図		管理許容差	限界許容差
建物の倒れ (e)			e≦H/4000+7 mm かつ e≦30 mm	e≦H/2500+10 mm かつ e≦50 mm
建物のわん曲 (e)			e≦L/4000 かつ e≦20 mm	e≦L/2500 かつ e≦25 mm
階高 (ΔH)			−5 mm ≦ΔH ≦+5 mm	−8 mm ≦ΔH ≦+8 mm
梁の水平度 (e)			e≦L/1000+3 mm かつ e≦10 mm	e≦L/700+5 mm かつ e≦15 mm
梁の長さ (ΔL)			−3 mm ≦ΔL ≦+3 mm	−5 mm ≦ΔL ≦+5 mm
柱の倒れ (e)			e≦H/1000 かつ e≦10 mm	e≦H/700 かつ e≦15 mm
通り芯とアンカーボルトの位置のずれ (e)		構造用	−3mm ≦e ≦+3mm	−5 mm ≦e ≦+5 mm
		建方用	−5 mm ≦e ≦+5 mm	−8 mm ≦e ≦+8 mm

ベースプレートの支持工法
ベースプレートの支持工法は，建入れの調整がしやすい後詰め中心塗り工法とします。モルタルは鉄骨建方までに3日以上の養生期間を設ける必要があります。

アンカーボルトのナットの締付け
ボルト頭部の出の高さは，ねじが2重ナット締めを行っても，外に3山以上出ることを標準とします。座金は，面取りがしてある方を表にして使用します。

4 高力ボルト接合

①高力ボルトの種類

高力ボルトは，高張力鋼を用いてつくられた引張耐力の大きいボルトで，JIS形高力ボルトおよびトルシア形高力ボルトが使われ，締付けにはトルクレンチ，インパクトレンチ，電動式レンチなどが用いられます。ハイテンションボルトともいいます。

ボルト，ナット，座金の3つが1セットです。高力ボルトの長さは首下長さとし，締付け長さに下表の値を加えた長さとします。

ボルトの長さの選定

ボルトの呼び径	締付け長さに加える長さ(mm)	
	JIS形高力ボルト	トルシア形高力ボルト
M12	25	—
M16	30	25
M20	35	30
M22	40	35
M24	45	40
M27	50	45
M30	55	50

②高力ボルトの取扱い

高力ボルトの工事現場への搬入は，包装の完全な箱を未開封状態のまま積み上げ，箱の積上げ高さは4～5段以下とします。

③摩擦面の処理

高力ボルトとの摩擦接合面は，すべり係数0.45以上を確保するため，グラインダー処理後，自然発生した赤錆状態とブラスト処理があります。高力ボルト接合の摩擦面は，ショットブラストで処理し，表面あらさは50 μmRz以上を確保し，赤錆は発生させなくてもよいです。

④接合部の組立て

高力ボルトの接合部で肌すき（すき間）が1mm以下は処理不要ですが，1mmを超えた場合，フィラープレートを入れます。

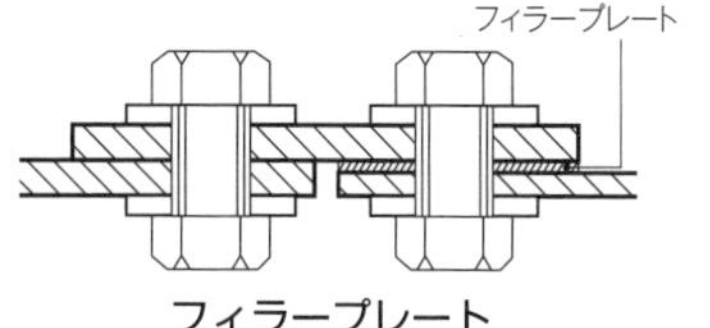

フィラープレート

溶接欠陥や母材の悪影響を考慮し，フィラープレートは溶接してはいけません。

ボルト頭部またはナットと接合部材の面が$\frac{1}{20}$を超えて傾斜している箇所には，**勾配座金**を使用します。

⑤高力ボルトの締付け

締付け作業は，1次締め（予備締め[※37]），マーキング[※38]および本締め[※39]の**3段階**で行います。

1次締めトルク値（単位：N・m）

ボルトの呼び径	1次締めトルク値
M12	約50
M16	約100
M20, M22	約150
M24	約200

1次締め後，すべてのボルト，ナット，座金・接合部材に**マーキング**を行います。

トルクコントロール法による**本締め**は，標準ボルト張力を調整した締付け機器を用いて行います。ナット回転法による**本締め**は，ナットを120度（M12は60度）回転させて行います。

トルシア形高力ボルト[※40]の締付け本数は，**3人一組で1日当たり450～700本**です。また，締付け位置によって専用締付け機が使用できない場合には，JIS形の高

※37
予備締め

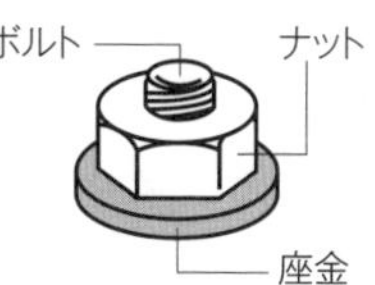

※38
マーキング

※39
本締め

※40
トルシア形高力ボルト

トルシア形高力ボルトは，締付けを完了したすべてのボルトについて，ピンテールが破断されていることを確認するとともに，共回り，軸回りの有無，ナット回転量，ナットから突き出た余長の過不足を目視検査します。

力ボルトと交換し，トルクレンチなどを用いて締め付けます。1次締めおよび本締めは，ボルト1群ごとに継手の中央部より周辺部に向かって締め付けます。

⑥締付け後の検査

ナット回転法による締付け完了後の検査は，1次締め後の本締めによるナット回転量が120度±30度（M12は60度，－0度～＋30度）の範囲にあるものを合格とします。

高力ボルトの締付け後の余長の検査においては，ナット面から突き出たねじ山が，1～6山の範囲にあるものを合格とします。

5 錆止め塗装

錆止め塗装は，素地調整を行った鉄面が，活性となり，錆びやすいため行う塗装のことです。

①塗装作業の注意点

工事現場溶接を行う箇所およびそれに隣接する両側それぞれ100 mm以内，かつ，超音波探傷に支障をきたす範囲，高力ボルト摩擦接合部の摩擦面，密閉となる内面は錆止め塗装をしてはいけません。

現場錆止め塗装工事の塗膜厚は，塗料の使用量と塗装面積から推定します。工場塗装の鉄鋼面の錆止め塗装の塗膜厚は，硬化乾燥後に電磁微厚計で確認します。

塗装場所の気温が5℃以下，または相対湿度が85％以上のとき，また，塗膜の乾燥前に，降雪雨，強風，結露などによって水滴やじんあいなどが塗膜に付着しやすいときは塗装作業を中止します。

6 耐火被覆工法

鉄骨造の鋼材が高温になると耐力が低下するため，鉄骨部材に耐火性能を持つ材料で覆うことを耐火被覆といい，複数の工法があります。

①耐火被覆の種類

左官工法は，下地に鉄網を使用し各種モルタルを塗る工法で，どのような形状の下地にも**施工継目のない耐火被覆**を施すことができます。**吹付け工法**には，**湿式工法**[※41]，半乾式工法，乾式工法があり，吹付け厚さは湿式工法の方が薄くできます。**成形板張り工法**は，加工した成形板を鉄骨に張り付ける工法で，耐火被覆材表面に化粧仕上げができます。**耐火板張り工法**において，繊維混入けい酸カルシウム板は，吸水性が大きいため，雨水がかからないよう養生を行い，接着剤と釘を併用して取り付けます。**巻付け工法**[※42]は，無機繊維のブランケットを鉄骨に取り付ける工法です。

※41
湿式工法
高層建物の耐火被覆材として使われ，ロックウール，セメント，せっこう，水を混合して圧送する工法です。

※42
巻付け工法
耐火被覆材の取付けに用いる固定ピンは，鉄骨にスポット溶接により取り付けます。

チャレンジ問題！

問1　難　中　**易**

鉄骨の工作に関する記述として，最も不適当なものはどれか。

(1) 高力ボルト用の孔あけ加工は，板厚が13 mmの場合，せん断孔あけとすることができる。
(2) 490 N/mm^{2}級以上の高張力鋼にけがきをする場合，孔あけにより除去される箇所であれば，ポンチによりけがきを行ってもよい。
(3) 工事現場で使用する鋼製巻尺は，JISの1級品とし，巻尺に表記された張力で鉄骨製作工場の基準巻尺とテープ合わせを行う。
(4) 厚さ6 mmの鋼板に外側曲げ半径が厚さの10倍以上となる曲げ加工を行う場合，加工後の機械的性質等が加工前の機械的性質等と同等以上であることを確かめなくてもよい。

解 説

板厚に関係無く，高力ボルト用の孔あけ加工は，ドリルあけとなります。

解答（1）

その他の工事

1 ALCパネル工事

① ALCパネルとは

ALCはAutoclaved Light-weight Concreteの略で，軽量気泡コンクリートの一種です。断熱性や耐火性に優れたもので，一般に鉄骨造や鉄筋コンクリート造の壁，床，屋根材，間仕切として用いられています。

②パネルの加工

外壁パネルの孔あけ加工は，主筋の位置を避け，1枚当たり1か所とし，パネル短辺幅の$\frac{1}{6}$以下の大きさとします。また，屋根パネル，床パネルの孔あけは，1枚当たり1か所とし，孔径は50 mm以下とします。

③床・屋根パネルの施工

屋根および床パネルは，表裏を正しく置き，有効なかかりしろを確保します。長辺は突き合わせ，短辺小口相互の接合部に20 mm程度の目地を設け，敷き並べます。

④外壁パネルの施工

縦使いの外壁パネルの取付けにおいて，スライド工法では，パネルの上端部が可動となる目地用鉄筋付き特殊金物で接合します。

外壁の縦壁ロッキング構法の横目地は伸縮目地とし，目地幅は15 mmとし，パネル重量をパネル下部の中央に位置する自重受け金物や，上部からのつり上げにより支持します。

⑤間仕切パネルの施工（フットプレート構法）

間仕切パネルと外壁パネルとの取合い部は，パネル同士に幅10～20 mmの伸縮目地を設けます。また，出隅や入隅のパネル取合い部には，20 mmの伸縮目地を設けます。目地取合い部の処理において，伸縮目地にロックウールやセラミックファイバーブランケットなどの耐火目地材を充填します。パネル上部の取付けは，面内方向に可動となるように取り付け，間仕切チャンネルへのかかりしろを20 mm確保して取り付けます。

また，パネル上部と間仕切チャンネルの溝底との間に20 mmのすき間を設けて取り付けます。

間仕切壁パネルを一体化するため，パネル長辺側面相互の接合にアクリル樹脂系接着材を用います。

耐火性能が要求される外壁パネルの伸縮目地
目地幅より大きな耐火目地材を20 %程度圧縮して充填した後にシーリングを施工します。

⑥施工における留意点

横壁ボルト止め構法では，パネル積上げ段数5段ごとに受け金物を設けます。

床パネルで集中荷重が作用する部分は，その直下にパネル受け梁を設け，パネルは梁上で分割して割り付けされていることを確認します。

パネルの取扱い時に欠けが生じ，構造耐力上は支障がない場合は，製造業者指定の補修モルタルで補修します。

チャレンジ問題！

問1　難　中　**易**

ALCパネル工事の間仕切壁フットプレート構法に関する記述として，最も不適当なものはどれか。

(1) パネルは，パネル上部の間仕切チャンネルへのかかりしろを20 mm確保して取り付けた。
(2) パネルは，パネル上部と間仕切チャンネルの溝底との間に20 mmのすき間を設けて取り付けた。
(3) 出隅・入隅のパネル取合い部には，20 mmの伸縮目地を設けた。
(4) 耐火性能が要求される伸縮目地には，モルタルを充填した。

解　説

耐火性能が要求される伸縮目地に充填する耐火目地材は，目地幅よりも大きなものを20 %程度圧縮して充填した後に，シーリングを施工します。

解答（4）

耐震改修工事

1 現場打ち鉄筋コンクリート壁の増設工事

①既存部分の処理

既存構造体コンクリート面の打継ぎ面となる範囲は，すべて目荒しを行い，施工アンカーが多数埋め込まれる増設壁部分には**割裂補強筋**（スパイラル筋，はしご筋）を用います。

②コンクリートの圧入工法

下から上へコンクリートを圧入する方法で，高流動コンクリートを使い，すき間などは生じにくいですが，施工には高い技術力が必要です。

③既存構造体との取合い

鉄筋コンクリート壁の増設工事において，既存梁下と増設壁上部とのすき間のグラウト材の注入は，中断することなく一度に**上部まで**行い，空気抜きからグラウト材が出ることを確認します。グラウト材の練上がり時の温度は，練り混ぜる**水の温度**を管理し，**10～35℃**の範囲とします。

2 柱補強工事

①溶接金網巻き工法

柱の溶接金網巻き工法において，溶接金網は分割して建て込み，金網相互の接合は**重ね継手**とします。溶接金網に対するかぶり厚さ確保のため，型枠建込み用のセパレーターに結束し，溶接金網に対するコンクリートなどの最小かぶり厚さを**30 mm以上**とします。

②溶接閉鎖フープ巻き工法

フープ筋の継手は，溶接長さが**片側10 d以上**のフレア溶接とし，フープ筋のコーナー部の折り曲げの内法直径は，フープ筋の径または呼び名に用いた数値の**3倍以上**とします。

③鋼板巻き工法

柱の鋼板巻き工法において，角形鋼板巻きや円形鋼板補強を行う際，鋼板を二つ割り以上に分割して製作し，現場での**完全溶込み溶接**により一体化します。

④連続繊維補強工法

炭素繊維シートなどを既存の柱に巻き付けて耐震性を上げる工法で，シートの切出し長さは，**柱の周長にラップ長さを加えた寸法**とし，水平方向の重ね継手位置は柱の各面に分散させ，重ね長さは**200 mm以上**とします。下地処理後，**隅角部は面取り**します。

鉄骨ブレースの設置
枠付き鉄骨ブレースの設置工事で鉄骨ブレース架構を組み立てる場合，継手はすべて高力ボルト接合とします。

完全スリットの新設
柱と接する既存の袖壁部分に，切欠きを30～40 mmのすき間を設け，完全に壁と柱の縁を切る方法を完全スリットといいます。

チャレンジ問題！

問1　難　**中**　易

鉄筋コンクリート造の耐震改修工事に関する記述として，最も不適当なものはどれか。

(1) 枠付き鉄骨ブレースの設置工事において，現場で鉄骨ブレース架構を組み立てるので，継手はすべて高力ボルト接合とした。
(2) 柱と接する既存の袖壁部分に完全スリットを設ける工事において，袖壁の切欠きは，袖壁厚の$\frac{2}{3}$の深さまでとした。
(3) 既存構造体にあと施工アンカーが多数埋め込まれる増設壁部分に用いる割裂補強筋には，はしご筋を用いることとした。
(4) 増設壁コンクリート打設後に行う既存梁下と増設壁上部とのすき間に圧入するグラウト材の充填は，空気抜きからグラウト材が出ることで確認した。

解説

袖壁の切欠きは，袖壁厚の深さとします。

解答（2）

建設機械

1 掘削機械

土砂などの掘削に用いられる機械です。ショベル系の掘削機械のほかに，アースオーガー，アースドリルなどがあります。

①ショベル（パワーショベル）

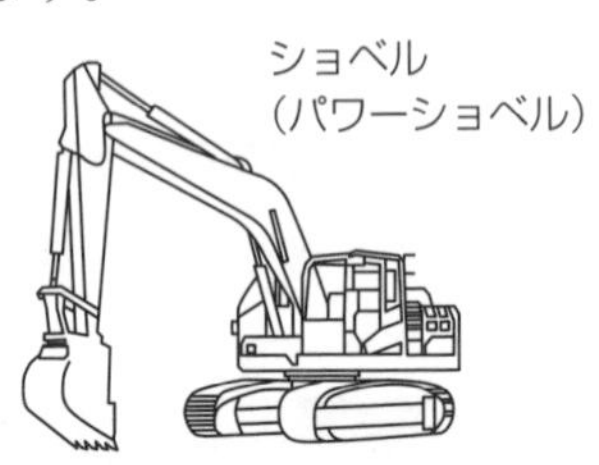

機械の位置より高い場所の掘削に適しています。ショベル系掘削機では，一般にクローラー式の方がホイール式よりも登坂能力が高いです。

②バックホウ

機械の位置より低い場所の掘削に適し，山の切取りなどに用います。最大掘削深さは，バケットが一番下まで下がった位置を示します。

③クラムシェル

垂直掘削深さが40 m程度までの深い基礎の掘削に用いられ，正確な掘削をする場合に適し，軟弱地盤でも使用できます。

④アースドリル掘削機・リバース掘削機

アースドリル掘削機は約50 m，リバース掘削機は約70m程度の掘削が可能です。

⑤ドラグライン

ブームの先端につり下げたスクレーパーバケットを前方に投下し，手前に引き寄せることによって掘削する建設機械で，機械の設置面より低い所の掘削，および広い範囲の浅い掘削に適しています。

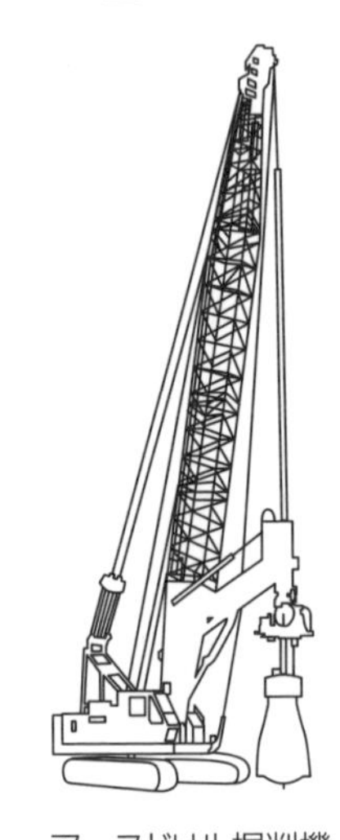

アースドリル掘削機

2 揚重運搬機械

荷揚げに用いられる機械の総称です。揚重機ともいい，移動式と固定式に大別されます。

①トラッククレーン

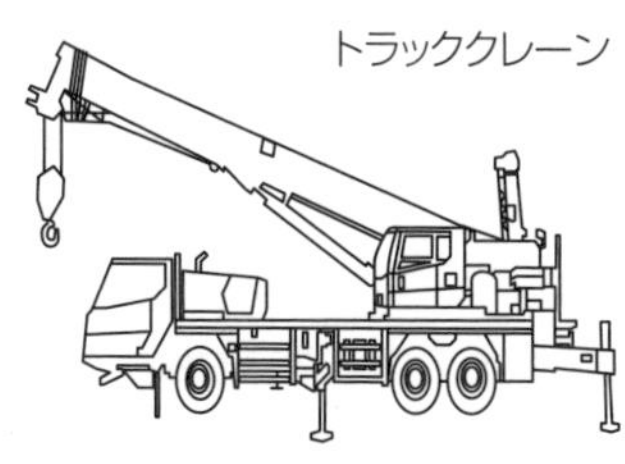
トラッククレーン

トラックにクレーンを設置した建設機械です。本体の安定を保つためにアウトリガーを備え，長大ブームの取付けも可能です。つり上げ性能は，アウトリガーを最大限に張り出し，ジブ長さを最短にし，ジブの傾斜角を最大にしたときにつり上げることができる最大の荷重で示します。また，使用の際は，走行時の車輪圧と作業時におけるアウトリガー反力について，その支持地盤の強度を検討します。

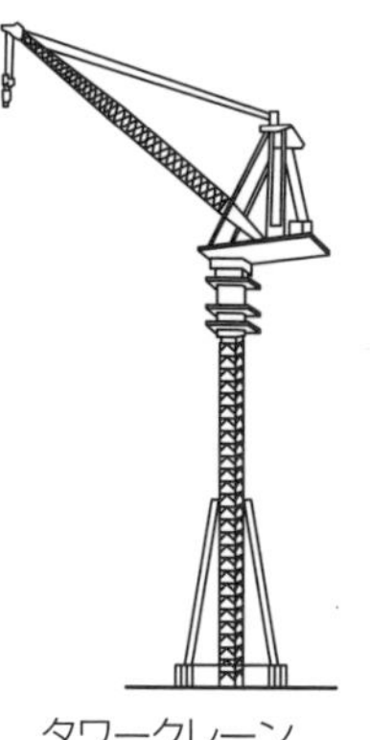
タワークレーン

②タワークレーン

傾斜ジブ式タワークレーンは，重量物のつり上げに用いられ，狭い敷地で作業することができます。ジブのないクレーンの定格荷重は，つり上げ荷重からフックなどのつり具の重量に相当する荷重を除いた荷重です。

③クローラークレーン

キャタピラで走行する移動式クレーンで，軟弱地盤でのつり上げ作業に適しています。

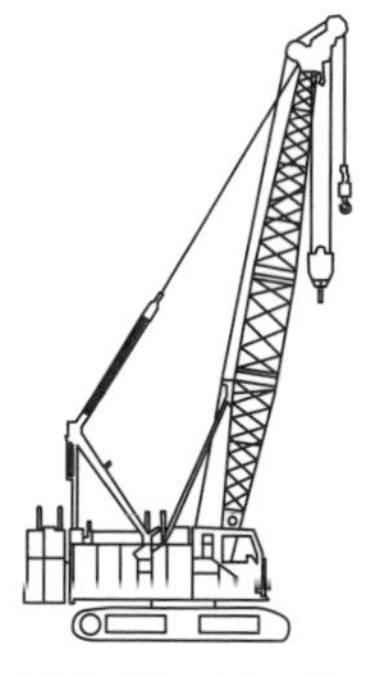
クローラークレーン

クレーンの作業の留意点

タワークレーンが地表から60 m以上の高さとなる場合は，原則として，航空障害灯を設置します。

クレーンによる作業は，10分間の平均風速が10 m/s以上の場合は中止します。

建方クレーンの旋回範囲に66,000 Vの送電線がある場合，送電線に対して安全な離隔距離を2.2 m以上確保します。クレーンで重量物をつり上げる場合，地切り後に一旦停止して機械の安定や荷崩れの有無を確認します。

④ホイールクレーン

ホイールクレーン（ラフテレーンクレーン）は，同じ運転室内でクレーンと走行の操作ができ，機動性に優れています。

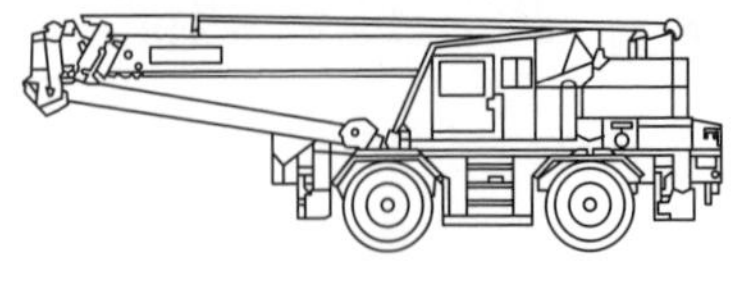

ホイールクレーン

⑤建設用リフト

建設用リフトは，土木，建築などの工事の作業に使用され，資材を運搬するためのエレベーターで，労働者を乗せてはいけません。停止階には，荷の積卸口に遮断設備を設けます。建設用リフトの運転者を，搬器を上げたままで運転位置から離れさせてはいけません。

建設用リフトの定格速度は，搬器に積載荷重に相当する荷重の荷を載せて上昇させる場合の最高速度をいいます。

⑥ロングスパン工事用エレベーター

工事用エレベーターの1つで，人荷供用で荷台長さ3 m以上，昇降速度毎分10 m以下の昇降設備です。長尺物の揚重に適しています。

搬器の傾きが $\frac{1}{10}$ の勾配を超えた場合，動力を自動的に遮断する装置を設けます。

搬器には，周囲に堅固な手すりを設け，手すりには中桟，および幅木を取り付ける必要があります。また，昇降路の出入口の床先と搬器の出入口の床先との間隔は，4 cm以下とします。

搭乗席には，高さ1.8 m以上の囲いおよび落下物による危害を防止するための堅固なヘッドガードを設けます。

安全上支障がない場合には，搬器の昇降を知らせるための警報装置を備えないことができます。

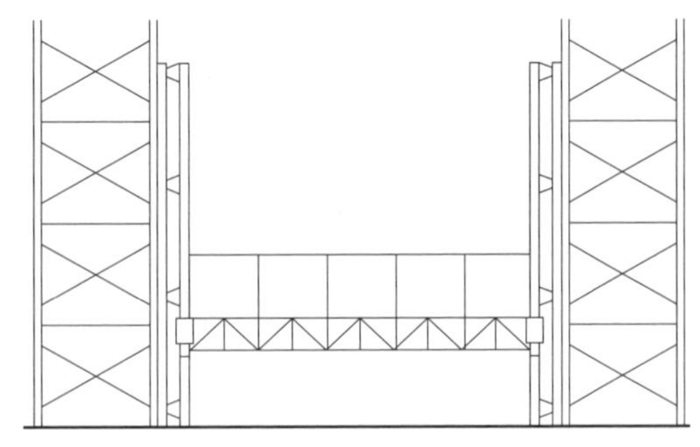

ロングスパン工事用エレベーター

3 その他の建設機械

①ブルドーザー

掘削，整地，土砂の運搬などに用いられます。湿地ブルドーザーの平均接地圧は，全装備質量が同程度の場合，普通のブルドーザーの半分程度です。

②タイヤローラー

ローラーを用いて地盤を締め固める建設機械で，タイヤローラーは，砂質土の締固めに適しており，ロードローラーに比べ機動性に優れています。

タイヤローラー

トラックアジテータ（トラックミキサー）
生コンクリートを運搬するトラックです。最大混合容量4.5 m^3の車両の最大積載時の総質量は，約20 tです。

チャレンジ問題！

問1　難　中　易

揚重運搬機械に関する記述として，最も不適当なものはどれか。

(1) ロングスパン工事用エレベーターの搬器には，周囲に堅固な手すりを設け，手すりには中桟および幅木を取り付けなければならない。
(2) ロングスパン工事用エレベーターは，安全上支障がない場合，搬器の昇降を知らせるための警報装置を備えないことができる。
(3) 建設用リフトは，土木，建築などの工事の作業に使用され，人および荷を運搬することを目的とするエレベーターである。
(4) 建設用リフトの定格速度とは，搬器に積載荷重に相当する荷重の荷を載せて上昇させる場合の最高の速度をいう。

解　説

建設用リフトは資材の運搬用なので，労働者を乗せてはいけません。

解答（3）

第2章

建築施工

CASE 2

仕上げ工事

まとめ & 丸暗記

この節の学習内容とまとめ

- □ 塗膜防水工事：屋根などに液状の防水材を塗り重ねる工事のこと。防水材の重ね幅は，塗継ぎの場合100 mm以上，補強布の場合50 mm以上
- □ 小はぜ掛け：２枚の金属板の継ぎ方のこと。上はぜの折返し幅は，上はぜ15 mm，下はぜ18 mm程度
- □ セメントモルタル塗り：
  セメント系の塗り仕上げのこと。セメントモルタルの砂の粒径は，収縮ひび割れを防ぐため，できるだけ粒径の大きい骨材（塗付厚さの$\frac{1}{2}$以下）を用いる
- □ 合成樹脂エマルションペイント：
  環境に配慮した水性塗料のこと。塗料の種類は，水がかり部分や建物外部は１種，内部用は２種
- □ 軽量鉄骨壁下地：鉄骨造などの建築物で，壁や天井の下地材として用いられる。スタッドの間隔は，ボード２枚張りの場合は450 mm，ボード１枚張りの場合は300 mm
- □ 特定天井：脱落によって重大な危害を生ずるおそれがある天井のこと。勾配屋根における吊り材は，鉛直方向に設置する
- □ 硬質ウレタンフォーム吹付け工法：
  住宅などの断熱性を高める工法。厚さ５mmの下吹きの後，多層吹きの各層の厚さは各々30 mm以下とする
- □ せっこう系接着材：
  RC造におけるせっこうボード直張り工法。１回の接着材による直張り工法の塗付け面積は，張り付けるボード１枚分

防水工事

1 アスファルト防水工事

アスファルトの層とルーフィング類を重ねて建築物の屋根などに防水層を構成する工法です。ルーフィング類の張付けでは，密着工法[※1]と絶縁工法[※2]があります。

①防水施工前の下地の状態

コンクリート下地は高周波水分計を用いて，十分に乾燥しているかを確認し，平場の下地は金ごて仕上げ，立上がり部の下地は打放し仕上げとします。下地の乾燥と清掃後，アスファルトプライマーを塗布します。

②アスファルトの溶融

アスファルトプライマーの乾燥後，ルーフィング類の張り付けのために，アスファルトの溶融を溶融がまで行います。使用するアスファルトは，常温時では固形物ですが，溶融し，ルーフィング類を張り付けた後，すぐに硬化し，防水層として機能します。溶融温度には，上・下限値があり，低煙・低臭タイプのアスファルトは240℃以下（下限は210 ℃）とし，一般（3種）の溶融アスファルト温度は230 ℃以下にはならないようにします。品質を低下させないために，制限温度を超えて3時間以上溶融しないようにします。

③アスファルトルーフィング類の張付け

ルーフィングの張付けは，原則，アスファルトをひしゃくで流しながら行う流張りとします。

注意点として，平場部のルーフィング類の重ね幅は，縦横とも100 mm以上とし，重ね部からあふれ出たアスファルトは，はけを用いて塗り均します。また，

※1

密着工法
防水層と下地の間の接着工法で，下地に対して全面に接着する工法です。太陽光の直射などにより下地コンクリートが暖められ，中の水分が水蒸気化したときに防水層が膨れるという欠点があります。

※2

絶縁工法
防水層と下地の間の接着工法で，下地に対して部分的に接着する工法です。押え層を設けない露出防水では，膨れの防止，押え層のある場合には防水下地または押えの動きによる防水層の破断防止を目的として使われます。

防水層の保護コンクリート
保護コンクリートは厚さ60 mm程度以上とし，内部に線径3.2～6.0 mm，網目寸法100 mmの溶接金網を敷設します。

コンクリートスラブの打継ぎ部
幅50 mm程度の絶縁用テープを張り付けた後，幅300 mm程度のストレッチルーフィングを増張りします。

水下側のルーフィングが下になるように張り付け，上下層の重ね部が同一箇所にならないようにします。

④防水層の納まり上の注意点

防水面が露出して見える露出防水において，立上がり部入隅部には，モルタルやコンクリートの面取りに代えて成形キャント材（角度45度，見付幅70 mm程度）を用いることができます。

防水面の凸凹である出隅や入隅は，平場部のルーフィングの張付けに先立ち，幅300 mm程度のストレッチルーフィングを増張りします。

下地の出・入隅などの形状

	アスファルト防水	改質アスファルトシート防水（トーチ工法）シート防水・塗膜防水
出隅	30	3～5
入隅	70	直角

2 改質アスファルトシート防水（トーチ工法）

溶融がまを使わずに，改質アスファルトシートの裏面に付着しているアスファルトをバーナーであぶって張り付けたり，常温粘着施工で張り付ける工法です。一般のアスファルト防水と比べて，施工時の煙や臭気などの発生が少なく作業性がよいです。

①トーチ工法の施工

改質アスファルトシート防水工事の工法の1つで，下地にプライマーを塗布し，乾燥後に改質アスファルトシートをトーチ（ガスバーナー）であぶりながら張り付ける工法です。

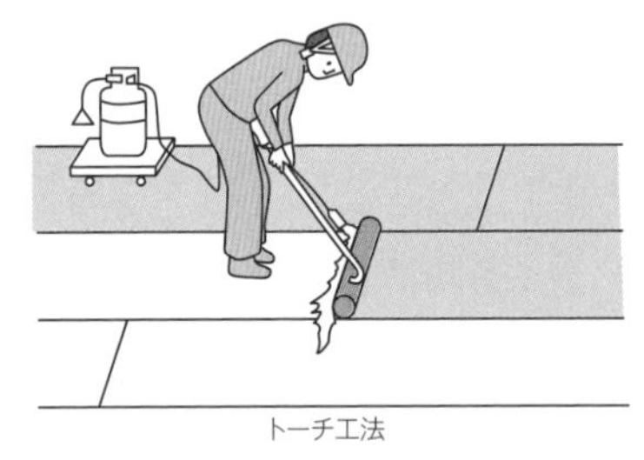
トーチ工法

改質アスファルトシートの張り付けに先立ち，立上がり部の出入隅角部に200 mm角の増張り用シートを張り付けます。改質アスファルトシート相互の重ね幅は，長手方向，幅方向とも100 mm以上となるように張り重ねます。改質アスファルトシートの3枚重ね部は，中間の改質アスファルトシート端部を斜めにカットします。

ALCパネル下地のプライマーは，使用量を0.4 kg/m^{2}とし，2回に分けて塗布します。また，露出防水密着工法においては，短辺接合部に，あらかじめ幅300 mmの増張り用シートを絶縁増張りします。

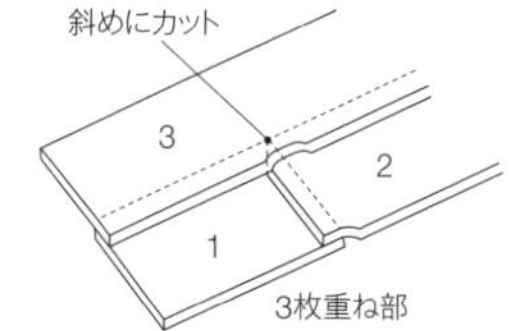

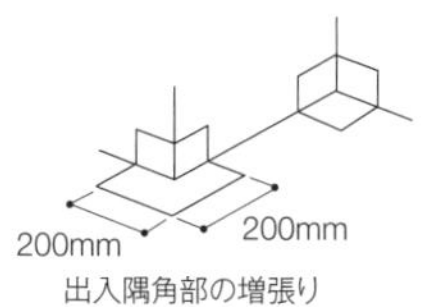

3 合成高分子系シート防水

下地の動きに対する追従性がよく，一般にシート防水と呼ばれます。合成ゴム（加硫ゴム系）や合成樹脂（塩化ビニル樹脂系シート系，エチレン酢酸ビニル樹脂系）のルーフィングシートを下地にプライマー施工後，接着剤で張り付けてつくられた防水層をいいます。

①プライマー施工

シート防水のプライマーは，ローラーばけを用いて規定量をむらなく塗布し，その日に張り付けるルーフィングの範囲に浸透させます。

ALC屋根パネル面に塩化ビニル樹脂系ルーフィングシートを接着工法で施工する場合は，ALCパネル面にプライマーを塗布します。

②加硫ゴム系シート防水の施工

加硫ゴム系シート防水とは，硫黄を混合して作ったゴムを原料としたシートを接着剤で下地に張り付ける工法です。

下地の出隅角の処理は，シートの張り付け前に非加硫ゴム系シートで増し張りします。平場のシート相互の接合幅は100 mmとし，原則として水上側のシート

トーチ工法の注意点

プレキャストコンクリート部材の防水下地の接合目地部には，あらかじめ部材の両側に100 mm程度ずつ張り掛けられる幅の増張り用シートを用いて絶縁増張りを行います。露出防水用改質アスファルトシートの重ね部は，砂面をあぶり，砂を沈めて重ね合わせます。絶縁工法の短辺接合部は，あらかじめ幅50 mmの絶縁用テープを張り付けます。

塩化ビニル樹脂系ルーフィングシートの施工

下地の出隅角の処理は，シートの張り付け後に成形役物を張り付け，端部はシール材で処理します。エポキシ樹脂系接着剤を用いて平場にシートを張り付ける場合，下地面のみに接着剤を塗布します。シート相互の接合部は，熱風融着または溶着剤により接合します。接合部のシートの重ね幅は，幅方向，長手方向とも40 mm以上とします。また，下地がALCパネルの場合，パネル短辺の接合部の目地部に，幅50 mmの絶縁用テープを張り付けます。

が水下側のシートの上になるように張り重ねます。また，シート相互の接合部は，接着剤とテープ状シール材を併用して接合します。

防水層立上がり端部の処理は，テープ状シール材を張り付けた後，シートを張り付け，末端部は押え金物で固定し，不定形シール材を充填します。

軽歩行用仕上材として，シート防水層の上にケイ砂を混入した厚塗り塗料を塗布します。

4 塗膜防水工事

塗膜防水工事とは，屋根などの防水目的で用いられる合成高分子系[※3]の液状材料を塗り重ね，硬化して被膜を形成し防水層をつくることをいいます。

①塗膜防水工事の施工

ウレタンゴム系防水材の塗継ぎの重ね幅は100 mm以上，補強布の重ね幅が50 mm以上です。低温時で防水材の粘度が高く施工が困難な場合，防水材製造業者の指定する範囲で希釈剤（キシレンなど）で希釈して使用することができます。

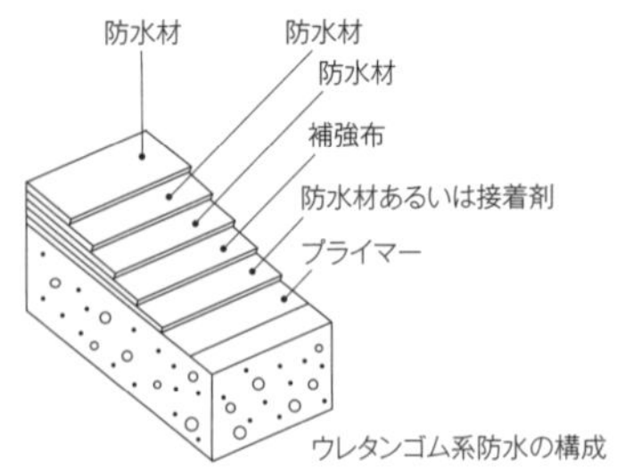

ウレタンゴム系防水の構成

②通気緩衝工法

通気緩衝工法では，下地がコンクリートの場合に使用する工法で，通気緩衝シートに，接着剤を塗布し，シート相互を突付け張りとします。また，防水層の下地からの水蒸気を排出するために脱気装置を，50～100 m^2に1か所の割合で設置します。

穴あきタイプの通気緩衝シートは，下地に通気緩衝シートを張り付けた後，ウレタンゴム系防水材でシートの穴を充填します。

立上がり部の補強布は，平場部の通気緩衝シートの上に100 mm張り掛けて防水材を塗布します。平場部に張り付ける補強布は，仮敷きをした上で，防水材を塗りながら張り付けます。

5 アスファルト防水改修工事

既存のアスファルト防水の経年劣化などにより，既存の保護コンクリートを撤去，または既存の防水層の上に，新規に防水層を形成する工事をいいます。

①既存防水層撤去

既存の保護コンクリート層の上にアスファルト露出防水絶縁工法を行う際，二重ドレンを設けない場合の保護コンクリート層は，ルーフドレン端部から500 mm程度まで撤去します。既存の保護コンクリート層を撤去し，既存の防水層の上にアスファルト保護防水密着工法を行う場合のルーフドレン周囲の既存防水層は，ルーフドレン端部から300 mmまで四角形に撤去します。

②既存下地の補修および処理

既存の保護コンクリート層および防水層を撤去してアスファルト保護防水絶縁工法を行う場合，撤去後の下地コンクリート面の2 mm以上のひび割れ部は，Uカットしてポリウレタン系シーリング材を充填します。

既存の露出アスファルト防水層の上にアスファルト露出防水密着工法を行う場合，既存の砂付ルーフィングの表面の砂は可能な限り取り除き，清掃後，アスファルト系下地調整材を塗布します。

6 シーリング工事

シーリング材を充填する工事で，水密性，気密性および変形の緩衝効果を得るために行います。充填箇所は，カーテンウォールのパネル相互間，異種材料相互間，躯体あるいは仕上げ材の動きの大きい部分の取合

※3

合成高分子系の液状材料の施工例

ウレタンゴム系防水材は，屋根，開放廊下，ベランダ，屋内で施工されます。

ゴムアスファルト系防水材は，地下外壁などで施工されます。

アクリルゴム系防水材は，外壁などで施工されます。

ゴムアスファルト系地下外壁仕様

出隅および入隅は，補強布を省略しゴムアスファルト系防水材を用いて，増吹きにより補強塗りを行います。

塗膜防水の塗料の使用量

ウレタンゴム系防水材の立上がり部の総使用量は，硬化物密度1.0 Mg/m^3のものを使用するため，2.0 kg/m^2とし，平場部の総使用量は3.0 kg/m^2とします。

ゴムアスファルト系防水材の室内平場部の総使用量は，固形分60 %のものを使用するため，4.5 kg/m^2とします。

い箇所などです。シーリング工事の施工方法は，マスキングテープをプライマーの塗布前に張り付け，シーリング材の表面仕上げ直後に除去します。シリコーン系シーリング材の充填にあたり，充填箇所以外の部分に付着したシーリング材は，硬化後に取り除く必要があります。

①シーリング材の特性

シリコーン系シーリング材は，耐候性，耐熱性，耐寒性に優れており，1成分形と2成分形があります。耐候性は，シリコーン系の方がポリウレタン系より優れ，施工時に粘着性のあるペースト状のシーリング材を不定形シーリング材といいます。空気中の水分や酸素と反応して硬化するのは1成分形シーリング材で，２成分形シーリング材は基剤と硬化剤などを混ぜて反応硬化します。

②シーリング材の種類と使用部位・特徴

種類	使用部位・特徴
シリコーン系・ポリサルファイド系シーリング材２成分形	主にガラスまわりの目地に使用
低モジュラスタイプ(LM)	主にALCパネルに使用
シーリング材のタイプG	グレイジングに使用
シーリング材のタイプF	グレイジング以外に使用

先打ちしたポリサルファイド系シーリング材に，変成シリコーン系シーリング材を打ち継ぐことができます。シーリング材の打継ぎ箇所は，目地の交差部およびコーナー部を避け，そぎ継ぎとします。また，シーリング材の引張応力による区分で，HMは高モジュラスを表し，LM は低モジュラスを表します。

③目地の構造

目地深さが所定の寸法より深い箇所は，バックアップ材を用いて，所定の目地深さになるように調整し，ボンドブレーカーは，テープ状の材料で3面接着を回避する目的で目地底に貼り付けます。

ALCパネルは，大きな層間変位が起こりやすいため，シーリングは基本的に2面接着とします。

コンクリートの水平打継ぎ目地のシーリングは3面接着とし，2成分形変成シリコーン系シーリング材を用います。

④バックアップ材による目地幅設定

バックアップ材は裏面粘着剤の付いていないものを使用する場合，目地幅より2 mm程度大きいものとします。

⑤ワーキングジョイント

ワーキングジョイントとは，目地の動きが大きい箇所で，目地幅が20 mmの場合，目地深さは，10～15 mm程度とします。装填する丸形のバックアップ材は，目地幅より20 %大きい直径のものとします。

シーリング工事の施工環境

気温15～20 ℃程度，湿度80 %未満で，晴天・無風状態が工事に適した環境です。プライマーの塗布およびシーリング材の充填時は，被着体が5 ℃以下または50 ℃以上になるおそれがあるときは，作業を中止します。

チャレンジ問題！

問1　難　中　易

アスファルト防水の密着工法に関する記述として，最も不適当なものはどれか。

(1) 低煙・低臭タイプのアスファルトの溶融温度の上限は，300 ℃とする。

(2) コンクリートスラブの打継ぎ部は，絶縁用テープを張り付けた後，幅300 mm程度のストレッチルーフィングを増張りする。

(3) 平場部のルーフィングの張付けに先立ち，入隅は幅300 mm程度のストレッチルーフィングを増張りする。

(4) 平場部のアスファルトルーフィング類の重ね幅は，縦横とも100 mm程度とする。

解説

低臭，低煙タイプのアスファルトの溶融温度の上限は240℃です。

解答（1）

屋根工事

1 金属板葺き

溶融亜鉛めっき鋼板，銅板，アルミニウム合金板などを用いた屋根の葺き方をいいます。平葺き，心木なし瓦棒葺き，金属製折板(せっぱん)葺きなどがあります。

①施工上の留意点

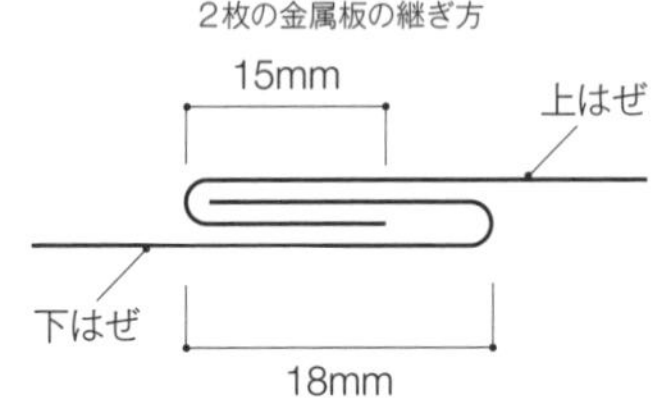

金属板葺きの下地に敷くアスファルトルーフィング類は，シートの上下（流れ方向）100 mm以上，左右（長手方向）200 mm以上重ね合わせ，タッカによるステープル釘での仮止め間隔は300 mm程度で固定します。平葺きの小はぜ掛けにおける上はぜの折返し幅は，上はぜ15 mm，下はぜ18 mm程度とし，基本的に下はぜのほうを長くします。吊子は屋根材を下地に固定するための部材で，平葺きの吊子は，葺板と同種同厚の材とし，幅30 mm，長さ70 mmとします。横葺きの葺板の継手位置は，縦に一直線状とならないよう千鳥に配置します。

②心木なし瓦棒葺き

心木なし瓦棒葺きとは，心木を用いずに通し吊子などを用いた瓦棒葺きです。溝板は，通し吊子を介して垂木(たるき)に留め付けます。また，通し吊子の鉄骨母屋への取り付けは，平座金を付けたドリルねじで，下葺き，野地板を貫通させ母屋に固定します。キャップは，溝板と通し吊子になじみよくはめ込み，均一かつ十分にはぜ締めを行います。棟部の納めに棟包みを用いる場合，棟包みの継手をできるだけ瓦棒に近い位置とします。溝板の水上端部に八千代折りとした水返しを設け，棟包みを取り付けます。けらば納めの端部の長さは，瓦棒の働き幅の$\frac{1}{2}$以下とします。塗装溶融亜鉛めっき鋼板を用いた金属板葺きの留付け用釘や，ドリルねじなどの留付け用部材には，亜鉛めっき製品を使用します。

2 金属製折板葺き

タイトフレームを直接下地に固定し，その上に平板を折り曲げた折板をかぶせる工法です。タイトフレームは梁と折板との固定に使用します。ボルト付き，端部用，タイトフレームだけのものがあります。墨出しは山ピッチを基準に行い，割付けは建物の桁行き方向の中心から行い，両端部の納まりが同一となるようにします。下地への溶接は，タイトフレーム板厚と同じとし，立上がり部分の縁から10 mm残し，底部両側を隅肉溶接とします。水上部分と壁との取合い部に設ける雨押えは，壁際立上がりを150 mm以上とします。

タイトフレームの施工

緊結のボルト間隔は600 mm以下です。けらば包みの継手位置は，タイトフレームに近い位置とし，継手は，60 mm以上重ね合わせ，間に定形シール材を挟み込んで留めます。軒先の落とし口は，穿孔し，5 mmの尾垂れを付けます。軒先の折板の先端部には，下底を15度程度曲げて尾垂れを付けます。

チャレンジ問題！

問1　難 **中** 易

金属製折板葺き屋根工事に関する記述として，最も不適当なものはどれか。

(1) タイトフレームの割付けは，両端部の納まりが同一となるように建物の桁行き方向の中心から行い，墨出しは通りよく行った。
(2) タイトフレームの受梁への接合は，下底の両側を隅肉溶接とし，隅肉溶接のサイズを受梁の板厚と同じとした。
(3) 水上部分の折板と壁との取合い部に設ける雨押えは，壁際立上がりを150 mmとした。
(4) 軒先の落とし口は，折板の底幅より小さく穿孔し，テーパー付きポンチで押し広げ，5 mmの尾垂れを付けた。

解説

隅肉溶接のサイズはタイトフレーム板厚と同じとします。

解答（2）

左官工事

1 セメントモルタル塗り

セメントモルタル塗りは，セメント系の一般的な左官工事の工法の1つで，下地調整，下塗り，中塗り，上塗り，養生の工程を経て仕上げます。

①セメントモルタル塗りの工程

●コンクリート下地の調整

コンクリート下地に**吸水調整材**を塗布後**1時間以上**おいた後に，乾燥を確認してから下塗りを行います。しかし，ひび割れや凹凸，ジャンカなど，下地処理が必要な場合は，**ポリマーセメントペースト塗り**を行い，乾燥しないうちに下塗りを行います。下地の不陸調整が必要な場合，モルタルのつけ送りを行い，1回の塗厚を9 mm以内とします。**総塗厚が35 mmを超える**場合，溶接金網，アンカーピンなどを取り付け，補修塗りを行います。

●下塗り

下塗りの塗り付け後，金ぐしで全面にわたって，くし目を入れます。下塗りの放置期間は2週間以上とし，ひび割れを十分発生させます。

●むら直し

塗厚が大きいときや，下塗りのむらが著しいときは，下塗りの後，むら直し（下塗りの上に塗り付ける）を行い，中塗りと上塗りを行います。

●中塗り

中塗りは，十分な水湿し後，隅，角，ちりまわりに定木塗りを施します。

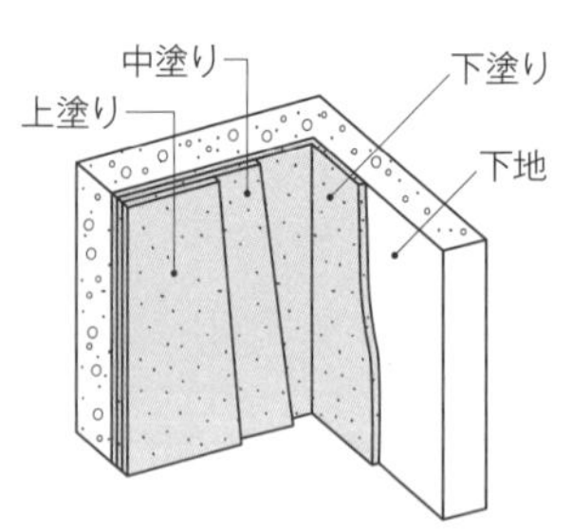

●上塗り

中塗りの硬化の程度を見計らって，こてむらなく，平坦に塗り上げます。

②セメントモルタルの砂の粒径

できるだけ**粒径の大きい骨材（塗付厚さの$\frac{1}{2}$以下）**を用いて，モルタルの収縮によるひび割れを防ぎます。

③モルタルの調合と塗厚

セメントと砂の調合比（容積比）

	下塗り	むら直し・中塗り・上塗り
セメント：砂	1：2.5	1：3

下塗りは強度が大きい**富調合**とし，上塗りは，ひび割れなどを小さくするため**貧調合**とします。塗壁と接する額縁などのちりじゃくりの周囲は乾燥・収縮によるすき間防止のため，こて1枚の厚さだけ透かします。

内壁のモルタルの塗厚標準値は，下塗りから上塗りまでの合計で**20 mm**とします。1回の塗厚を**6 mm**を標準，最大**9 mm**とし，内壁のモルタルの塗厚が20 mmの場合，3回に分けて塗ります。

セルフレベリング材塗り

表面が自然に水平になる性質を有する塗材で，下地コンクリートの乾燥期間は，コンクリート打込み後1か月とします。セルフレベリング材を塗る前に吸水調整材（シーラー）塗りを2回行い，乾燥させます。また，塗材の標準塗厚は10 mmとし，硬化するまでの間は，表面不良であるシワ，表層クラックなどを防ぐため，窓や開口部を塞いだままとします。

チャレンジ問題！

問1　難　中　**易**

内壁コンクリート下地のセメントモルタル塗りに関する記述として，最も不適当なものはどれか。

(1) モルタルの塗厚は，下塗りから上塗りまでの合計で30 mmとした。
(2) 下塗り用モルタルの調合は，容積比でセメント1対砂2.5とした。
(3) 下地処理をポリマーセメントペースト塗りとしたため，乾燥しないうちに下塗りを行った。
(4) 吸水調整材を塗布後1時間以上おいた後に，乾燥を確認してから下塗りを行った。

解説

内壁コンクリート下地の塗厚標準値の合計は20 mmです。

解答（1）

塗装工事・吹付け工事

1 塗装工事

塗装工事とは，材木や金属などの物体に塗料を塗って仕上げる工事のことをいいます。作業環境の考慮，下地処理，複数の工法など，塗装の欠陥が発生しないよう考慮する必要があります。

①作業環境

塗装場所の気温が 5 ℃以下，湿度が 85 %以上のときは，乾燥しにくいため，施工を中止します。

②金属系素地調整

鉄鋼面に付着した溶接の※4スパッタは，グラインダーなどで平滑にしてから，※5ブラストで素地調整を行い，直ちに下塗りを行います。亜鉛めっき鋼面の化成皮膜処理による素地ごしらえは，※6りん酸塩処理とします。また，付着性を向上させるため※7エッチングプライマーを塗布します。

③けい酸カルシウム板・モルタル面・プラスター面素地調整

けい酸カルシウム板の吸込み止めとして，反応形合成樹脂ワニスを全面に塗布します。塗装素地のモルタル面のアルカリ度は，pH 9 以下，プラスター面は pH 8 以下であることを塗装直前に確認します。アルカリ度検査は，pH コンパレーターを用います。

④合成樹脂調合ペイント（SOP）

鉄，亜鉛めっき，木部面の塗装に適していて，溶剤の蒸発とともに油分の酸化重合が進み，硬化乾燥して塗膜を形成します。鉄鋼面の下塗りは，錆止め塗料（亜鉛・クロムフリー錆止めペイント）を使用します。

⑤合成樹脂エマルションペイント（EP）

環境に配慮した水性塗料でセメント系や木部面，せっこうボード面の塗装に適しています。水が蒸発する際に，エマルション粒子が凝集，融着して塗膜を形成し，乾燥が早い特徴があります。

塗料の種類は，水がかり部分や建物外部用を 1 種とし，内部用を 2 種とし，流動性を上げるため，水で希釈することができます。水性なので，溶剤では希釈できません。下塗り後，中塗り後とも3時間経過してから，次の工程に入ります。

⑥つや有り合成樹脂エマルションペイント

屋内の鉄鋼面の塗装に適しており，2回目の錆止め塗装の前に，研磨紙ずりを行い，付着物を除去します。

コンクリート素地面に対する塗装は，気温が20℃の場合，中塗りの工程間隔時間を5時間以上とします。

⑦フタル酸樹脂エナメル

金属系や木質系素地面の高級仕上げに適し，耐油性，耐候性，平滑性がよいです。塗料が付着した布片は自然発火するおそれがあるので，必ず水の入った容器に入れて処理し，塗装材料とは別に保管します。

⑧アクリル樹脂系非水分散形塗料塗り

金属系やセメント系に適しており，耐水性，耐アルカリ性に優れています。溶剤の蒸発とともに分散された粒子が結合し，塗膜を形成します。標準工程間隔時間は，3時間以上とします。

下塗り，中塗り，上塗りは同一材料を使用し，塗付け量はそれぞれ0.10 kg/m^{2}とします。また，中塗りを行う前に研磨紙を用いて研磨します。ガラス繊維補強セメント（GRC）板のようなものに塗る場合は下地処理が別途必要です。

⑨常温乾燥形ふっ素樹脂エナメル塗り

下塗りにおいて，塗料を素地に浸透させるため，ローラーブラシ塗りとします。亜鉛めっき鋼面において，下塗りに変性エポキシ樹脂プライマーを使用します。気温が20℃の場合，塗膜の層間付着性に配慮し，工程間隔時間を16時間以上とします。

塗布量の確認
塗布面積に対する塗料の使用量をもとに行います。

※4
スパッタ
ガス溶接やアーク溶接中に飛散するスラグや溶融金属粒のこと。

※5
ブラスト
研削材を鋼材表面に吹き付け，衝突させることによって錆などを処理することです。

※6
りん酸塩処理
金属面の塗装下地としての付着性を良好にしたり，耐食性を持たせたりするために，各種のりん酸化合物で処理して，りん酸塩皮膜を形成させる方法です。

※7
エッチングプライマー
金属前処理塗料ともいい，ビニルブチラール樹脂の溶液と，ジンククロメートの混合液に，りん酸などを加えてつくられた塗料です。金属の表面処理と錆止めが同時に行われ，鋼，金属，亜鉛めっき面などに用いられます。

⑩２液形ポリウレタンエナメル塗り

金属系，セメント系素地面に適しています。主剤と硬化剤を混合した塗料は，所定の可使時間内に使い終える量を使用します。下塗り後，中塗りまでの工程間隔時間を 16 時間以上置き，7 日以内に工程を完了させます。

⑪塗装の欠陥

塗装の欠陥

欠陥	理由
色分かれ	塗料のかく拌が不十分，塗料粘度が低すぎる
はけ目	塗料の流動性が不足している
つやの不良	下地の吸込みが著しい
はじき	素地に水や油が付着している
しわ	厚塗りで，乾燥時に温度を上げて乾燥を促進させる
だれ	希釈しすぎや，厚塗りによる
白化	湿度が高い
ひび割れ	下塗りの乾燥不足など

2 吹付け工事

吹付け工事とは，仕上げ塗材，塗料などを吹[※8]き付け機を用いて施工したり，ローラー塗りする工事をいいます。

外装用に使用される建築用仕上げ塗材の１つに**防水形合成樹脂エマルション系複層仕上塗材（防水形複層塗材 E）**があります。作業工程としては，材料の練混ぜ，下塗り，増塗り，主材塗り，上塗りの流れで行われます。下塗材は，試し塗りを行い，所要量を 0.1 ～ 0.3 kg/m^2 とし，専用うすめ液で均一に薄めます。**増塗り**は，出隅，入隅，目地部，開口部まわりなどに，はけ，またはローラーにより端部に段差が生じないように塗り付けます。主材の基層塗りは２回塗りとし，だれや，ピンホールがないように均一に塗り付けます。主材の凸部処理を行う場合は，試し吹きを行った後，押えは主材の模様塗り後，1 時間以内に行います。

仕上塗材の種類と工法

呼び名	工法	仕上げの種類
防水形複層塗材E	ローラー塗り	ゆず肌状仕上げ
複層塗材E	吹付け	凸凹状仕上げ
可とう形外装薄塗材E	ローラー塗り	さざ波状仕上げ
内装薄塗材E	こて塗り	平坦状仕上げ
内装厚塗材C	吹付け・こて塗り	スタッコ状仕上げ
内装薄塗材W	吹付け	じゅらく仕上げ
軽量骨材仕上塗材	吹付け	砂壁状仕上げ

※8
吹き付け機

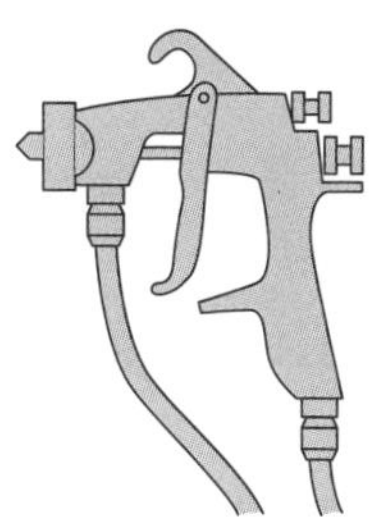

チャレンジ問題！

問1　　難　中　易

金属系素地面の塗装工事に関する記述として，最も不適当なものはどれか。

(1) 屋内の鉄鋼面の見え掛り部分のつや有り合成樹脂エマルションペイント塗りにおいて，2回目の錆止め塗装の前に，研磨紙ずりを行い付着物を除去した。
(2) 屋内のつや有り合成樹脂エマルションペイント塗りにおいて，流動性を向上させるため，溶剤で希釈して使用した。
(3) 2液形ポリウレタンエナメル塗りにおいて，中塗りの工程間隔時間の上限は7日とした。
(4) 屋内の鉄鋼面の合成樹脂調合ペイント塗りにおいて亜鉛・クロムフリー錆止めペイント1種の錆止め塗料を使用した。

解説

合成樹脂エマルションペイントは水性のため，水で希釈します。

解答（2）

張り石工事・タイル工事

1 石張り工事

石張り工事とは，花崗岩や大理石などの石材を，壁や床の仕上げ材として張る工事をいい，外壁乾式工法と外壁湿式工法に大別されます。

①外壁乾式工法

外壁乾式工法とは，取付け金物とだぼを用いて石を躯体と連結するだけで，石と躯体の間に裏込めモルタルを充填しない工法をいいます。

下地面の寸法精度は，±10 mm以内となるようにします。石材の有効厚さは外壁で30 mm以上，内壁で25 mm以上とし，だぼ穴中央位置は，石材の裏面から，石材の厚みの$\frac{1}{2}$とし，最大寸法を幅・高さ1,200 mmで，面積は0.8 m^2/枚以下とし，重量を70 kg以下とします。

乾式工法に用いるファスナーは，ステンレス鋼材のSUS 304を使用し，地震時の層間変位を吸収できるよう，ダブルファスナー形式とします。石材裏面と下地コンクリート面の間隔は70 mmを標準とします。

石材のだぼ穴について，石材両端より辺長の$\frac{1}{4}$程度の位置にそれぞれ1か所設けます。端あき寸法は，石材の厚みの3倍以上確保，バランスよく割り振ります。スライド方式のファスナーに設ける上だぼ用の穴は，外壁の面内方向のルーズホールとし，だぼ穴からはみ出ただぼ穴充填材は，硬化前に除去します。石材間の目地は，幅や深さを8 mm以上として2成分形ポリサルファイド系シーリング材が用いられます。

ロッキング方式において，ファスナーの通しだぼは，径4.0 mmのものを使用し，スライド方式は径5.0 mmのものを使用します。

②外壁湿式工法

外壁湿式工法とは，取付け用引金物で石材を固定し，石材と躯体の間に裏込めモルタルを充填する工法をいいます。

③清掃

取付け終了後の大理石面の清掃は，酸類を使用してはいけません。

2 タイル工事

タイルをモルタルやセメントペースト，接着剤などを用いて，下地の上に張り付ける工事をいい，いくつかの工法があります。

①タイル工事の工法

●改良圧着張り工法

平坦なモルタル下地面に張付けモルタルを塗り付け，タイル裏面全面にも張付けモルタルを塗り，木づちなどでたたき押えながら張る方法です。下地面に対する張付けモルタルの1回の塗付け面積は，2 m^2 以内とし，混練りから施工完了まで60分以内で使用し，塗厚は4～6 mmを標準とします。タイル裏面には，1～3 mm程度の厚さで塗り，たたき押えを行い，張り付けます。

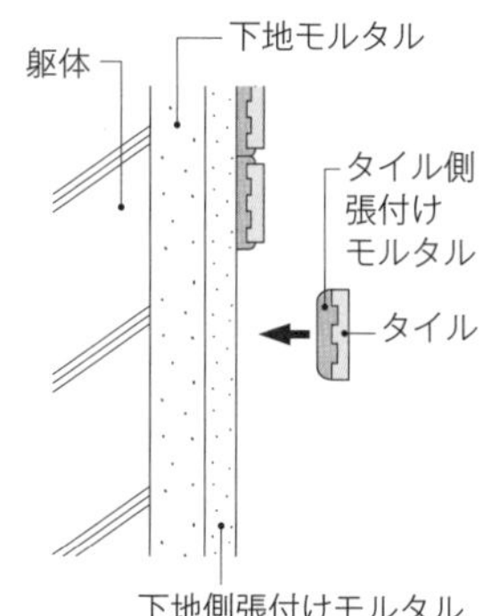

●密着張り工法（ヴィブラート工法）

平坦なモルタル下地面に張付けモルタルを塗り付け，その上にタイルを1枚ずつ専用の振動工具（ヴィブラート工具）を用いてモルタル中に埋め込むようにして張り，タイル周辺にはみ出したモルタルを目地こてで押えて目地も同時に仕上げる方法です。

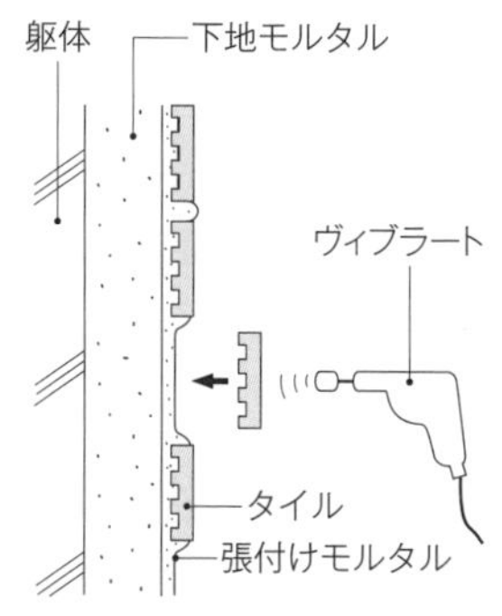

下地面への張付けモルタルの塗付けは，2度塗りを

伸縮調整目地
目地の位置は，下地コンクリートのひび割れ誘発目地，打継ぎ目地，構造スリットなどと一致させ，縦目地を3 m内外，横目地を4 m内外ごとに設けます。

目地詰め
目地詰めは，タイル張付け後24時間以上経過した後に行い，目地の深さは，タイル厚の$\frac{1}{2}$以下とします。

接着強度検査
打音検査は，施工後2週間以上経過後，全面にわたりテストハンマーまたは打診棒を用いて行い，浮きの有無を確認します。試験体の周辺は，試験に先立ちコンクリート面までカッターで切断します。また，測定するタイルが小口平の大きさより大きい場合は，タイルを小口平の大きさに切断します。試験体数は，100 m^2以下ごとに1個以上とし，かつ全面積で3個以上とします。タイル後張り工法の引張接着強度は0.4 N/mm^2以上，タイル先付けの引張接着強度は，0.6 N/mm^2以上かつ破壊率が50 %以下の場合を合格とします。

行い，その合計の塗厚は5～8 mmとし，その塗り付ける面積は，20分以内にタイルを張り終える面積とします。

張付けは，目地割に基づき水糸を引き通し，上部から下部へ1段置きに順次連続して張り付けます。

振動工具による加振は，張付けモルタルがタイルの周囲から目地部分に盛り上がる状態になるまで行います。小口タイルの張り付けは，振動工具による衝撃位置をタイルの両端と中間の3か所とします。

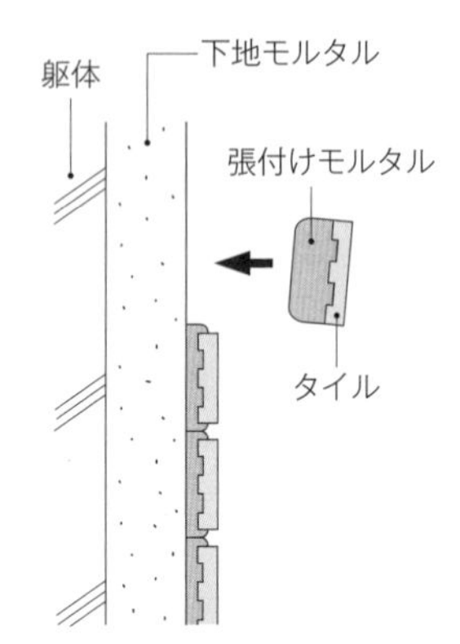

●改良積上げ張り工法

タイル裏面全面に張付けモルタルを塗厚7～10 mm程度塗り付け，硬化した下地モルタル面に下部から上部へ張り上げる方法です。また，1日の張付け高さの限度は，1.5 mとします。

●モザイクタイル張り工法

平坦なモルタル下地面に張付けモルタル，または張付けセメントペーストを塗り，その上に表紙張りしたモザイクユニットタイルを張る方法です。

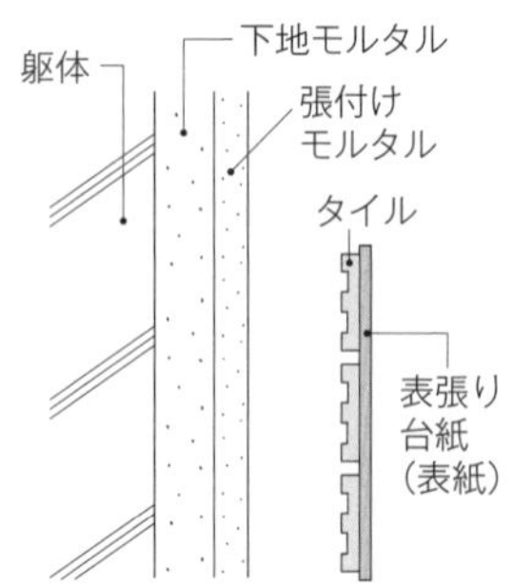

張付けモルタルは，2度塗りとし，1度目は薄く下地面にこすりつけるように塗り，次いで張付けモルタルを塗り重ね，総塗厚を3～5 mm程度とします。また，1回の塗付け面積は，3 m^2以内，または30分以内とします。

モザイクタイル張りのたたき押えは，タイル目地に盛り上がった張付けモルタルの水分で目地部の紙が湿るまで十分に行います。

●マスク張り工法

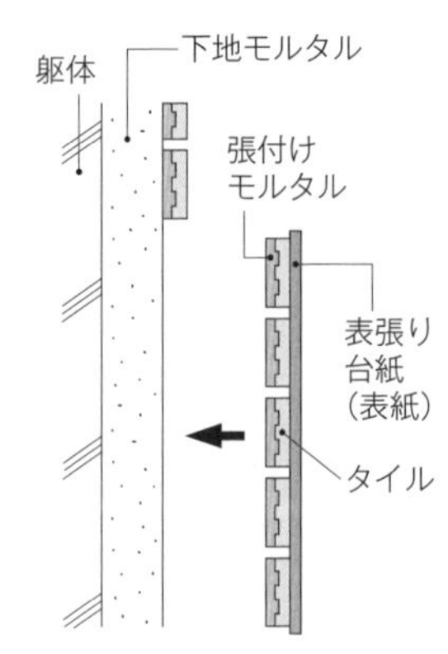

モザイクタイルや内装タイルのユニット裏面にタイルに合わせた穴のあいた厚さ4 mm程度のマスク板を当て，タイル裏面に張付けモルタルを均一に金ごてなどで塗り付けた後，マスク板を

外して精度よく仕上がった面にユニットタイルを張り付ける工法です。張付けモルタルを塗り付けたタイルは，塗り付けてから5分以内に張り付けます。

●接着剤張り工法

平坦なモルタル下地面に合成ゴムやエポキシ樹脂などの有機接着剤を塗り付け，その上にタイルを1枚ずつ，またはユニットタイルを押し込むように張り付ける方法です。接着剤の1回の塗付け面積は内装壁3 m^2以内とし，かつ内外装壁を30分以内に張り終える面積とします。また，接着剤は下地に厚さ3 mm程度になるように塗布し，くし目ごてでくし目を立てます。

赤外線装置法
タイル張り壁面の内部温度を赤外線装置で測定し，浮き部と接着部における熱伝導の違いにより浮きの有無を調べる方法で，天候や時刻の影響を受けます。

小口平タイルの引張接着力試験
測定するタイルと同じ大きさの鋼製アタッチメントを用いて行います。

チャレンジ問題！

問1　　難　中　易

壁のタイル張り工事に関する記述として，最も不適当なものはどれか。

(1) モザイクタイル張りの張付けモルタルは，2度塗りとし，1度目は薄く下地面にこすりつけるように塗り，次いで張付けモルタルを塗り重ね，総塗厚を3 mm程度とした。
(2) マスク張りの張付けモルタルは，ユニットタイル裏面に厚さ4 mmのマスク板をあて，金ごてで塗り付けた。
(3) 改良積上げ張りの張付けモルタルは，下地モルタル面に塗厚4 mm程度で塗り付けた。
(4) 改良圧着張りの化粧目地詰めは，タイル張付け後24時間経過したのちとした。

解説

下地に直接塗らず，タイル裏面全面に7～10 mm程度の厚さを塗り付けます。

解答（3）

ガラス・建具・カーテンウォール工事

1 ガラス工事

ガラス製品を扱う工事で，ガラススクリーンや窓ガラスの取付けなどの工事をいいます。シーリング材構法や，グレイジングガスケット構法などがあります。

①ガラス工事の工法

●不定形シーリング材構法

金属などの溝にガラスをはめ込む場合に，弾性シーリング材を用いる構法です。セッティングブロックは，ガラスの自重を支えるもので，ガラスの両端部より$\frac{1}{4}$の位置に設置します。エッジスペーサーは，可動窓の場合，開閉時の衝撃によるガラスの損傷を避けるために設置するブロックです。

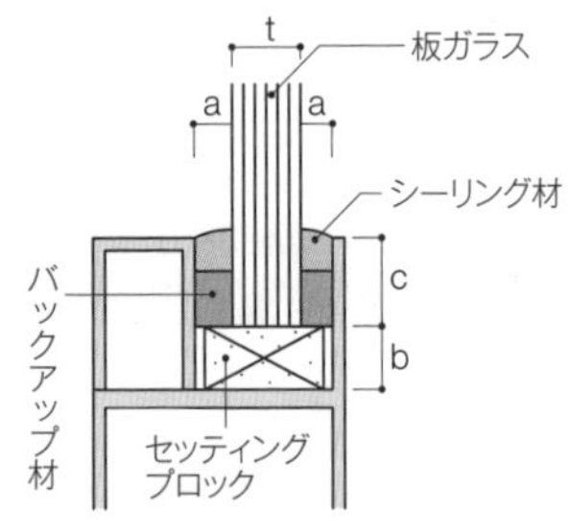

●グレイジングガスケット構法

塩化ビニルなどのひも上の部材をサッシ枠にガラスをはめこむ工法です。ガスケットは，伸ばさないようにし，各隅を留め付けます。

●構造ガスケット（定形シーリング材）

ジッパーを取り付ける際，ジッパーとジッパー溝に滑り剤を塗布します。

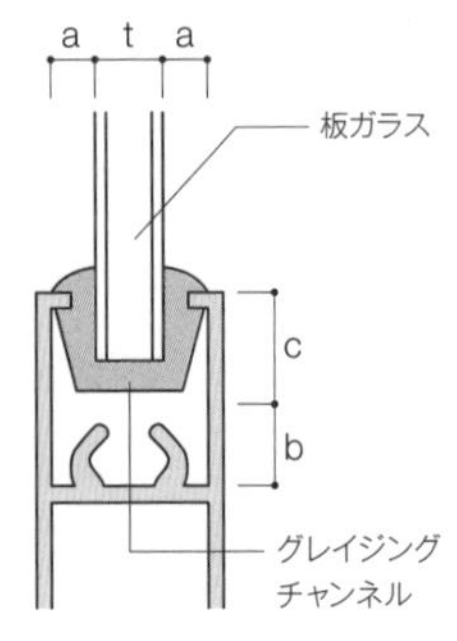

②熱線吸収板ガラス

板ガラスに鉄，ニッケル，コバルトなどを微量添加したもので，冷房負荷の軽減に効果のあるガラスです。

③複層ガラス

2枚の板ガラスの間に乾燥空気層を設けて密封したもので，結露防止に効果のあるガラスです。

2 建具工事

建具とは，開閉可能な戸，窓，障子などをいい，アルミニウム製や鋼製などがあります。建築物の外部と内部や，室と室などを仕切るために，開口部に枠と一体的に取り付けます。

①アルミニウム製建具

アルミニウム製建具は，木製や鋼製の建具と比較すると軽量で狂いが少ないですが，結露しやすく耐火性に劣ります。枠，かまち，水切り，ぜん板，額縁などにアルミニウムを使用する場合の厚さは1.5 mm以上で，押出形成です。また，見え隠れ部で用いる補強材やアンカーなどは，**亜鉛めっき鋼材**を用います。

表面処理が金属表面処理法の一種である**陽極酸化塗装複合皮膜**（アルマイト＋塗装）のアルミニウム製部材は，モルタルに接する箇所の**耐アルカリ性塗料塗り**を省略できます。また，**陽極酸化皮膜**（アルマイト）の厚さの測定は，**渦電流式測定器**を用いて行います。

建具枠のアンカー位置は，枠の隅より150 mm内外を端とし，中間は500 mm内外の間隔とします。

アルミニウム合金がコンクリートやモルタルに接する箇所には，透明の**アクリル樹脂系**や**ウレタン樹脂系**の塗料を施します。建具の仕口の組立ては，シーリング材の充填か，シート状の成形シール材を挟んで，タッピンねじ留めとします。外部建具周囲の充填モルタルの質量比は，NaCl換算0.04 %以下とし，海砂の場合は**除塩**します。また，モルタル充填前に仮止め用のくさびは必ず取り除きます。油類の汚れは，**エチルアルコール**を5～10 %加えた温湯を用いて清掃します。

フロート板ガラス
フロート法によって製造されたガラスで，透明かつ極めて平滑な光沢のあるガラスです。

合わせガラス
2枚以上の板ガラスに中間膜を挟み全面接着したもので，破損しても，飛び散らないようにしたガラスです。

強化ガラス
板ガラスを熱処理してガラス表面付近に強い圧縮応力層を形成したもので，耐衝撃強度が高いです。

Low-E複層ガラス
中空層側のガラス面に特殊金属をコーティングすることで，日射制御機能と高い断熱性を兼ね備えたガラスです。

熱線反射ガラス
日射熱の遮へいを目的とし，ガラスの片側の表面に熱線反射性の薄膜を形成したガラスです。

倍強度ガラス
フロート板ガラスを加熱，冷却加工するなどにより強度を高めたガラスです。割れ方はフロート板ガラスと同じです。

②鋼製建具

鋼材で製作された建具で，防火戸として用いられることも多いです。

鋼製建具枠の組立てにおいて，厚さ2.3 mmの裏板補強の上，**外部に面するものは溶接**とし，**屋内は小ねじ留め**とすることができます。枠および戸の取付け精度は，ねじれ，反り，はらみともそれぞれ許容差を2 mm以内とします。また，枠の倒れの取付け精度の許容差を面内，面外とも±2 mmとします。

くつずりは，**ステンレス鋼板製**とし，厚さ1.5 mmのものを用い，表面仕上げをヘアラインなどとします。また，くつずりの**裏面に鉄線**を付け，あらかじめモルタル詰めを行った後，取り付けます。

丁番やピボットヒンジなどにより，大きな力が加わる建具枠の補強板は，厚さを2.3 mmとします。

フラッシュ戸の組立てにおいて中骨の間隔は，300 mmとします。外部に面する**両面フラッシュ戸**の見込み部は，下部を除いた三方を表面板で包みます。また，**表面板**は，鋼板製のものを用い，厚さを1.6 mmとし，表面板と中骨は，構造用接合テープを用いて接合します。

③鋼製軽量建具

鋼製軽量建具に使用する戸の**表面板**は，厚さ0.6 mm，戸の**力骨**は，厚さ1.6 mmとします。

④重量シャッター

シャッターのスラットの形式は，**防火シャッターではインターロッキング形**とし，**防炎シャッターではオーバーラッピング形**とします。

外部に面するシャッターには，**落下事故防止**のため，二重チェーンやガバナー装置を取り付けます。

シャッターには，全開または全閉した際に所定の位置で自動的に停止させるためのリミットスイッチを取り付けます。

3 カーテンウォール工事

カーテンウォールとは，非耐力壁の総称です。強度を考慮に入れず，空間を仕切るだけの目的で設けられた壁をいいます。

①メタルカーテンウォール

カーテンウォールの一種で，金属系の材料を用いたものをいいます。

床面に取り付けるファスナーのボルト孔は，躯体の施工誤差を吸収するため，ルーズホールとします。

パネル材は，脱落防止のために3か所以上，形材は2か所以上仮止めし，本止め後は仮止めボルトを速やかに撤去します。ファスナーを緊結する躯体付け金物は，あらかじめ各階の型枠に取り付け，コンクリートを打ち込み，固定します。また，屋内側の鋼製ファスナーには，12μm以上の厚さの電気亜鉛めっきを施します。

モルタルの付着
鋼製建具の表面に付着したモルタルは，直ちに柔らかい布と清水で除去します。

排煙窓の手動開放装置
操作部分を取り付ける壁の高さは，床面から90 cmとします。

シャッター降下時の挟まれ事故防止
座板などが障害物に接すると降下が停止する接触式の障害物感知装置を取り付けます。

チャレンジ問題！

問1　　**難**｜中｜易

金属製建具工事に関する記述として，最も不適当なものはどれか。

(1) 鋼製軽量建具に使用する戸の表面板は，厚さ0.6 mmとした。

(2) 外部鋼製建具枠の組立てにおいて，厚さ2.3 mmの裏板補強のうえ，小ねじ留めとした。

(3) 排煙窓の手動開放装置の操作部分を壁に取り付ける高さは，床面から90 cmとした。

(4) 鋼製軽量建具に使用する戸の力骨は，厚さ1.6 mmとした。

解説

小ねじ留めは屋内では使用可能ですが，外部は溶接になります。

解答（2）

金属工事

1 軽量鉄骨壁下地

軽量鉄骨壁下地は，鉄骨造などの建築物において，壁や天井の下地材として用いられます。壁下地では，ランナー，スペーサー，スタッドなどを用います。

①ランナー

ランナーは，床とスラブ下に取り付ける溝形の鋼材で，両端部を端部から50 mm内側で固定し，900 mm程度の間隔で固定します。また，鉄骨部材や軽量鉄骨天井下地に取り付ける場合は，タッピンねじの類または溶接で固定します。上部ランナーが軽量鉄骨天井下地に取り付けられる間仕切壁の出入口開口部の縦の補強材は，上端部を本体鉄骨部に固定します。

鉄骨梁に取り付ける上部ランナーは，耐火被覆工事の後，あらかじめ鉄骨梁に取り付けられた先付け金物に溶接で固定します。

②スペーサー

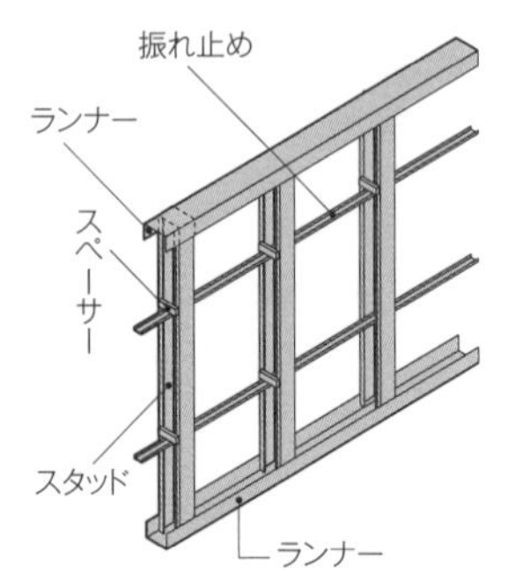

スペーサーは，スタッドの剛性確保，ねじれ防止の役割があります。スペーサーは，スタッドの端部を押え，間隔600 mm程度に留め付けます。

③スタッド

スタッドとは間柱のことで，ボード2枚張りの間隔は450 mmとし，ボード1枚張りの場合は300 mmとします。

コンクリート壁に添え付けるスタッドは，上下ランナーに差し込み，半回転させて，コンクリート壁に打込みピンで固定します。

スタッドの切断は，上部ランナーの天端とスタッド天端のすき間が10 mm以下とします。また，建込み間隔の精度は，±5 mmとします。

スタッドの高さが4.0 mを超え4.5 m以下の場合，区分記号90形のスタッドを用います。区分記号65形のスタッド材を使用した袖壁端部は，垂直方向の補強材の長さが4.0 mを超える場合，補強材を2本抱き合わせて溶接したもので補強します。

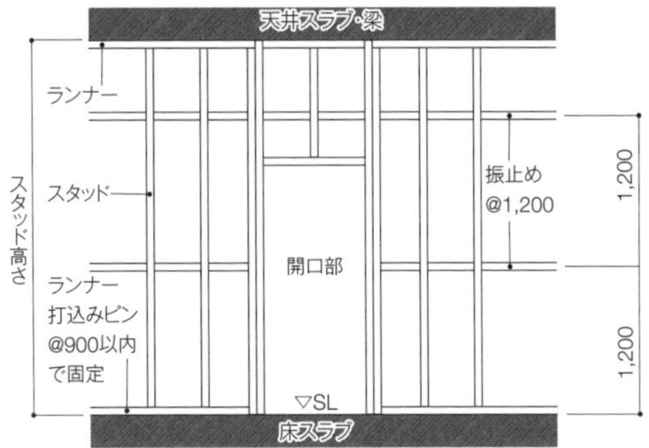

2 軽量鉄骨天井下地

天井下地は，せっこうボードなどを張るために，野縁（のぶち）や吊りボルト，振れ止めなどの部材で構成されています。

①吊りボルト

吊りボルトは，上階床や梁などからつり，間隔は900 mm程度，周辺部では端から150 mm以内に配置します。また，ダクトなどで直接吊りボルトが取り付けられない場合，アングルなどの鋼材をダクトと切り離して設け，吊りボルトを取り付けます。

②振止め※9

屋内の天井のふところが屋内1,500 mm以上の場合は，縦横間隔1,800 mm程度に吊りボルトと同材（径9 mm以上）または［－19×10×1.2（mm）］以上の溝形鋼を用いて，吊りボルトの水平補強，斜め補強を行います。

下がり壁による天井の段違い部分は，2,700 mm程度の間隔で斜め補強を行います。

※9

振止め
床ランナーの下端から間隔約1,200 mmごとに取り付けるスタッドの振れを防止する横架材です。上部ランナーの上端から400 mm以内に位置するものは取付けを省略できます。振れ止めは，フランジ側を上向きにしてスタッドに引き通し，振れ止めに浮きが生じないようスペーサーで固定します。

野縁などの材料
屋内の場合19形，屋外の場合25形とします。

屋内および屋外に使用する野縁の幅寸法
ボード張付け面の幅寸法は，シングル野縁25 mm，ダブル野縁50 mmを用います。

シングル野縁

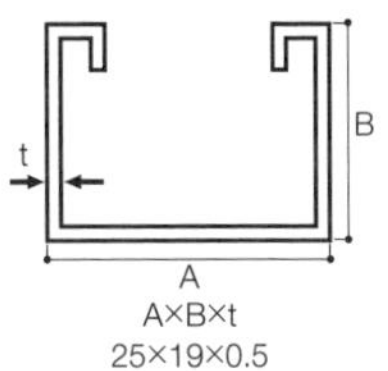

ダブル野縁

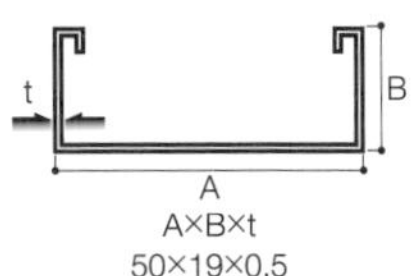

③野縁

野縁は，天井面材を取り付けるための部材で，ボード類2枚（下地）張りの場合の野縁の間隔は360 mm程度，仕上げ材料の直張り，壁紙，塗装下地なら300 mm程度です。

野縁を野縁受けに取り付けるクリップのつめの向きは，野縁受けに対し交互に向きを変えて留め付けます。下地張りがなく，野縁が壁に突き付けとなる場所に天井目地を設ける場合，厚さ0.5 mmのコ形の鉛めっき鋼板を野縁端部の小口に差し込みます。

野縁受け用のハンガーは，吊りボルトにナット2個を用いて挟み込んで固定します。

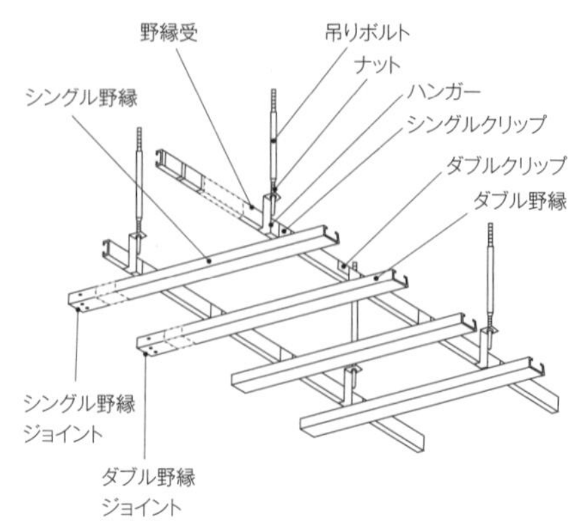

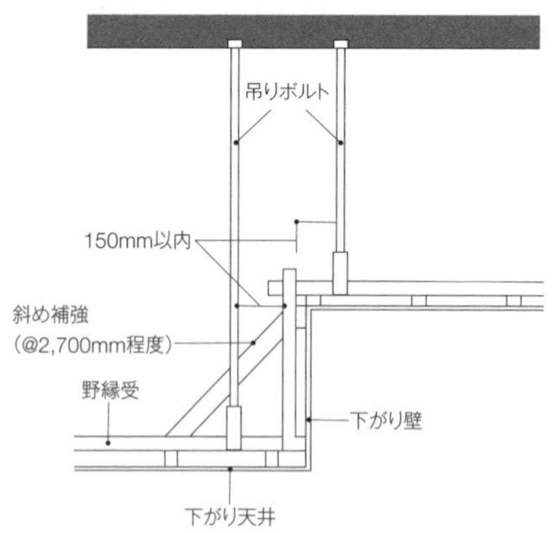

3 特定天井

特定天井とは，脱落によって重大な危害を生ずるおそれがある天井で，6 m超の高さにある，面積200 m^2超，質量2 kg/m^2超の吊り天井で，人が日常利用する場所に設置されているものをいいます。

野縁受けの接合は，相互にジョイントを差し込んだ上でねじ留めとし，ジョイント部は1 m以上の間隔で千鳥状に配置します。

吊り材は，天井面の面積1 m^2当たり1本以上とし，つり合いよく配置し，吊り長さは，3 m以下で，おおむね均一とする必要があります。

勾配屋根における吊り材は，鉛直方向に設置しなければいけません。

地震時に有害な応力集中を生じさせないため，天井面の段差部分にクリアランスを設けます。また，壁などとの間には6 cm以上のすき間を設けます。

天井脱落対策に係る技術基準の概要

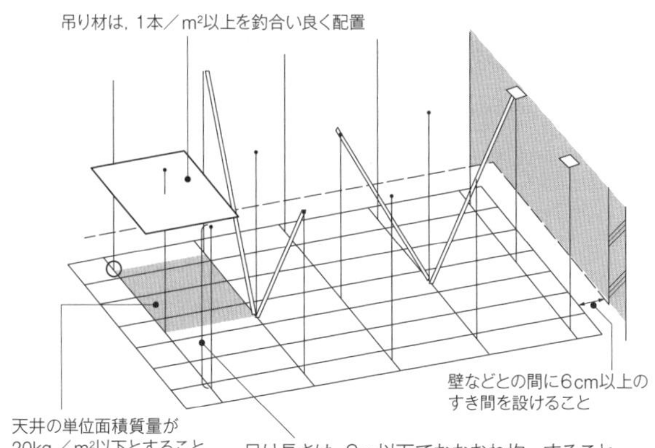
吊り材は，1本／m²以上を釣合い良く配置
天井の単位面積質量が
20kg／m²以下とすること
壁などとの間に6cm以上の
すき間を設けること
吊り長さは，3m以下でおおむね均一すること

吊りボルトの斜め補強

天井のふところが1.5 m以上の場合，吊りボルトの斜め補強は，相対する斜め材を1組とし，縦横方向に間隔3.6 m程度に配置します。

開口補強

照明器具の開口のために，野縁および野縁受けを切断する場合は，それぞれ同材で補強します。

チャレンジ問題！

問1　難 中 易

軽量鉄骨壁下地に関する記述として，最も不適当なものはどれか。

(1) スペーサーは，スタッドの端部を押え，間隔600 mm程度に留め付けた。
(2) スタッドは，スタッドの天端と上部ランナー天端とのすき間が15 mmとなるように切断した。
(3) スタッドの建込み間隔の精度は，±5mmとした。
(4) 軽量鉄骨天井下地の野縁と平行となる上部ランナーは，野縁受けに溶接で固定した。

解説

すき間は10 mm以下となるように切断します。

解答 (2)

断熱工事

1 押出法ポリスチレンフォーム

押出法ポリスチレンフォームは，耐水性や耐湿性があり，建築物の外側や，コンクリートなどへの張付けに適したボード状の断熱材です。

①張付け工法

ボード状の断熱材を接着剤やモルタルにより，壁などに貼り付ける工法です。断熱材と躯体面とにすき間ができると結露が生じやすくなるため，セメント系下地調整塗材などで，断熱材を**全面接着**で張り付けます。

②打込み工法

断熱材設置後にコンクリートを打ち込む工法を打込み工法といい，コンクリートを同一箇所で**長時間**バイブレーターをかけないようにします。断熱材の**継目は突付け**とし，**テープ張り**をしてコンクリートの流失を防止します。また，断熱材の継目にコンクリートがはみ出している箇所は，Vカットした後に断熱材現場発泡工法により補修します。

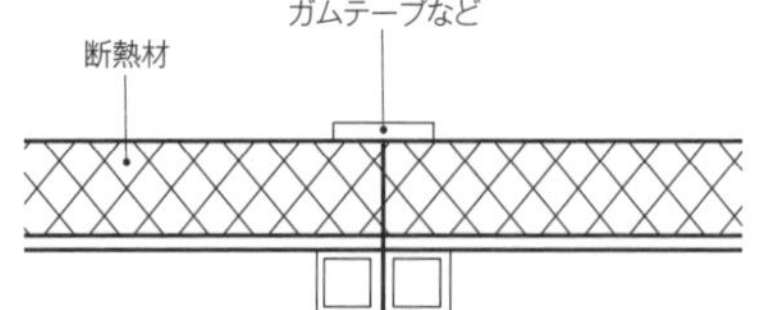

セパレーターが断熱材を貫通する部分は，**熱橋**となり**結露**が発生しやすいため断熱材を補修します。窓枠回りの**防水剤入りモルタル詰め**を行った部分には，現場発泡の硬質ウレタンフォームを充填します。

2 硬質ウレタンフォーム（現場発泡）

硬質ウレタンフォームとは，微細な独立気泡で形成された断熱材で，熱伝導率が極めて小さいガスが含まれています。硬質ウレタンフォーム吹付け工法とは，住宅などの断熱性を高める工法で，施工現場で断熱材を直接吹き付けて継目の無い断熱層を形成します。断熱材には自己接着性があるため，吹き付ける前のコンクリート面の**接着剤塗布は不要**です。

吹き付けるコンクリート面の温度が5℃以上であることを確認して吹き付けます。また，吹付け面の温度は20～30℃が最適です。

硬質ウレタンフォーム吹付け工法において，厚さ5 mmの下吹きの後，多層吹きの各層の厚さは各々30 mm以下とします。※10

吹付け作業は，随時厚みを測定しながら作業します。吹付け厚さの許容誤差は0～＋10 mm，1日の施工厚さは，80 mm以下とします。

換気の少ない場所では，酸欠状態となりやすいため，強制換気などの対策を行います。

押出法ポリスチレンフォーム保温板の保管方法
反りぐせ防止のため，平坦な敷台の上に積重ねて保管します。

※10
硬質ウレタンフォーム吹付けの厚み処理
ウレタンフォームが厚く付きすぎて表面仕上げ上支障となるところは，カッターナイフで除去します。

チャレンジ問題！

問1　難　中　易

断熱工事における硬質ウレタンフォームの吹付け工法に関する記述として，最も不適当なものはどれか。

(1) コンクリート面に吹き付ける場合，吹付け面の温度は20～30℃が適当である。
(2) 吹付け作業は，随時厚みを測定しながら作業し，吹付け厚さの許容誤差は0～＋10 mmとする。
(3) 換気の少ない場所では，酸欠状態となりやすいので，強制換気などの対策を行う。
(4) 冷蔵倉庫など断熱層が特に厚い施工では，1日の最大吹付け厚さは100 mmとする。

解説

1日の総吹付け厚さは80 mm以下とします。

解答（4）

内装工事

1 床工事

床工事とは，建築物の床をつくる作業の総称をいいます。床材は，長尺のシート類やビニル床タイル，樹脂系の塗床，フローリングなどがあります。

①ビニル床タイル・ビニル床シート張り（合成高分子系張床）

ビニル床タイル・ビニル床シートとは，合成高分子系の床材で，ビニル床タイルは1枚が300 mm角や450 mm角などで，ビニル床シートは幅1800 mm程度の長尺の形状です。

施工に先立ち，床シートの巻きぐせは室温を**20 ℃以上**にした状態で敷き伸ばして取ります。または，仮敷きを行い，室温で**24時間以上**放置して，床シートの巻きぐせを取ります。

湿気や水の影響を受けやすい箇所や，防湿層のない土間コンクリートへの床シートの張り付けには，**エポキシ樹脂系**の接着剤を使用し，オープンタイム[※11]をとってから張り付けます。

その後，床シートの張り付けは，**圧着棒**を用いて空気を押し出すように行い，**45 kg**ローラーで圧着します。

床シートを立ち上げて幅木とする場合の天端処理は，シリコーン系シーリング材でシールします。

床シートの接合部は，熱溶接工法による溶接作業の場合，床シートを張り付け後**12時間以上**経過し，接着が落ち着いてから行います。また，溶接部の溝は，60度の**V字形**や**U字形**とし，深さを床シート厚みの$\frac{1}{2}$～$\frac{2}{3}$とします。

溶接は，熱風溶接機を用いて，溶接部を**180～200 ℃**の熱風で加熱溶融させ，余盛りができる程度に加圧しながら行います。

溶接部が完全に冷却した後，余盛りを削り取り平滑にします。

②ビニル床タイルなどの既存床仕上げ材の撤去

下地面に残ったビニル床タイルの接着剤は，アスベストを含有していない場合，ディスクサンダーを用いて除去します。

ビニル床シート張りの下地モルタルの浮き部分の撤去の際，健全部分と縁を切るために用いるダイヤモンドカッターの刃の出は，モルタル厚さ以下とします。

ビニル床タイルは，通常のカッターで切断し，スクレーパーにより他の仕上げ材に損傷を与えないように撤去し，ダイヤモンドカッターの使用は避けます。

③合成樹脂塗床の施工条件

合成樹脂塗床は，エポキシ樹脂塗床材および弾性ウレタン塗床材などを用いた床仕上げをいいます。

炎天下，5 ℃以下の低温時，降雨時，湿度が80 %以上，換気が不十分な場合などには，作業を中止します。

塗床の施工中，直射日光が当たる部分に仮設の日除け設備を設置し，均一な作業環境を確保します。

コンクリート下地表面のぜい弱層は，研磨機などで削り取り，下地調整は，プライマー乾燥後，合成樹脂を配合した樹脂パテや，樹脂モルタルで行います。

プライマーは，下地の吸い込みが激しく塗膜とならない部分には，先に塗ったプライマーの硬化後に，吸い込みが止まるまで再塗布します。

薬品を使用する実験室の塗床は，平滑な仕上げとなる，流しのべ工法[※12]とします。

④エポキシ樹脂塗床

エポキシ樹脂塗床とは，主剤と硬化剤を混合させ化学反応を起こすことで塗膜を作る床材で，接着性，耐薬品性，機械的性能に優れます。主に研究実験室，工場などに用いられますが，耐候性や低温硬化性（5℃

寒冷期の施工
床シートおよび下地とも5 ℃以下にならないように採暖を行います。また，低温時の床タイルの張付けは，バーナーなどで床タイルを温めてから圧着します。

※11
オープンタイム
接着剤を被着材料に塗ってから，もう一方の被着材料に接着するまでの時間をいいます。

コンポジションビニル床タイル
単層ビニル床タイルよりバインダー量（多いほど柔軟性が高い）を少なくした床タイルです。

複層ビニル床タイル
耐水性，耐薬品性，耐摩耗性に優れていますが，熱による伸縮性が大きいです。

※12
流しのべ工法
セルフレベリングの機能を持った塗材です。耐水性，耐薬品性が求められる実験室，病院などの床仕上げに適し，平滑に仕上げる工法です。

以下）が劣る特徴があります。

樹脂における主剤と硬化剤の1回の練混ぜ量は，通常30分以内で使い切れる量とします。エポキシ樹脂のコーティング工法のベースコートは，ローラーやスプレーで塗り付けます。

エポキシ樹脂モルタル塗床で防滑仕上げに使用する骨材（砂）は，最終仕上げの1つ前の工程と同時に均一に散布します。

⑤弾性ウレタン樹脂塗床材

弾性ウレタン樹脂塗床材は，主剤と硬化剤を混合させ化学反応を起こすことで塗膜を作る床材で，弾力性，衝撃性，耐摩耗性に優れます。主に事務所や倉庫などで用います。高湿度の環境では発泡しやすいので施工時に注意が必要です。

塗床の施工において，ウレタン樹脂の1回の塗布量は2 kg/m^{2}を超えないようにします。また，プライマーは，2波形エポキシ樹脂系プライマーを使用します。ウレタン樹脂1回の塗厚さは，2 mm以下とし，2 mmを超える場合は塗り回数を増します。

⑥既存床仕上げ材の撤去・下地処理

コンクリート下地の合成樹脂塗床材は，電動ケレン棒と電動はつり器具を使用し，コンクリート下地表面から3 mm程度の深さまで削り取ります。

新規仕上げが合成樹脂塗床の場合，下地のコンクリート面の凹凸部の補修は，エポキシ樹脂モルタルで行います。

合成樹脂塗床の塗り替えにおいて，下地面に油が付着していた場合，油潤面用のプライマーを用います。

既存合成樹脂塗床面の上に同じ塗床材を塗り重ねる場合，接着性を高めるため，既存仕上げ材の表面を目荒し処理します。

2 壁・天井工事

壁・天井工事とは，一般に軽量鉄骨壁などの下地に合板やせっこうボードを張り，最後に壁紙や塗装で仕上げることをいいます。

①せっこうボード

天然せっこう，化学せっこう，脱硫せっこうを焼成して半水せっこうとし，これに加水してスラリー状とし，ボード用原紙間に流して成形した板をいいます。安価で需要が多いです。

②せっこうボードの加工

電動式切断機や専用カッターなどで切断します。洗面所のシージングせっこうボード※13には，切断面にアクリル系シーラーを塗布します。

③せっこうボードの取付け

軽量鉄骨壁下地にボードを直接張り付ける場合，ドリリングタッピンねじの留付け間隔は，**中間部300 mm程度，周辺部200 mm程度**とします。また，ドリリングタッピンねじは下地の裏面に**10 mm以上**の余長の得られる長さのものを用います。ボード周辺部を固定するドリリングタッピンねじの位置は，ボードの端部から**10 mm程度内側**とします。

下張りボードへの上張りボードの張付けは，**主に接着剤を用い**，ステープルを併用して張り付けます。

木製壁下地にせっこうボードを直接張り付ける場合，ボード厚の**3倍程度**の長さの釘を用いて，釘頭が平らに沈むまで打ち込みます。

せっこう系接着材による**直張り工法**において，RC造の躯体壁から仕上がり面までの寸法は厚さ**9.5 mmのボードで20 mm程度，厚さ12.5 mmのボードで25 mm程度**とします。一度に練る接着材の量は，**1時間以内**に使い切れる量とし，1回の接着材の塗付け面積は，張り付けるボード**1枚ずつ**とします。また，接着材の盛上げ高さは，接着するボードの仕上がり面までの高さの**2倍以上**とします。ボード中央部の接着材

※13
シージングせっこうボード
両面のボード用原紙および芯のせっこうに防水処理を施したものです。

フレキシブル板
セメントや無機質繊維を主原料とし，高圧プレスをかけたものです。

ロックウール化粧吸音板
ロックウールのウールを主材料とし，結合材，混和材を用いて成形し，表面化粧をしたものです。

けい酸カルシウム板
石灰質原料，けい酸質原料，石綿以外の繊維，混和材料を原料として製造した板です。

強化せっこうボード
両面のボード用原紙とせっこうの心材にガラス繊維アミ入りのボードです。

構造用せっこうボード
強化せっこうボードの性能を満たした上で，くぎ側面抵抗を強化したもので，耐力壁用の面材などに使用されます。

を塗り付ける間隔は，ボード周辺部は150～200 mm，床上1.2m以下は200～250 mm，床上1.2 m以上では250～300 mmとします。ボードの下端部は，床面からの**水分の吸上げ**を防ぐため，床面から10 mm程度浮かして張り付けます。

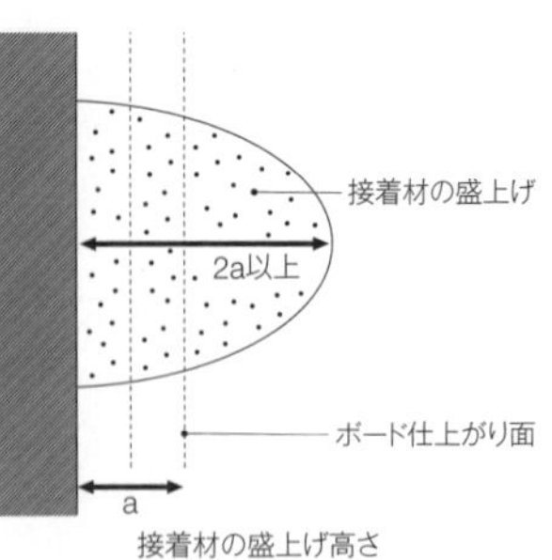

接着材の盛上げ高さ

せっこう系接着材による直張り工法において，下地の**ALCパネル面**にはプライマー処理（**吸水調整**）を行います。また，ポリスチレンフォーム断熱材が下地の場合は，プライマー処理をして，ボードを張り付けます。

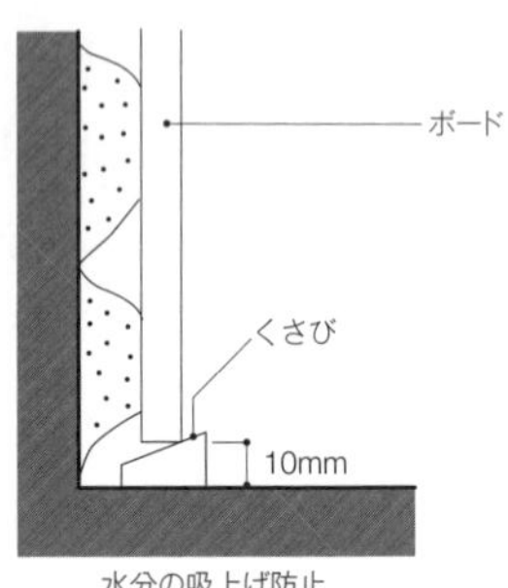

水分の吸上げ防止

重ね張りとする場合，上張りは縦張りとし，継目位置が下張りの**継目と重ならない**ようにします。

④ジョイント（接合部）

テーパーエッジボードの突付けジョイント部の目地処理における上塗りは，ジョイントコンパウンドを200～250 mm幅程度に塗り広げて平滑にします。また，継目処理において，**グラスメッシュ**のジョイントテープを用いる場合は，ジョイントコンパウンドの**下塗りを省略**できます。

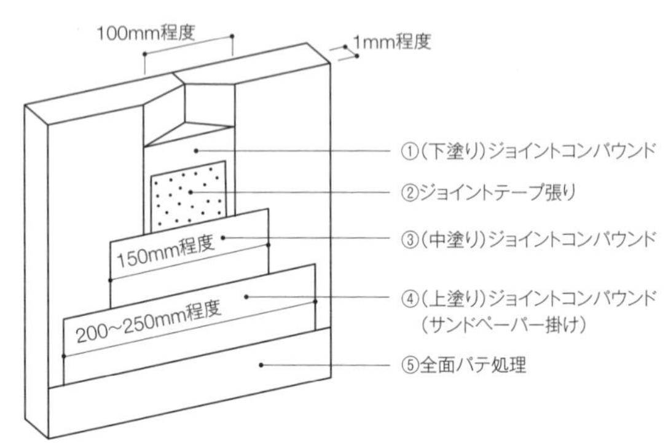

⑤合板

日本農林規格（JAS）の普通合板は，接着の程度によって1類と2類に分類され，2類に比べて1類の方が湿潤状態での使用に向いています。

インシュレーションボードは，主に木材などの植物繊維を成形した繊維板の一種で，用途による区分により畳床用，断熱用，外壁下地用として使用されます。

⑥壁紙（クロス）

壁紙や壁布類の巻いた材料は，くせがつかないように立てて保管します。防火材料は，国土交通大臣の指定または認定を受けたものとし，防火性能のあることを表す施工管理ラベルは，1区分（1室）ごとに2枚以上貼り付けて表示します。接着剤の使用量は，30 g/m^2（乾燥質量）以下とします。張り上げた後は，急激な乾燥を避けるため直射日光や通風などを避け，自然状態で接着剤を十分乾燥させます。防火認定の壁紙の張替えの際は，壁装材料をきれいに取り除き下地基材が完全に見える状態にしてから施工します。

せっこうボードの曲面張り
せっこうボードを曲率の小さな下地に張る場合は，ボードの片面の紙に切れ目を入れて曲面にします。

パーティクルボード
木材の小片を接着剤と混合し熱圧成型した木質ボードのことで，ホルムアルデヒド放散量による区分があります。

チャレンジ問題！

問1　難　中　易

合成樹脂塗床に関する記述として，最も不適当なものはどれか。

(1) プライマーは，下地の吸込みが激しく塗膜とならない部分には，先に塗ったプライマーの硬化後に再塗布した。

(2) エポキシ樹脂のコーティング工法のベースコートは，金ごてで塗り付けた。

(3) 合成樹脂を配合したパテ材や樹脂モルタルでの下地調整は，プライマーの乾燥後に行った。

(4) エポキシ樹脂モルタル塗床で防滑仕上げに使用する骨材は，最終仕上げの1つ前の工程と同時に均一に散布した。

解説

コーティング工法は，ローラーや，スプレーで塗り付けます。

解答（2）

その他の仕上げ工事

1 鉄筋コンクリート造の外壁改修工事

鉄筋コンクリート造の外壁の経年劣化により，タイル張り仕上げのタイルの浮きや，コンクリート打放し仕上げのコンクリートのひび割れなどが生じます。

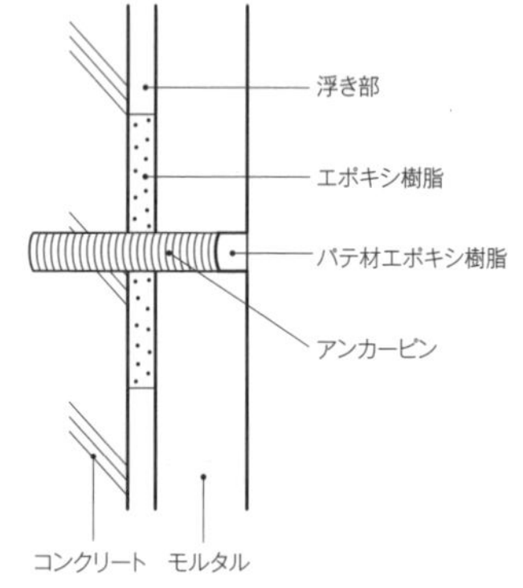

アンカーピンニング部分エポキシ樹脂注入工法

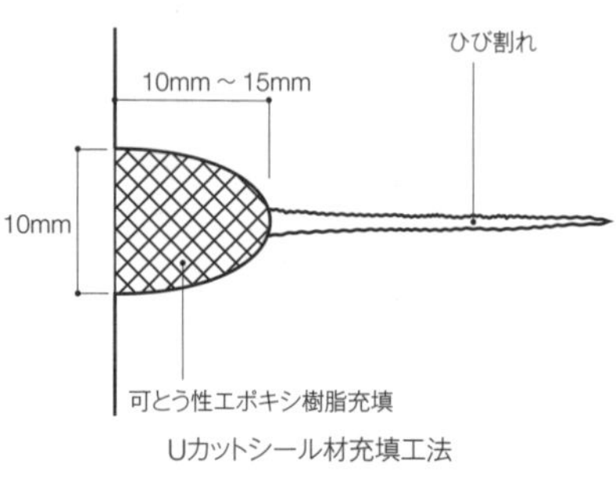

Uカットシール材充填工法

タイル陶片のみの浮きの場合，改修方法は，無振動ドリルで浮いているタイルに穿孔して，**注入口付アンカーピンニングエポキシ樹脂注入タイル固定工法**を用います。また，1か所当たりの下地モルタルとコンクリートとの浮き面積が**0.25 m²未満**の場合は**アンカーピンニング部分エポキシ樹脂注入工法**を行い，コンクリートのひび割れで幅が1.0 mmを超える挙動しないひび割れは，**可とう性エポキシ樹脂を用いたUカットシール材充填工法**で改修します。幅が0.2mm以上，1.0mm以下の挙動のおそれのあるひび割れは，Uカットシール材充填工法，軟質形エポキシ樹脂による樹脂注入工法を用います。

2 押出成形セメント板工事

押出成形セメント板工事とは，セメント，けい酸質原料および繊維質原料を主原料として，中空を有する板状に押出成形した押出成形セメント板

（以下，パネル）を用いて，Zクリップなどの取付金物を使って取り付ける工法です。外壁パネルは，パネルを縦使いで取り付ける縦張り工法と，横使いで取り付ける横張り工法があります。

①パネルの取付け金物（Zクリップ）

下地鋼材に30 mm以上のかかりしろを確保し，取付けボルトが取付け金物（Zクリップ）のルーズホールの中心に位置するように取り付けます。横張り工法のパネル取付け金物（Zクリップ）は，パネルがスライドできるようにし，パネル左右の下地鋼材に堅固に取り付け，縦張り工法のパネルの取付け金物（Zクリップ）は，パネルがロッキングできるように正確かつ堅固に取り付けます。

3 木造工事（大断面集成材）

大断面集成材を使った木造工事は，大きな空間をつくることができます。材料は現場搬入から建方まで15日以上要する場合，雨がかからないように防水シートで覆いをかけて保管します。

梁材の曲がりの許容誤差は，長さの$\frac{1}{1000}$とします。ボルト孔の心ずれは，許容誤差を±2 mm以内で，ボルト孔の間隔の許容誤差は，±2 mmとします。

柱材の長さの許容誤差は，±3 mmとし，集成材にあけるドリフトピンの孔径の許容誤差は，±0 mmとします。

接合金物のボルトの孔あけ加工の大きさについて，ねじの呼びがM 16未満の場合は公称軸径に1 mmを加えたものとし，M 16以上の場合は1.5 mmを加えたものとします。

外壁パネル工法
縦張り工法のパネルは，層間変形に対してロッキングにより追従するため，伸縮目地とし，縦目地を8 mm以上，横目地を15 mm以上とします。
横張り工法のパネルは，層間変形に対してスライドすることにより追随させるため，伸縮目地とし，縦目地は15 mm以上，横目地を8 mm以上とします。また，パネル積上げ枚数2～3枚ごとに自重受けが必要です。

補強コンクリートブロック工事
空洞コンクリートブロックを用いて，基礎などに鉄筋を縦横に配し，モルタルやコンクリートを空洞部に充填，補強して耐力壁をつくる工事です。ブロックの保管は形状・品質を区分し，縦積みとした後，覆いを掛けて雨掛りを避けます。
コンクリートブロック工事は，1日の積上げ高さの限度を，1.6 m（8段）以内として計画します。

●建入れ直し

大規模な木造架構で，全体の建方が完了してからの建入れ修正ができなかった場合，建方に並行してブロックごとに建入れ直しを行います。

チャレンジ問題！

問1

難	中	易

鉄筋コンクリート造の外壁改修工事に関する記述として，最も不適当なものはどれか。

(1) 小口タイル張り外壁において，タイル陶片のみの浮きのため，無振動ドリルで浮いているタイルに穿孔して，注入口付アンカーピンニングエポキシ樹脂注入タイル固定工法で改修した。

(2) タイル張り外壁において，1か所あたりの下地モルタルとコンクリートとの浮き面積が0.2 m^2だったので，アンカーピンニング部分エポキシ樹脂注入工法で改修した。

(3) 外壁コンクリートに生じた幅が1.0 mmを超える挙動しないひび割れは，可とう性エポキシ樹脂を用いたUカットシール材充填工法で改修した。

(4) 外壁コンクリートに生じた幅が0.3 mmの挙動のおそれのあるひび割れは，硬質形エポキシ樹脂を用いた樹脂注入工法で改修した。

解説

0.2mm以上，1.0mm以下で挙動のおそれのあるひび割れは，Uカットシール材充填工法，軟質形エポキシ樹脂による樹脂注入工法を用います。

解答（4）

第一次検定

第3章

施工管理法

第3章  施工管理法

CASE 1 施工計画

まとめ & 丸暗記　この節の学習内容とまとめ

- □ 総工事費：直接費と間接費を合わせた費用で，費用の増加は工期に比例しない
- □ 消耗役務材料：型枠材や支保工材などの材料のことをいい，使用量の増加は施工量に比例しない
- □ 図書などの保存：打合せ記録，施工体系図，完成図は，目的物を引き渡した日から10年間保存する
- □ 道路境界石：動くおそれのある道路境界石は，事前に境界ポイントの控えを別のところにマークして監理者の立会いを求めておく。コンクリートなどで固定しても移動することがある
- □ 排水の調査：セメントによって地盤改良された土の掘削で，沈砂槽を設置して湧水を場外へ排水する場合も行う
- □ 近隣建築物の影響確認：解体工事の計画の場合，近隣建物の所有者の立会いを得て，近隣建物の現状について調査する
- □ 工事用の動力負荷：工事用の動力負荷は，工程表に基づいた電力量山積みの60％を実負荷として計画する
- □ 工事用使用電力量の算出：工事用使用電力量の算出については，コンセントから使用する電動工具や，照明器具の需要率および負荷率を加味した同時使用係数を，1.0として計画する
- □ 計画の届け出：労働安全衛生法上，建築物または工作物の建設，改造，解体破壊等計画届で高さが31 m以下の場合，建物の延べ面積に関する規定はないので，大規模なものでも計画の届け出は必要ない

施工管理の概要

1 原価管理

原価管理とは，原価引下げを目的として，原価発生の要因と責任を明確にすることをいいます。

①工期と費用

設計費，事務費，一般管理費などを除いて，工事現場で発生する費用を**工事費**といい，**直接費**（直接工事費）と**間接費**（間接工事費・一般管理費）からなります。直接費と間接費を合わせたものを総工事費とし，これが最小になるときに最適工期とします。そのため，総工事費は**工期に比例して増加しません**。工期と費用の関係は，工期を**短縮**すると，直接費は**増加**し，間接費は**減少**します。

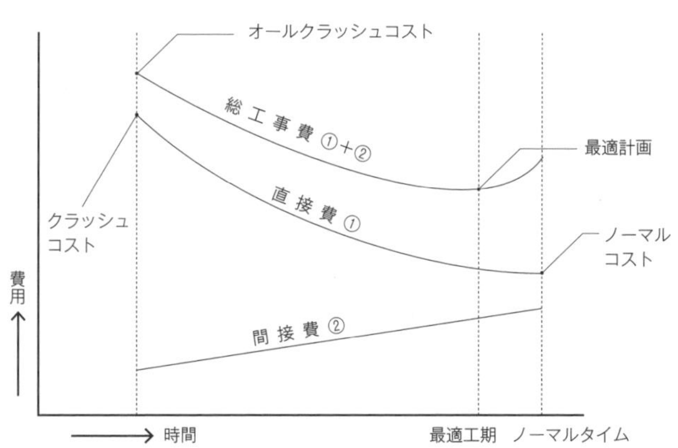

②突貫工事と工事原価

突貫工事とは，短期間で一気に進める工事のことで，**原価が急増**しやすくなります。原価急増の理由には，夜間工事による歩増しや残業手当などによる賃金の割増しなどがあります。

突貫工事の状況では，型枠材や支保工材などの消耗役務材料の使用量が，施工量に比例せず増加します。そのため施工量の急増に対し，材料の手配が間に合わず労務の手待ちを生じることがあります。1日の施工量の増加に対応するため，仮設および機械器具の増設が生じます。

現場の進め方によっては，１交代から２交代へと1日の作業交代数を増加させることで現場経費が増加する場合があります。

2 建設工事の記録

建設工事の記録は，工程ごとに品質が確保されているか確認できるよう，写真などで記録を残し，要求に応じて提出や保存が必要です。

①記録・提出・保存

承認あるいは協議を行わなければならない事項については，それらの経過内容の記録を作成し，元請の建設業者と工事監理者[※1]が双方で確認したものを工事監理者に提出します。

工事施工により近隣建物への影響が予想される場合は，近隣住民など利害関係者立会いのもと，現状の建物の写真記録を撮ります。

工事名	Y様邸新築工事		
コンクリート品質試験	スランプ	14.5	(cm)
27-15-20N	空気量	4.4	(%)
(21+6)	コンクリート温度	32	(℃)
立上がり	塩化物含有量	0.025	kg/m³
	ATKdesign 一級建築士事務所		
平成 29 年 7 月 18 日	立会者	近藤	

コンクリート打設の施工記録

試験および検査については，設計図書[※2]に示す条件に対する適合性を証明できる資料を添えて記録を作成します。設計図書に定められた品質が証明されていない材料は，現場内への搬入前に試験を行い，記録を整備します。工事監理者から指示された事項のうち，軽微と判断したものは，記録を省略することができます。

工事の施工後，目視による検査が不可能となるおそれのある部分については，施工の記録，工事写真などを整備します。

工事監理者の立会いのうえ施工するものと，設計図書で指定された工事において，工事監理者の指示により立会いなく施工する場合は，工事写真などの記録を整備して監理者に提出します。

建設工事の施工時に作成した，発注者との打合せ記録，施工体系図，完成図などは建物の引渡し日から10年間保存します。

施工者が作成する工事記録として，過去の不具合事例などを調べ，監理者に確認し，後に問題が発生しそうな施工や材料については，集中的に記録を残します。

※1

工事監理者
設計図書に基づいて，その建築物を完成させるように施工者を指導・監督する設計者をいいます。

※2

設計図書
工事を実施するために必要な設計図と仕様書の総称です。

写真撮影
デジタルカメラによる工事写真は，黒板の文字や撮影対象が確認できる範囲で有効画素数を設定し記録します。

チャレンジ問題！

問1　難　中　**易**

建築工事の工期と費用の一般的な関係として，最も不適当なものはどれか。

(1) 工期を短縮すると，直接費は増加する。
(2) 工期を短縮すると，間接費は増加する。
(3) 直接費と間接費の和が最小となるときが，最適な工期となる。
(4) 総工事費は，工期を最適な工期より短縮しても，延長しても増加する。

解説

工期を短縮すると，間接費は減少します。

解答（2）

事前調査

1 施工計画の事前調査

施工計画において，現場の条件，工事の内容，契約条件などは工事ごとに異なるため，最適な工事を目指すにあたり十分な事前調査が必要です。

①敷地などの事前調査

事前調査にあたり，敷地内とその周辺の地形，地質と地層の状態の調査を行います。

根切り計画の事前調査では，地中障害物と過去の土地利用の履歴を調査します。調査の際は，工事中に動くおそれのある道路境界石などを事前に境界ポイントの控えを別のところにマークして監理者の立会いを求めておきます。

建築工事を行う際に基準高や基準位置を決めるベンチマークは，移動のおそれのない箇所に，相互にチェックできるように2か所以上設けます。

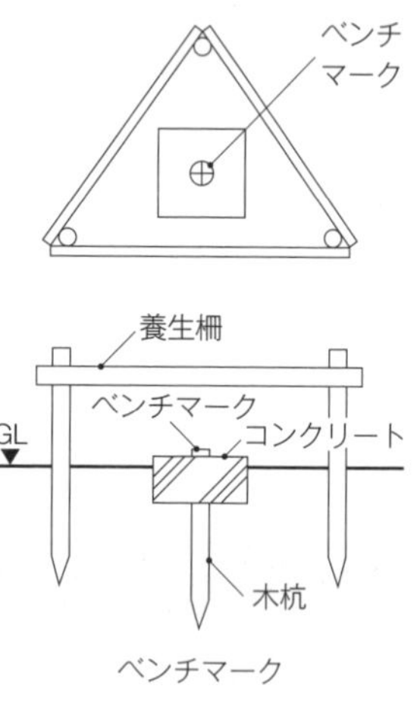

ベンチマーク

②水質・排水調査

セメントによって地盤改良された土の掘削にあたり，沈砂槽を設置して湧水を場外へ排水する場合や，山留め計画で敷地内の試掘を実施時に地下水が湧出する場合では水質調査が必要です。

地下水の排水計画にあたって，公共ますの有無と下水道の排水能力を調査します。

③搬入経路などの調査

工事車両出入り口，仮囲いおよび足場の設置に伴う道路占用計画では，歩道の有無と道路幅員について調査します。

また，周辺道路の幅員，歩行者などの交通量，交差点の位置，交通規制，電柱の位置，架空電線，近隣施設などについて調査します。

④周辺建築物の影響確認

解体工事の計画の場合，周辺建物の所有者の立会いを得て，近隣建物の現状について調査します。例えば，洪積地盤の場合，山留め壁からの水平距離が掘削深さ相当の範囲内にある既設構造物を調査します。

掘削深さや地盤条件に応じた山留めを設ける場合，隣接建物の基礎の調査が必要です。

⑤電波障害の確認

揚重機の設置計画では，電波障害が予測される範囲について敷地周辺の調査を行います。

地業工事の記録保存
既製コンクリート杭工事の施工サイクルタイム記録，電流計や根固め液の記録などは，発注者から直接建設工事を請け負った建設業者が保存する期間を定め，当該期間保存します。

チャレンジ問題！

問1　難　中　易

建築工事における事前調査および準備工事に関する記述として，最も不適当なものはどれか。

(1) 根切り計画にあたり，地中障害物の調査のみならず，過去の土地利用の履歴も調査した。

(2) 洪積地盤であったので，山留め壁からの水平距離が掘削深さ相当の範囲内にある既設構造物を調査した。

(3) 山留め壁の施工により動くおそれのある道路境界石は，境界ポイントの控えをとる代わりに，境界石をコンクリートで固定した。

(4) 鉄骨工事計画にあたり，周辺の交通規制や埋設物，架空電線，電波障害について調査した。

解説

動くおそれのある道路境界石などは，事前に境界ポイントの控えを別のところにマークして監理者の立会いを求めておく必要があります。コンクリートなどで固定しても移動することがあります。

解答（3）

施工計画

1 施工計画書

施工計画書とは，施工内容を図表にしたもので，基本工程表，総合施工計画書，工種別施工計画書があります。計画書は，施工者が各部の施工に際し，施工手順，機器配置などの施工計画（施工要領）を立案し，その施工計画を具体的に記述します。

①基本工程表

基本工程表は，大枠の基本工程を把握して工事の進捗に合わせて詳細工程を作成し，決定します。特定の部分や職種を取り出し，それに関わる作業，順序関係，日程などを示すのは，詳細な工程表の作成時で，基本工程表には表現しません。

②総合施工計画書

総合施工計画書は，全般的な工事の施工方法などを記載します。記載項目としては，「現場の構成員と社内支援スタッフとの関わり方」，「主要品質のつくり込み方針」，「主要な工事の流れに関わる制約条件」，「重要施工管理項目」，「工事関係図書の周知徹底の方法」，「工種別の施工計画書および施工図などの作成の有無」があります。

工事の着工前に，施工方針，施工計画，管理計画などを含め作成します。

③工種別施工計画書

工種別施工計画書は，安全計画などの要素を記載するもので，総合施工計画書に基づき施工方針に大きく関わる主要な工事について作成します。工種別施工計画に含まれる施工要領書は，専門工事業者が作成することができます。

2 各種工事の計画書

①総合仮設計画

総合仮設計画とは，運搬・揚重設備，置場，環境整備の各計画をいい，現場に設ける工事用の事務所は，強度や防火性能を備えた上で，経済性や転用性も重視して計画します。また，仮設の危険物貯蔵庫は，作業員休憩所や他の倉庫と離れた場所に設置します。

工事用の**動力負荷**は，工程表に基づいた電力量山積みの60 %を実負荷とする計画とし，**電灯負荷**は電力量山積みの80 %とします。工事用使用電力量が工程上で極端なピークを生じる場合，**一部を発電機で供給**する計画とします。

工事用エレベーターは，安全性が高く簡便な**ラックピニオン駆動方式**[※3]を用いる計画とします。

3 工事の省力化・工程短縮

工事の省力化や工程短縮については，以下の工事や工法などが有効です。

型枠工事において，**基礎型枠**は工期短縮のため，せき板の解体が不要な**ラス型枠工法**とします。

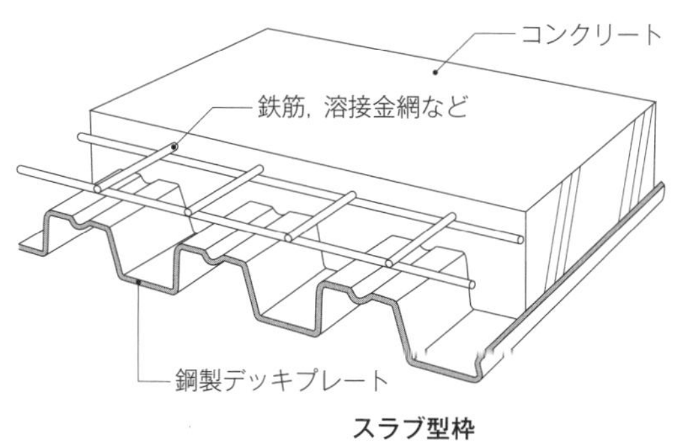

スラブ型枠

工事用使用電力量の同時使用係数
工事用使用電力量の算出において，コンセントから使用する電動工具や，照明器具の需要率および負荷率を加味した同時使用係数は，1.0として計画します。

※3
ラックピニオン駆動方式
歯車の一種で，平板に歯を付けたものとピニオン（小歯車）が噛み合い，回転運動を直線運動に変える方式です。

地下躯体工事
地下躯体工事において，地下平面が不整形で掘削深度が深く，軟弱地盤の場合，山留め壁の変形が少ない逆打ち工法とする計画とします。しかし，地下1階程度であれば逆打ち工法のメリットはあまりありません。

タイル工事の省力化・工程短縮
外壁のタイル後張り工法を，タイルを先付けするタイル打込みハーフPC板による工法に変更します。

スラブ型枠には，型枠の取り外しの必要がない床型枠用鋼製デッキプレートを採用します。

鉄筋工事において，現場の作業の効率を高めるため，あらかじめ下ごしらえ，加工，組立てを行う先組み工法とする計画とします。スラブの型枠は，合板から断面の一部をプレキャスト化したハーフPC板に変更します。

鉄骨建方は，タワークレーンの移動がなく，1層ごとに順次上に積み上げて建てていく水平積上げ方式を採用します。

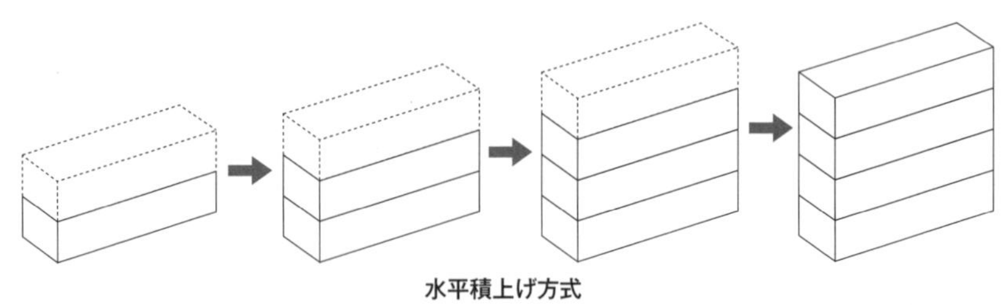

水平積上げ方式

内部では，下地のモルタル塗りの工程を減らし，せっこうボード直張りとします。内部の非耐力壁は現場打ちコンクリートからALCパネルに変更します。

4 建設機械の施工能力

①型枠工の必要人数算定

鉄筋コンクリート造事務所ビルの基準階の型枠工事の工程を検討する場合や，次の条件における型枠工の1日当たりの必要人数を計算する場合，以下の考え方となります。

<条件>

・基準階床面積：600 m^2　・単位床面積当たりの型枠数量：4 m^2/m^2

・型枠面積当たりの歩がかり：0.1 人/m^2　・実働日数：15日

計算式：600 m^2 ÷ 15 日 = 40 m^2/ 日

40 m^2/ 日 × 4 m^2/m^2 × 0.1 人/m^2 = 16 人

②建設資材の揚重可能回数

建設資材の揚重計画を次の条件で行う場合，1日当たりの揚重可能回数を計算する場合，次の考え方となります。

<条件>

・1日の作業時間：8 時間　・輸送能率：0.6

・揚重機の昇降速度：0.5 m/秒　・揚重高さ：60 m

・積込み時間：120秒/回　・荷卸ろし時間：120秒/回

※輸送能率＝揚重可能回数÷計算上の最大揚重回数

計算式：揚重機昇降1往復60 m×2回÷0.5 m/秒
＝240秒/回 … ①
積込み・荷卸ろし時間120秒/回＋120秒/回
＝240秒 … ②
一工程（①＋②）480秒/回＝8分/回
作業時間8時間（480分）×0.6（効率）＝288
288分÷8分/回＝36回/日

天井仕上げの省力化・工程短縮
在来工法による天井仕上げを，空調や照明などの設備を天井ボード材と一体にして組むシステム天井に変更します。

手すり壁の省力化・工程短縮
外部の手すり壁付きのバルコニーは，PCa化工法を採用します。

チャレンジ問題！

問1　難　**中**　易

施工計画書の作成に関する記述として，最も不適当なものはどれか。

(1) 総合施工計画書は，施工方針，施工計画，管理計画を含めて作成する。

(2) 総合施工計画書は，工種別施工計画書を先に作成し，それに基づき作成する。

(3) 工種別施工計画書は，施工方針に大きく関わる主要な工事について作成する。

(4) 工種別施工計画に含まれる施工要領書は，専門工事業者が作成してもよい。

解説

工種別施工計画書は，総合施工計画書に基づき作成します。

解答（2）

申請・届出

1 労働安全衛生法関係

労働者の安全と健康を確保することを目的とした法律です。

申請・届出名称	提出時期	提出者	提出先
総括安全衛生管理者選任報告	事由発生後14日以内	事業者	労働基準監督署長
安全管理者選任報告			
衛生管理者選任報告			
型枠支保工設置計画届 ※支柱の高さが3.5 m以上	工事開始日の30日前		
足場の組立て・解体計画届 ※10 m以上			
事業場設置届			
建築物または工作物の建設，改造，解体破壊等計画届 ※高さ31 m超(面積規定なし)	工事開始日の14日前		
地山の掘削計画届 ※10 m以上			
石綿[※4]（アスベスト)等の除去			
クレーン[※5]・人荷用エレベーター[※6]・建設用リフト設置届	設置工事開始日の30日前		
ボイラー設置届			
ゴンドラ設置届			
建設業に附属する寄宿舎の設置届	工事開始日の14日前	使用者	

①計画の届け出を要しない条件

・建設用リフト：積載荷重0.25 t未満でガイドレールの高さが18 m未満。

・架設通路：高さおよび長さがそれぞれ10 m未満。
・足場：吊り足場，張出し足場以外の足場で，高さが10 m未満のもの。例えば，高さ7 mの移動式足場（ローリングタワー）の設置などがある。
・組立てから解体までの期間が60日未満の張出し足場の設置，高さが10 m以上の足場，吊り足場，高さおよび長さがそれぞれ10 m以上の架設通路。

②計画の届け出の注意点

建築物または工作物の建設，改造，解体破壊等計画届において高さが31 m以下の場合，建物の延べ面積に関する規定がないため，10,000 m^2の場合でも計画の届出は必要ありません。耐火建築物や準耐火建築物に吹き付けられた石綿などの除去は，届出が必要です。

2 建築基準法

建築物の用途や高さなどについて定められた具体的基準を建築基準法として規定されています。

申請・届出名称	提出者	提出先	提出時期
建築確認申請	建築主	※7 建築主事	工事着工前
建築工事届 ※延べ面積10 m^2超	建築主	都道府県知事	工事着工前
建築物除却届 ※延べ面積10 m^2超	施工者	都道府県知事	工事着工前
中間検査申請書	建築主	建築主事	特定工程の工事終了後4日以内
完了検査申請書	建築主	建築主事	完了後4日以内
安全上の措置などの計画に関する届出	建築主	※8 特定行政庁	完了前

※4
石綿
地殻裂け目で高圧熱水作用を受けてできた繊維状の結晶で，耐火用の断熱材や補強材に使用されていましたが，人体に有害で現在は使用を禁止されています。アスベストともいいます。

※5
クレーン
表中のクレーンはつり上げ荷重3 t以上を示します。

※6
人荷用エレベーター
表中の人荷用エレベーターは積載荷重1 t以上を示します。

※7
建築主事
市町村長または，都道府県知事の監督指揮のもとに置かれた，建築確認の事務を行う役職です。

※8
特定行政庁
建築主事を置く市町村の区域については当該市町村の長，その他の市町村の区域については都道府県知事をいいます。

3 施工に関わる手続き

施工に関わる手続きを次に示します。

申請・届出名称	提出者	提出先	提出時期
道路使用許可申請書	施工者	警察署長	着工前
道路占用許可申請書	施工者	道路管理者	着工前
騒音規制法に基づく特定建設作業実施届	施工者	市町村長	着工の7日前
振動規制法に基づく特定建設作業実施届	施工者	市町村長	着工の7日前
自家用電気工作物使用開始届出	設置者	経済産業大臣または経済産業局長	遅滞なく
航空障害灯の設置届	設置者	国土交通大臣	事前
浄化槽設置届	設置者	都道府県知事（保健所を置く市は市長）	着工の21日前
工事監理報告書	建築士	建築主	工事監理終了後直ちに
消防用設備等着工届	消防設備士	消防長または消防署長	着工の10日前
危険物の貯蔵所および取扱所設置許可申請書	設置者	消防署を置く市町村は市町村長，それ以外は都道府県知事	事前

①騒音規制法の特定建設作業

著しい騒音を発生する建設作業を特定建設作業といい，以下の機械などを使用する作業をいいます。

・くい打機，くい抜機，くい打くい抜機

・びょう打機，さく岩機

・空気圧縮機

・コンクリートプラントやアスファルトプラント
・バックホウ，トラクターショベル，ブルドーザー

②振動規制法の特定建設作業

著しい振動を発生する建設作業を特定建設作業といい，以下の機械などを使用する作業をいいます。

・くい打機，くい抜機，くい打くい抜機
・建築物その他の工作物を破壊するための鋼球
・舗装版破砕機
・ブレーカー

チャレンジ問題！

問1 難 **中** 易

労働基準監督署長への計画の届出に関する記述として，最も不適当なものはどれか。

(1) 積載荷重が0.25 t以上でガイドレールの高さが18 m以上の建設用リフトを設置する場合は，当該工事の開始の日の30日前までに，届け出なければならない。
(2) つり上げ荷重が3 t以上のクレーンを設置する場合は，当該工事の開始の日の30日前までに，届け出なければならない。
(3) 高さが30 mの建築物を解体する場合は，当該仕事の開始の日の30日前までに，届け出なければならない。
(4) ゴンドラを設置する場合は，当該工事の開始の日の30日前までに，届け出なければならない。

解説

高さが31m以下の建築物を解体する場合は，計画の届出は必要ありません。また，31mを超える場合は14日前までに届出をします。

解答（3）

第3章

施工管理法

CASE 2

工程管理

まとめ & 丸暗記　この節の学習内容とまとめ

□ 積上方式：

工程の順序関係に基づいて全体工期へと積み上げていく方式。工事内容が複雑で，過去に施工実績や経験の少ない工種で多用されている

□ ネットワーク工程表：

各種工事の作業項目と作業日数との関係を表すために，その内容を矢印上に書き込んだアロー形や，丸印の中に書き込んだサークル形などの工程表のことで，最長パスであるクリティカルパスをあらかじめ確認できる

□ トータルフロート（TF）：

［TF＝最遅終了時刻－最早終了時刻］で算出できる。ネットワーク工程表において，先行の作業を最早開始時刻で始め，後続の作業を最遅終了時刻で完了する場合に生じる余裕時間のこと

□ フリーフロート（FF）：

［FF＝後続作業の最早開始時刻－(当該作業の所要日数＋先行作業の最早開始時刻)］で算出できる。ネットワーク工程表において，先行の作業と後続の作業がともに最早開始時刻で始める場合に生じる余裕時間。フリーフロートが0ならば，トータルフロートも0になるとは限らない

□ ディペンデントフロート（DF）：

［DF＝TF－FF］で算出できる。後続作業のトータルフロートに影響を及ぼす時間的余裕のこと

□ クリティカルパス：

ネットワーク工程表で，一工程の中の作業にかかる日数が最も多い経路で，余裕日数が最も少ない

工程計画・工程管理

1 工程管理の手順

工程の計画(P) →実施(D) →検討(C) →処置(A)が1サイクルとなって反復進行し，管理をします。

①進捗度管理

工程表によって進捗の現状を把握し，工程会議などで遅れの原因がどこにあるか調査します。遅れている作業の工程表の検討やネットワーク工程表によって余裕時間を再検討し，作業員の増員，施工方法の改善などの遅延対策を立てます。

●進捗度管理の手順

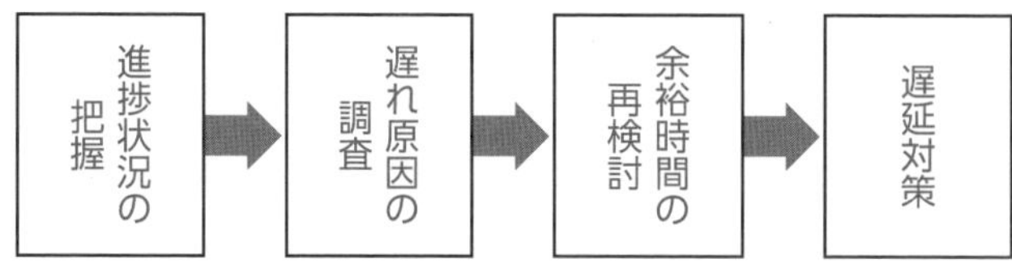

2 工程計画

施工場所，時期，施工法などを総合的に考慮し，工事が円滑に進行するとともに，工期内に建築物が完成するよう，施工順序や工期などを合理的かつ経済的に計画します。

①日程計画

工期中の暦日数と作業可能日数[※1]の差には，休止日数，降雨日が含まれます。また，稼働日数率は，工期中の作業可能日数を工期中の暦日数で割った数値で，気象条件による影響を大きく受けます。

※1

作業可能日数
工事数量を1日あたりの平均施工量で割った値で，作業可能日数は，その所要作業日数より多くなるように計画します。

山積工程表における山崩し
作業人数や資材などを平準化することをいいます。工期短縮に用いられる手法ではありません。

タクト手法
集合住宅など，同じ作業を各階で繰り返し行う場合に用いられる工程管理手法です。各作業は連動して行われるため，1つの作業の遅れは，全体の遅れにつながります。

工程表作成の注意点
休日および天候などを考慮した実質的な作業可能日数を算出して，暦日換算を行い作成します。

$$稼働日数率 = \frac{工期中の作業可能日数}{工期中の暦日数}$$

②工程計画の手順

工程計画の準備として，工事条件の確認，工事内容の把握および作業能率の把握などを行います。また，工事を行う地域の労務や資材の調達状況，天候や行事，隣接建造物の状況などを考慮します。

工程計画は基本工程を最初に立て，それに基づき順次，詳細工程を決定します。また，まず各作業については手順計画を立て，次に日程計画を決定します。

工事車両については，使用可能な前面道路の幅員および交通規制に応じて，使用重機および搬入車両の能力を考慮した工程計画を立てます。また，工事用機械が連続して作業を実施し得るように作業手順を定め，工事用機械の不稼働をできるだけ少なくします。

工程短縮を図るために，工区の分割を行う場合は，各工区の作業数量が同等になるように計画します。工期の調整は，工法，労働力，作業能率および作業手順などを見直すことにより行います。また，算出した工期が指定工期を超える場合は，作業日数を短縮するため，クリティカルパス上の作業について，作業方法の変更や作業員の増員などを検討します。

③工程計画の立案方式

工程計画の立案には，大別して積上方式（順行型）と割付方式（逆行型）とがあります。積上方式とは，工程の順序関係に基づいて全体工期へと積み上げていく方式で，工事内容が複雑で，過去に施工実績や経験の少ない工種で多用されています。割付方式とは，工事を主要な部分に分け，全体工期を達成するために必要な各工程の所要日数を全体工程に割り当てる方式です。工期が指定され，工事内容が比較的容易で，施工実績や経験が多い工事の場合に採用されます。

3 工程遅延の要因

工程遅延は，現場要因，天候要因，計画要因によって起こります。

①現場要因

地質が調査結果と異なった場合や，トラブルによる材料入荷の遅れ，設備工事との取合い調整の遅れなどが考えられます。

②天候要因

雨天，降雪による実働日数不足，寒冷期の早期到来による各所の養生作業の多発，強風による作業不能日などが考えられます。

③計画要因

事前調査の不足，選定工法の誤り，工程日数の余裕不足が考えられます。

マイルストーン
工事の進捗を表す主要な日程上の区切りを示す指標です。区切りとなる時期には，掘削開始日，地下躯体完了日，鉄骨建方開始日，躯体全体のコンクリート打設完了日，屋外防水完了日，受電日などがあります。

チャレンジ問題！

問1 難 **中** 易

工程計画に関する記述として，最も不適当なものはどれか。

(1) 使用可能な前面道路の幅員および交通規制に応じて，使用重機および搬入車両の能力を考慮した工程計画を立てる。

(2) 工事用機械が連続して作業を実施し得るように作業手順を定め，工事用機械の不稼働をできるだけ少なくする。

(3) 工期が指定され，工事内容が比較的容易で，また施工実績や経験が多い工事の場合は，積上方式（順行型）を用いて工程表を作成する。

(4) 工程短縮を図るために行う工区の分割は，各工区の作業数量が同等になるように計画する。

解説

工期が指定されている場合は，割付方式の工程表を採用します。

解答（3）

工程表

1 工程表

工程表は，工事期間内の施工計画を各部分工事について，着工から完成に至る作業量と日程の相互関連を一目で明確に判断し得るように表示したものです。バーチャート，Sチャート，ネットワーク工程表などの種類があり，進度管理・出来高管理にも用いられます。工程表作成の順序は，初めに基本工程をまとめ，次に細部の工程計画を合わせて研究検討を重ね，信頼性のある工程表が作成されます。

2 バーチャート（横線工程表）

[※2]バーチャートは，作成が簡単で，視覚的に理解しやすく，各部工事の所要日数が明確です。作成の際は，横座標に暦日もしくは，工事期間などの時間をとり，縦軸に当たる部分に要素工事や各専門工事などを列記し，それぞれの要素工事や各専門工事の実施予定期間を，横座標を尺度として線分（バー）で記載します。要素工事や各専門工事相互間の関係の表現ではネットワーク工程表の方が優れていますが，記載や訂正がしやすいため，現在も用いられています。

								○○○○○工事						工期 2020/04/01 ～							
				2020年4月																	
番号	作業名称	数量	単位	1 水	2 木	3 金	4 土	5 日	6 月	7 火	8 水	9 木	10 金	11 土	12 日	13 月	14 火	15 水	16 木	17 金	18 土
1	○○○○○	○○	m²				2日														
2	○○○○○	○○	m²									6日									
3	○○○○○	○○	m²							1日											
4	○○○○○	○○	m²																	11日	
5	○○○○○	○○	m²							1日											
6	○○○○○	○○	m²								5日										
7	○○○○○	○○	m²							1日											
8	○○○○○	○○	m²													8日					

3 Sチャート

工程の進捗を数量で表示する手法をSチャートといい，工事の進捗を速やかに把握することができます。

グラフを作成する際は工程の進捗に関連する指標を決めて，進捗に合わせて累積した値を折れ線グラフ（曲線）で表示します。

グラフの**横軸**に工期の**時間的経過**，**縦軸**に工事出来高，延べ労務人数などの**累積値**を配置し，各時点における累積値を図上に記載します。

実績数量の累積値が計画数量の累積曲線の上側にあれば，工程が計画よりも進んでいることを示し，下側にある場合は遅れていることを示します。また，グラフの曲線の傾きが**水平**になると**工事が進んでいない**ことを示します。

●バナナ曲線

最も早く工事を開始する場合と，最も遅く工事を開始する場合との2種類の許容限界線に囲まれた領域を**バナナ曲線**と呼びます。この領域内であれば，工程は計画通りに進んでいることを示します。

実施工程曲線がバナナ曲線の**上方許容限界を超える**と，工程が進み過ぎており，**不経済**[※3]**がないかどうか検**討します。また，**下方許容限界を超える**と，工程がかなり遅れているとされ，**突貫工事**などで対応します。

なお，**資源配分手法**として，Sチャートは使用できません。

※2
バーチャートの短所
ネットワーク工程表に比べて作業の手順が漠然としており，遅れに対する対策が立てづらいです。また，他の工種との相互関係，手順，各工種が全体の工期に及ぼす影響などが明確ではありません。

※3
不経済
金銭・時間・労力などを無駄に使うことをいいます。

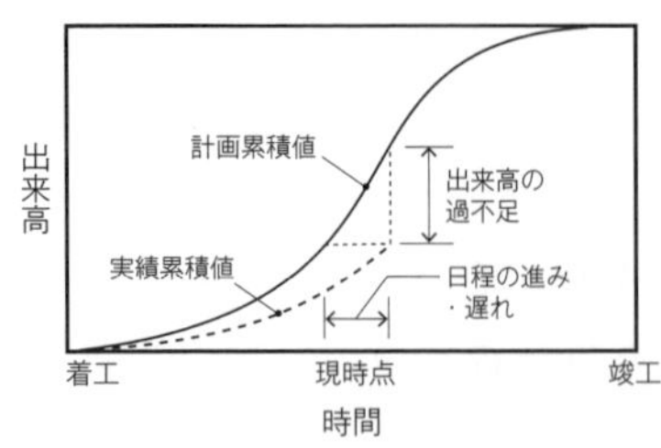

Sチャートにおける計画値と実績値の比較

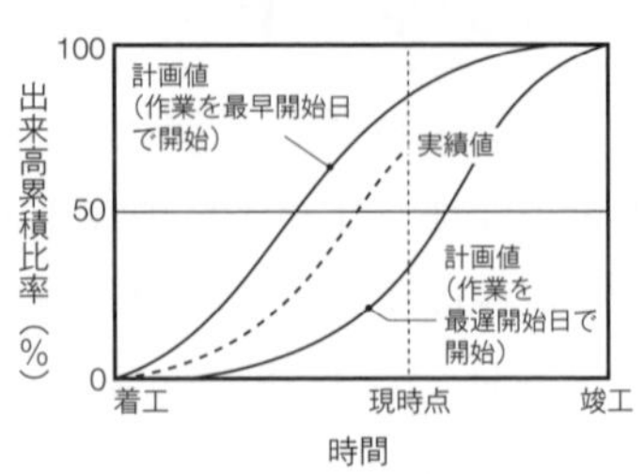

バナナ曲線

4 ネットワーク工程表

ネットワーク工程表とは，バーチャートに代わる新しい工程管理作成の技法です。各工事の相互関係や工事の進捗状況，発生する諸問題が解決できます。

バーチャート工程表に比べ，各作業の順序や因果関係が明確なため，工事手順の検討ができます。数多い作業の経路のうち最も日数を必要とする経路であるクリティカルパスを，あらかじめ確認することができ，重点管理が可能になります。

①ネットワーク工程表の短所

作成が複雑でより多くの費用，労力，データを必要とするため，単純工事や，短期工事には向きません。全体の出来高が一目では分かりにくく，一般にはバーチャート工程表の方が普及しています。

②表現方法

工程表は，丸（イベント）と矢印（アクティビティ）の結びつきで表現します。丸は作業の始点，結合点，終点を表し，矢印は工事名，所要日数を表します。架空作業を示す点線の矢印（ダミー）は，作業の前後関係を表現します。

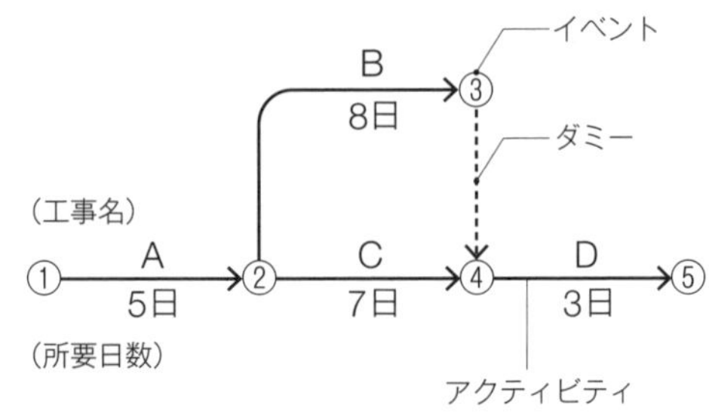

③最早開始時刻（EST）・最早終了時刻（EFT）

最早開始時刻は，作業を最も早く開始できる時刻のことで，これを計算することにより所要日数（工期）がわかります。最早終了時刻は作業を完了できる最も早い時刻のことです。ある作業の最早終了時刻は，［その作業の最早開始時刻＋作業日数］で表します。

ネットワーク工程表を適用する際の留意点
ネットワーク工程表が必ずしもバーチャート工程表より優れているとは限らず，規模，種類また目的によって併用することが望ましいです。

●最早開始時刻の求め方

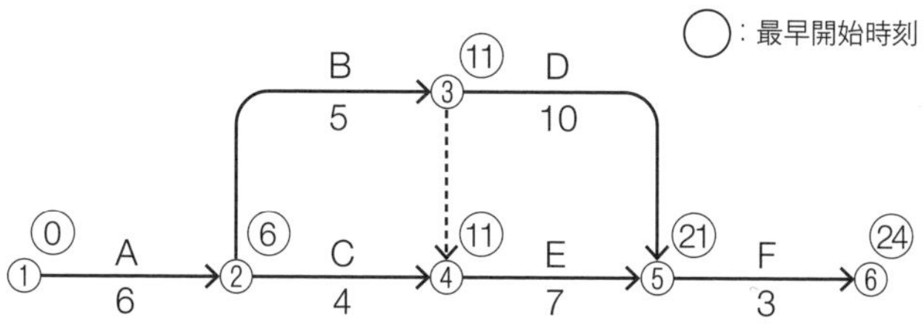

上図において，始点から矢印に従って所要日数を足していきます。

・始点である①の最早開始時刻を0とします。
　結合点②は，0＋6＝6，③は，0＋6＋5＝11　が，それぞれ最早開始時刻となります。

・結合点④は，②→④と，③…►④の2つの矢印が存在します。
　②→④は，6＋4＝10，③…►④は，6＋5＝11で，最大値が最早開始時刻となるため，④は11日となります。

・結合点⑤は，③→⑤と，④→⑤の2つの矢印が存在します。
　③→⑤は，11+10=21，④→⑤は，11+7=18で，最大値が最早開始時刻となるため，⑤は21日となります。

・終点⑥は，21+3=24となり，24日が所要日数（工期）となります。

④最遅終了時刻（LFT）・最遅開始時刻（LST）

最遅終了時刻は，工期に影響を与えない範囲で，作業を完了できる最も遅い時刻のことです。

最遅開始時刻は，工期に影響を与えない範囲で，作業を開始することのできる最も遅い時刻のことです。

ある作業の最遅開始時刻は［その作業の最遅終了時刻－作業日数］で表します。

●最遅終了時刻の求め方

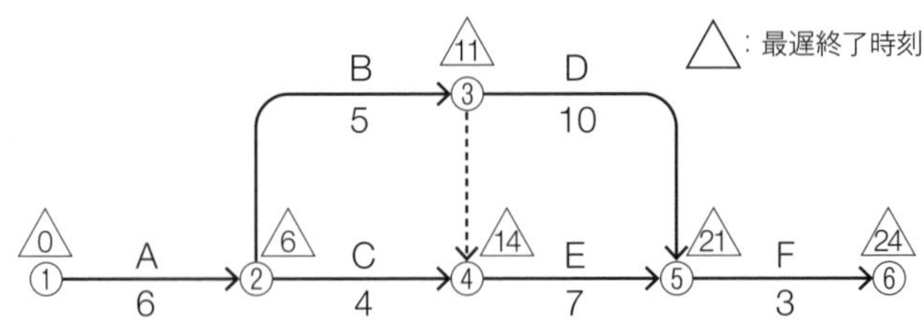

上図において，終点から矢印の逆方向に向かって所要日数を引いていきます。

・結合点である⑥を24とします。
・結合点⑤は，24－3＝21が最遅終了時刻となります。
・結合点④は，21－7＝14が最遅終了時刻となります。
・結合点③は，③←⑤と，③◀…④の2つの矢印が存在します。③←⑤は，21－10＝11，③◀…④は，14－0＝14で，最小値が最大終了時刻となり，③は11日となります。
・結合点②は，②←④と，②←③の2つの矢印が存在します。
②←④は，14－4＝10，②←③は，11－5＝6で，最小値が最遅終了時刻となり，②は6日となります。
・結合点①は，6－6＝0となります。

⑤トータルフロート（TF）

最大余裕時間のことで，作業を最早開始時刻で始め，最遅終了時刻で完了する場合に生じる時間です。計算式は，［トータルフロート＝後続作業の最遅終了時刻－（先行作業の最早開始時刻＋その作業の所要日数）］で求められます。

トータルフロートが0の場合，他のフロートも0となり，作業日数に余裕がないことを示します。

また，トータルフロートが0の作業をつなぐとクリティカルパスとなります。

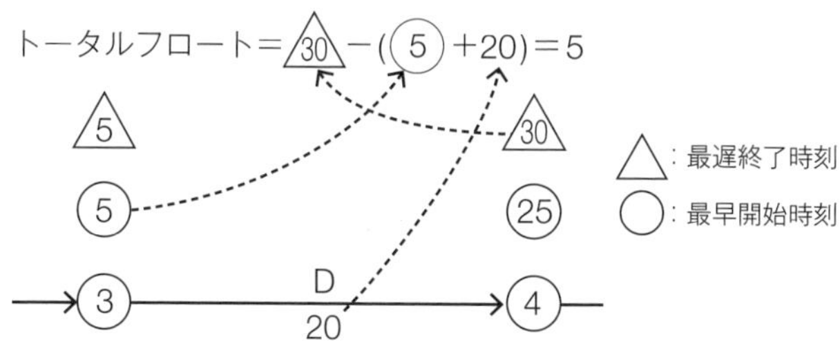

⑥フリーフロート（FF）

自由余裕時間のことで，先行する作業を最早開始時刻で始め，後続する作業も最早開始時刻で始めて，なお存在する余裕時間です。その作業の中で使い切っても後続作業のフロートに影響はありません。

フリーフロートは，必ずトータルフロートと等しいか，小さいかです。フリーフロートが0ならば，トータルフロートも0になるとは限らず，0を含めた0以上の数値になる可能性があります。

計算は［フリーフロート＝後続作業の最早開始時刻－(先行作業の最早開始時刻＋当該作業の所要日数)］で求められます。

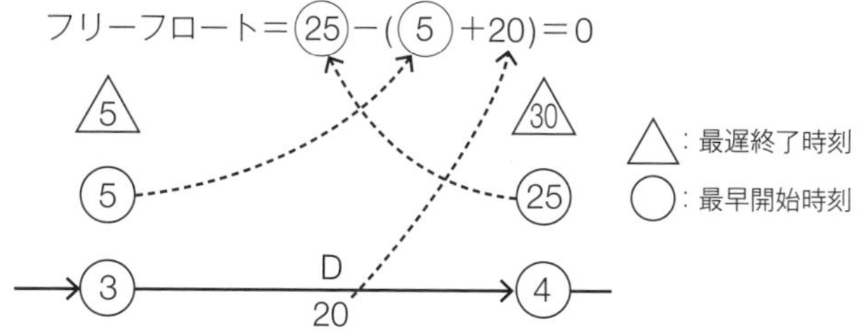

⑦ディペンデントフロート（DF）

独立余裕時間のことで，後続作業のトータルフロートに影響を及ぼす時間的余裕をいいます。

［ディペンデントフロート＝トータルフロート－フリーフロート］で求められます。

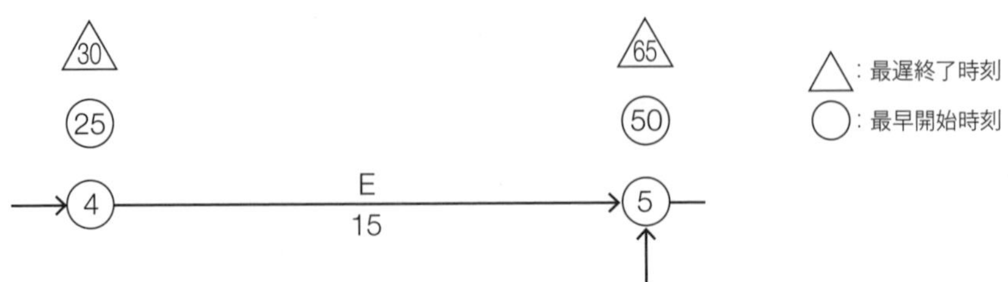

トータルフロート(TF)＝△65－(㉕＋15)　＝25

フリーフロート(FF)＝㊿－(㉕＋15)　＝10

ディペンデントフロート＝TF－FF＝25－10＝15

⑧クリティカルパス

クリティカルパスとは，始点から終点までの経路で，最も余裕日数がなく，**最も所要日数のかかる作業の経路**をいい，重点管理の対象となります。

トータルフロートが0の作業をつないだものが，クリティカルパスです。

クリティカルパス上でのアクティビティのフロート（トータルフロート，フリーフロート，ディペンデントフロート）は0となります。

クリティカルパスは，**必ずしも1本とは限りません**。クリティカルパス上の作業以外でも，フロートを使い切ってしまうとクリティカルパスになります。

図のネットワーク工程表で，クリティカルパスを導く場合，トータルフロートを計算する方法と，すべての経路について最大の所要日数を探す方法があります。

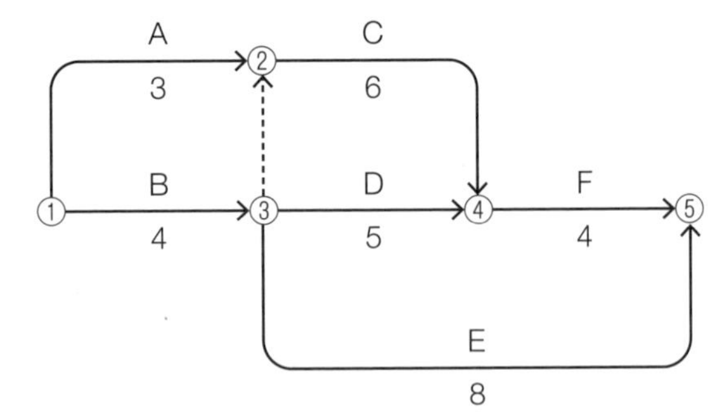

すべての経路を計算した場合，次の流れとなります。

①→③⋯►②→④→⑤＝4＋6＋4＝14

①→③→④→⑤＝4＋5＋4＝13

①→③→⑤＝4＋8＝12

最も所要日数の大きい経路の14日がクリティカルパスとなります。

チャレンジ問題！

問1　難　中　易

図に示すネットワーク工程表に関する記述として，誤っているものはどれか。

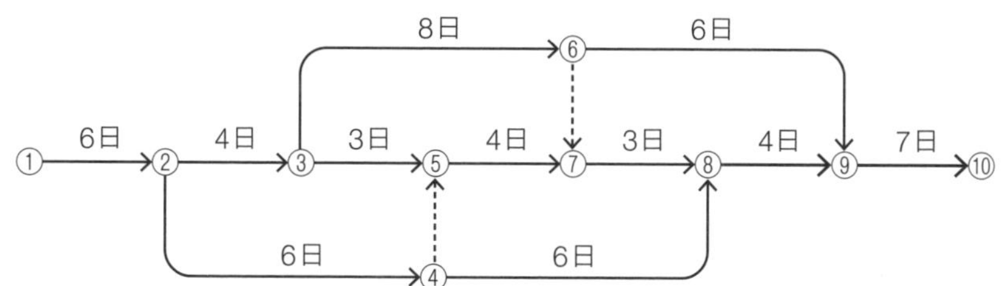

(1) 作業 ⑥→⑨ の最遅終了日は，25日である。

(2) 作業 ⑦→⑧ の最早開始日は，18日である。

(3) 作業 ⑤→⑦ のフリーフロートは，2日である。

(4) 作業 ⑥→⑨ のトータルフロートは，1日である。

解説

作業⑤→⑦のフリーフロートは1日です。

解答（3）

第3章

施工管理法

CASE 3

品質管理

まとめ & 丸暗記

この節の学習内容とまとめ

- □ 品質管理：QCともいい，設計図書で示された品質を十分満足するような建築物を問題点や改善方法を見出しながら最も安価につくるために，その工事のすべての段階に統計的手段などを用いて行うこと。品質確保のための作業標準が計画できたら，作業がその通りに行われているかどうかの管理に重点を置く

  $\overline{X}$-R管理図：平均値$\overline{X}$の管理図と範囲Rの管理とを併用した管理図。レディーミクストコンクリートや高力ボルトの品質管理に用いられる

- □ 全数検査：対象となる品物をもれなくすべて検査すること。不良率が大きく，あらかじめ決めた品質水準に達していない場合や，品物がロットとして処理できない場合に行う

- □ 抜取検査：検査ロットからあらかじめ定められた抜取検査方式に従ってサンプルを抜き取って試験し，その結果をロット判定基準と比較してそのロットの合格・不合格を判定する検査。ある程度の不良品の混入が許せる状況で，破壊検査となる場合や，品物がロットとして処理できる場合に行う

- □ トレーサビリティ：材料などの履歴，適用または所在を追跡できることをいう

- □ レビュー：設定された目標を達成するための検討対象の適切性，妥当性および有効性を判定するために行われる活動のこと

- □ 高力ボルトの保管：錆の影響などを考慮し，完全包装のまま未開封の状態で工事現場へ搬入する

品質管理・品質改善

1 品質管理（QC）

品質管理[※1]とは，設計図書で示された品質を満たす建築物を最も安価につくり，その工事のすべての段階に統計的手段などを用いて行うことです。すべての品質について同じレベルで行うより，重点的な管理を行った方が要求された品質に合致したものをつくることにつながります。

①目標品質

目標品質を得るためには，管理項目を設定し，次工程に渡してもよい基準としての管理値を明示する必要があります。

②品質計画

品質計画では，施工の目標とする品質，品質管理および体制などを具体的に記載します。

③品質管理の特徴

品質に及ぼす影響は，施工段階よりも計画段階で検討する方がより効果的で，工程の初期に品質特性が判明するのが望ましいです。よって，管理の重点も，後工程よりも前工程に置いた方が，安価でよい品質が得られる場合が多いです。最小のコストで品質の目標値を確保できることが，優れた品質管理といえます。

品質確保のための作業標準を計画し，作業がその通り行われているかどうかの管理に重点を置きます。

④品質管理の手順（PDCAサイクル）

品質管理は，計画（Plan）→実施（Do）→検討（Check）→処置（Action）の4段階の回転を繰り返し

※1

品質管理
クオリティーコントロール（QC）ともいいます。

品質管理計画
設計品質を確認して重点的に管理する項目や管理目標を設定し，管理目標は可能な限り数値で明示します。

受入検査
材料，部材，部品の受入検査は，種別ごとに行い，設計図書に定められた品質が証明されていない材料は，現場内への搬入前に試験を行い検査記録を整備します。必要に応じて監理者の立会いを受けます。

最適な工程設定
品質を確保するために検査を厳しくしても，品質は改善されないため，最適な工程を設定することが有効です。

て品質に対する意識を高めます。また，品質管理の中には，工程管理があります。工程（プロセス）管理とは，工程の出力である製品またはサービスの特性のばらつきを低減し，維持する活動のことです。

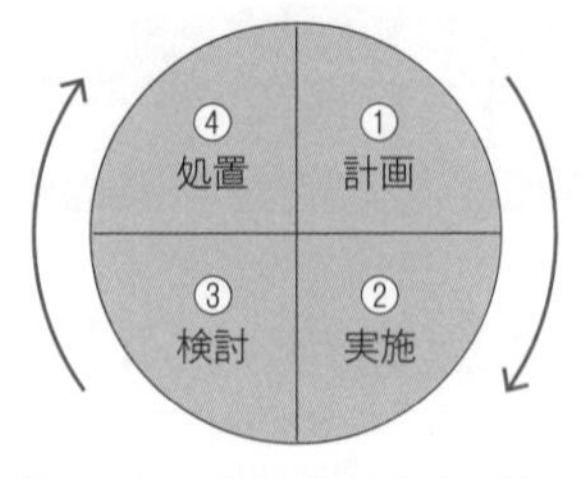

デミングサークル（PDCAサイクル）

品質管理に関わる用語

用語	意味
品質	本来備わっている特性の集まりが，要求事項を満たす程度をいう
品質管理	品質要求事項を満たすことに焦点を合わせた品質マネジメントの一部
品質保証	品質要求事項が満たされるという確信を与えることに焦点を合わせた品質マネジメントの一部
品質特性	品質要求事項に関連する，製品，プロセスまたはシステムに本来備わっている特性である
標準	関係する人々の間で利益または利便が公正に得られるように統一および単純化を図る目的で定めた取決めのこと
作業標準	作業条件，作業方法，管理方法，使用材料，使用設備，その他注意事項などに関する基準を規定したもの
ロット	製造の際に同じ条件下で生産されたと思われる品物の集まりのこと

⑤施工品質管理表（QC工程表）

施工品質管理表とは，品質を確認するための一連の流れを表した工程表です。**管理項目**は工種別や部位別とし，作業の重要度にかかわらず**施工工程に沿って並べます**。この管理項目には，重点的に実施すべき項目を取り上げます。また，検査の時期，頻度，方法を明確にしておきます。役割分担として，工事監理者，施工管理者および専門工事業者などが何をするのか，あらかじめ決めておきます。

管理値を外れた場合の処置についても，あらかじめ定めておきます。

2 品質改善

品質管理の中で，工程上，どこに問題があるのか，図式化して判別することができます。図式化にはヒストグラム，管理図，チェックシート，特性要因図，パレート図，散布図（相関図），層別などがあります。

①ヒストグラム

ヒストグラムは，計量特性の度数分布のグラフ表示の1つで，分布の形や目標値からのばらつき状態を把握したり，製品の品質の状態が規格値に対して満足のいくものかなどを判断するために用いられます。品質特性値を横軸，各クラスの度数を縦軸にとり，柱状図に表します。

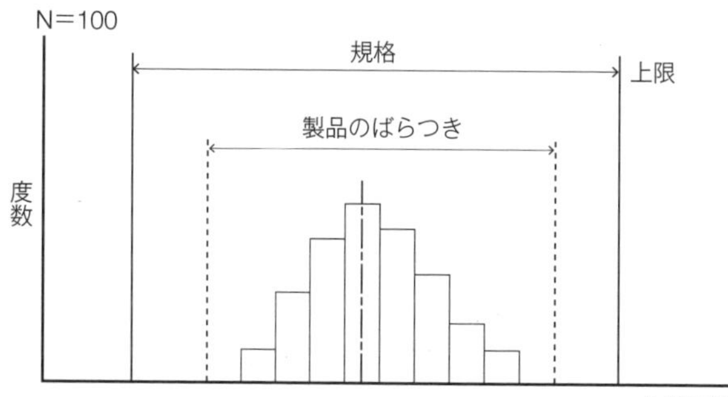

②管理図

管理図は，連続した観測値などの値を時間順またはサンプル番号順にグラフに打点し，作成した図です。

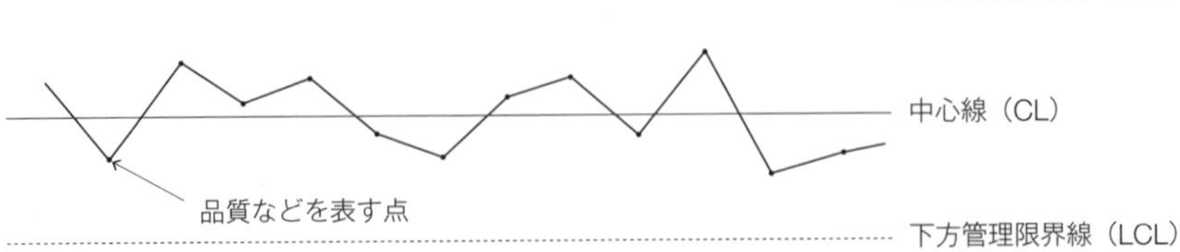

管理図は，上下に管理限界線が引かれており，それぞれ**上方管理限界線（UCL）**および**下方管理限界線（LCL）**と呼ばれ，**工程が管理状態にあるかどうかを評価する**ために用いられます。品質のばらつきがその範囲から外に出た場合は，見逃せない原因があったものと判断し，その原因を追及して処置をします。**中心線（CL）**は打点された統計量の平均値などを基に設定します。

管理図に関わる用語

用語	意味
中心線（CL）	管理図において，平均値を示すために引いた直線
許容差・公差	許容限界の上限と下限の差
誤差	サンプルによって求められる値と，真の値との差のうち，測定によって生じる部分
かたより	測定値の母平均から真の値を引いた値。ずれ量を示す
ばらつき	観測値・測定結果の大きさの不揃いの程度

管理図の種類

管理図	管理内容
x	群の平均を個々の測定値 （計量値）によって管理する
$\overline{x}$	群の平均値を用いて群間の違いを評価するもの
R	群の範囲（ばらつき）を用いて変動を評価するための計量値管理図
$\overline{x}$-R	平均値の管理図と，範囲の管理とを併用した管理図。レディーミクストコンクリートや高力ボルトの品質管理に用いられる
nP	サンプルサイズが一定の場合に，所与の分類項目に該当する単位の数を評価するための計数値管理図
s	群の標準偏差を用いて変動を評価するための計量値管理図

管理図の見方

管理図からわかることは，工程が安全状態にあるかどうかです。品質特性値のばらつきが異常原因か偶然原因かを判定し，作業工程における測定値の変動の大きさ，変動の周期性がわかります。作業工程の異常原因はみつけられません。

③チェックシート

チェックシートとは，欠点や不良項目などのデータを取るため，または作業の点検確認をするために用いられる記録用紙をいいます。

現場チェックシート	A社	B社	C社
■○○整備			
1.○○○○	○	○	×
2.○○○○	×	○	×
3.○○○○	○	×	×

チェックシート

④特性要因図（フィッシュボーン）

特性要因図は，特定の結果と原因の関係を系統的に表し，原因への対策の考察に用いられます。

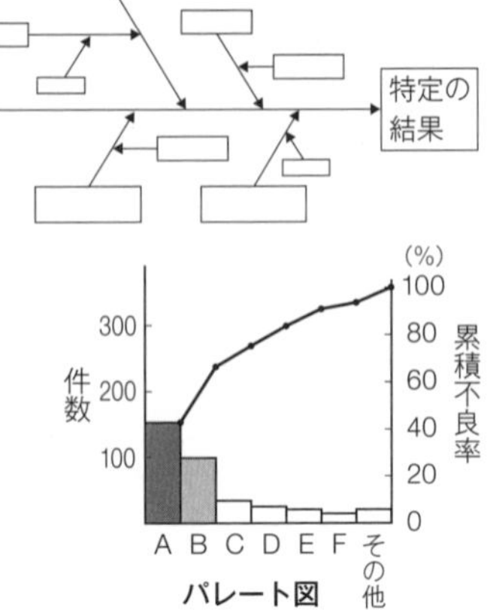

特性要因図

⑤パレート図

パレート図とは，製品の不良品，欠点，故障などの発生個数を現象や原因別に分類し，発生個数の大きい順に並べ，棒グラフにし，さらに，これらの大きさを順次累積した折れ線グラフで表した図をいいます。

パレート図

⑥散布図

散布図は，対応する2つの特性を横軸と縦軸にとり，観測値を打点してつくるグラフ表示で，主に2つの変数間の相関関係を調べるために用いられます。両者の間に強い相関がある場合は，プロットされた点は直線または曲線に近づきます。

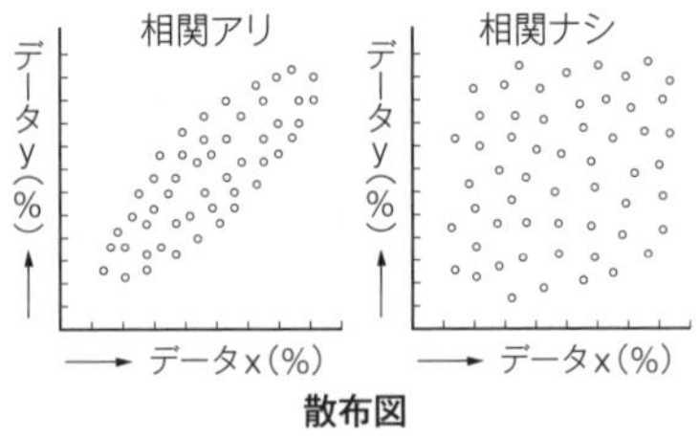

散布図

⑦層別

1つの集団（グループ）をなんらかの特徴によりいくつかの層に分割することで，データ全体の傾向や管理対象範囲が把握できます。

⑧連関図法

複雑な原因が絡み合う問題について，その因果関係を整理，明確にすることにより主要原因を的確に絞り込むのに有効な手法です。

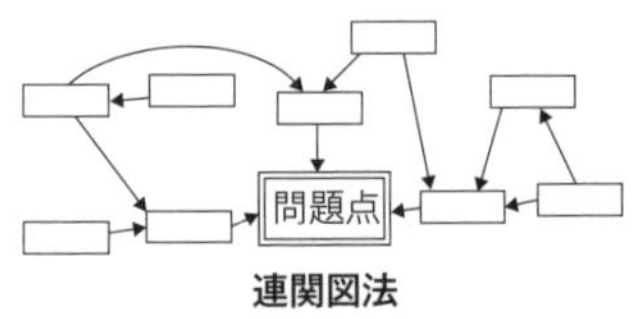

連関図法

⑨親和図法

混沌とした問題について解決すべき問題の構造，所在，形態などを明確にしたり，テーマ別に問題点を浮かび上がらせたりする方法を図に表したものです。

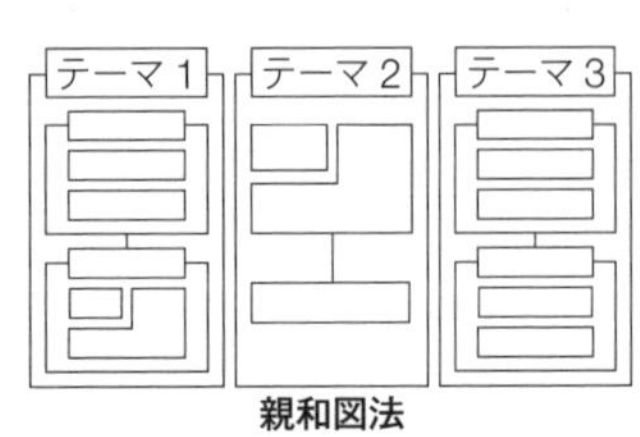

親和図法

⑩系統図法

系統図法は，目標を達成するための道筋をあらかじめ決める手法です。

⑪アロー・ダイアグラム

ネットワーク工程表のことで，工事の日程計画を行います。

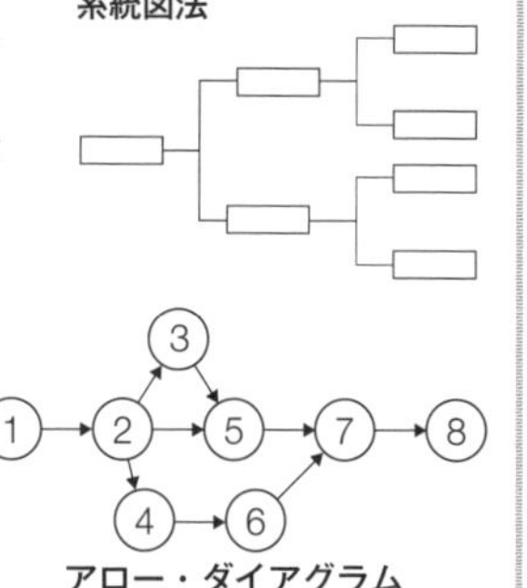

PDPC法

PDPC法は，Process Decision Program Chartの略称で，目的達成のための全てのプロセスを図式化し，最善のプロセスを見つける手法です。

チャレンジ問題！

問1 難 **中** 易

品質管理に用いる図表に関する記述として，最も不適当なものはどれか。

(1) パレート図は，観測値もしくは統計量を時間順またはサンプル番号順に表し，工程が管理状態にあるかどうかを評価するために用いられる。

(2) ヒストグラムは，計量特性の度数分布のグラフ表示で，製品の品質の状態が規格値に対して満足のいくものか等を判断するために用いられる。

(3) 散布図は，対応する2つの特性を横軸と縦軸にとり，観測値を打点してつくるグラフ表示で，主に2つの変数間の相関関係を調べるために用いられる。

(4) チェックシートは，欠点や不良項目などのデータを取るためまたは作業の点検確認をするために用いられる。

解説

設問は管理図についての説明の記述です。

解答（1）

試験・検査

1 品質検査

検査とは，品物またはサービスの1つ以上の特性値に対して，測定・試験・検定・ゲージ合わせなどを行い，**規定要求事項**と比較して適合しているかどうかを判定することです。品質検査には，全数検査や抜取検査など複数の検査方法があります。

①全数検査

ロット中のすべての検査単位について行う検査を全数検査といいます。この検査は，不良品によって人命に危険を与える可能性がある場合や経済的に大きな損失となる場合，後工程に大きな影響を与える場合に行います。また，**不良率が大きく**，あらかじめ決めた**品質水準に達していない場合**や，**品物がロットとして処理できない場合**も**全数検査**とします。全数検査の方法に，物品を壊さず検査する**非破壊検査**があり，非破壊試験の結果から，規格などによる基準に従って合否を判定する方法をいいます。基本的に全数検査は時間や経費がかかるため，**非破壊検査項目のみ実施**します。

②抜取検査

抜取検査は，ロットから少数の標本を抜き取って，不良品がいくつあるかを調べ，不良品の個数が指定個数以下ならば合格，それ以上なら不合格とする検査方式です。検査の実施は，ある程度の**不良品の混入が許せる状況**で，**破壊検査**となる場合や，品物が**ロットとして処理できる場合**とします。

③無試験検査

無試験検査とは，品質情報や技術情報などに基づいて，サンプルの試験を省略する検査をいいます。製造工程がその管理状態のまま次工程に流れても損失は問題にならないと判断される場合に適用します。

④受入検査

受入検査は，依頼した原材料，部品，製品などを受け入れる段階で行う検査です。生産工程に一定の品質水準のものを流すことを目的とします。

⑤中間検査

不良なロットが次工程に渡らないよう，事前に取り除くことによって損害を少なくするために行います。

⑥間接検査

間接検査とは，供給側のロットごとの検査成績を確認することにより受入れ側の検査を省略するもので，長期にわたって供給側の検査結果がよく，使用実績も良好な品物を受け入れる場合に適用します。

購入検査
提出された検査ロットを購入するかを判定するために行う検査で，品物を外部から購入する場合に適用します。

巡回検査
検査を行う時点を指定せず，検査員が随時工程をパトロールしながら行う場合にします。

チャレンジ問題！

問1　難　**中**　易

品質管理における検査に関する記述として，最も不適当なものはどれか。

(1) 検査とは，品物の特性値に対して，測定，試験などを行って，顧客満足度と比較して，適合しているかどうかを判定することをいう。
(2) 非破壊検査とは，非破壊試験の結果から，規格などによる基準に従って合否を判定する方法をいう。
(3) 受入検査は，依頼した原材料，部品または製品などを受け入れる段階で行う検査で，生産工程に一定の品質水準のものを流すことを目的で行う。
(4) 中間検査は，不良なロットが次工程に渡らないように事前に取り除くことによって損害を少なくするために行う。

解説

検査とは，品物またはサービスの１つ以上の特性値に対して，測定，試験，検定，ゲージ合わせなどを行って，規定要求事項と比較して適合しているかどうかを判定する活動です。

解答（1）

品質管理活動

1 ISO9000（JIS Q 9000）ファミリー

ISOとは，国際標準化機構（International Organization for Standardization）の略称で，スイスに本部を置く非営利法人のことです。また，ISOによって策定された，品質基準に関する国際的な規格をISO規格といい，品質マネジメントシステムの基本の説明や用語を規定している**ISO9000（JIS Q 9000）**，品質マネジメントシステムの要求事項を規定している**ISO9001（JIS Q 9001）**，組織の維持的成功のための運営管理・品質マネジメントアプローチを規定している**ISO9004（JIS Q 9004）**などがあります。品質管理では，多くの関連用語があるので，その意味をよく理解することが必要です。

①品質管理に関連する用語

用語	意味
品質マニュアル	品質に関して組織を指揮し，管理するためのマネジメントシステムを規定する文書のこと
品質マネジメント	品質に関して組織を指揮し管理するための，調整された活動
レビュー	設定された目標を達成するための検討対象の適切性，妥当性および有効性を判定するために行われる活動
目標値	仕様書で述べられる，望ましい，または基準となる特性の値のこと
不適合	要求事項を満たしていないこと
欠陥	意図された用途，または規定された用途に関連する要求事項を満たしていないこと
是正処置	検出された不適合，またはその他の検出された望ましくない状況の原因を除去，再発防止するための処置

トレーサビリティ	材料などの履歴，適用または所在を追跡できること
母集団の大きさ	母集団に含まれるサンプリング単位の数のこと
マネジメントシステム	方針や目標，並びにその目標を達成するためのプロセスを確立するための，相互に関連・作用する組織の一連の要素のこと
不確かさ	測定結果に付与される，真の値が含まれる範囲の推定値のこと
管理限界	工程が統計的管理状態のとき，管理図上で統計量の値がかなり高い確率で存在する範囲を示す限界をいう
有効性	計画した活動が実行され，計画した結果が達成された程度のこと
手直し	要求事項に適合させるために，不適合製品にとる処置をいう
顧客満足	顧客の要求事項が満たされている程度に関する，顧客の受け止め方をいう
プロセス	インプットをアウトプットに変換する，相互に関連・作用する一連の活動をいう
予防処置	起こり得る不適合，またはその他の起こり得る望ましくない状況の原因を除去するための処置のこと
標準偏差	測定値から平均値を引く

ISOとJIS
日本では，ISOの英文を日本語に翻訳し，JIS（日本工業規格）として発行しています。例えば「ISO9000」は，「JIS Q 9000」と表記し，内容は同一です。

レンジ	計量的な観測値の最大値と最小値の差
妥自性確認	客観的証拠を提示することによって，特定の意図された用途または適用に関する要求事項が満たされていることを確認すること
力量	知識と技能を適用するための実証された能力
プロジェクト	開始日および終了日を持ち，調整され，管理された一連の活動からなり，時間，コストおよび資源の制約を含む，特定の要求事項に適合する目的を達成するために実施される特有のプロセスのこと

2 ISO 14001（JIS Q 14001）

ISO 14001（JIS Q 14001）は，**環境マネジメントシステムに関する国際規格**で，社会経済的ニーズとのバランスをとりつつ，**環境を保護し**，変化する環境状態に対応するための組織的枠組みを示し，また，環境マネジメントシステムの認証に必要な要求事項を規定しています。

用語の定義を以下に示します。

①環境側面

環境側面とは，環境と相互に影響する，組織の活動または製品またはサービスの要素のことをいいます。

②環境影響

環境影響とは，有害か有益かを問わず，全体的にまたは部分的に組織の環境側面から生じる，環境に対するあらゆる変化をいいます。

③環境方針

環境方針とは，トップマネジメントによって正式に表明された，環境パフォーマンスに関する組織の全体的な意図および方向付けをいいます。

④環境目的

環境目的とは，組織が達成を目指して自ら設定する，環境方針と整合する全般的な環境の到達点をいいます。

チャレンジ問題！

問1　　難　中　易

JIS Q 9000（品質マネジメントシステム－基本及び用語）の用語の定義に関する記述として，最も不適当なものはどれか。

(1) マネジメントシステムとは，方針および目標，並びにその目標を達成するためのプロセスを確立するための，相互に関連するまたは相互に作用する，組織の一連の要素をいう。
(2) 是正措置とは，不適合の原因を除去し，再発を防止するための処置をいう。
(3) トレーサビリティとは，設定された目標を達成するための対象の適切性，妥当性または有効性を確定するために行われる活動をいう。
(4) 品質マネジメントとは，品質に関して組織を指揮し，管理するための調整された活動をいう。

解　説

トレーサビリティとは，材料などの履歴，適用または所在を追跡できることをいいます。

解答（3）

各種材料の保管

1 材料の取扱い・輸送・保管

工事現場では，複数の施工業者の出入りが頻繁にあり，材料の保管について不十分な取扱いや，不注意があれば，材料の損傷や盗難による損害，工期の遅れにつながり，工事全体に大きな影響を与えます。適切な材料の取扱い，輸送，保管を行うことにより，工事中のリスクを最小限にする必要があります。

①既製コンクリート杭

既製コンクリート杭は，仮置きの場合，まくら材を支持点として1段に並べ，やむを得ず2段以上に積む場合には，同径のものを並べ，まくら材を同一鉛直面上にします。

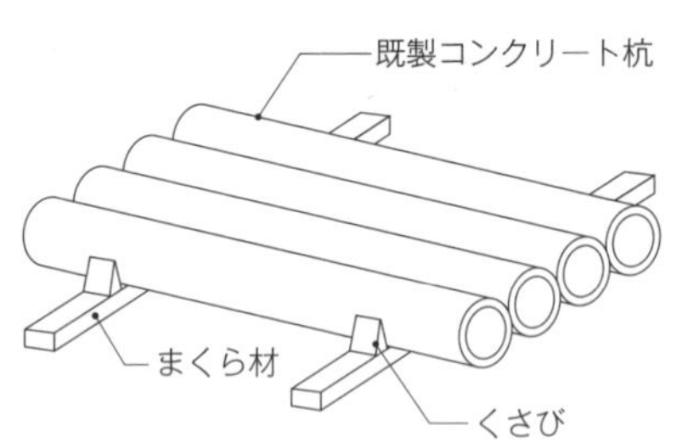

②高力ボルト

高力ボルトは，錆の影響などを考慮し，完全包装のまま未開封の状態で工事現場へ搬入します。保管は，箱の積上げ高さを3～5段程度にします。

③溶接棒

被覆アーク溶接棒の保管は，湿気を吸収させないようにします。吸湿しているおそれがある場合，乾燥器で乾燥させてから使用します。

④ALCパネル

ALC パネルの積上げには，所定の位置に正確に角材を用い，積上げ高さは，1段を1.0 m以下とし総高は2.0 m以下として，水平に保管します。

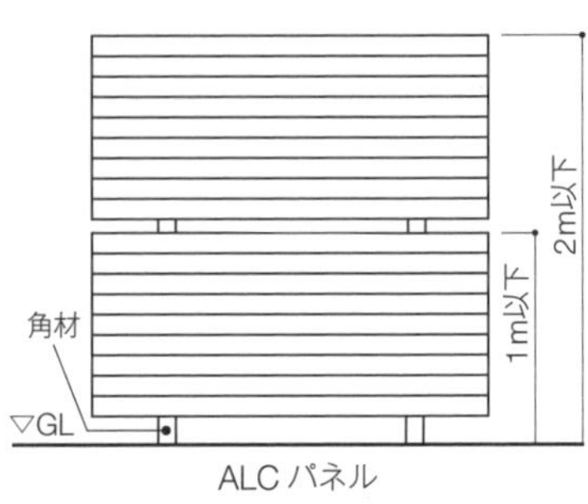

ALC パネル

⑤プレキャストコンクリートパネル

プレキャストコンクリートの床部材の平置きの場合は，上下の台木が鉛直線上に同位置になるように積み重ねて保管し，積重ね段数は6段以下とします。

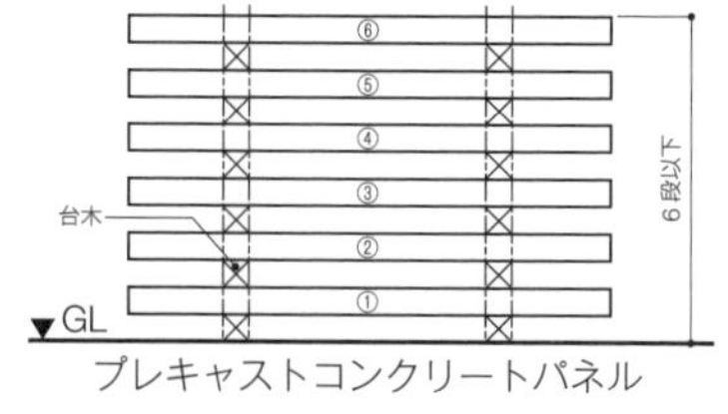

プレキャストコンクリートパネル

⑥**コンクリートブロック**

建築用コンクリートブロックの保管は，形状や品質を区分し，覆いを掛けて雨掛りを避けるようにし，積上げ高さは1.6 m以下となるように置きます。

⑦**石**

張り石工事に用いる石材の運搬は，仕上げ面，稜角を養生し，取付け順序を考慮して輸送用パレット積みで行います。

⑧**ガラス**

板ガラスは，車輪付き裸台で搬入し，保管はできるだけ乾燥した場所に裸台に載せた状態とします。

輸送荷姿が木箱入りのガラスの保管は，85度程度の角度で縦置きとし，異寸法の木箱が混ざる場合は，大箱を先に置き，小箱を後から直接重ねます。板ガラスを平置きで保管してはいけません。

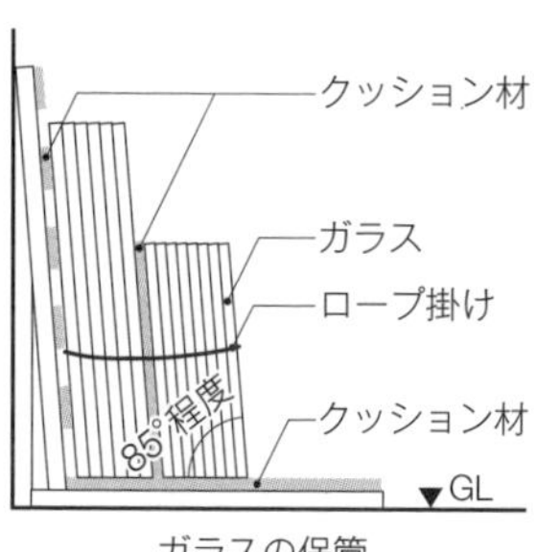

ガラスの保管

日射熱吸収の大きいガラスへの養生材の張付けに当たっては，ガラスが熱割れしないことを確認します。

⑨**アスファルトルーフィング**

砂付ストレッチルーフィングの保管は，屋内の乾燥した場所に，ラップ部分（張付け時の重ね部分）を上にして縦置きとします。アスファルトルーフィング類

セメントおよび左官材料の保管

セメント，せっこうプラスターなどの保管方法は，床を地表面より30 cm以上高くした倉庫に，湿気を防ぐ状態で保管します。

シーリング材の保管

シーリング材の保管は，有効期間を確認して，高温多湿や凍結温度以下にならない場所に保管します。

は，吸湿すると施工時に泡立ちや耳浮きなどの接着不良になるため，乾燥した場所で保管します。

⑩アスファルト

防水用の袋入りアスファルトの保管は，積重ねを10段以下にし，荷崩れに注意します。

⑪塗料

塗料や溶剤などの保管場所は，独立した平屋建で，**屋根は軽量な不燃材料**とし，天井は設けず，室内は**十分な換気**を図ります。

塗料が付着した布片は，**自然発火**のおそれがあるので，置き場の中に置いてはいけません。

⑫ガスボンベ類

溶接に使用するガスボンベ類の貯蔵小屋の壁は，**1面を開口**とし，他の**3面は上部に開口部**を設けます。

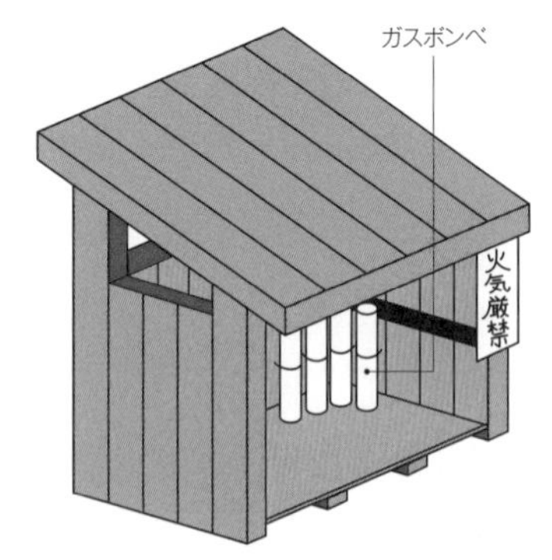

⑬ビニル床シート

ビニル床シートは，屋内の乾燥した場所に直射日光を避けて**縦置き**にして保管します。

⑭カーペット

ロール状に巻いたカーペットは縦置きにせず，屋内の乾燥した平坦な場所に，2段程度の俵積みとします。

⑮紙・布

巻いた紙や布などの材料は，直射日光を避け，湿気の少ない場所に，くせがつかないように縦にして保管します。

⑯フローリング類

フローリング類の保管は，屋内のコンクリートの上に置く場合，シートを敷き，角材を並べた上に置きます。

⑰断熱材・保温板

断熱材や保温板は，長時間紫外線を受けると表面から劣化するので，日射を避け屋内に保管します。また，ボード状断熱材の保管は，反りぐせを防止するため，平坦な敷台の上に平積みとします。

断熱用の押出法ポリスチレンフォーム保温板は，反(そ)りぐせ防止のため，平坦な敷台の上に積み重ねて保管します。

⑱アルミニウム合金製建具

アルミサッシの保管は，平積みを避けて，縦置きとし，木材で荷造りして保護します。

⑲木製建具

木製建具は，取付け工事直前に搬入するものとし，障子や襖は縦置き，フラッシュ戸は平積みとします。

カーテンウォールの保管
メタルカーテンウォールを集中揚重・分離取付けとする場合の部材の保管場所は，小運搬距離や経路上の障害に配慮し確保します。

チャレンジ問題！

問1　難　中　易

工事現場における材料の保管に関する記述として，最も不適当なものはどれか。

(1) 既製コンクリート杭は，やむを得ず2段に積む場合，同径のものを並べ，まくら材を同一鉛直面上にして仮置きする。
(2) 高力ボルトは，工事現場受入れ時に包装を開封し，乾燥した場所に，使用する順序に従って整理して保管する。
(3) フローリング類は，屋内のコンクリートの上に置く場合，シートを敷き，角材を並べた上に保管する。
(4) 防水用の袋入りアスファルトは，積重ねを10段以下にし，荷崩れに注意して保管する。

解　説

高力ボルトは，錆の影響などを考慮し，完全包装のまま未開封の状態で工事現場へ搬入します。

解答（2）

第3章 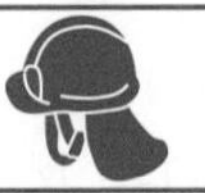 施工管理法

CASE 4

安全管理

まとめ & 丸暗記　この節の学習内容とまとめ

- □ 重大災害：一時に３名以上の労働者が死傷，罹病した災害をいう
- □ 度数率：100万延実労働時間当たりの労働災害による死傷者数のことで，災害発生の頻度を表す
- □ 強度率：1,000延実労働時間当たりの延労働損失日数を示し，労働災害の重さの程度を表す
- □ 年千人率：1,000人当たりの１年間に発生した死傷者数で表すもので，災害発生の頻度を示す
- □ 損失日数：死亡および永久全労働不能の場合，１件につき7,500日とする
- □ 車道幅員：制限した後の道路の車線が２車線となる場合にあっては，その車道幅員は5.5 m以上とする
- □ 防護棚（朝顔）の設置：防護棚は，外部足場の外側から水平距離で2m以上突き出し，水平面となす角度を20度以上とする
- □ 木造建築物の組立て等作業主任者：
  労働災害を防止するために技能講習を修了した者で，軒の高さが5 m以上の木造建築物の構造部材の組立て，屋根下地，外壁下地の取付け作業を行い，解体作業では選任する必要はない
- □ 酸素欠乏危険作業主任者の選任：
  酸素欠乏危険作業について，事業者は酸素欠乏危険作業主任者を選任しなければならない。衛生管理者を選任する必要はない
- □ 移動式クレーンなどの運転についての合図の方法：
  安全管理のため，事業者は機械の運転について一定の合図を定め，合図を行う者を指名し，その者に合図を行わせる

安全管理

1 労働災害

労働災害とは，「労働者[※1]の就業に係る建設物，設備，原材料，ガス，蒸気，粉じんなど，作業行動その他業務に起因して，労働者が負傷，疾病，死亡すること」をいいます。また，単なる物的災害は，労働災害に含まれません。労働災害に関わる用語や発生率については，以下の通りです。

①重大災害

一般に重大災害とは，一時に3名以上の労働者が死傷または罹病した災害をいいます。

②度数率[※2]

度数率とは，100万延実労働時間当たりの労働災害による死傷者数で，災害発生の頻度を表します。

③強度率[※3]

強度率とは，1,000延実労働時間当たりの延労働損失日数を示し，労働災害の重さの程度を表します。

④年千人率[※4]

年千人率とは，1,000人当たりの1年間に発生した死傷者数で表すもので，災害発生の頻度を示します。

⑤損失日数

損失日数とは，死亡および永久全労働不能（身体障害等級1～3級）の場合，1件につき7,500日としています。

また，一時全労働不能の場合の損失日数は，暦日による休業日数に$\frac{300}{365}$を掛けて算出します。

※1
労働者
労働災害における労働者とは，所定の事業または事務所に使用されるもので，賃金を支払われる者をいいます。

※2
度数率
$$度数率 = \frac{死傷者数}{延実労働時間数} \times 1{,}000{,}000$$

※3
強度率
$$強度率 = \frac{延労働損失日数}{延実労働時間数} \times 1{,}000$$

※4
年千人率
$$年千人率 = \frac{年間死傷者数}{年間平均労働者数} \times 1{,}000$$

⑥死亡災害の発生案件

死亡災害は，例年，「墜落災害」が最も多く，その次に「建設機械等による災害」，「飛来，落下による災害」，「電気，爆発火災等による災害」と続きます。

2 建築工事公衆災害防止対策要綱

この要綱は，建築工事の施工にあたって，当該工事の関係者以外の第三者（以下「公衆」とする）の生命，身体および財産に関する危害や迷惑（以下「公衆災害」とする）を防止するために必要な計画，設計，施工の基準を示し，もって建築工事の安全な施工の確保に寄与することを目的としています。その対策については以下のようなルールがあります。

①車道幅員

車道幅員は，制限した後の道路の車線が1車線となる場合は，その車道幅員は3ｍ以上とし，2車線となる場合は，その車道幅員は5.5ｍ以上とします。

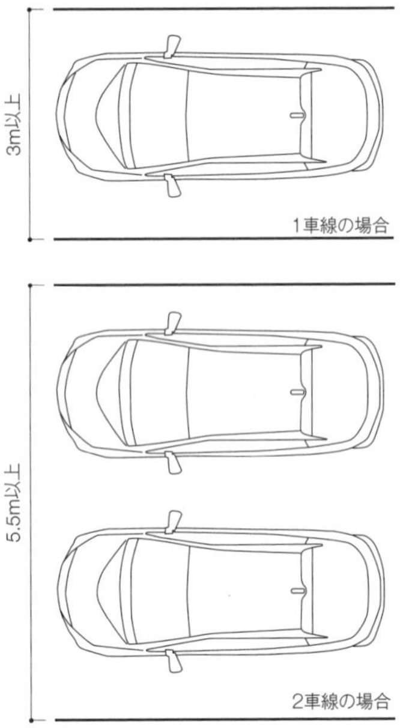

3m以上

1車線の場合

5.5m以上

2車線の場合

②歩行者用道路

歩行者対策として，車道とは別に幅0.75ｍ以上の歩行者用通路を確保しますが，歩行者が多い場合は通路の幅を1.5ｍ以上とします。

③歩行者用仮設通路

工事現場内に公衆を通行させるために設ける歩行者用仮設通路は，幅1.5ｍ以上，有効高さ2.1ｍ以上を確保します。

④仮囲いの出入口

仮囲いに設ける出入口の扉は，引戸または内開きとし，工事に必要がない限りこれを閉鎖しておきます。

⑤防護棚（朝顔）の省略

外部足場の外側より水平距離で2ｍ以上ある歩道防護構台を設けた場合

は，最下段の防護棚は省略することができます。

⑥防護棚（朝顔）の設置

防護棚は，外部足場の外側から水平距離で2m以上突き出し，水平面となす角度を20度以上とします。

⑦施工者間の連絡調整

施工者は，施工者が異なる建築工事に隣接輻輳（りんせつふくそう）して建築工事を施工する場合，公衆災害防止のため，施工者間の連絡調整を行います。

⑧建設機械の転倒防止

施工者は，建設機械を使用する場合，機械類が転倒しないように，その地盤の水平度，支持耐力の調整などを行います。

排水の届出
地下水の排水に当たっては，排水方法および排水経路を確認し，当該下水道および河川の管理者に届け出ます。

隣地所有者の承諾
発注者および施工者は，地盤アンカーの施工などにおいて，アンカーの先端が敷地境界の外に出る場合，隣地所有者の許可を得る必要があります。

チャレンジ問題！

問1　難　**中**　易

労働災害に関する用語の説明として，最も不適当なものはどれか。

(1) 度数率は，災害発生の頻度を表すもので，100万延実労働時間当たりの死傷者数を示す。
(2) 年千人率は，労働者1,000人当たりの1年間の死傷者数を示す。
(3) 損失日数は，死亡および永久全労働不能の場合，1件につき7,500日としている。
(4) 強度率は，災害の大きさ（程度）を表すもので，1年間の死傷者1,000人当たりの死者数を示す。

解説

強度率とは，1,000延実労働時間当たりの延労働損失日数を示し，労働災害の重さの程度を表します。

解答（4）

作業主任者

1 作業主任者の選任と職務

作業主任者とは，労働安全衛生法などにより定められた労働災害防止のための制度で，技能講習修了者や免許を受けた者（資格取得者）を指し，事業者が選任するものです。同一場所で行う当該作業において，作業主任者を2名以上選任した場合，それぞれの**職務の分担を定める必要**があります。

2 作業主任者を選任すべき作業

下表の作業主任者を選任すべき作業については，ガス溶接作業主任者の必要資格は**免許**であり，それ以外は**技能講習修了**の資格が必要です。

作業主任者	作業内容
ガス溶接作業主任者	アセチレンガスなどを用いて行う溶接などの作業
地山の掘削作業主任者	掘削面の高さが2m以上となる地山の掘削の作業
土止め支保工 作業主任者	土止め支保工の切梁，腹起しの取付け，取外しの作業
はい作業主任者	高さ2m以上のはい付け，はいくずしの作業
型枠支保工の 組立て等作業主任者	型枠支保工の組立てや解体の作業
足場の組立て等 作業主任者	吊り足場，張出し足場または高さが5m以上の構造の足場の組立て，解体または変更の作業
建築物等の鉄骨の 組立て等作業主任者	高さが5m以上である建築物の鉄骨などの骨組の組立て，解体または変更の作業
酸素欠乏危険 作業主任者	酸素欠乏危険場所における作業 ※衛生管理者を選任する必要はない

木造建築物の組立て等作業主任者	軒の高さが5m以上の木造建築物の構造部材の組立て，屋根下地，外壁下地の取付け作業 ※解体作業についての選任は不要
コンクリート造の工作物の解体等作業主任者	高さが5m以上のコンクリート造の工作物の解体，破壊の作業
コンクリート破砕器作業主任者	コンクリート破砕器を用いて行う破砕の作業
有機溶剤作業主任者	有機溶剤の製造または取り扱う業務に関わる作業
石綿作業主任者	石綿および石綿をその重量の0.1%を超えて含有する製剤その他の物の製造，または取り扱う作業

作業主任者の周知
事業者は，作業主任者を選任したときは，作業主任者の氏名およびその者に行わせる事項を，作業場の見やすい箇所に掲示することにより関係労働者に周知させなければいけません。

3 作業主任者の職務

作業主任者の職務については，労働安全衛生法で下記のように定められています。

①地山の掘削作業主任者

・作業の方法を決定し，作業を直接指揮すること

②土止め・型枠支保工の組立て等作業主任者

・材料の欠点の有無並びに器具および工具を点検し，不良品を取り除くこと
・作業中，安全帯等および保護帽の使用状況を監視すること

③足場の組立て等作業主任者

・材料の欠点の有無を点検し，不良品を取り除くこと
・器具，工具，安全帯等および保護帽の機能を点検し，不良品を取り除くこと

・作業の方法および労働者の配置を決定し，作業の進行状況を監視すること
・安全帯等および保護帽の使用状況を監視すること
※強風などの悪天候により危険が予想されるときは作業を中止する措置は，作業主任者ではなく，事業者となります。

④建築物等の鉄骨の組立て等作業主任者

・作業の方法および労働者の配置を決定し，作業を直接指揮すること
・器具，工具，安全帯など，および保護帽の機能を点検し，不良品を取り除くこと
・安全帯等，および保護帽の使用状況を監視すること
※作業の方法および順序を作業計画として定める必要はありません。
※関係労働者以外の労働者の立入りの禁止は，作業主任者の職務としては定められていません。

⑤木造建築物の組立て等作業主任者

・作業の方法および順序を決定し，作業を直接指揮すること
・器具，工具，安全帯等および保護帽の機能を点検し，不良品を取り除くこと
・安全帯等および保護帽の使用状況を監視すること
※材料の欠点の有無を点検し，不良品を取り除く必要はありません。

⑥有機溶剤作業主任者

・作業に従事する労働者が有機溶剤により汚染され，またはこれを吸入しないように，作業の方法を決定し，労働者を指揮すること
・保護具の使用状況を監視すること
・局所排気装置，プッシュプル型換気装置または全体換気装置を1か月を超えない期間ごとに点検すること

⑦石綿作業主任者

・作業に従事する労働者が石綿などの粉じんにより汚染され，またはこれらを吸入しないように，作業の方法を決定し，労働者を指揮すること
・局所排気装置，プッシュプル型換気装置，除じん装置その他労働者が健康障害を受けることを予防するための装置を1か月を超えない期間ごとに点検すること
・保護具の使用状況を監視すること

※石綿作業主任者として，周辺住民の健康障害を予防するため，敷地境界での計測を定期的に行う必要はありません。

⑧はい作業主任者[※5]

・作業の方法および順序を決定し，作業を直接指揮すること
・器具および工具を点検し，不良品を取り除くこと
・当該作業を行う箇所を通行する労働者を安全に通行させるため，その者に必要な事項を指示すること

※5
はい作業
「はい」とは，倉庫，上屋または土場に積み重ねられた荷（小麦，大豆，鉱石などのばら物の荷を除く）の集団をいいます。人力やフォークリフトなどを使って作業します。作業時は，はいの崩壊の危険がないことを確認し，作業の着手を指示します。

チャレンジ問題！

問1　　難　**中**　易

作業主任者の選任に関する記述として，「労働安全衛生法」上，誤っているものはどれか。

(1) 同一場所で行う型枠支保工の組立て作業において，型枠支保工の組立て等作業主任者を2名選任した場合，それぞれの職務の分担を定めなければならない。
(2) 鉄筋コンクリート造建築物の支保工高さが3mの型枠支保工の解体作業においては，型枠支保工の組立て等作業主任者を選任しなくてもよい。
(3) 高さが4mの鋼管枠組足場の組立て作業においては，足場の組立て等作業主任者を選任しなくてもよい。
(4) 高さが5mの鉄骨造建築物の骨組みの組立て作業においては，建築物等の鉄骨の組立て等作業主任者を選任しなければならない。

解説

型枠支保工の解体には，高さに関係なく作業主任者の選任が必要です。

解答（2）

各種作業の安全

1 安全基準

①建設機械等の安全対策

労働者の危険を防止するために，建設機械の操作に対するルールや，検査，点検などがあります。

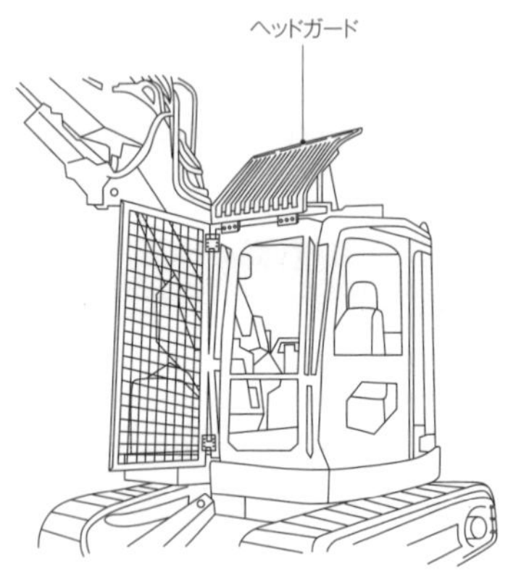

車両系建設機械の運転者が運転位置から離れるときは，バケット，ジッパーなどの作業装置を地上に降ろします。また，車両系建設機械のブームを上げて，その下で修理，点検を行う場合，ブームが不意に降下しないよう，**安全支柱，安全ブロック**などを使用します。車両系建設機械の定期自主検査を行ったときは，検査年月日などの事項を記録し，これを**3年間保存**します。

岩石の落下などにより労働者に危険が生ずるおそれのある場所で，車両系建設機械を使用するときは，機械に堅固なヘッドガードを備えます。

②掘削作業における危険防止

事業者は，掘削作業で，地山の崩壊などによる労働者の危険を防止する必要があります。

事業者は，**土止め支保工**を設けたときは，その後**7日を超えない期間ごと**に，中震以上の地震や，大雨などの後に部材の損傷，変形，腐食，変位および脱落の有無や状態，切梁の緊圧の度合，部材の接続部，取付け部および交さ部の状態の**点検**を行います。

明り掘削（トンネル工事等の掘削以外）の作業において，掘削機械の使用による**ガス導管，地中電線路等地下工作物の損壊**により労働者に危険を及ぼすおそれがあるときは，**掘削機械は使用禁止**です。

③墜落，悪天候等による危険の防止

事業者は，墜落や悪天候時などの危険を防止する必要があります。

高さが2ｍ以上の箇所で作業を行う場合，作業に従事する労働者が墜落するおそれのあるときは，作業床を設けます。また，その高さ以上での作業を安全に行うため，必要な照度を保持する必要があります。強風，大雨，大雪などの悪天候による危険が予想されるときは，作業を中止します。

高さまたは深さが1.5ｍを超える箇所で作業を行うときは，原則として，当該作業に従事する労働者が安全に昇降するための設備などが必要です。

3ｍ以上の高所から物体を投下するときは，適当な投下設備を設け，監視人を置くなど労働者の危険を防止するための措置が必要です。

④通路，足場など

作業構台における作業を行うときは，作業開始前に，作業を行う箇所に設けた手すりや中桟などの取り外しおよび脱落の有無についての点検が必要です。また，作業構台の変更後，作業開始前に，支柱，梁，筋かいなどの緊結部，接続部および取付部のゆるみの状態について点検が必要です。

⑤クレーン・移動式クレーン・ゴンドラの安全規則

クレーン，移動式クレーン，ゴンドラなどの機械では，共通する安全規則があり，個別事項を含め，以下に示します。

＜共通事項＞

1か月以内ごとに1回，定期に自主検査を行い，その記録は，3年間保存します。また，作業を行うときは，検査証を機械に備え付けます。

立入禁止の区域

関係労働者以外の労働者の立入禁止の区域としては，高さが2ｍ以上の作業構台の組立て作業を行う区域，高さが5ｍ以上の建築物の骨組みの組立て，解体作業を行う区域内，高さが5ｍ以上の足場の組立て，解体の作業，型枠支保工の組立て作業を行う区域などがあります。

作業開始前の点検

車両系建設機械を用いて作業を行うときは，その日の作業開始前に，ブレーキおよびクラッチの機能について点検を行います。高所作業車は，その日の作業を開始する前に，制動装置，操作装置および作業装置の機能について点検を行います。

吊り足場での作業

作業開始前に，足場に係る墜落防止設備および落下防止設備の取りはずしの有無などの点検をし，異常を認めたときは，直ちに補修します。また，突りょうと吊り索との取付部の状態および吊り装置の歯止めの機能について点検が必要です。

玉掛け用具として使用するワイヤロープは，安全係数が6以上のものを使用し，ワイヤロープひとよりの間において，切断している素線の数が10％以上のものや，ワイヤロープの直径の減少が公称径の7％を超えるものは使用できません。

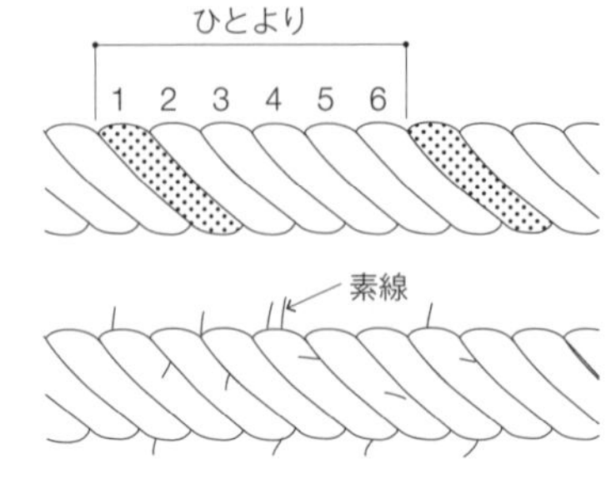

事業者は，機械の運転について一定の合図を定め，合図を行う者を指名して，その者に合図を行わせます。ただし，運転者に単独で作業を行わせる場合を除きます。

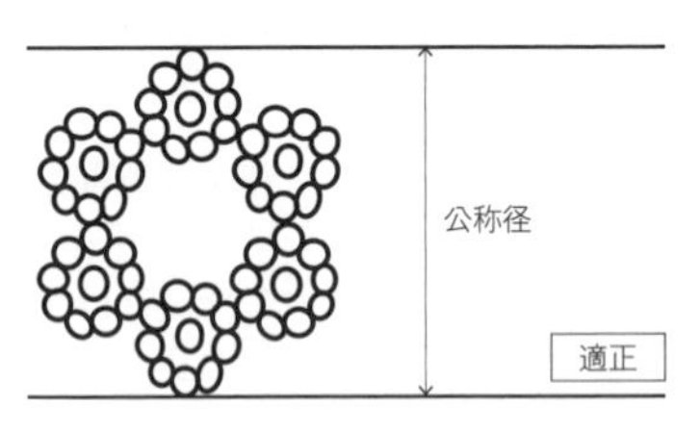

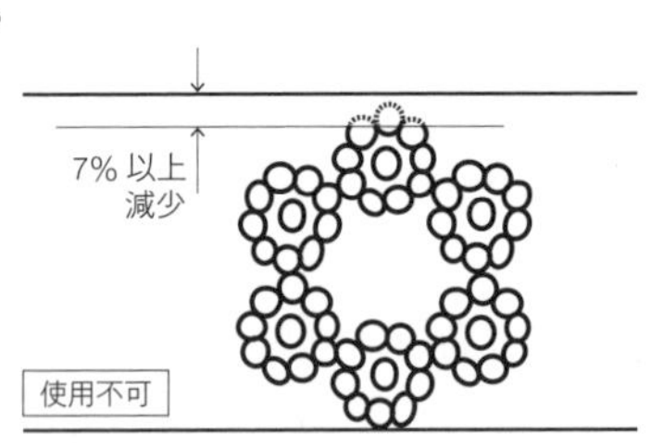

＜移動式クレーン＞

運転の業務に労働者を就かせる場合，当該業務に関する安全のための特別の教育を行います。

作業開始前の点検では，過負荷警報装置等の機能について点検を行います。荷をつり上げるときは，外れ止め装置のあるフックを使用します。

作業の性質上やむを得ない場合は，移動式クレーンの吊り具に専用の搭乗設備を設けて労働者を乗せることができます。

旋回クレーンと建設物との間に歩道を設ける際，その幅を60 cm以上とします。

移動式クレーンの上部旋回体の旋回範囲内や，吊りクランプ1個を用いて玉掛けをした荷がつり上げられている下には，労働者は立入禁止です。

強風で作業中止の場合，移動式クレーンが転倒するおそれがあるときは，ジブ（ブーム）の位置を固定させるなどの措置を講じます。

＜ゴンドラ＞

つり下げのためのワイヤロープが1本であるゴンドラで作業を行うときは，安全帯などを当該ゴンドラ以外のものに取り付けますが，2本の場合は，安全帯をゴンドラに取り付けて作業を行うことができます。

ゴンドラを使用しての作業を安全に行うため，必要な照度を保持します。

ゴンドラの検査証の有効期間は1年で，保管状況が良好であれば1年を超えない範囲内で延長できます。

ワイヤロープが通っている箇所の状態の点検は，その日の作業開始前に行います。また，ゴンドラで作業中の下方には関係労働者以外は立入禁止とし，その旨を表示します。

⑥酸素欠乏症等防止規則

酸素欠乏症等とは，酸素欠乏症または硫化水素中毒をいい，事業者は防止する責務があります。酸素欠乏とは，空気中の酸素の濃度が18％未満である状態をいいます。空気中の酸素の濃度測定は，その日の作業開始前に行い，測定結果は，3年間保存する必要があります。

酸素欠乏危険場所では，原則として，空気中の酸素濃度を18％以上に保つように換気します。その酸素濃度は，通常の濃度を使用して換気し，純酸素は使いません。事業者は，酸素欠乏危険作業に労働者を従事させるときは，空気呼吸器等，はしご，繊維ロープ等非常の場合に労働者を避難，救出するため必要な用具を備える必要があります。

⑦有機溶剤中毒予防規則

事業者は，屋内作業場などで，排気装置などを用いて有機溶剤等[※6]による中毒を予防しなければなりません。

有機溶剤業務に係る局所排気装置は，原則として1年以内ごとに1回，定期に，所定の事項について自主検査を行う必要があります。

クレーンの落成検査における荷重試験
クレーンの定格荷重の1.25倍の荷をつって行います。

作業環境測定（酸素）
作業環境の実態を把握するため空気環境その他の作業環境について行うデザイン，サンプリングおよび分析をいいます。

地下ピット作業などの酸欠防止措置
事業者は，地下ピット内における作業に労働者を従事させるときは，酸素欠乏の空気が作業を行う場所に流入することを防止するための措置を講じる必要があります。

※6
有機溶剤等とは
有機溶剤または有機溶剤含有物（有機溶剤と有機溶剤以外のものとの混合物で，有機溶剤を当該混合物の重量の5％を超えて含有するもの）をいいます。

健康診断
労働者の雇い入れの際，当該業務への配置換えの際，およびその後6か月以内ごとに1回定期に健康診断を行う必要があります。

事業者が，屋内作業場で有機溶剤業務に労働者を従事させるときは，有機溶剤などの**取扱い上の注意事項**や，**中毒発生時の応急処置**について労働者が見やすい場所に掲示する必要があります。また，有機溶剤業務に係る**有機溶剤等の区分**を，作業中の労働者が容易に知ることができるよう，色分けなどの方法により，見やすい場所に表示する必要があります。

屋内作業場で，原則として**6か月以内ごとに1回**，定期に，有機溶剤濃度の**濃度測定**が必要です。**有機溶剤等の屋内貯蔵**は，発散するおそれのないふたや栓をした堅固な容器を用い，関係労働者以外の労働者が立ち入ることを防ぐ設備と，有機溶剤等の**蒸気を屋外に排出する設備**を設けます。

チャレンジ問題！

問1　　難　**中**　易

クレーンまたは移動式クレーンに関する記述として，「クレーン等安全規則」上，誤っているものはどれか。

(1) つり上げ荷重が0.5 t以上の移動式クレーンを用いて荷をつり上げるので，外れ止め装置のあるフックを使用した。

(2) つり上げ荷重が0.5 t以上5 t未満のクレーンの運転の業務に労働者を就かせるので，当該業務に関する安全のための特別の教育を行った。

(3) つり上げ荷重が0.5 t以上の移動式クレーンを用いて作業を行うので，その日の作業を開始する前に，過負荷警報装置等の機能について，点検を行った。

(4) つり上げ荷重が3 t以上のクレーンの落成検査における荷重試験は，クレーンの定格荷重に相当する荷重の荷をつって行った。

解説

落成検査における荷重試験は，クレーンに定格荷重の1.25倍に相当する荷重をつります。

解答（4）

第一次検定

第4章

法規

第4章  法規

CASE 1 法規

まとめ & 丸暗記　この節の学習内容とまとめ

- □ 大規模の修繕・模様替え（建築基準法）：
  建築物の主要構造部の一種以上について行う過半の修繕や模様替えをいい，構造上主要でない最下階の床や，間仕切壁は該当しない
- □ 非常用の照明装置の設置（建築基準法）：
  学校には，非常用の照明装置を設置しなくてもよい
- □ 建設業許可の取消し（建設業法）：
  建設業の許可を受けた建設業者は，許可を受けてから1年以内に営業を開始せず，または1年以上営業を休止した場合は，当該許可を取り消される
- □ 現場代理人の選任等に関する通知（建設業法）：
  請負人は，工事現場に現場代理人を置く場合，その権限に関する事項などを，注文者に通知しなければならない
- □ 女性の就業制限（労働基準法）：
  妊産婦であるか否かにかかわらず女性を就業させることが禁止されている業務があり，18歳以上の重量物作業は，継続作業で20 kg以上，断続作業で30 kg以上は禁止されている
- □ 就業制限（労働安全衛生法）：
  特定の危険業務については，免許を受けた者や技能講習を修了した者などの資格を有する者でなければ，その業務に就くことができない。つり上げ荷重が5 t 以上の移動式クレーンの運転業務は免許が必要
- □ 資格を証する書面の携帯（労働安全衛生法）：
  就業制限に係る業務に従事するときに携帯する

建築基準法

1 目的

建築基準法は，公共の福祉の増進に役立つことを目的に定められています。建築物の敷地，構造，設備および用途に関する最低の基準を定め，国民の生命，健康および財産の保護を図ります。

2 建築基準法における用語

屋根と柱があるもの

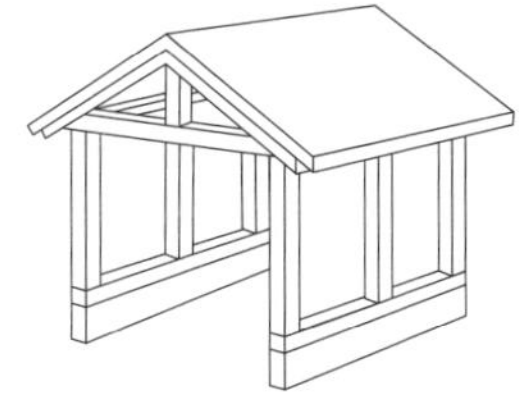

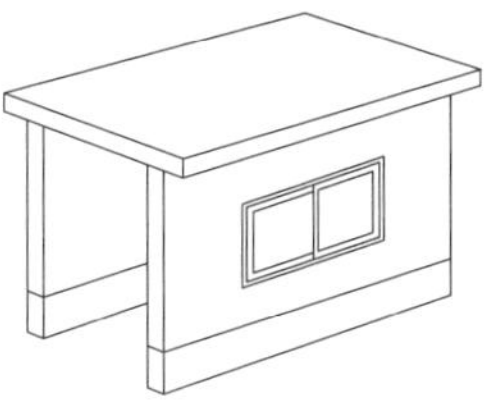

①建築物

建築物とは，土地に定着する工作物のうち，屋根，柱，壁を有するものおよびこれに類する構造のものをいいます。また，建築物には門，塀，観覧のための工作物または地下もしくは高架の工作物内に設ける事務所，店舗，興行場，倉庫，建築設備[※1]なども含みます。

建築物としないものは，鉄道・軌道の線路敷地内の運転保安に関する施設や跨線橋，プラットホームの上家，貯蔵槽その他これらに類する施設です。

②特殊建築物

百貨店，共同住宅，工場，倉庫，自動車車庫，学校，体育館，病院，集会場，展示場，遊技場，公衆浴場，旅

※1

建築設備
電気，ガス，給排水，換気，冷暖房，消火，排煙，汚物処理の設備，煙突，昇降機，避雷針をいいます。

延焼のおそれのある部分
道路中心線から1階にあっては3 m以下，2階以上にあっては5 m以下の距離にある建築物の部分をいいます。

不燃材料
建築材料のうち，不燃性能に関して政令で定める技術的基準に適合し，国土交通大臣の認定を受けたものをいいます。ガラスは不燃材料であり，耐水材料でもあります。

建築
建築物を新築し，増築し，改築し，または移転することをいいます。

館，寄宿舎，下宿，危険物の貯蔵場などの建築物をいいます。※事務所は特殊建築物ではありません。

③居室

居住，執務，作業，集会，娯楽などのために継続的に使用する室をいいます。※百貨店の売場や事務所の執務室も居室です。

④主要構造部

壁，柱，床，梁，屋根，階段をいいますが，構造上重要でない間仕切壁，間柱，最下階の床，回り舞台の床，小梁，ひさし，局部的な小階段，屋外階段などは除きます。※基礎は，主要構造部ではありません。

⑤設計図書

工事用の図面や仕様書をいい，現寸図などは除きます。

⑥大規模の修繕・模様替え

建築物の主要構造部の一種以上について行う過半の修繕・模様替えをいいます。※間仕切壁や最下階の床は主要構造部ではありません。

⑦工事施工者

建築物，工作物に関する工事の請負人または請負契約によらずに自らこれらの工事をする者をいいます。

⑧敷地

一の建築物または用途上不可分の関係にある二以上の建築物のある一団の土地は，敷地です。

⑨地階

床が地盤面下にある階で，床面から地盤面までの高さがその階の天井の高さの$\frac{1}{3}$以上のものをいいます。

⑩構造耐力上主要な部分

基礎，基礎杭，壁，柱，小屋組，土台，斜材（筋かい，方づえ，火打材など），床版，屋根版または横架材（梁，桁など）で，建築物の自重もしくは積載荷重，積雪，風圧，土圧，水圧，地震その他の震動もしくは衝撃を支えるものをいいます。

⑪耐水材料

れんが，石，人造石，コンクリート，アスファルト，陶磁器，ガラスなど耐水性の建築材料をいいます。

3 手続き

①確認申請が必要な建築物

建築物を建築したり，用途の変更，建築設備の設置，工作物をつくる場合は，建築主は工事着工前に建築主事に申請し，確認済証の交付を受ける必要があります。以下の表は，確認申請を必要とする建築物です。

	適用区域	用途・構造	規模	工事種別
1号	全国 ※都市計画区域外も含む	特殊建築物	その用途の床面積の合計が200 m²を超える	新築 増築 改築 移転 大規模の修繕・模様替え
2号		木造	3階以上，延べ面積が500 m²を超える，高さが13 mを超える，軒高が9 mを超える，のいずれか	
3号		木造以外	2階以上か，延べ面積が200 m²を超えるもの	
4号	都市計画区域 準都市計画区域内 準景観地区 知事の指定区域	すべての建築物	規模に関係なし	新築 増築 改築 移転

防火地域および準防火地域以外において建築物を増築，改築，移転する場合，その部分の床面積の合計が10 m²以内のときは，確認申請は不要です。また，工事を施工するために現場に設ける事務所の建築や，災害時の応急仮設建築物も確認申請は不要です。

指定確認検査機関
国土交通大臣または都道府県知事から指定された民間の建築確認や検査を行う機関です。指定確認検査機関による確認申請，中間・完了検査などは，建築主事が行うのと同じ効力があります。

確認済証の交付を受けた後，建築工事の施工者は，工事現場に建築主，設計者，工事施工者および工事の現場管理者の氏名または名称の表示をすることが必要です。

②完了検査申請

建築主は，確認を受けた建築物について完了検査を受けるときは，工事が完了した日から4日以内に建築主事に検査の申請を行います。問題なく検査が終わると，後日検査済証が交付されます。

③中間検査

鉄筋コンクリート造3階建以上の共同住宅の2階の床およびこれを支持する梁に鉄筋を配置する工事の工程は，中間検査の申請が必要な特定工程で，中間検査合格証の交付を受けた後でなければ，施工できません。

④仮使用認定申請

特定行政庁の仮使用の認定を受けたときか，建築主事が検査の申請を受理した日から7日を経過したときは，建築主は検査済証の交付を受ける前においても，仮に当該建築物を使用できます。

⑤維持保全

建築物の所有者，管理者，占有者は，建築物の敷地，構造，建築設備を常に適法な状態に維持するよう努めます。

⑥違反建築物に対する措置

特定行政庁は，建築基準法に違反した建築物の工事の請負人に，当該工事の施工の停止を命じることができます。また，飲食店などの特殊建築物の床面積が200 m^2を超える建築物の劣化が進み，そのまま放置すれば著しく保安上危険となると認める場合，相当の猶予期限を付けて，所有者に対し除却を勧告することができます。

違反建築物に対する是正措置を行う建築監視員は，建築工事場に立ち入る場合においては，身分証明書を携帯し，関係者に提示します。

⑦届出

建築主が建築物を建築しようとする場合は建築工事届を，工事施工者が建築物を除却しようとする場合は建築物除却届を建築主事を経由して都道府県知事に届出ることが必要です。ただし，床面積が10 m^2以下の場合は届出は不要です。

⑧建築基準法の適用除外

建築基準法の規定は，文化財保護法の規定により，国宝や重要文化財などに指定や仮指定された建築物については適用しません。また，条例の定めるところにより現状変更の規制および保存のための措置が講じられている建築物であって，特定行政庁が建築審査会の同意を得て指定したものには適用しません。

建築当時は適法だった建築物が，法などの改正によりこれらの規定に適合しなくなった場合，原則として，これらの規定は当該建築物に適用しません。

⑨建築士の業務範囲

建築士でなければ，一定の建築物の設計，工事監理を行ってはいけないこととされています。次の表に業務範囲を示します。

施工状況の報告
特定行政庁，建築主事，建築監視員は，建築物の工事施工者に，当該工事の施工の状況に関する報告を求めることができます。

確認申請が必要な建築設備
エレベーター，エスカレーターなどの建築設備を設ける場合，確認申請が必要です。

構造・規模 / 面積S(m^2)		高さ≦13 m，軒高≦9 m					高さ＞13 m，軒高＞9 m
		木造			木造以外		
		1階	2階	≧3階	1・2階	≧3階	
≦30		誰でも			誰でも		
30＜S≦100							
100＜S≦300							
300＜S≦500							
500＜S≦1,000	一般						
	特建※					一級建築士	
1,000＜S	一般						
	特建※						

※特建：特殊建築物　（薄い網掛け）：一級建築士・二級建築士・木造建築士　（濃い網掛け）：一級建築士・二級建築士

4 一般構造規定

①居室の採光

居室には，採光に有効な窓などの開口部を設けます。

居室に対する採光有効面積の割合

建築物の居室	開口部の面積の割合
保育園・幼稚園・小中高校の教室	$\frac{1}{5}$以上
住宅の居室，病院・診療所の病室	$\frac{1}{7}$以上
大学・専修学校などの教室，病院・診療所・児童福祉施設などの居室のうち入院患者・入所者の談話や娯楽などを目的とした室	$\frac{1}{10}$以上 ※住宅の居室は条件により、$\frac{1}{10}$ 以上まで緩和あり

②居室の換気

居室には，原則として，その居室の床面積の$\frac{1}{20}$以上の換気に有効な部分の面積を有する窓その他の開口部を設ける必要があります。仮設事務所も，換気に有効な窓，開口部のない居室には換気設備などが必要です。

③居室の天井の高さ

居室の天井の高さは2.1 m以上とし，1室で天井の高さの異なる部分がある居室の場合は，その平均の高さとします。

④階段・傾斜路・廊下の幅

劇場，映画館，公会堂，集会場などでの客用の階段やその踊り場の幅は，140 cm以上必要です。回り階段の踏面の寸法は，踏面の狭い方の端から30 cmの位置を測定します。

スロープと呼ばれる階段に代わる傾斜路の勾配は，$\frac{1}{8}$以上とします。

小学校の児童用の廊下の幅は，両側に居室がある場合は，2.3 m以上，片側に居室がある場合は1.8 m以上必要です。

⑤便所

下水道法に規定する処理区域内においては，汚水管が公共下水道に連結された水洗便所以外の便所にはできません。

5 防火関係規定

①防火地域内などに要求される構造

	建築物の規模	要求される構造
防火地域	3階以上または延べ面積100 m^2を超える	耐火建築物
	その他	耐火または準耐火建築物
準防火地域	4階以上（地階を除く）または延べ面積1,500 m^2を超える	耐火建築物
	3階（地階を除く）で延べ面積1,500 m^2以下または2階以下（地階を除く）で延べ面積500 m^2を超え1500 m^2以下	耐火または準耐火建築物
	2階以下（地階を除く）で延べ面積500 m^2以下	木造建築物など（防火構造）

②耐火建築物としなければいけない特殊建築物

項	用途	階数	面積	
1	劇場，映画館，公会堂	3階以上（1項：主階が1階にないもの）	客席200 m^2以上	
2	病院，ホテル，共同住宅		2階300 m^2以上	
3	学校，体育館，博物館		2,000 m^2以上	
4	百貨店，マーケット 展示場，キャバレー		2階500 m^2以上 （用途に供する部分3,000 m^2以上）	
5	倉庫	—	3階以上 200 m^2以上	1,500 m^2以上
6	自動車車庫 自動車修理工場	3階以上	—	150 m^2以上

：耐火建築物としなければいけない

：耐火建築物または準耐火建築物としなければいけない

上記以外：法第27条第1項の規定[※2]に適合しなければいけない

※2
法第27条第1項の規定
地上までの避難を終了するまでの間，通常の火災による建築物の倒壊および延焼を防止するために主要構造部に必要とされる性能に関して政令で定める技術的基準に適合するもので，国土交通大臣の認定を受けたものとし，かつ，その外壁の開口部は防火戸などの防火設備を設ける必要があります。

6 防火区画

①面積区画

主要構造部を耐火構造とした建築物で，床の延べ面積が1,500 m^2を超えるものは，原則として，床面積の合計1,500 m^2以内ごとに1時間準耐火基準に適合する準耐火構造の床もしくは壁または特定防火設備による区画が必要です。

②高層区画

建築物の11階以上の部分で，各階の床面積の合計が100 m^2を超えるものは，原則として，床面積の合計100 m^2以内ごとに耐火構造の床もしくは壁または防火設備による区画が必要です。

③竪穴区画

主要構造部を準耐火構造とした3階以上に居室のある場合の**吹抜け**となっている部分および**階段**の部分については，当該部分とその他の部分とは準耐火構造の床もしくは壁または防火設備による**区画**が必要です。また，**昇降機の昇降路の部分**は，昇降路とその他の部分とを準耐火構造の床もしくは壁または防火設備で**区画**が必要です。ただし，3階以下，延べ面積200 m^2以内の住宅は**免除**されます。

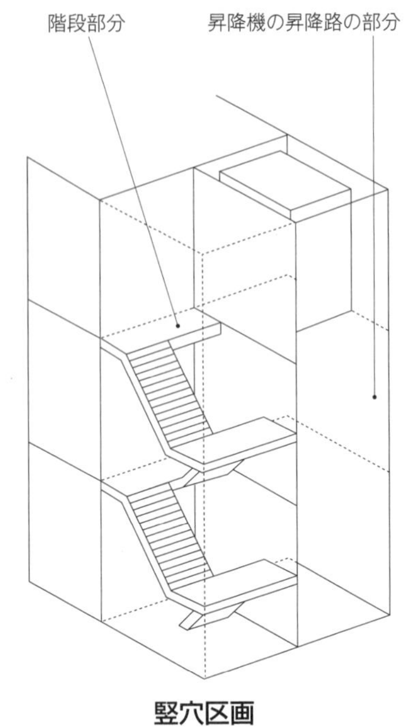

竪穴区画

④異種用途区画

例えば，共同住宅の部分と自動車車庫の用途など，**違う用途**に供する部分とを1時間準耐火基準に適合する準耐火構造とした床もしくは壁または特定防火設備による**区画**が必要です。ただし，警報設備などを設けるなどの措置が講じられている場合は，この限りではありません。

7 内装制限

①内装制限を受ける特殊建築物

自動車車庫，自動車修理工場や，主要構造部を耐火構造とした地階に設ける飲食店や共同住宅などは，原則として内装制限を受けますが，学校などは構造や規模にかかわらず，内装制限を受けません。

②特殊建築物などの内装

劇場などの天井や床面から1.2 mを超える部分の壁は難燃材料以上の内装制限がありますが，主たる廊下，階段などの室内に面する壁のうち，床面からの高さが1.2 m以下の部分も，内装制限の対象になります。

③無窓の居室

政令で定める窓その他の開口部を有しない居室（無窓の居室）は，床面積が50 m^2を超え，規定上，有効な開口部がない場合，内装制限の対象になります。

8 避難施設等

①客席からの出入り口の建具

劇場，映画館などの客用に供する屋外への出口の戸は，外開きとします。

②２以上の直通階段

劇場，映画館，集会場などで，避難階以外の階に客席を有するものは，その階から避難階または地上に通ずる2以上の直通階段を設ける必要があります。

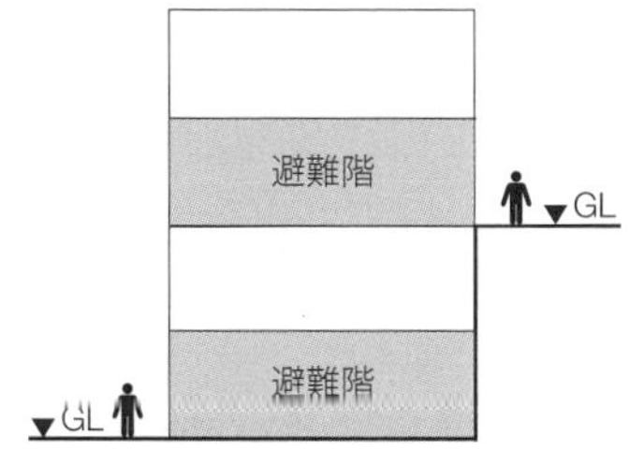

界壁

病院の病室，共同住宅の各戸などの界壁は準耐火構造とし，小屋裏または天井裏にまで達していなければいけません。

給排水等の貫通部分の措置

給水管が準耐火構造の防火区画を貫通する場合は，そのすき間を不燃材料で埋める必要があります。

風道の貫通部分の措置

換気設備のダクトが準耐火構造の防火区画を貫通する場合には，火災により煙が発生した場合または火災により温度が急激に上昇した場合に自動的に閉鎖する構造の防火ダンパーを設ける必要があります。

③避難階段の施錠

避難階段から屋外に通ずる出口に設ける戸の施錠装置は，原則として，屋内から鍵を用いることなく解錠できるものとします。

④手すりの高さ

屋上広場や共同住宅などの2階以上の階にあるバルコニーなどの周囲に設ける手すり壁などの高さは，1.1 m以上必要です。

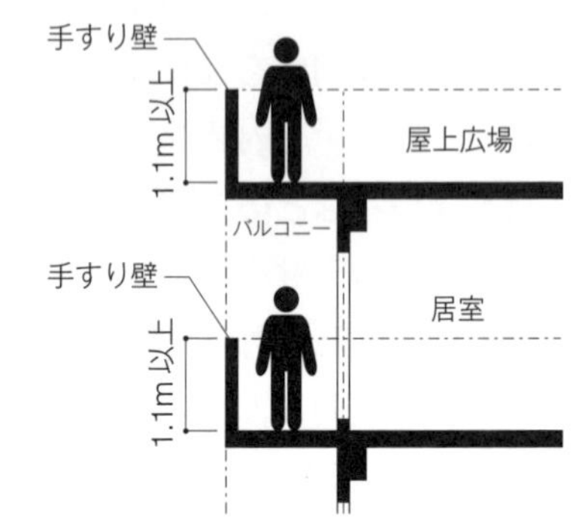

⑤非常用照明装置

非常用の照明装置は，予備電源が必要です。

小・中・高等学校には，非常用照明装置の設置義務はありません。

⑥非常用の進入口

建築物の高さ31 m以下の部分にある3階以上の階には，原則として，非常用の進入口を設ける必要があります。

⑦非常用昇降機

高さ31 mを超える建築物には，原則として，非常用の昇降機を設ける必要があります。

9 集団規定

①道路

道路とは「公道」，「公道・私道」，「計画道路」，「位置指定道路」に該当する4 m以上のものをいいます。ただし，特定行政庁が気候・風土の状況などにより必要と認めて都市計画地方審議会の議を経て指定する区域内における道路は，原則として幅員6 m以上のものをいいます。

②建ぺい率

建ぺい率とは敷地面積に対する建築面積の割合です。建ぺい率の限度が$\frac{8}{10}$の地域で防火地域内にある耐火建築物は，建ぺい率の規定が適用除外となります。

③容積率

容積率とは，敷地面積に対する延べ面積の割合です。

建築物の容積率の算定において，自動車車庫，自転車置き場などの床面積は，敷地内の建築物の各階の床面積の合計の$\frac{1}{5}$までは算入しないことができます。

④用途地域による建築物の用途制限

用途地域は13種類に分類されていますが，その中の**第一種低層住居専用地域**は，良好な住環境を保護するために定められた地域で，低層の住宅や老人ホームなどを建築することができます。また，**外壁の後退距離**が定められることがあります。

チャレンジ問題！

問1　難 **中** 易

用語の定義に関する記述として，「建築基準法」上，誤っているものはどれか。

(1) 事務所の用途に供する建築物は，特殊建築物である。
(2) 建築物の屋根は，主要構造部である。
(3) 建築物に附属する塀は，建築物である。
(4) 百貨店の売場は，居室である。

解説

事務所は特殊建築物ではありません。また，住宅や神社，警察署なども特殊建築物ではありません。

解答（1）

建設業法

1 目的

建設業法とは，建設業の健全な発達を促進し，公共の福祉の増進を目的とした法律です。建設業を営む者の資質の向上，建設工事の請負契約の適正化などを図ることで，建設工事の適正な施工の確保，発注者や下請の建設業者を保護します。

2 建設業の許可

①大臣許可と知事許可

1つの都道府県だけに営業所を設けて営業する場合，**都道府県知事の許可**（知事許可）が必要です。また，2つ以上の都道府県に営業所を設けて営業する場合，**国土交通大臣の許可**（大臣許可）が必要です。

②特定建設業と一般建設業

下請契約の規模などにより**特定建設業**と**一般建設業**に区分して許可申請を行います。特定建設業の許可は，発注者から直接請け負った1件の工事代金について4,500万円（**建築工事業の場合は7,000万円**）以上となる下請契約を締結する場合に必要な許可です。また，特定建設業以外のものが一般建設業の許可となります。特定建設業の許可を受けたときは，一般建設業の許可は，その効力を失います。また，発注者が**国や地方公共団体**の場合でも，特定建設業，一般建設業の許可区分はありません。

③建設業の許可不要の建設工事

工事1件の請負代金の額が**1,500万円未満**の建築一式工事または延べ面積が**150 m^{2}未満**の木造住宅工事，工事1件の請負代金の額が**500万円未満**の建築一式工事以外の建設工事は，建設業の許可は不要です。

④許可の取消し

建設業の許可を受けて**1年以内**に営業を開始しない場合や，**1年以上**営業を休止した場合，当該許可を取り消されます。

⑤建設業の許可基準

建設業の許可を受けようとする者は，その営業所ごとに，専任の技術者を置く必要があります。

⑥特定建設業の許可基準

特定建設業の許可を受けようとする者は，請負代金の額が8,000万円以上の財産的基礎が必要です。

⑦建設業の廃止

許可を受けた建設業を廃止した場合，30日以内にその旨の届出が必要です。また，建設業者として営業を行う個人が死亡した場合，建設業の許可は相続人に承継されず，相続人が廃業などの届出を提出します。

3 建設工事の請負契約

①請負契約の内容

建設工事の請負契約の締結に際して所定[※3]の事項を書面に記載し，署名または記名押印をして相互に交付する必要があります（情報通信の技術の利用可）。

②現場代理人の選任などに関する通知

請負人は，工事現場に現場代理人を置く場合，その権限に関する事項などを，注文者に通知（情報通信の技術の利用可）しなければいけません。

③不当な使用資材などの購入強制の禁止

注文者は，自己の取引上の地位を不当に利用して，資材や機械器具の購入先を指定して請負人に購入させ，その利益を害してはいけません。

④一括下請負の禁止

建設業者が，建設工事を請け負う場合，一括下請負は禁止ですが，共同住宅の新築工事以外を請け負った

業種別許可制

建設業の許可は，一般建設業と特定建設業の区分により，建設工事の種類ごとに受けます。建設業者は，2以上の建設工事の種類について建設業の許可を受けることができます。

許可の有効期限・更新

建設業の許可の有効期間は，5年間で，5年ごとにその更新を受けなければ，その効力を失います。更新の際は，有効期間満了の日前30日までに許可申請書の提出が必要です。

付帯する工事

建設業者は，許可を受けた建設業に係る建設工事を請け負う場合，当該建設工事に付帯する他の建設業に係る建設工事の請負が可能です。

※3

所定の事項

天災，不可抗力による工期の変更または損害の負担およびその額の算定方法。賠償金の負担，検査の時期や方法，引渡しの時期。履行の遅滞，債務の不履行の場合における遅延利息，違約金，損害金。契約の紛争の解決方法など。

建設業者は，元請負人があらかじめ発注者の書面による承諾を得ると，一括下請負が可能です。

⑤下請負人の変更請求

注文者は，請負人に対して，著しく不適当と認められる下請負人があるときは，あらかじめ注文者の書面などによる承諾を得て選定した下請負人である場合を除き，その変更を請求することができます。

4 元請負人の義務

①下請負人の意見の聴取

元請負人は，必要な工程の細目，作業方法などを定めようとするときは，あらかじめ，下請負人の意見を聴取する必要があります。

②下請代金の支払い

元請負人が請負代金の支払いを受けたときは，施工した下請負人に対して，下請代金を当該支払いを受けた日から1か月以内で，かつ短い期間内に支払う必要があります。また，前払金の支払いを受けたときは，下請負人に対し，資材の購入などの費用を前払金として支払うなど配慮が必要です。

③検査および引渡し

元請負人は，建設工事が完成した旨の通知を受けたときは，当該通知を受けた日から20日以内で，かつ，できる限り短い期間内に，その完成を確認するための検査を完了しなければいけません。

元請負人は，下請負人の請け負った建設工事の完成を確認した後，下請負人が引渡しを申し出たときは，直ちに，目的物の引渡しを受けます。

④施工体制台帳・施工体系図

発注者から直接建築一式工事を請け負った場合に，下請契約の請負代金の総額が7,000万円以上になるときは，施工体制台帳を工事現場ごとに備え置き，発注者の閲覧に供しなければいけません。施工体制台帳には，当該建設工事について，下請負人の商号または名称，当該下請負人に係る建設工事の内容および工期などを記載します。また，発注者から請求があったときは，閲覧に供しなければいけません。

5 工事現場に置く技術者

①主任技術者・監理技術者の設置と資格条件

建設業の許可を受けたものが建設工事を施工する場合には，元請・下請，請負金額にかかわらず，主任技術者を必ず置かなければいけません。

発注者から直接建築一式工事を請け負った特定建設業者が，下請契約の総額が7,000万円以上となる工事を施工する場合は監理技術者を置く必要があります。

専任の技術者が必要な建設工事

公共工事1件の請負金額が4,000万円（建築一式工事の場合は8,000万円）以上の場合は，専任の監理技術者を現場に置く必要があり，同一工事の場合や，専任の1級技士補を各現場に置いた場合は兼務が可能です。

チャレンジ問題！

問1 難 **中** 易

建設業の許可に関する記述として，「建設業法」上，誤っているものはどれか。

(1) 建設業の許可は，一般建設業と特定建設業の区分により，建設工事の種類ごとに受ける。

(2) 建設業者は，許可を受けた建設業に係る建設工事を請け負う場合，当該建設工事に付帯する他の建設業に係る建設工事を請け負うことができる。

(3) 建設業者として営業を行う個人が死亡した場合，建設業の許可は相続人に承継される。

(4) 建設業の許可を受けた建設業者は，許可を受けてから1年以内に営業を開始せず，又は引き続いて1年以上営業を休止した場合は，当該許可を取り消される。

解説

個人が死亡した場合，許可は承継されず，相続人が廃業などの届出を行います。

解答（3）

労働基準法

1 労働契約

労働基準法とは，弱い立場になりがちな労働者を保護し，使用者と対等な立場で労働条件を決めるための法律です。使用者と労働者は，労働契約を締結することで成立しますが，次のような注意点があります。

・労働基準法に定められている基準に達しない労働条件を定める労働契約は，その部分は無効となり，労働基準法に定められている基準が適用されます。

・労働契約は，契約期間の定めのないものを除き，一定の事業の完了に必要な契約期間を定めるもののほかは，原則として3年を超える契約期間について締結してはいけません。

・使用者は，前借金その他労働することを条件とする前貸しの債権と賃金を相殺してはいけません。

・労働契約の締結に際して，使用者から明示された労働条件が事実と相違する場合には，労働者は，即時に労働契約を解除することができます。

・親権者または後見人は，未成年者に代わって労働契約を締結してはいけません。

2 就業規則

①就業規則

常時10人以上の労働者を使用する使用者は，就業規則を作成し，行政官庁に届け出なければいけません。

②労働者の解雇[※4]

使用者は，労働者が業務上の負傷や疾病による療養のために休業する期間およびその後30日間は解雇してはいけません。ただし，使用者が打切り補償を支払う場合や，天災事変その他やむを得ない事由のために事業の継続が不可能となった場合は，この限りではありません。

3 賃金・労働時間・休日・休憩

①賃金・割増賃金

賃金は，労働者に直接，通貨で全額を支払う必要がありますが，労働組合か書面による協定がある場合には，賃金の一部を控除して支払うことができます。

使用者は，法に定める休日に労働させた場合，通常の労働日の賃金より，政令で定められた賃金率以上の割増賃金を支払う必要があります。

②労働時間と時間計算

労働時間は，事業場を異にする場合においても，労働時間に関する規定の適用については通算します。

③休憩

使用者は，労働時間が6時間を超える場合には45分以上，8時間を超える場合には1時間以上の休憩時間を労働時間の途中に与える必要があります。また，休憩時間は一斉に与え，自由に利用させなければいけません。

④休日，年次有給休暇

使用者は，労働者に対し毎週少なくとも1回の休日か，4週間を通じ4日以上の休日を与えなければいけません。また，事業の正常な運営を妨げられない限り，労働者の請求する時季に年次有給休暇を与える必要があります。

⑤時間外労働，休日の労働

労働時間，休憩および休日に関する規定は，監督または管理の地位にある者には適用されません。

坑内労働や健康上特に有害な業務について，1日に

※4

解雇の予告

使用者は，試用期間中の者で14日を超えて引き続き使用されるに至った者を解雇しようとする場合には，原則として，少なくとも30日前にその予告をしなければいけません。

退職時の証明書の請求

労働者が，退職の場合において，使用期間，業務の種類，その事業における地位などについて証明書を請求した場合は，使用者は，遅滞なくこれを交付しなければいけません。

つき労働時間を延長して労働させる時間は2時間を超えてはいけませんが，クレーンの運転の業務は含まれていません。

⑥災害補償

建設事業が，数次の請負によって行われる場合，災害補償について，その元請負人を使用者とみなします。

4 年少者・女性の就業制限

①年少者の就業制限

深夜業として，使用者は，年少者といわれる満18歳に満たない者を午後10時から午前5時までの間に労働させてはいけません。ただし，満16歳以上の男子は交替制に限り労働ができます。

危険有害業務の就業制限として，年少者が行えない業務を次に示します。

・動力により駆動される土木建築用機械の運転の業務
・クレーン・デリックまたは揚貨装置の玉掛けの業務（2人以上の者によって行うクレーンの玉掛けの業務における補助作業の業務を除く）
・深さ5m以上の地穴や，土砂が崩壊するおそれのある場所での業務
・足場の組立て，解体，変更の業務（地上または床上における補助作業の業務を除く）
・次の表に示す重量物の取扱いでの業務

重量物の取扱い制限

年齢	性別	重量(kg)	
		断続作業	継続作業
満16歳未満	女	12以上	8以上
	男	15以上	10以上
満16歳以上 満18歳未満	女	25以上	15以上
	男	30以上	20以上

②女性の就業制限

危険有害業務	就業制限の内容		
	妊娠中	産後1年以内	その他の女性
重量物を取り扱う業務	×	×	×
有害物のガス，蒸気または，粉じんを発散する場所における業務	×	×	×
さく岩機，びょう打機など身体に著しい振動を与える機械器具を用いて行う業務	×	×	○
つり上げ荷重５ｔ以上のクレーン・デリックの運転業務	×	△	○
クレーン・デリックの玉掛けの業務	×	△	○
足場の組立て，解体，変更の業務	×	△	○

×：就業禁止，△：申し出た場合就業禁止，○：就業可能

女性の重量物の取扱い業務
18歳以上の重量物作業は，継続作業で20 kg以上，断続作業で30 kg以上は禁止されています。

チャレンジ問題！

問1　難　中　易

「労働基準法」上，満18歳に満たない者を就業させることが禁止されている業務はどれか。

(1) 足場の組立，解体または変更の業務のうち地上または床上における補助作業の業務
(2) 土砂が崩壊するおそれのない，深さ2 mの地穴における基礎型枠の解体の業務
(3) 2人以上の者によって行うクレーンの玉掛けの業務における補助作業の業務
(4) つり上げ荷重が1 t未満のクレーンの運転の業務

解説

満18歳に満たない者はクレーンの運転業務を行えません。

解答（4）

労働安全衛生法

1 目的

この法律は，職場における労働者の安全と健康を確保するとともに，快適な職場環境の形成を促進することを目的としています。労働災害の防止のための危害防止基準の確立，責任体制の明確化，自主的活動の促進の措置を講ずるなど，労働災害防止に関する総合的計画的な対策を推進します。

労働者は，労働災害を防止するため，必要な事項を守るほか，事業者が実施する労働災害の防止に関する措置に協力するように努めなければいけません。

2 安全衛生管理体制

①単一事業場の場合

事業者は，規模に応じて必要な管理者，産業医などを選任します。

総括安全衛生管理者，安全管理者，衛生管理者，産業医は，選任すべき事由が発生した日から14日以内に事業者が選任する必要があります。また，常時50人以上の労働者を使用する事業場では，安全委員会，衛生委員会または安全衛生委員会を設ける必要があります。

常時10人以上50人未満を使用する事業場

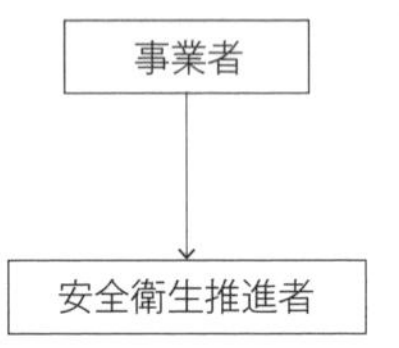

常時100人以上を使用する事業場

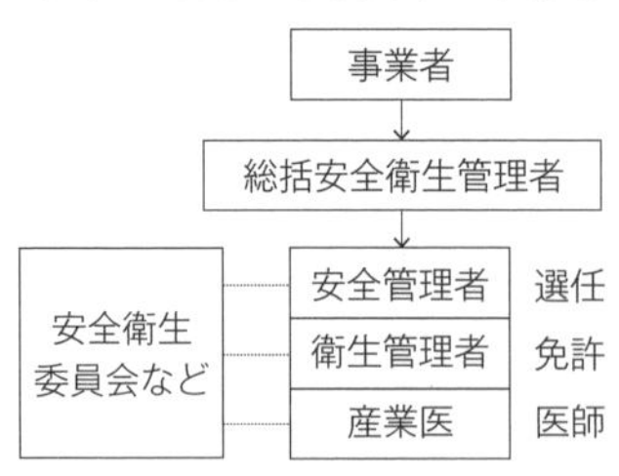

常時50人以上を使用する事業場

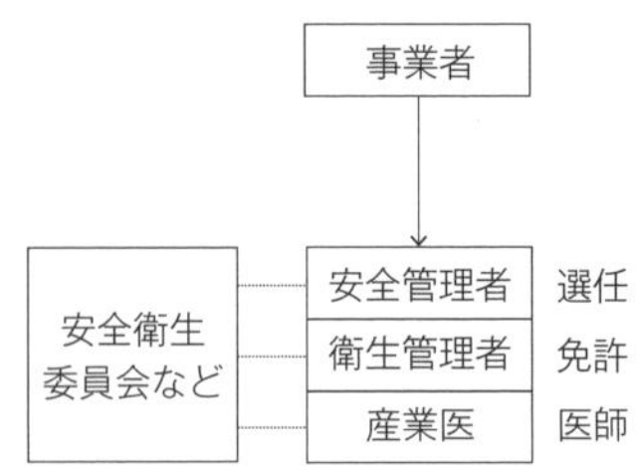

事業者が行う選任

規模	選任
常時100人以上	総括安全衛生管理者
常時50人以上	安全管理者，衛生管理者，産業医
常時10人以上 50人未満	安全衛生推進者

②複数の事業場の場合

複数の事業場では，責任者，管理者などの選任，設置が必要です。

複数の事業場の役職の選任・役割

統括安全衛生責任者	事業者は，同一の場所で元請，下請合わせて常時50人以上の労働者を使用する場合に，事業を行う場所において，事業の実施を統括管理する者を選任する
元方安全衛生管理者	事業場に専属の者で，技術的事項を管理する
安全衛生責任者	統括安全衛生責任者との連絡や，関係者への連絡を行う。資格は必要ない
店社安全衛生管理者	同一の場所において鉄骨造・鉄筋コンクリート造の建設の仕事を行う元方事業者は，その労働者および関係請負人の労働者の総数が常時20人以上50人未満の場合に選任する。所轄労働基準監督署長に届出の必要はなく，8年以上，安全衛生の実務に従事した経験を有する者は，店社安全衛生管理者となる資格がある

50人以上を使用する混在事業場

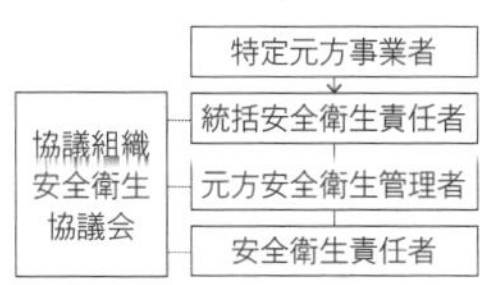

常時20人以上の元請・下請混在現場で
S造・SRC造の建設における安全管理体制

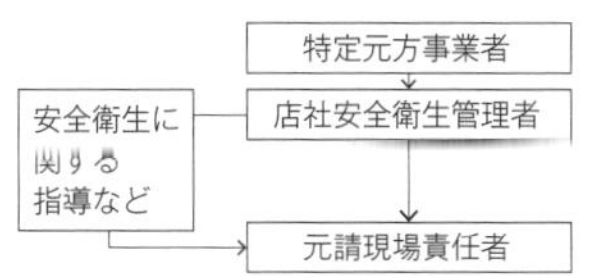

事業者等の責務

①事業者は，この法律で定める労働災害の防止の基準を守り，快適な職場環境の実現と労働条件の改善を通じて職場における労働者の安全と健康を確保しなければいけません。
②建設物を建設する者または設計する者は，建設物が使用されることによる労働災害の発生の防止に努めなければいけません。
③注文者は，施工方法，工期などについて，安全で衛生的な作業の遂行をそこなうおそれのある条件を付さないように配慮しなければいけません。

安全委員会，衛生委員会

両方設ける必要がある場合は，それぞれの設置に代えて，安全衛生委員会を設置できます。

※5

安全衛生教育

安全衛生教育は，労働者を雇用したときに行う教育の1つで，作業方法の決定や労働者の配置に関すること，労働者に対する指導や監督の方法に関すること，労働災害を防止するため必要な事項などがあります。

③特定元方事業者の講ずべき措置

元請けである特定元方事業者は，作業間の連絡および調整，協議組織の設置・会議の開催，工程・機械などの配置計画，毎作業日に少なくとも1回以上の作業場所の巡視，関係請負人が行う労働者の安全または衛生のための教育に対する指導および援助を行わなければいけません。また，新規入場作業員に対し，医師による健康診断を行うことは，労働安全衛生規則には定められていません。

3 労働者の就業

①雇入れ時の教育

事業者は，労働者を雇い入れたときや作業内容を変更したときは，その従事する業務に関する安全[※5]または衛生のための教育を行う必要があります。ただし，十分な知識および技能を有している労働者は，省略可能です。

事業者は，危険または有害な業務に現に就いている者に対しては，事業場における安全衛生の水準の向上を図るため，特別の教育を行い，当該特[※6]別教育の受講者，科目などの記録を作成して，これを3年間保存します。

事業者は，事業場の業種が政令で定めるものに該当するときは，新たに職務に就くこととなった職長や作業中の労働者を直接指導または監督する者（作業主任者を除く）に対し，安全または衛生のための教育を行います。

②職長などの教育

職長などの教育は，労働者の配置に関すること，労働者に対する監督の方法に関すること，異常時などにおける措置に関することなどがあります。

③就業制限（免許・技能講習）

特定の危険業務については，都道府県労働局長の免許を受けた者や技能講習を修了した者などの資格を有する者でなければ，その業務に就くことができません。また，その業務に従事するときは，免許証など，その資格を証する書面を携帯します。書面の写しは認められません。

就業制限のある業務

移動式クレーン	つり上げ荷重が5t以上の運転の業務(免許)。つり上げ荷重が5t未満の運転の業務
フォークリフト	最大荷重が1t以上の運転の業務
車両系建設機械(ブルドーザー)	機体重量3t以上の整地・運搬・積込み用または掘削用の運転
不整地運搬車	最大積載量が1t以上の運転の業務
高所作業車	作業床の高さが10m以上の運転の業務
玉掛け作業	つり上げ荷重1t以上のクレーン，移動式クレーンなどの玉掛け作業

※6

特別教育

特別教育が必要な主な業務には，建設用リフトの運転業務や，移動式クレーンを除くつり上げ荷重が5t未満のクレーンの運転業務，ゴンドラの操作業務，作業床の高さ2m以上10m未満の高所作業車の運転があります。酸素欠乏危険作業では，酸素欠乏危険作業特別教育を行います。

チャレンジ問題！

問1　難 **中** 易

建設業の事業場における安全衛生管理体制に関する記述として，「労働安全衛生法」上，誤っているものはどれか。

(1) 事業者は，常時50人の労働者を使用する事業場では，安全衛生推進者を選任しなければならない。

(2) 事業者は，常時50人の労働者を使用する事業場では，安全管理者を選任しなければならない。

(3) 事業者は，常時50人の労働者を使用する事業場では，産業医を選任しなければならない。

(4) 事業者は，常時50人の労働者を使用する事業場では，衛生管理者を選任しなければならない。

解説

常時50人以上であれば，安全管理者，衛生管理者，産業医の選任が必要です。

解答（1）

第4章  法規

CASE 2 その他の法規

まとめ & 丸暗記　この節の学習内容とまとめ

□ もんけんの使用（騒音規制法）：
もんけんとは杭を打ち込むときに用いる鋼製のおもりで，もんけんを使用する作業は，特定建設作業の実施の届出は不要

□ さく岩機を使用する作業（騒音規制法）：
さく岩機を使用する作業で，作業地点が連続的に移動し，1日における作業に係る2地点間の最大距離が50 mを超えない作業は，特定建設作業の実施の届出が必要

□ 振動の規制基準（振動規制法）：
杭打機などの特定建設作業の振動の大きさが，建設作業場所の敷地境界線において，75 dBを超えないこと

□ 産業廃棄物の運搬（廃棄物処理法）：
事業者は，工事に伴って発生した産業廃棄物を自ら運搬する場合，管轄する都道府県知事の許可は不要

□ 建設発生土（廃棄物処理法）：
建設発生土は，建設工事に伴い副次的に得られた土砂。再生資源として利用の促進が求められ，廃業廃棄物に該当しない

□ 発注者への報告（建設リサイクル法）：
対象建設工事の元請業者は，特定建設資材廃棄物の再資源化等が完了したときは，その旨を当該工事の発注者に書面で報告する

□ 排水施設の除却（宅地造成等規制法）：
地表水などを排除する排水施設の全部か一部を除却する工事に着手する日の14日前までに，その旨を都道府県知事に届け出る

その他の法規

1 騒音規制法

届出の必要な特定建設作業

1	杭打機(もんけん[※1]を除く)，杭抜機または杭打杭抜機(圧入式杭打杭抜機を除く)を使用する作業(杭打機をアースオーガーと併用する作業を除く)
2	びょう打機を使用する作業
3	さく岩機を使用する作業(作業地点が連続的に移動する作業にあたっては，1日における当該作業に係る2地点間の最大距離が50 mを超えない作業に限る)
4	空気圧縮機(電動機以外の原動機を用いるものであって，その原動機の定格出力が15 kW以上のものに限る)を使用する作業(さく岩機の動力として使用する作業を除く)
5	コンクリートプラント(混練機の混練容量が0.45 m^3以上のものに限る)またはアスファルトプラント(混練機の混練重量が200 kg以上のものに限る)を設けて行う作業(モルタルを製造するためにコンクリートプラントを設けて行う作業を除く)
6	バックホウ(一定の限度を超える大きさの騒音を発生しないものとして環境大臣が指定するものを除き，原動機の定格出力が80 kW以上のものに限る)を使用する作業
7	トラクターショベル(一定の限度を超える大きさの騒音を発生しないものとして環境大臣が指定するものを除き，原動機の定格出力が70 kW以上のものに限る)を使用する作業
8	ブルドーザー(一定の限度を超える大きさの騒音を発生しないものとして環境大臣が指定するものを除き，原動機の定格出力が40 kW以上のものに限る)を使用する作業

騒音規制法とは
工場および事業場における事業活動並びに建設工事に伴って発生する相当範囲にわたる騒音について必要な規制を行うとともに，自動車騒音に係る許容限度を定めることなどにより，生活環境を保全し，国民の健康の保護に資することを目的としています。

特定建設作業実施の届出（騒音規制法）
特定建設作業を伴う建設工事を施工しようとする者は，作業の実施期間や騒音防止の方法などの事項について，市町村長に届出が必要です。

騒音の規制基準
著しい騒音を発生する作業として政令で定められた特定建設作業の騒音の測定は，その作業場所の敷地境界線で行います。

※1
もんけんの使用
もんけんとは杭を打ち込むときに用いる鋼製のおもりで，もんけんを使用する作業は，特定建設作業の実施の届出は不要です。

2 振動規制法

以下の4つの作業が特定建設作業に定められています。当該作業を開始した日に終わる作業は，特定建設作業から除かれます。

特定建設作業

<table>
<tr><td>1</td><td colspan="2">杭打機(もんけん，圧入式杭打機を除く)，杭抜機(油圧式杭抜機を除く)，杭打杭抜機(圧入式杭打杭抜機を除く)を使用する作業</td></tr>
<tr><td>2</td><td colspan="2">鋼球を使用して建築物や，その他の工作物を破壊する作業</td></tr>
<tr><td>3</td><td>舗装版破砕機を使用する作業</td><td rowspan="2">作業地点が連続的に移動する作業であって，1日における当該作業に係る2地点間の最大距離が50 mを超えない作業に限る</td></tr>
<tr><td>4</td><td>ブレーカー(手持式のものを除く)を使用する作業</td></tr>
</table>

①振動の規制基準

特定建設作業の振動が，その建設作業場所の敷地境界線において，75 dBを超えないようにします。

3 廃棄物処理法

①一般廃棄物と産業廃棄物

産業廃棄物以外の廃棄物を一般廃棄物といい，生活ごみや事務作業で生じたごみなどを指します。産業廃棄物とは，ガラスくず，陶磁器くず，金属くず，木くずなどを指します。工事に伴って発生した産業廃棄物は事業者自ら処理しなければいけません。なお，建設発生土は建設工事に伴い副次的に得られた土砂で，再生資源として利用の促進が求められ，産業廃棄物に該当しません。

②都道府県知事の許可

産業廃棄物（特別管理産業廃棄物を除く）の収集または運搬を業として行おうとする者は，管轄する都道府県知事の許可が必要ですが，工事に伴って発生した産業廃棄物を事業者自ら運搬する場合，許可は不要です。

4 建設リサイクル法

資源の有効利用や廃棄物の適正な処理による，生活環境の保全や発展を目的とした法律です。特定の建設資材について，分別解体，再資源化などを促進するために，解体工事業者について登録制度を実施します。

①分別解体

解体しながら建設資材廃棄物を分別します。

分別解体などの実施義務

建築物の工事の種類	対象規模
解体	解体工事に係る床面積の合計が80 m^2以上
新築・増築	建築物の床面積の合計が500 m^2以上
修繕・模様替（耐震改修，リフォームなど）	請負代金の額が1億円以上
その他の工作物に関する工事（土木工事など）	請負代金の額が500万円以上

②発注者への報告

対象建設工事の元請業者は，特定建設資材廃棄物の再資源化等が完了したときは，その旨を当該工事の発注者に書面で報告しなければいけません。

5 宅地造成等規制法

①宅地造成

宅地造成とは，宅地以外の土地を宅地にすることをいい，次のような土地の形質の変更を行

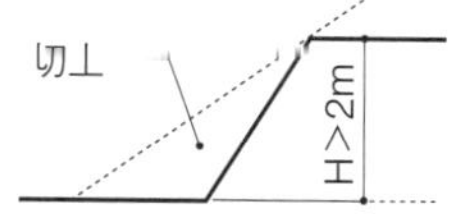

振動規制法とは

工場および事業場における事業活動並びに建設工事に伴って発生する相当範囲にわたる振動について必要な規制を行うとともに，道路交通振動に係る要請限度を定めることなどにより，生活環境を保全し，国民の健康の保護に資することを目的としています。

特定建設作業実施の届出（振動規制法）

作業開始の7日前までに，市町村長に届出が必要です。届出では，作業の種類，場所，実施期間および作業時間，建設工事の目的に係る施設または工作物の種類の明示が必要です。また，作業場所の付近見取図，工程を明示した工事工程表などの添付が必要です。

廃棄物処理法とは

廃棄物の排出の抑制や，廃棄物の適正な分別，保管，収集，運搬，再生，処分などの処理をし，生活環境を清潔にすることにより，生活環境の保全および公衆衛生の向上を図ることを目的としています。

います。

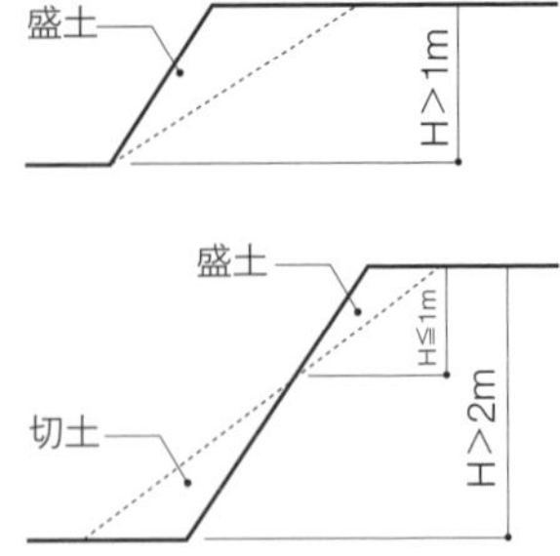

・切土で，高さが2 mを超える崖を生ずる工事
・盛土で，高さが1 mを超える崖を生ずる工事
・切土と盛土を同時に行うとき，盛土は1 m以下でも切土と合わせて高さが2 mを超える崖を生ずる工事
・切土，盛土で生じる崖の高さに関係なく，宅地造成面積が500 m^2を超える工事

②排水施設の除却

地表水などを排除するための排水施設の全部または一部を除却する工事を行おうとする者は，宅地造成に関する工事の許可を受けた場合を除き，工事に着手する日の14日前までに，その旨を都道府県知事に届出が必要です。

チャレンジ問題！

問1　難　**中**　易

特定建設資材を用いた建築物等の解体工事または新築工事等のうち，「建設工事に係る資材の再資源化等に関する法律」上，分別解体等をしなければならない建設工事に該当しないものはどれか。

(1) アスファルト・コンクリートの撤去工事であって，請負代金の額が700万円の工事
(2) 建築物の増築工事であって，当該工事に係る部分の床面積の合計が500 m^2の工事
(3) 建築物の耐震改修工事であって，請負代金の額が7,000万円の工事
(4) 擁壁の解体工事であって，請負代金の額が500万円の工事

解　説

建築物の修繕・模様替（耐震改修，リフォームなど）については，請負代金の額が1億円以上なので，7,000万円の工事は該当しません。

解答（3）

第一次検定

練習問題

練習問題（第一次検定）

第1章 建築学等

▶ 環境工学

問1 換気に関する記述として，最も不適当なものはどれか。

(1) 必要換気量は，1時間当たりに必要な室内の空気を入れ替える量で表される。
(2) 温度差による自然換気は，冬期には中性帯より下部から外気が流入し，上部から流出する。
(3) 全熱交換器は，冷暖房を行う部屋で換気設備に用いると，換気による熱損失や熱取得を軽減できる。
(4) 室内の効率的な換気は，給気口から排気口に至る換気経路を短くするほうがよい。

解説

室内の効率的な換気は，換気経路を長くするほうがよいです。換気経路が短くなると，新鮮な空気が室内に行き届かなくなり，換気効率は悪くなります。

▶解答（4）

問2 伝熱に関する記述として，最も不適当なものはどれか。

(1) 壁体内の中空層の片面にアルミ箔を貼り付けると，壁体全体の熱抵抗は大きくなる。
(2) 熱放射は，電磁波による熱移動現象であり，真空中でも生じる。
(3) 壁体内にある密閉された中空層の熱抵抗は，中空層の厚さに比例する。
(4) 総合熱伝達率は，対流熱伝達率と放射熱伝達率を合計したものをいう。

解説

壁体内の中空層の熱抵抗は，中空層の厚さが20～30 mmを超えると厚さに関係なくほぼ一定となります。 ▶解答（3）

問3 採光および照明に関する記述として，最も不適当なものはどれか。

(1) 横幅と奥行きが同じ室において，光源と作業面の距離が離れるほど，室指数は小さくなる。
(2) 設計用全天空照度は，快晴の青空のときのほうが薄曇りのときよりも小さな値となる。
(3) 照度は，単位をルクス（lx）で示し，受照面の単位面積当たりの入射光束のことをいう。
(4) 光度は，単位をカンデラ（cd）で示し，反射面を有する受照面の光の面積密度のことをいう。

解説

光度の単位はカンデラ（cd）ですが，反射面を有する受照面の光の面積密度は輝度のことをいいます。 ▶解答（4）

問4 吸音および遮音に関する記述として，最も不適当なものはどれか。

(1) グラスウールなど多孔質の吸音材の吸音率は，一般に低音域より高音域の方が大きい。
(2) コンクリート間仕切り壁の音響透過損失は，一般に低音域より高音域の方が大きい。
(3) 床衝撃音レベルの遮音等級を表すL値は，その値が大きいほど遮音性能が高い。
(4) 室間音圧レベル差の遮音等級を表すD値は，その値が大きいほど遮音性能が高い。

解説

床衝撃音レベルの遮音等級を表すL値とは，床に対してどれくらいの衝撃や音が伝わりにくいかを示した数値です。したがって，L値はその値が小さいほど床の遮音性能が高いです。 ▶解答（3）

▶ 構造力学

問1 図に示す3ヒンジラーメン架構のAD間およびDC間に集中荷重が同時に作用するとき，支点Bに生じる水平反力H_B，鉛直反力V_Bの値の大きさの組合せとして，正しいものはどれか。

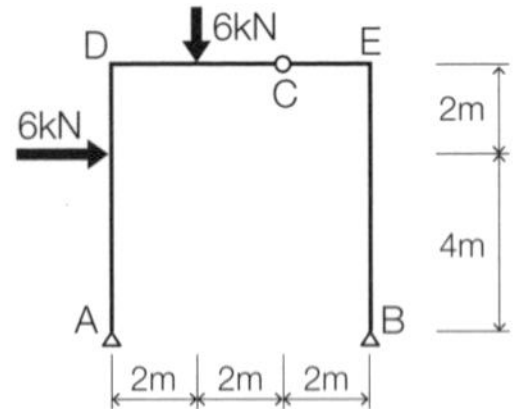

（1）$H_B=2\text{kN}$，$V_B=6\text{kN}$

（2）$H_B=3\text{kN}$，$V_B=9\text{kN}$

（3）$H_B=4\text{kN}$，$V_B=12\text{kN}$

（4）$H_B=5\text{kN}$，$V_B=15\text{kN}$

解説

問われているのは，H_BとV_Bなので，$M_A=0$から，

$6\text{kN}\times4\text{m}+6\text{kN}\times2\text{m}-V_B\times6\text{m}=0$

$V_B=6\text{kN}$

$V_A+6\text{kN}-6\text{kN}=0$　$V_A=0\text{kN}$

MC=0から，$-6\text{kN}\times2+-6\text{kN}\times2+H_A\times6\text{m}=0$

$H_A=4\text{kN}$

$4\text{kN}+H_B-6\text{kN}=0$　　$H_B=2\text{kN}$ ▶解答（1）

問2 図に示すラーメン架構に集中荷重3Pおよび2Pが同時に作用したときの曲げモーメント図として，正しいものはどれか。ただし，曲げモーメントは材の引張り側に描くものとする。

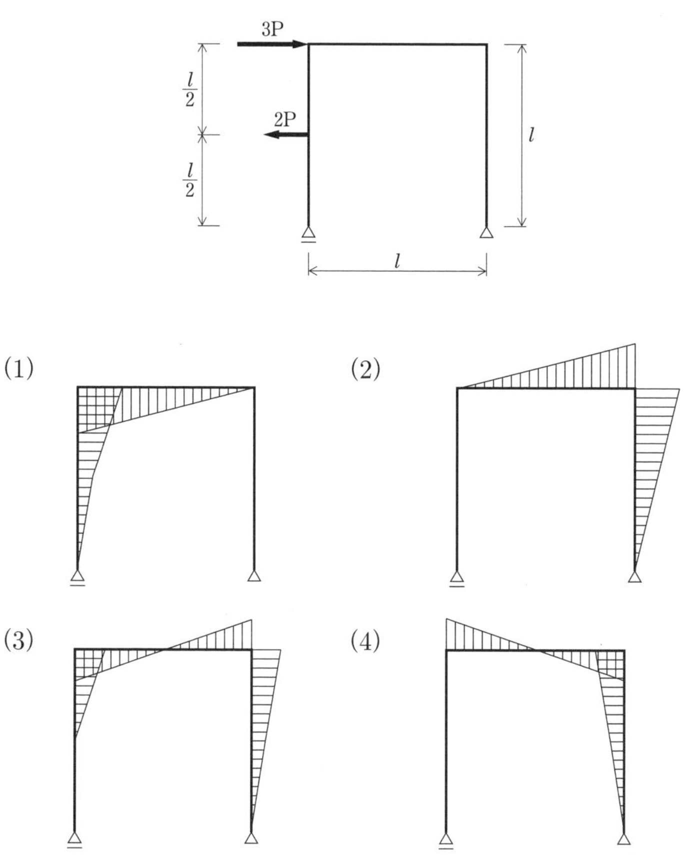

解説

左の柱脚は移動端（ローラー），右の柱脚は固定端（ピン）支柱の結果，右の柱脚の水平反力は3P－2Pから左向きに1Pとなり，右の柱頭の曲げモーメントでは1P×l=Plとなります。

左の柱脚は移動端で，柱脚から2P作用点まで曲げモーメントが0，3Pの作用点では，2P×l/2=Plとなり，(3)の形状が正しいと判断できます。

▶解答（3）

問3 図に示す長方形断面部材の図心軸（X軸）に対する許容曲げモーメントの値として，正しいものはどれか。ただし，許容曲げ応力度f_bは$9.46N/mm^2$とする。

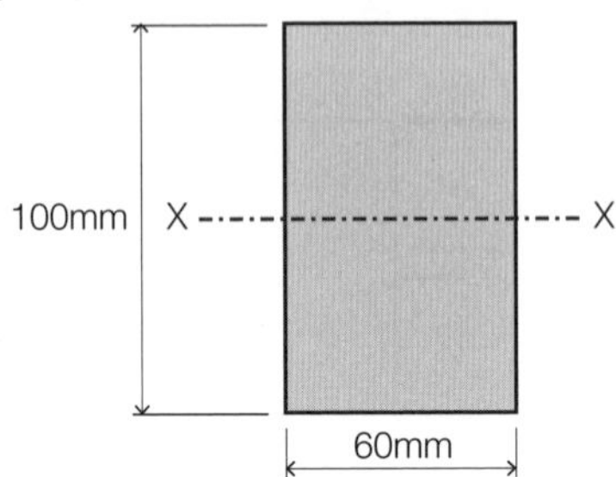

(1) 9.46×10^5N・mm

(2) 5.68×10^5N・mm

(3) 4.73×10^5N・mm

(4) 2.84×10^5N・mm

解説

$\sigma_b = \frac{M}{2} \leqq f_b$ より　$\left(断面係数 Z = \frac{bh^2}{6} \right)$

$M \leqq f_b \cdot Z = f_b \times \frac{bh^2}{6}$

$M = 9.46 \times \frac{60 \times 100^2}{6}$

$= 9.46 \times 10^5$

$M = 9.46 \times 10^5$N・mm

▶解答（1）

問4 建築物に作用する荷重および外力に関する記述として，最も不適当なものはどれか。

(1) 風圧力を求めるために用いる風力係数は，建築物の外圧係数と内圧係数の積により算出する。

(2) 雪下ろしを行う慣習のある地方において，垂直積雪量が1mを超える場合，積雪荷重は，雪下ろしの実況に応じ垂直積雪量を1mまで減らして計算することができる。

(3) 劇場，映画館などの客席の単位床面積当たりの積載荷重は，実況に応じて計算しない場合，固定席のほうが固定されていない場合より小さくすることができる。

(4) 速度圧の計算に用いる基準風速は，原則として，その地方の再現期間50年の10分間平均風速値に相当する。

解説

風圧力は，速度圧×風力係数で求めます。風力係数とは，建物の形状や作用する箇所によって異なる係数のことで，風力係数＝外圧係数－内圧係数です。

▶解答（1）

問5 床の構造計算をする場合の積載荷重として，最も不適当なものはどれか。

(1) 店舗の売り場の積載荷重は，2,900N/m^{2}とすることができる。

(2) 集会場の客席が固定席である集会室の積載荷重は，2,900N/m^{2}とすることができる。

(3) 倉庫業を営む倉庫の積載荷重は，2,900N/m^{2}とすることができる。

(4) 百貨店の屋上広場の積載荷重は，2,900N/m^{2}とすることができる。

解説

建築基準法施行令第85条第3項により，倉庫業を営む倉庫の床の積載荷重は，実況に応じて計算した数値が1m^{2}につき3,900N/m^{2}未満の場合においても3,900N/m^{2}としなければいけません。

▶解答（3）

問1 地盤および基礎構造に関する記述として，最も不適当なものはどれか。

(1) 圧密沈下の許容値は，独立基礎のほうがべた基礎に比べて大きい。

(2) 粘性土地盤の圧密沈下は，地中の応力の増加により長時間かかって土中の水が絞り出され，間隙が減少するために生じる。

(3) 直接基礎の滑動抵抗は，基礎底面の摩擦抵抗が主体となるが，基礎の根入れを深くすることで基礎側面の受動土圧も期待できる。

(4) 地盤の液状化は，地下水面下の緩い砂地盤が地震時に繰り返しせん断を受けることにより間隙水圧が上昇し，水中に砂粒子が浮遊状態となる現象である。

解説

圧密沈下の許容値は，独立基礎のほうがべた基礎に比べて小さいです。

▶解答 (1)

問2 鉄筋コンクリート構造の建築物の構造計画に関する一般的な記述として，最も不適当なものはどれか。

(1) 普通コンクリートを使用する場合の柱の最小径は，その構造耐力上主要な支点間の距離の $\frac{1}{15}$ 以上とする。

(2) 耐震壁とする壁板のせん断補強筋比は，直交する各方向に関して，それぞれ0.25%以上とする。

(3) 床スラブの配筋は，各方向の全幅について，コンクリート全断面積に対する鉄筋全断面積の割合を0.1%以上とする。

(4) 梁貫通孔は，梁端部への配置を避け，孔径を梁せいの $\frac{1}{3}$ 以下とする。

解説

床スラブの配筋は，各方向の全幅について，コンクリート全断面積に対する鉄筋全断面積の割合を0.2%以上とします。 ▶解答 (3)

問3 鉄骨構造に関する記述として，最も不適当なものはどれか。

(1) H形鋼は，フランジおよびウェブの幅厚比が大きくなると局部座屈を生じやすい。

(2) 部材の引張力によってボルト孔周辺に生じる応力集中の度合いは，普通ボルト接合より高力ボルト摩擦接合のほうが大きい。

(3) シヤコネクタでコンクリートスラブと結合された鋼製梁は，上端圧縮となる曲げ応力に対して横座屈が生じにくい。

(4) H形鋼における，局部座屈の影響を考慮しなくてもよい幅厚比については，柱のウェブプレートより梁のウェブプレートのほうが大きい。

解説

部材の引張力によってボルト孔周辺に生じる応力集中の度合いは，普通ボルト接合より高力ボルト摩擦接合のほうが小さいです。 ▶解答 (2)

問4 木質構造に関する記述として，最も不適当なものはどれか。

(1) 同一の接合部にボルトと釘を併用する場合の許容耐力は，両者を加算することができる。

(2) 2階建ての建築物における隅柱は，接合部を通し柱と同等以上の耐力を有するように補強した場合，通し柱としなくてもよい。

(3) 燃えしろ設計は，木質材料の断面から所定の燃えしろ寸法を除いた断面に，長期荷重により生じる応力度が，短期の許容応力度を超えないことを検証するものである。

(4) 直交集成板（CLT）の弾性係数，基準強度は，強軸方向であっても，一般的な製材，集成材などの繊維方向の値と比べて小さくなっている。

解説

ボルトと釘は，それぞれ最大耐力となるタイミングが異なるため，加算することはできません。 ▶解答 (1)

問1 建築に用いられる金属材料に関する記述として，最も不適当なものはどれか。

(1) ステンレス鋼は，ニッケルやクロムを含み，炭素量が少ないものほど耐食性がよい。
(2) 銅は，熱や電気の伝導率が高く，湿気中では緑青を生じ耐食性が増す。
(3) 鉛は，X線遮断効果が大きく，酸その他の薬液に対する抵抗性や耐アルカリ性にも優れている。
(4) チタンは，鋼材に比べ密度が小さく，耐食性に優れている。

解説

鉛は，X線遮断効果が大きいです。耐酸性はありますが，アルカリには非常に弱いため水酸化カルシウム・水酸化ナトリウムといったアルカリ性に侵されやすいです。

▶解答 (3)

問2 建築用板ガラスに関する記述として，最も不適当なものはどれか。

(1) フロート板ガラスは，溶融した金属の上に浮かべて製板する透明，かつ，平滑なガラスである。
(2) 複層ガラスは，複数枚の板ガラスの間に間隙を設け，大気圧に近い圧力の乾燥気体を満たし，その周辺を密閉したもので，断熱効果のあるガラスである。
(3) 熱線吸収板ガラスは，板ガラスの表面に金属皮膜を形成したもので，冷房負荷の軽減の効果が高いガラスである。
(4) 倍強度ガラスは，フロート板ガラスを軟化点まで加熱後，両表面から空気を吹き付けて冷却加工するなどにより，強度を約2倍に高めたガラスである。

解説

設問は，熱線反射板ガラスの説明です。 ▶解答（3）

問3 建築用シーリング材に関する記述として，最も不適当なものはどれか。

(1) シリコーン系シーリング材は，表面にほこりが付着しないため，目地周辺に撥水汚染が生じにくい。
(2) 2成分形シーリング材は，施工直前に基剤と硬化剤を調合し，練り混ぜて使用する。
(3) 弾性シーリング材は，液状ポリマーを主成分としたもので，施工後は硬化し，ゴム状弾性を発現する。
(4) シーリング材のクラスは，目地幅に対する拡大率および縮小率で区分が設定されている。

解説

シリコーン系シーリング材は，表面に大気中のよごれやほこりなどが付着しやすく，目地周辺に撥水汚染が生じやすいです。 ▶解答（1）

問4 左官材料に関する記述として，最も不適当なものはどれか。

(1) しっくいは，消石灰を主たる結合材料とした気硬性を有する材料である。
(2) せっこうプラスターは，水硬性であり，主に多湿で通気不良の場所の仕上げで使用される。
(3) セルフレベリング材は，せっこう組成物やセメント組成物に骨材や流動化剤などを添加した材料である。
(4) ドロマイトプラスターは，保水性がよいため，こて塗りがしやすく作業性に優れる。

解説

せっこうプラスターは，余分な水分が蒸発・乾燥することにより強度が出るため，主に多湿で通気不良の場所では硬化不良になりやすく，使用に適しません。

▶解答（2）

問5 JIS（日本産業規格）のサッシに規定されている性能項目に関する記述として，不適当なものはどれか。

(1) スライディングサッシでは,「気密性」が規定されている。
(2) スイングサッシでは,「水密性」が規定されている。
(3) スライディングサッシでは,「ねじり強さ」が規定されている。
(4) スイングサッシでは,「遮音性」が規定されている。

解説

スライディングサッシの性能項目には,「ねじり強さ」は規定されていません。

▶解答（3）

▶ 建築設備

問1 給排水設備に関する記述として，最も不適当なものはどれか。

(1) 高置水槽方式は，一度受水槽に貯留した水をポンプで建物高所の高置水槽に揚水し，高置水槽からは重力によって各所に給水する方式である。
(2) 圧力水槽方式は，受水槽の水をポンプで圧力水槽に送水し，圧力水槽内の空気を加圧して，その圧力によって各所に給水する方式である。
(3) 屋内の自然流下式横走り排水管の最小勾配は，管径が100 mmの場合，$\frac{1}{100}$とする。
(4) 排水槽の底の勾配は，吸い込みピットに向かって$\frac{1}{100}$とする。

解説

排水槽の底に吸い込みピットを設け，排水槽の底の勾配は，吸い込みピットに向かって $\frac{1}{15}$ 以上 $\frac{1}{10}$ 以下の下り勾配にして，排水・汚泥の排出および清掃が容易かつ安全に行える構造とします。 ▶解答（4）

問2 空気調和設備に関する記述として，最も不適当なものはどれか。

(1) 空気調和機は，一般にエアフィルタ，空気冷却器，空気加熱器，加湿器，送風機などで構成される装置である。
(2) 冷却塔は，温度上昇した冷却水を，空気と直接接触させて気化熱により冷却する装置である。
(3) 二重ダクト方式は，2系統のダクトで送られた温風と冷風を，混合ユニットにより熱負荷に応じて混合量を調整して吹き出す方式である。
(4) 単一ダクト方式におけるCAV方式は，負荷変動に対して風量を変える方式である。

解説

単一ダクト方式にはCAV方式（定風量）とVAV方式（変風量）があり，設問はVAV方式の説明です。 ▶解答（4）

問3 避雷設備に関する記述として，最も不適当なものはどれか。

(1) 高さが15 mを超える建築物には，原則として，避雷設備を設けなければならない。
(2) 指定数量の10倍以上の危険物を貯蔵する倉庫には，高さにかかわらず，原則として，避雷設備を設けなければならない。
(3) 受雷部システムの配置は，保護しようとする建築物の種類，重要度などに応じた保護レベルの要求事項に適合しなければならない。
(4) 鉄骨造の鉄骨躯体は，構造体利用の引下げ導線の構成部材として利用することができる。

解説

建築基準法第33条より，高さが20 mを超える建築物には，原則として，避雷設備を設けなければいけません。 ▶解答（1）

問4 消火設備に関する記述として，最も不適当なものはどれか。

(1) 屋内消火栓設備は，建物の内部に設置し，人がノズルを手に持ち，火点に向けてノズルより注水を行い，冷却作用により消火するものである。
(2) 閉鎖型ヘッドを用いる湿式スプリンクラー消火設備は，火災による煙を感知したスプリンクラーヘッドが自動的に開き，散水して消火するものである。
(3) 不活性ガス消火設備は，二酸化炭素などの消火剤を放出することにより，酸素濃度の希釈作用や気化するときの熱吸収による冷却作用により消火するものである。
(4) 水噴霧消火設備は，噴霧ヘッドから微細な霧状の水を噴霧することにより，冷却作用と窒息作用により消火するものである。

解説

閉鎖型ヘッドのスプリンクラー消火設備は，煙ではなく熱を感知することによりスプリンクラーヘッドが自動的に開放し，散水して消火します。

▶解答（2）

▶ 測量・外構など

問1 構内アスファルト舗装に関する記述として，最も不適当なものはどれか。

(1) 設計CBRは，路床の支持力を表す指標であり，修正CBRは，路盤材料の品質を表す指標である。

(2) 盛土をして路床とする場合は，一層の仕上り厚さ300 mm程度ごとに締め固めながら，所定の高さに仕上げる。

(3) アスファルト混合物の締固め作業は，一般に継目転圧，初転圧，二次転圧，仕上げ転圧の順に行う。

(4) 初転圧は，ヘアクラックの生じない限りできるだけ高い温度とし，その転圧温度は，一般に110～140 ℃の間で行う。

解説

盛土をして路床とする場合は，一層の仕上り厚さ200 mm程度ごとに締め固めながら，所定の高さに仕上げます。

▶解答 (2)

問2 数量積算に関する記述として，公共建築数量積算基準（国土交通省制定）上，正しいものはどれか。

(1) 根切りまたは埋戻しの土砂量は，地山数量に掘削による増加，締固めによる減少を見込んで算出する。

(2) 鉄筋コンクリート造のコンクリート数量は，鉄筋および小口径管類によるコンクリートの欠除を見込んで算出する。

(3) 鉄骨鉄筋コンクリート造のコンクリート数量は，コンクリート中の鉄骨および鉄筋の体積分を差し引いて算出する。

(4) 鉄筋の数量は，ガス圧接継手の加工による鉄筋の長さの変化はないものとして算出する。

解説

鉄筋の所要数量を求めるときは，その設計数量の4 %の割増しを標準としますが，ガス圧接継手の加工による鉄筋の長さの変化はないものとして算出します。

▶解答 (4)

▶ 躯体工事

問1 乗入れ構台および荷受け構台の計画に関する記述として，最も不適当なものはどれか。

(1) 乗入れ構台の支柱の位置は，基礎，柱，梁および耐力壁を避け，5 m 間隔とした。
(2) 乗入れ構台の高さは，大引下端が床スラブ上端より 10 cm 上になるようにした。
(3) 荷受け構台の作業荷重は，自重と積載荷重の合計の 10 %とした。
(4) 荷受け構台への積載荷重の偏りは，構台の全スパンの 60 %にわたって荷重が分布するものとした。

解説

10 cm 上ではなく，20 cm から 30 cm 上になるようにします。 ▶解答 (2)

問2 土工事に関する記述として，最も不適当なものはどれか。

(1) 根切り底面下に被圧帯水層があり，盤ぶくれの発生が予測されたため，ディープウェル工法で地下水位を低下させた。
(2) 法付けオープンカットの法面保護をモルタル吹付けで行うため，水抜き孔を設けた。
(3) 粘性土地盤を法付けオープンカット工法で掘削するため，円弧すべりに対する安定を検討した。
(4) ヒービングの発生が予測されたため，ウェルポイントで掘削場内外の地下水位を低下させた。

解説

ボイリングの発生が予測される場合は，ウェルポイントで掘削場内外の地下水位を低下させます。

▶解答 (4)

問3 ソイルセメント柱列山留め壁に関する記述として，最も不適当なものはどれか。

(1) 多軸のオーガーで施工する場合，大径の玉石や礫が混在する地盤では，先行削孔併用方式を採用する。
(2) 掘削土が粘性土の場合，砂質土に比べて掘削攪拌速度を速くする。
(3) H形鋼や鋼矢板などの応力材は，付着した泥土を落とし，建込み用の定規を使用して建て込む。
(4) ソイルセメントの硬化不良部分は，モルタル充填や背面地盤への薬液注入などの処置を行う。

解説

掘削土が粘性土の場合，砂質土に比べて掘削攪拌速度を遅くします。

▶解答 (2)

問4 既製コンクリート杭の施工に関する記述として，最も不適当なものはどれか。

(1) 中掘り工法では，砂質地盤の場合，先掘り長さを杭径よりも大きくする。
(2) PHC杭の頭部を切断した場合，切断面から350 mm程度まではプレストレスが減少しているため，補強を行う必要がある。
(3) セメントミルク工法では，アースオーガーは掘削時および引上げ時とも正回転とする。
(4) 杭の施工精度は，傾斜を$\frac{1}{100}$以内とし，杭心ずれ量は杭径の$\frac{1}{4}$，かつ，100 mm以下とする。

解説

中掘り工法では，周囲の地盤を緩めることになるため，砂質地盤の場合は先掘り長さを杭径よりも小さくします。 ▶解答（1）

問5 鉄筋のガス圧接に関する記述として，最も不適当なものはどれか。

(1) SD345のD29を手動ガス圧接で接合するために必要となる資格は，日本産業規格（JIS）に基づく技量資格1種である。

(2) 径の異なる鉄筋のガス圧接部のふくらみの直径は，細いほうの径の1.4倍以上とする。

(3) SD490の圧接に用いる加圧器は，上限圧および下限圧を設定できる機能を有するものとする。

(4) 圧接継手において考慮する鉄筋の長さ方向の縮み量は，鉄筋径の1.0～1.5倍である。

解説

SD345のD29（D32以下）を手動ガス圧接で接合するために必要となる資格は，日本産業規格（JIS）に基づく技量資格2種です。 ▶解答（1）

問6 型枠の設計に関する記述として，最も不適当なものはどれか。

(1) 支保工以外の材料の許容応力度は，長期許容応力度と短期許容応力度の平均値とする。

(2) コンクリート型枠用合板の曲げヤング係数は，長さ方向スパン用と幅方向スパン用では異なる数値とする。

(3) パイプサポートを支保工とするスラブ型枠の場合，打込み時に支保工の上端に作用する水平荷重は，鉛直荷重の5 %とする。

(4) コンクリート打込み時の側圧に対するせき板の許容たわみ量は，5 mmとする。

解説

コンクリート打設時の側圧に対するせき板の許容たわみ量は＋3 ㎜です。

▶解答（4）

問7 鉄骨の建方に関する記述として，最も不適当なものはどれか。

(1) 架構の倒壊防止用に使用するワイヤロープは，建入れ直し用に兼用してもよい。

(2) スパンの寸法誤差が工場寸法検査で計測された各部材の寸法誤差の累積値以内となるよう，建入れ直し前にスパン調整を行う。

(3) 建方に先立って施工するベースモルタルは，養生期間を3日間以上とする。

(4) 梁のフランジを溶接接合，ウェブをボルトの配列が1列の高力ボルト接合とする混用接合の仮ボルトは，ボルト1群に対して $\frac{1}{3}$ 程度，かつ，2本以上締め付ける。

解説

梁のフランジを溶接接合，ウェブをボルトの配列が1列の高力ボルト接合とする混用接合の仮ボルトは，中ボルトなどを用い，ボルト1群に対して $\frac{1}{2}$ 程度，かつ，2本以上をバランスよく配置して締め付けます。

▶解答（4）

問8 大空間鉄骨架構の建方に関する記述として，最も不適当なものはどれか。

(1) リフトアップ工法は，地組みした所定の大きさのブロックをクレーンなどで吊り上げて架構を構築する工法である。

(2) 総足場工法は，必要な高さまで足場を組み立てて，作業用の構台を全域にわたり設置し，架構を構築する工法である。

(3) 移動構台工法は，移動構台上で所定の部分の屋根鉄骨を組み立てた後，構台を移動させ，順次架構を構築する工法である。

(4) スライド工法は，作業構台上で所定の部分の屋根鉄骨を組み立てた後，そのユニットを所定位置まで順次滑動横引きしていき，最終的に架構全体を構築する工法である。

解説

リフトアップ工法は，地上で組立てた屋根などの構造物を，所定の位置にジャッキで引き上げる工法です。 ▶解答 (1)

問9 コンクリートの調合に関する記述として，最も不適当なものはどれか。

(1) 普通コンクリートに再生骨材Hを用いる場合の水セメント比の最大値は，60%とする。

(2) コンクリートの調合強度を定める際に使用するコンクリートの圧縮強度の標準偏差は，コンクリート工場に実績がない場合，1.5N/mm^{2}とする。

(3) 単位水量は，185kg/m^{3}以下とし，コンクリートの品質が得られる範囲内で，できるだけ小さくする。

(4) 高強度コンクリートに含まれる塩化物量は，塩化物イオン量として0.30kg/m^{3}以下とする。

解説

コンクリートの調合強度を定める際に使用するコンクリートの圧縮強度の標準偏差は，コンクリート工場に実績がない場合，2.5N/mm^{2}または調合管理強度の0.1倍のうち，大きいほうの値を用います。 ▶解答 (2)

問10 木質軸組構法に関する記述として，最も不適当なものはどれか。

(1) 1階および2階の上下同位置に構造用面材の耐力壁を設けるため，胴差部において，構造用面材相互間に，6 mmのあきを設けた。

(2) 接合に用いるラグスクリューは，先孔にスパナを用いて回しながら締め付けた。

(3) 接合金物のボルトの締付けは，座金が木材へ軽くめり込む程度とし，工事中，木材の乾燥収縮により緩んだナットは締め直した。

(4) 集成材にあけるボルト孔の間隔は，許容誤差を±5 mmとした。

解説

集成材にあけるボルト孔の間隔は，許容誤差を±2 mmとする必要があります。

▶解答（4）

▶ 仕上げ工事

問 1 防水工事に関する記述として，最も不適当なものはどれか。

(1) アスファルト防水密着工法における平場部のルーフィングの張付けに先立ち，入隅は幅300 mm程度のストレッチルーフィングを増張りした。

(2) 改質アスファルトシート防水トーチ工法における平場部の改質アスファルトシートの重ね幅は，縦横とも100 mm以上とした。

(3) アスファルト防水における立上り部のアスファルトルーフィング類は，平場部のアスファルトルーフィングを張り付けた後，150 mm以上張り重ねた。

(4) 改質アスファルトシート防水絶縁工法におけるALCパネル目地の短辺接合部は，幅50 mm程度のストレッチルーフィングを張り付けた。

解説

改質アスファルトシート防水絶縁工法におけるALCパネル目地の短辺接合部は，幅300 mm程度のストレッチルーフィングを増張りします。

▶解答（4）

問2 シーリング工事に関する記述として，最も不適当なものはどれか。

(1) 外壁ALCパネル張りに取り付けるアルミニウム製建具の周囲の目地シーリングは，3面接着とした。
(2) 先打ちしたポリウレタン系シーリング材に，ポリサルファイド系シーリング材を打ち継いだ。
(3) シーリング材の打継ぎ箇所は，目地の交差部およびコーナー部を避け，そぎ継ぎとした。
(4) コンクリートの水平打継ぎ目地のシーリングは，2成分形変成シリコーン系シーリング材を用いた。

解説

外壁ALCパネル張りに取り付けるアルミニウム製建具の周囲の目地シーリングは，ワーキングジョイントのため2面接着とします。 ▶解答 (1)

問3 金属製折板葺き屋根工事に関する記述として，最も不適当なものはどれか。

(1) タイトフレームの割付けは，両端部の納まりが同一となるように建物の桁行き方向の中心から行い，墨出しを通りよく行った。
(2) タイトフレームの受梁が大梁で切れる部分の段差には，タイトフレームの板厚と同厚の部材を添え材として用いた。
(3) 水上部分の折板と壁との取合い部に設ける雨押えは，壁際の立上りを150 mmとし，雨押えの先端に止水面戸を取り付けた。
(4) 軒先の落とし口は，折板の底幅より小さく穿孔し，テーパー付きポンチで押し広げ，10 mmの尾垂れを付けた。

解説

水上部分の折板と壁との取合い部に設ける雨押えは，壁際の立上りを150 mmとし，水上端部に止水面戸を取り付けます。 ▶解答 (3)

問4 塗装工事に関する記述として，最も不適当なものはどれか。

(1) 屋外の木質系素地面の木材保護塗料塗りにおいて，原液を水で希釈し，よく攪拌して使用した。

(2) 亜鉛めっき鋼面の常温乾燥形ふっ素樹脂エナメル塗りにおいて，下塗りに変性エポキシ樹脂プライマーを使用した。

(3) コンクリート面のアクリル樹脂系非水分散形塗料塗りにおいて，下塗り，中塗り，上塗りともに同一材料を使用し，塗付け量はそれぞれ0.10kg/m²とした。

(4) せっこうボード面の合成樹脂エマルションペイント塗りにおいて，気温が20℃であったため，中塗り後3時間経過してから，次の工程に入った。

解説

屋外の木質系素地面の木材保護塗料は，希釈せずに原液で使用します。

▶解答（1）

問5 防水形合成樹脂エマルション系複層仕上塗材（防水形複層塗材E）仕上げに関する記述として，最も不適当なものはどれか。

(1) 下塗材は，0.2 kg/m²を1回塗りで，均一に塗り付けた。

(2) 主材の基層塗りは，1.2 kg/m²を1回塗りで，下地を覆うように塗り付けた。

(3) 主材の模様塗りは，1.0 kg/m²を1回塗りで，見本と同様の模様になるように塗り付けた。

(4) 上塗材は，0.3 kg/m²を2回塗りで，色むらが生じないように塗り付けた。

解説

主材の基層塗りは2回塗りとし，だれ，ピンホール，塗り残しのないよう下地を覆うように塗り付けます。

また，主材基層の所要量は1.5～1.7 kg/m²とします。

▶解答（2）

問6 外壁張り石工事に関する記述として，最も不適当なものはどれか。

(1) 湿式工法において，石厚40 mmの花こう岩の取付け用引金物は，径4.0 mmのものを使用した。
(2) 乾式工法のロッキング方式において，ファスナーの通しだぼは，径4.0 mmのものを使用した。
(3) 湿式工法において，流し筋工法の埋込みアンカーは，設置位置を450 mmの間隔とし，縦筋を通りよく設置した。
(4) 乾式工法において，コンクリート躯体の表面の精度を±10 mmとし，石材の裏面から躯体の表面までの取付け代(しろ)は，40 mmとした。

解説

乾式工法において，コンクリート躯体の表面の精度を±10 mmとし，石材の裏面から躯体の表面までの取付け代は，70 mm以上とします。 ▶解答 (4)

問7 セメントモルタルによる壁タイル後張り工法に関する記述として，最も不適当なものはどれか。

(1) 密着張りの張付けモルタルは２度塗りとし，タイルは，上から下に１段置きに数段張り付けた後，それらの間のタイルを張った。
(2) モザイクタイル張りの張付けモルタルは2度塗りとし，１層目はこて圧をかけて塗り付けた。
(3) 改良積上げ張りの張付けモルタルは，下地モルタル面に塗り厚4 mmで塗り付けた。
(4) 改良圧着張りの下地面への張付けモルタルは２度塗りとし，その合計の塗り厚を5 mmとした。

解説

改良積上げ張りの張付けモルタルは，下地モルタル面に塗り付けず，タイル裏面にモルタルを塗厚7～10 mm塗り付けて張り付けます。 ▶解答 (3)

問8 鋼製建具に関する記述として，最も不適当なものはどれか。ただし，1枚の戸の有効開口は，幅950 mm，高さ2,400 mmとする。

(1) 外部に面する両面フラッシュ戸の表面板は鋼板製とし，厚さを1.6 mmとした。
(2) 外部に面する両面フラッシュ戸の見込み部は，上下部を除いた左右2方を表面板で包んだ。
(3) たて枠は鋼板製とし，厚さを1.6 mmとした。
(4) 丁番やピボットヒンジなどにより，大きな力が加わる建具枠の補強板は，厚さを2.3 mmとした。

解説

外部に面する両面フラッシュ戸の見込み部は，下部を除き，3方の見込み部を表面板で包みます。

▶解答 (2)

問9 合成樹脂塗床に関する記述として，最も不適当なものはどれか。

(1) エポキシ樹脂系モルタル塗床の防滑仕上げは，トップコート1層目の塗布と同時に骨材を散布した。
(2) エポキシ樹脂系コーティング工法のベースコートは，コーティング材を木ごてで塗り付けた。
(3) プライマーは，下地の吸込みが激しい部分に，硬化後，再塗布した。
(4) 弾性ウレタン樹脂系塗床材塗りは，塗床材を床面に流し，金ごてで平滑に塗り付けた。

解説

JASS26より，コーティング工法とは，アクリル樹脂，エポキシ樹脂，ウレタン樹脂などに着色剤・充填剤・溶剤または水・仕上調整剤などの添加剤を配合した低粘度のベースコートを，ローラーまたはスプレーにより1～2回塗布する工法です。

▶解答 (2)

問10 壁のせっこうボード張りに関する記述として，最も不適当なものはどれか。

(1) テーパーエッジボードの突付けジョイント部の目地処理における上塗りは，ジョイントコンパウンドを幅200～250 mm程度に塗り広げて平滑にした。

(2) せっこう系接着材による直張り工法において，ボード中央部の接着材を塗り付ける間隔は，床上1,200 mm以下の部分より，床上1,200 mmを超える部分を小さくした。

(3) せっこう系接着材による直張り工法において，躯体から仕上がり面までの寸法は，厚さ9.5 mmのボードで20 mm程度，厚さ12.5 mmのボードで25 mm程度とした。

(4) ボードの下端部は，床面からの水分の吸上げを防ぐため，床面から10 mm程度浮かして張り付けた。

解説

接着材の塗付け間隔は，床上1,200 mmを超える部分より，床上1,200 mm以下の部分を小さくします。 ▶解答 (2)

第3章 施工管理法

▶ 施工計画

問1 仮設計画に関する記述として，最も不適当なものはどれか。

(1) 仮設の照明設備において，常時就業させる場所の作業面の照度は，普通の作業の場合，100ルクス以上とする計画とした。

(2) 傾斜地に設置する仮囲いの下端の隙間を塞ぐため，土台コンクリートを設ける計画とした。

(3) 前面道路に設置する仮囲いは，道路面を傷めないようにするため，ベースをH形鋼とする計画とした。

(4) 同時に就業する女性労働者が25人見込まれたため，女性用便房を2個設置する計画とした。

解説

労働安全衛生規則第604条により，普通の作業の場合，150ルクス以上必要です。

▶解答 (1)

問2 仮設設備の計画に関する記述として，最も不適当なものはどれか。

(1) 作業員の仮設男性用小便所数は，同時に就業する男性作業員40人以内ごとに1個を設置する計画とした。

(2) 工事用電気設備の建物内幹線の立上げは，上下交通の中心で最終工程まで支障の少ない階段室に計画した。

(3) 仮設電力契約は，工事完了まで変更しない計画とし，短期的に電力需要が増加した場合は，臨時電力契約を併用した。

(4) 仮設の給水設備において，工事事務所の使用水量は，1人1日当たり50Lを見込む計画とした。

解説

男性用小便所数は，同時に就業する男性労働者30人以内ごとに1個以上設置します。男子用大便所の便房の数は，同時に就業する男性労働者60人以内ごとに1個以上とします。

▶解答 (1)

問3 鉄筋コンクリート造建築物の躯体解体工事の施工計画に関する記述として，最も不適当なものはどれか。

(1) 階上作業による解体では，外壁を残しながら中央部分を先行して解体することとした。

(2) 階上作業による解体では，解体重機の移動にコンクリート塊を集積したスロープを利用するため，解体重機と合わせた最大荷重に対して補強することとした。

(3) 地上作業による解体では，作業開始面の外壁から１スパンを上階から下階に向かって全階解体し，解体重機のオペレーターの視界を確保することとした。

(4) 地上外周部の転倒解体工法では，１回の転倒解体を高さ２層分とし，柱３本を含む２スパンとした。

解説

地上外周部の転倒解体工法では，１回の転倒解体を高さ１層分以下とし，柱２本を含む１～２スパン程度とします。 ▶解答（4）

問４ 躯体工事の施工計画に関する記述として，最も不適当なものはどれか。

(1) 場所打ちコンクリート杭工事において，安定液を使用したアースドリル工法の１次孔底処理は，底ざらいバケットにより行うこととした。

(2) 鉄骨工事において，板厚が13 mmの部材の高力ボルト用の孔あけ加工は，せん断孔あけとすることとした。

(3) ガス圧接継手において，鉄筋冷間直角切断機を用いて圧接当日に切断した鉄筋の圧接端面は，グラインダー研削を行わないこととした。

(4) 土工事において，透水性の悪い山砂を用いた埋戻しは，埋戻し厚さ300 mmごとにランマーで締め固めながら行うこととした。

解説

高力ボルト用の孔あけ加工は，板厚に関係なくドリル孔あけとします。

▶解答（2）

問5 建築工事における工期と費用に関する一般的な記述として，最も不適当なものはどれか。

(1) 直接費が最小となるときに要する工期を，ノーマルタイム（標準時間）という。
(2) 工期を短縮すると，間接費は増加する。
(3) どんなに直接費を投入しても，ある限度以上には短縮できない工期を，クラッシュタイム（特急時間）という。
(4) 総工事費は，工期を最適な工期より短縮しても，延長しても増加する。

解説

工期を短縮すると，間接費（現場管理費など）は減少します。 ▶解答 (2)

問6 建設業者が作成する建設工事の記録に関する記述として，最も不適当なものはどれか。

(1) 過去の不具合事例等を調べ，あとに問題を残しそうな施工や材料については，集中的に記録を残すこととした。
(2) デジタルカメラによる工事写真は，黒板の文字や撮影対象が確認できる範囲で有効画素数を設定して記録することとした。
(3) 既製コンクリート杭工事の施工サイクルタイム記録，電流計や根固め液等の記録は，発注者から直接工事を請け負った建設業者が保存する期間を定め，当該期間保存することとした。
(4) 設計図書に示された品質が証明されていない材料については，現場内への搬入後に行った試験の記録を保存することとした。

解説

設計図書に示された品質が証明されていない材料については，工事現場に搬入してはならないため，搬入前に検査を実施します。 ▶解答 (4)

問1 タクト手法に関する記述として，最も不適当なものはどれか。

(1) 作業を繰り返し行うことによる習熟効果によって生産性が向上するため，工事途中でのタクト期間の短縮や作業者の人数の削減を検討する。

(2) 設定したタクト期間では終わることができない一部の作業については，当該作業の作業期間をタクト期間の整数倍に設定しておく。

(3) 各作業は独立して行われるため，1つの作業に遅れがあってもタクトを構成する工程全体への影響は小さい。

(4) 一連の作業は同一の日程で行われ，次の工区へ移動することになるため，各工程は切れ目なく実施できる。

解説

各作業が連続して行われているため，1つの作業の遅れがタクトを構成する工程に大きく影響します。 ▶解答 (3)

問2 ネットワーク工程表に関する記述として，最も不適当なものはどれか。

(1) 1つの作業の最早終了時刻 (EFT) は，その作業の最早開始時刻 (EST) に作業日数 (D) を加えて得られる。

(2) 1つの作業の最遅開始時刻 (LST) は，その作業の最遅終了時刻 (LFT) から作業日数 (D) を減じて得られる。

(3) 1つの作業でトータルフロート (TF) が0である場合，その作業ではフリーフロート (FF) は0になる。

(4) 1つの作業でフリーフロート (FF) を使い切ってしまうと，後続作業のトータルフロート (TF) に影響を及ぼす。

解説

フリーフロートは，後続作業の最早開始時刻と当該作業の最早終了時刻に影響を及ぼします。

▶解答（4）

▶ 品質管理

問1 品質管理に用いる図表に関する記述として，最も不適当なものはどれか。

(1) ヒストグラムは，観測値もしくは統計量を時間順またはサンプル番号順に表し，工程が管理状態にあるかどうかを評価するために用いられる。

(2) 散布図は，対応する２つの特性を横軸と縦軸にとり，観測値を打点して作るグラフ表示で，主に２つの変数間の相関関係を調べるために用いられる。

(3) パレート図は，項目別に層別して，出現度数の大きさの順に並べるとともに，累積和を示した図である。

(4) 系統図は，設定した目的や目標と，それを達成するための手段を系統的に展開した図である。

解説

設問は，管理図についての説明です。ヒストグラムは，製品の品質状態が規格値に対して適正であるかどうかを判断するために用いられます。

▶解答（1）

問2 品質管理の用語に関する記述として，最も不適当なものはどれか。

(1) 目標値とは，仕様書で述べられる，望ましいまたは基準となる特性の値のことをいう。

(2) ロットとは，等しい条件下で生産され，または生産されたと思われるものの集まりをいう。

(3) かたよりとは，観測値または測定結果の大きさが揃っていないことをいう。

(4) トレーサビリティとは，対象の履歴，適用または所在を追跡できることをいう。

解説

かたよりとは，観測値または測定結果の期待値から真の値を引いた差のことで，誤差です。

▶解答（3）

問3 鉄筋コンクリート工事における試験および検査に関する記述として，最も不適当なものはどれか。

(1) スランプ18 cmのコンクリートの荷卸し地点におけるスランプの許容差は，±2.5 cmとした。

(2) 鉄筋圧接部における超音波探傷試験による抜取検査で不合格となったロットについては，試験されていない残り全数に対して超音波探傷試験を行った。

(3) 鉄筋圧接部における鉄筋中心軸の偏心量が規定値を超えたため，再加熱し加圧して偏心を修正した。

(4) 空気量4.5%のコンクリートの荷卸し地点における空気量の許容差は，±1.5%とした。

解説

鉄筋中心軸の偏心量が規定値を超えた場合は，圧接部を切り取って再圧接します。

▶解答（3）

問4 工事現場における材料の取扱いに関する記述として，最も不適当なものはどれか。

(1) 既製コンクリート杭は，やむを得ず２段に積む場合，同径のものを並べ，まくら材を同一鉛直面上にして仮置きする。

(2) 被覆アーク溶接棒は，吸湿しているおそれがある場合，乾燥器で乾燥してから使用する。

(3) 砂付ストレッチルーフィングは，ラップ部（張付け時の重ね部分）を下に向けて縦置きにする。

(4) プレキャストコンクリートの床部材を平積みで保管する場合，台木を2箇所とし，積み重ね段数は6段以下とする。

解説

砂付ストレッチルーフィングは，接着不良防止のため，砂の付いていないラップ部を上に向けて縦置きにします。

▶解答（3）

▶ 安全管理

問1 市街地の建築工事における公衆災害防止対策に関する記述として，最も不適当なものはどれか。

(1) 鉄筋コンクリート造建築物の解体工事において，防音と落下物防護のため，足場の外側面に防音シートを設置した。

(2) 建築工事を行う部分の高さが地盤面から20 mのため，防護棚を2段設置した。

(3) 外部足場に設置した防護棚の敷板は，厚さ1.6 mmの鉄板を用い，敷板どうしの隙間は3 cm以下とした。

(4) 地盤アンカーの施工において，アンカーの先端が敷地境界の外に出るため，当該敷地所有者の許可を得た。

解説

外部足場に設置した防護棚の敷板どうしの隙間はないようにします。

▶解答（3）

問2 労働災害に関する記述として，最も不適当なものはどれか。

(1) 労働損失日数は，一時労働不能の場合，暦日による休業日数に $\frac{300}{365}$ を乗じて算出する。

(2) 労働災害における労働者とは，所定の事業または事務所に使用される者で，賃金を支払われる者をいう。

(3) 度数率は，災害発生の頻度を表すもので，100万延べ実労働時間当たりの延べ労働損失日数を示す。

(4) 永久一部労働不能で労働基準監督署から障がい等級が認定された場合，労働損失日数は，その等級ごとに定められた日数となる。

解説

「度数率」とは災害発生の頻度を示す指標です。100万延べ実労働時間当たりの労働災害による死傷者数を表します。

$$\text{度数率} = \frac{\text{労働災害による死傷者数}}{\text{延実労働時間数}} \times 1{,}000{,}000$$

▶解答 (3)

問3 鉄筋コンクリート造建築物の解体工事における振動対策および騒音対策に関する記述として，最も不適当なものはどれか。

(1) 壁等を転倒解体する際の振動対策として，先行した解体作業で発生したガラを床部分に敷き，クッション材として利用した。

(2) 振動レベルの測定器の指示値が周期的に変動したため，変動ごとの指示値の最大値と最小値の平均を求め，そのなかの最大の値を振動レベルとした。

(3) 振動ピックアップの設置場所は，緩衝物がなく，かつ，十分踏み固めた堅い場所に設定した。

(4) 周辺環境保全に配慮し，振動や騒音が抑えられるコンクリートカッターを用いる切断工法を採用した。

解説

振動レベルの測定器の指示値が周期的に変動する場合，変動ごとの指示値の最大値の平均を求め，その値を振動レベルとします。　▶解答（2）

問4 労働災害を防止するため，特定元方事業者が講ずべき措置として，「労働安全衛生規則」上，定められていないものはどれか。

(1) 特定元方事業者と関係請負人との間及び関係請負人相互間における，作業間の連絡および調整を随時行うこと。
(2) 仕事の工程に関する計画および作業場所における主要な機械，設備などの配置に関する計画を作成すること。
(3) 関係請負人が雇い入れた労働者に対し，安全衛生教育を行うための場所を提供すること。
(4) 特定元方事業者および特定の関係請負人が参加する協議組織を設置し，会議を随時開催すること。

解説

労働災害を防止するためには，特定元方事業者およびすべての関係請負人が参加する協議組織を設置し，会議を随時開催する必要があります。

▶解答（4）

問5 酸素欠乏危険作業に労働者を従事させるときの事業者の責務に関する記述として，「酸素欠乏症等防止規則」上，誤っているものはどれか。

(1) 酸素欠乏危険作業については，衛生管理者を選任しなければならない。
(2) 酸素欠乏危険場所で空気中の酸素の濃度測定を行ったときは，その記録を3年間保存しなければならない。
(3) 酸素欠乏危険場所では，原則として，空気中の酸素の濃度を18%以上に保つように換気しなければならない。
(4) 酸素欠乏危険場所では，空気中の酸素の濃度測定を行うため必要な測定器具を備え，または容易に利用できるような措置を講じておかなければならない。

解説

酸素欠乏症等防止規則第11条第1項により，酸素欠乏危険作業については，酸素欠乏危険作業主任者を選任しなければいけません。 ▶解答（1）

第4章 法規

▶ 法規

問1 用語の定義に関する記述として，「建築基準法」上，誤っているものはどれか。

(1) 建築物の構造上重要でない間仕切壁の過半の模様替は，大規模の模様替である。
(2) 建築物の屋根は，主要構造部である。
(3) 観覧のための工作物は，建築物である。
(4) 百貨店の売場は，居室である。

解説

大規模な模様替は，建築物の主要構造部の一種以上について行う過半の模様替をいいます。 ▶解答（1）

問2 次の記述のうち，「建築基準法」上，誤っているものはどれか。

(1) 建築監視員は，建築物の工事施工者に対して，当該工事の施工の状況に関する報告を求めることができる。
(2) 建築主事は，建築基準法令の規定に違反した建築物に関する工事の請負人に対して，当該工事の施工の停止を命じることができる。

(3) 建築物の所有者，管理者または占有者は，その建築物の敷地，構造および建築設備を常時適法な状態に維持するよう努めなければならない。

(4) 特定行政庁が指定する建築物の所有者または管理者は，建築物の敷地，構造および建築設備について，定期に，建築物調査員にその状況の調査をさせて，その結果を特定行政庁に報告しなければならない。

解説

建築基準法第9条第1項により，特定行政庁は，建築基準法令の規定に違反した建築物に関する工事の請負人に対して，当該工事の施工の停止を命じることができます。

▶解答（2）

問3 次の記述のうち，「建築基準法施行令」上，誤っているものはどれか。

(1) 共同住宅の各戸の界壁を給水管が貫通する場合においては，当該管と界壁との隙間をモルタルその他の不燃材料で埋めなければならない。

(2) 劇場の客席は，主要構造部を耐火構造とした場合であっても，スプリンクラー設備等を設けなければ，1,500m^{2}以内ごとに区画しなければならない。

(3) 主要構造部を準耐火構造とした建築物で，3階以上の階に居室を有するものの昇降機の昇降路の部分とその他の部分は，原則として，準耐火構造の床若しくは壁または防火設備で区画しなければならない。

(4) 換気設備のダクトが準耐火構造の防火区画を貫通する場合においては，火災により煙が発生した場合または火災により温度が急激に上昇した場合に自動的に閉鎖する構造の防火ダンパーを設けなければならない。

解説

スプリンクラー設備を設けると，区画面積が$\frac{1}{2}$に緩和されます。

▶解答（2）

問4 建設業の許可に関する記述として,「建設業法」上，誤っているものはどれか。

(1) 特定建設業の許可を受けようとする建設業のうち，指定建設業は，土木工事業，建築工事業，電気工事業，管工事業および造園工事業の5業種である。

(2) 一般建設業の許可を受けようとする者は，許可を受けようとする建設業に係る建設工事に関して10年以上の実務の経験を有する者を，その営業所ごとに置く専任の技術者とすることができる。

(3) 工事一件の請負代金の額が500万円に満たない建設工事のみを請け負うことを営業とする者は，建設業の許可を受けなくてもよい。

(4) 特定建設業の許可を受けた者でなければ，発注者から直接請け負った建設工事を施工するために，建築工事業にあっては下請代金の額の総額が7,000万円以上となる下請契約を締結してはならない。

解説

設問に加え，鋼構造物工事業，舗装工事業の計7業種あります。

▶解答（1）

問5 請負契約に関する記述として,「建設業法」上，誤っているものはどれか。

(1) 注文者は，請負人に対して，建設工事の施工につき著しく不適当と認められる下請負人があるときは，あらかじめ注文者の書面等による承諾を得て選定した下請負人である場合を除き，その変更を請求することができる。

(2) 注文者は，工事一件の予定価格が5,000万円以上である工事の請負契約の方法が随意契約による場合であっても，契約の締結までに建設業者が当該建設工事の見積りをするための期間は，原則として，15日以上を設けなければならない。

(3) 元請負人は，その請け負った建設工事を施工するために必要な工程の細目，作業方法その他元請負人において定めるべき事項を定めようとするときは，あらかじめ，注文者の意見をきかなければならない。

(4) 請負人は，請負契約の履行に関し工事現場に現場代理人を置く場合に，注文者の承諾を得て，現場代理人に関する事項を，省令で定める情報通信の技術を利用する方法で通知することができる。

解説

あらかじめ，下請負人の意見をきかなければいけません。 ▶解答（3）

問6 次の記述のうち，「労働基準法」上，誤っているものはどれか。

(1) 満18才に満たない者を，足場の組立，解体または変更の業務のうち地上または床上における補助作業の業務に就かせてはならない。

(2) 満18才に満たない者を，高さが5m以上の場所で，墜落により危害を受けるおそれのあるところにおける業務に就かせてはならない。

(3) 満18才に満たない者を，原則として午後10時から午前5時までの間において使用してはならない。

(4) 満18才に満たない者を，単独で行うクレーンの玉掛けの業務に就かせてはならない。

解説

足場の組立，解体または変更の業務のうち地上または床上における補助作業の業務は，満18才に満たない者を就かせてもよいです。 ▶解答（1）

問1 建設業の事業場における安全衛生管理体制に関する記述として,「労働安全衛生法」上,誤っているものはどれか。

(1) 事業者は,常時10人の労働者を使用する事業場では,安全衛生推進者を選任しなければならない。
(2) 事業者は,常時50人の労働者を使用する事業場では,産業医を選任しなければならない。
(3) 事業者は,統括安全衛生責任者を選任すべきときは,同時に安全衛生責任者を選任しなければならない。
(4) 事業者は,産業医から労働者の健康を確保するため必要があるとして勧告を受けたときは,衛生委員会または安全衛生委員会に当該勧告の内容等を報告しなければならない。

解説

同時に元方安全衛生管理者を選任しなければいけません。 ▶解答 (3)

問2 「騒音規制法」上,指定地域内における特定建設作業の実施の届出に関する記述として,誤っているものはどれか。ただし,作業は,その作業を開始した日に終わらないものとする。

(1) 特定建設作業を伴う建設工事を施工しようとする者は,作業の実施の期間や騒音の防止の方法等の事項を,市町村長に届出をしなければならない。
(2) くい打機をアースオーガーと併用する作業は,特定建設作業の実施の届出をしなければならない。
(3) さく岩機の動力として使用する作業を除き,電動機以外の原動機の定格出力が15kW以上の空気圧縮機を使用する作業は,特定建設作業の実施の届出をしなければならない。

(4) 環境大臣が指定するものを除き，原動機の定格出力が70kW以上のトラクターショベルを使用する作業は，特定建設作業の実施の届出をしなければならない。

解説

設問の作業については，特定建設作業の実施の届出は不要です。

▶解答（2）

問3 貨物自動車を使用して分割できない資材を運搬する際に，「道路交通法」上，当該車両の出発地を管轄する警察署長の許可を必要とするものはどれか。ただし，貨物自動車は，軽自動車を除くものとする。

(1) 長さ11 mの自動車に，車体の前後に0.5 mずつはみ出す長さ12 mの資材を積載して運搬する場合。
(2) 荷台の高さが1 mの自動車に，高さ3 mの資材を積載して運転する場合。
(3) 積載する自動車の最大積載重量で資材を運搬する場合。
(4) 資材を看守するため必要な最小限度の人員を，自動車の荷台に乗せて運搬する場合。

解説

「積載物の高さは，3.8 mからその自動車の積載をする場所を減じたものを超えないこと」と規定されており，設問の場合は4.0 mで許可が必要です。

▶解答（2）

▶ 応用能力問題

問1 工事現場における材料の保管に関する記述として，不適当なものを2つ選べ。

(1) 車輪付き裸台で運搬してきた板ガラスは，屋内の床に，ゴム板を敷いて平置きで保管した。

(2) ロール状に巻いたカーペットは，屋内の乾燥した平坦な場所に，2段の俵積みで保管した。

(3) 高力ボルトは，工事現場受入れ時に包装を開封し，乾燥した場所に，使用する順序に従って整理して保管した。

(4) 防水用の袋入りアスファルトは，積重ねを10段以下にし，荷崩れに注意して保管した。

(5) プレキャストコンクリートの床部材は平置きとし，上下の台木が鉛直線上に同位置になるように積み重ねて保管した。

解説

車輪付き裸台で運搬してきた板ガラスは，縦置きのまま保管します。

高力ボルトは，種類ごとに整理して乾燥した場所に保管，施工直前に包装を開封します。

▶解答 (1)，(3)

問2 型枠工事に関する記述として，不適当なものを2つ選べ。

(1) 支保工以外の材料の許容応力度は，長期許容応力度と短期許容応力度の平均値とした。

(2) コンクリート打込み時に型枠に作用する鉛直荷重は，コンクリートと型枠による固定荷重とした。

(3) 支柱を立てる場所が沈下するおそれがなかったため，脚部の固定と根がらみの取付けは行わなかった。

(4) 型枠の組立ては，下部のコンクリートが有害な影響を受けない材齢に達してから開始した。

(5) 柱型枠の組立て時に足元を桟木で固定し，型枠の精度を保持した。

解説

コンクリート打設時の鉛直荷重は，固定荷重＋積載荷重で算出します。

支柱を立てる場所が沈下するおそれがなくても，脚部の固定と根がらみの取付けは必要です。

▶解答 (2)，(3)

問3 コンクリートの養生に関する記述として，不適当なものを2つ選べ。ただし，計画供用期間の級は標準とする。

(1) 打込み後のコンクリートが透水性の小さいせき板で保護されている場合は，湿潤養生と考えてもよい。

(2) コンクリートの圧縮強度による場合，柱のせき板の最小存置期間は，圧縮強度が3N/mm^{2}に達するまでとする。

(3) 普通ポルトランドセメントを用いた厚さ18 cm以上のコンクリート部材においては，コンクリートの圧縮強度が10N/mm^{2}以上になれば，以降の湿潤養生を打ち切ることができる。

(4) コンクリート温度が2 ℃を下回らないように養生しなければならない期間は，コンクリート打込み後2日間である。

(5) 打込み後のコンクリート面が露出している部分に散水や水密シートによる被覆を行うことは，初期養生として有効である。

解説

コンクリートの圧縮強度による場合，柱のせき板の最小存置期間は，圧縮強度が5N/mm^{2}に達するまでとします。

コンクリート温度が2℃を下回らないように養生しなければならない期間は，原則として，コンクリート打込み後5日間と定められています。

▶解答 (2)，(4)

問4 軽量鉄骨壁下地に関する記述として，不適当なものを2つ選べ。

(1) スタッドは，上部ランナーの上端とスタッド天端との隙間が15 mmとなるように切断した。

(2) ランナーは，両端部を端部から50 mm内側で固定し，中間部を900 mm間隔で固定した。

(3) 振れ止めは，床ランナーから1,200 mm間隔で，スタッドに引き通し，固定した。

(4) スペーサーは，スタッドの端部を押さえ，間隔600 mm程度に留め付けた。

(5) 区分記号65形のスタッド材を使用した袖壁端部の補強材は，垂直方向の長さが4.0 mを超えたため，スタッド材を2本抱き合わせて溶接したものを用いた。

解説

スタッドは，上部ランナーの上端とスタッド天端との隙間が10 mm以下となるように切断します。

区分記号65形のスタッド材を使用した袖壁端部は，垂直方向の補強材の長さが4.0 mを超える場合，補強材を2本抱き合わせて溶接したもので補強します。

▶解答 (1)，(5)

問5 コンクリート素地面の塗装工事に関する記述として，不適当なものを2つ選べ。

(1) アクリル樹脂系非水分散形塗料塗りにおいて，気温が20℃であったため，中塗りの工程間隔時間を2時間とした。

(2) 常温乾燥形ふっ素樹脂エナメル塗りにおいて，塗料を素地に浸透させるため，下塗りはローラーブラシ塗りとした。

(3) 2液形ポリウレタンエナメル塗りにおいて，塗料は所定の可使時間内に使い終える量を調合して使用した。

(4) 合成樹脂エマルションペイント塗りにおいて，流動性を上げるため，有機溶剤で希釈して使用した。

(5) つや有り合成樹脂エマルションペイント塗りにおいて，塗装場所の気温が5℃以下となるおそれがあったため，施工を中止した。

解説

アクリル樹脂系非水分散形塗料塗りにおいて，気温が20℃のときは，中塗りの工程間隔時間を3時間以上とします。

合成樹脂エマルションペイントは水系塗料です。流動性（塗りやすさ）を求める場合の希釈は水を使用します。

▶解答（1），(4)

問6 鉄筋コンクリート造建築物の小口タイル張り外壁面の調査方法と改修工法に関する記述として，不適当なものを2つ選べ。

(1) 打診法は，打診用ハンマーなどを用いてタイル張り壁面を打撃して，反発音の違いから浮きの有無を調査する方法である。

(2) 赤外線装置法は，タイル張り壁面の内部温度を赤外線装置で測定し，浮き部と接着部における熱伝導の違いにより浮きの有無を調査する方法で，天候や時刻の影響を受けない。

(3) タイル陶片のひび割れ幅が0.2 mm以上であったが，外壁に漏水や浮きが見られなかったため，当該タイルを斫って除去し，外装タイル張り用有機系接着剤によるタイル部分張替え工法で改修した。

(4) 外壁に漏水や浮きが見られなかったが，目地部に生じたひび割れ幅が0.2 mm以上で一部目地の欠損が見られたため，不良目地部を斫って除去し，既製調合目地材による目地ひび割れ改修工法で改修した。

(5) 構造体コンクリートとモルタル間の浮き面積が1か所当たり0.2 m^2程度，浮き代が1.0 mm未満であったため，アンカーピンニング全面セメントスラリー注入工法で改修した。

解説

赤外線装置法は，赤外線を使用するため，天候や時刻の影響を受けやすいです。

浮き面積が1か所当たり0.25 m^2未満の部分は，アンカーピンニング部分エポキシ樹脂注入工法を採用します。　▶解答 (2)，(5)

第二次検定

第１章

施工経験記述

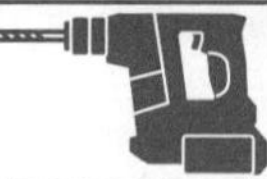

CASE 1 施工経験記述のポイント

まとめ & 丸暗記　この節の学習内容とまとめ

- □ 工事名：
  工事名は，「△△ビル新築工事」，「△△小学校改修工事」などのように固有名詞を入れて表現する
- □ 工事場所：
  工事場所は，「東京都新宿区西新宿△丁目△－△」など，実際にある国内の地名を記入する
- □ 建物用途：
  「事務所」，「小学校」，「共同住宅」など，建築基準法の用途を記入する
- □ 構造：「鉄筋コンクリート造」，「鉄骨造」などのように記入する
- □ 延べ面積または施工数量：
  「延べ面積△△△△ m^2」，「延べ面積△△△△ m^2のうち増築部分△△△ m^2」などと記入する
- □ 主な外部仕上げ：
  「磁器質タイル張り」，「窯業系サイディング張り」などと記入する
- □ 主要室の内部仕上げ：
  「床：複合フローリング張り，壁・天井：PB下地の上ビニルクロス張り」など，内部の床，壁，天井の仕上げを記入する
- □ 工期：年号または西暦で年月まで記入する
- □ あなたの立場：
  「現場主任」，「現場代理人」，「主任技術者」，「監理技術者」などと記入する

施工経験記述の書き方

1 施工経験記述

施工経験記述では，今まで自ら経験してきた建築工事について，具体的に記述する必要があります。工事概要では，工事名や工事内容など，受験前にあらかじめ記入する物件を決めておきます。

①工事名

工事名は，「△△ビル新築工事」，「△△小学校改修工事」などのように固有名詞を入れて表現します。

実際に施工した時期は，法令関係からみると直近の方がよいのですが，過去10年くらい前までの建築工事で，建築一式で4,500万円以上，それ以外の工事で3,000万円以上の規模が望ましいです（監理技術者配置条件の法令改正前の金額を参考）。

「土木工事」，「設備工事」，「造園工事」などは建築工事ではないので，記入できません。

②工事場所

工事場所は，「東京都新宿区西新宿△丁目△－△」などのように，実際にある国内の地名を記入します。

③工事の内容（新築・増築工事の場合）

●建物用途

「事務所」，「小学校」，「共同住宅」など，建築基準法の用途を記入し，住宅など，規模の小さな建物はできるだけ避けるようにします。

●構造

「鉄筋コンクリート造」や「鉄骨造」などと記入します。「RC造」などとすることもできます。

●階数

「地下△階」,「地上△階」,「増築部分地上△階建」などと記入します。「B△F」,「△F」とすることもできます。

●延べ面積または施工数量

「延べ面積△△△△m^2」,「延べ面積△△△△m^2のうち増築部分△△△m^2」などと記入します。

面積が小さすぎる物件はできるだけ採用しないようにし，間違えて「建築面積」を記入しないようにしましょう。

●主な外部仕上げ

「磁器質タイル張り」,「窯業系サイディング張り」などと記入します。

●主要室の内部仕上げ

「床：複合フローリング張り，壁・天井：PB下地の上ビニルクロス張り」など，内部の床，壁，天井の仕上げを記入します。仮に工事を担当していなくても，必ず記入しましょう。

④工事の内容（改修工事の場合）

●建築用途

新築・増築の場合と同様です。

●主な改修内容

「屋上アスファルト防水改修」,「外装タイル張替え改修」などと記入します。

●施工数量

「屋上アスファルト防水改修△△△m^2」,「外装タイル張替え改修△△△m^2」などと記入します。

●建物規模

「構造」,「階数」,「延べ面積」などを記入します。

⑤工期

年号または西暦で年月まで記入します。また，試験当日までに工事が完了している必要があります。

⑥あなたの立場

「現場主任」,「現場代理人」,「主任技術者」,「監理技術者」などと記入します。「工事部長」など会社内の役職での記載は避け，主任を「主人」，監督を「官督」というような漢字の書き間違いに気をつけます。

2 記述の際の注意点と記入例

●記述時の注意点

・字の上手へたは気にせず，採点者が読みやすいよう丁寧に記入します。
・漢字などの書き間違いは大きな減点につながります。
・記入の際は，工事の契約書の情報をもとにします。
・内容に矛盾がないよう正しい情報を記入します。
・文体は「です・ます調」ではなく，「だ・である調」での統一が一般的です。
・終わった工事についての説明なので，文章の語尾は過去形にします。
・理由を説明する場合は「〜したため」で統一します。
・記入漏れや未記入は，厳禁です。

記入例（新築工事の場合）

<table>
<tr><td rowspan="4">工事概要</td><td>工事名</td><td colspan="3">〇〇〇ビル新築工事</td></tr>
<tr><td>工事場所</td><td colspan="3">東京都新宿区西新宿△丁目△−△</td></tr>
<tr><td>工事の内容</td><td colspan="3">事務所，鉄骨造，地上６階，延べ面積4,850 m²
外壁：メタルカーテンウォール，ALC外壁パネルの上複層仕上げ塗材仕上げ，床：OAフロアの上タイルカーペット張り，壁：PB下地の上ビニルクロス張り，天井：岩綿吸音板張り</td></tr>
<tr><td>工　期</td><td>20〇〇年12月
〜20〇〇年８月</td><td>あなたの立場</td><td>工事主任</td></tr>
</table>

CASE 2 施工経験記述・参考例

まとめ & 丸暗記　この節の学習内容とまとめ

■ 品質管理

□ コンクリート工事
　要求された品質：ひび割れのない密実なコンクリート
　品質管理項目　：コンクリート打設の管理

□ 防水工事
　要求された品質：漏水のない防水層づくり
　品質管理項目　：下地の突起物除去，乾燥確認

■ 施工の合理化

□ 鉄筋工事（配筋）
　原因と実施内容：天候不順により，工程の遅延が想定されたため，直組鉄筋工法から先組鉄筋工法に変更した

□ 内装工事（プラスターボード張り）
　原因と実施内容：作業スペースが確保できないため，プラスターボードをプレカットした

■ 建設副産物対策

□ 型枠工事
　計画・実施した内容：基礎や地中梁などに使用する型枠を木製型枠からラス型枠に変更した
　結果と波及効果　　：型枠回収作業がなくなり，省力化・工期短縮

施工経験記述

1 施工経験記述

テーマは「品質管理」，「施工の合理化」，「建設副産物対策」の3つが主な出題となっています。それぞれの記述例を次に示します。

2 品質管理

例題と解答例

1. あなたが経験した建築工事のうち，重点的に品質管理を実施した事例を1つあげ，次の①から③について具体的に記述しなさい。

① 工種名，要求された品質およびその品質を実現させるために設定した品質管理項目

② ①の品質管理項目を設定した理由

③ ①の品質管理項目について，実施した内容および留意した内容

①	工種名	コンクリート工事
	要求された品質	ひび割れのない密実なコンクリート
	品質管理項目	コンクリート打設の管理
②	設定した理由	適切なコンクリートの打設により，コンクリートのひび割れ，じゃんか，コールドジョイントの防止につながるため。
③	実施した内容および留意した内容	壁面では，型枠の外側から振動を与え，柱や梁では，生コン内に差し込み，振動を与えるバイブレーターを使用し，密実なコンクリートになるよう留意した。

鉄筋工事
要求された品質：
耐久性のある躯体
品質管理項目：
かぶり厚さの確保

防水工事
要求された品質：
漏水のない防水層づくり
品質管理項目：
下地の突起物除去，乾燥確認

3 施工の合理化

例題と解答例

1. あなたが経験した建築工事のうち，あなたが計画した施工の合理化の事例を1つあげ，それぞれの事例について，次の①から④を具体的に記述しなさい。

① 工種または部位等

② 施工の合理化が必要となった原因と実施した内容

③ 実施する際に確保しようとした品質と留意事項

④ 実施したことにより施工の合理化ができたと考えられる理由

事例1	
事例1	**①工種または部位等**：鉄筋工事(配筋)
	②原因と実施内容：天候不順により，工程の遅延が想定されたため，直組鉄筋工法から先組鉄筋工法に変更した。
	③品質と留意事項：直組鉄筋工法は天候に左右されるため，先組鉄筋工法により，設計図通りの高い精度と，工期短縮に留意した。
	④理由：直組鉄筋工法で進める場合，悪天候による工程の遅延や，突貫工事により，求められている精度が担保されない可能性があったが，工場内での組立てにより，高い精度の実現と，現場作業時間の短縮につながったため。

●その他のキーワード

- **型枠工事（基礎）**：型枠解体作業削減のため，フラットデッキを採用
- **内装工事（プラスターボード張り）**：現場の作業スペースが確保できないため，プラスターボードをプレカットした。
- **塗装工事（木部）**：工期短縮のため，オーダー家具や木製建具の塗装を工場塗装とした。

4 建設副産物対策

例題と解答例

1. 工事概要であげた工事において，あなたが計画し実施した建設副産物対策のうちから発生抑制について1つ，再生利用について1つあげ，次の①から③の事項についてそれぞれ具体的に記述しなさい。

ただし，②の「計画・実施した内容」はそれぞれ異なる内容の記述とする。

① 工種名　② 計画・実施した内容

③ 結果と波及効果

建設副産物対策	発生抑制	①工種名	型枠工事
②計画・実施した内容	基礎や地中梁などに使用する型枠を木製型枠からラス型枠に変更した。		
③結果と波及効果	型枠の回収作業がないため，省力化や工期の短縮につながった。		
建設副産物対策	再生利用	①工種名	コンクリート工事
②計画・実施した内容	施工現場の解体作業で発生したコンクリートがらを仮設道路の路盤材として使用した。		
③結果と波及効果	コンクリートがらの処分費を削減し，仮設道路の路盤材の購入費を抑えられた。		

●その他のキーワード

・**金属工事（発生抑制）**：軽量鉄骨下地材をあらかじめ必要寸法を工場で加工し，現場廃材の発生抑制につなげた。

・**大工工事（再生利用）**：壁・天井の下地材（木材）

直組み鉄筋工法
柱や梁など，鉄筋を組み立てる必要箇所で直接鉄筋を組み立てることです。

先組み鉄筋工法
現場の鉄筋の組立て場所以外の場所で，鉄筋をあらかじめ加工，組立てを行うことです。

や，コンパネの端材など，種類ごとに分別し，木くずの回収業者に回収・再生をお願いした。

チャレンジ問題！

問1　難　中　易

建設業においては，高度成長期に大量に建設された建築物の更新や解体工事に伴う建設副産物の発生量の増加が想定されることから，建設副産物対策への更なる取り組みが求められている。

あなたが経験した建築工事のうち，施工に当たり建設副産物対策を施工計画の段階から検討し実施した工事を1つ選び，工事概要を具体的に記述したうえで，次の（1）および（2）の問いに答えなさい。

なお，建築工事とは，建築基準法に定める建築物に係る工事とし，建築設備工事を除くものとする。

〔工事概要〕

イ．工事名

ロ．工事場所

ハ．工事の内容

新築等の場合：建物用途，構造，階数，延べ面積または施工数量，主な外部仕上げ，主要室の内部仕上げ

改修等の場合：建物用途，建物規模，主な回収内容および施工数量

ニ．工期（年号または西暦で年月まで記入）

ホ．あなたの立場

(1) 工事概要であげた工事において，あなたが実施した建設副産物対策に係る3つの事例をあげ，それぞれの事例について，次の①から④を具体的に記述しなさい。

ただし，3つの事例の③および④はそれぞれ異なる内容の記述とする。

なお，ここでいう① 建設副産物対策は，発生抑制，再使用または再生利用とし，重複して選択してもよい。

①建設副産物対策（該当するものを1つ○で囲むこと）

②工種名等

③対策として実施したことと実施に当たっての留意事項

④実施したことによって得られた副次的効果

(2) 工事概要であげた工事にかかわらず，あなたの今日までの工事経験に照らして，（1）で記述した内容以外の建設副産物対策として，建設廃棄物の適正な処理の事例を2つあげ，対策として実施したことと，それらを適切に実施するための留意事項を具体的に記述しなさい。

ただし，2つの事例は異なる内容の記述とする。

解答例

解答例は，あくまでも1つの事例・参考です。自身の経験に基づいて事前に練習を重ねましょう。

<table>
<tr><td rowspan="5">工事概要</td><td colspan="2">工事名</td><td colspan="3">○○○ビル新築工事</td></tr>
<tr><td colspan="2">工事場所</td><td colspan="3">東京都新宿区西新宿△丁目△－△</td></tr>
<tr><td colspan="2">工事の内容</td><td colspan="3">事務所，鉄骨造，地上６階，延べ面積 4,850 m²
外壁：メタルカーテンウォール，ALC外壁パネルの上複層仕上げ塗材仕上げ，床：OAフロアの上タイルカーペット張り，壁：PB下地の上ビニルクロス張り，天井：岩綿吸音板張り</td></tr>
<tr><td colspan="2">工　期</td><td>20○○年 12 月～
20○○年 8 月</td><td>あなたの立場</td><td>工事主任</td></tr>
<tr></tr>
<tr><td rowspan="3">問1</td><td rowspan="3">(1) 事例1</td><td>①建設副産物対策</td><td>発生抑制（○印）, 再使用
再生利用</td><td>②工種名等</td><td>鉄骨工事</td></tr>
<tr><td>③実施したことと留意事項</td><td colspan="3">現場廃材となりやすい木製型枠の発生を抑制するために，木製型枠から鋼製デッキプレートに変更し，すき間が発生しないよう留意した。</td></tr>
<tr><td>④副次的効果</td><td colspan="3">鋼製デッキプレートに変更することにより，支保工の設置や解体の必要がなくなり，工期の短縮にもつながった。</td></tr>
</table>

<table>
<tr><td rowspan="8">問1</td><td rowspan="3">(1)事例2</td><td>①建設副産物対策</td><td>発生抑制，(再使用)
再生利用</td><td>②工種名等</td><td>土工事</td></tr>
<tr><td>③実施したことと留意事項</td><td colspan="3">基礎工事などで発生する掘削土を敷地内に仮置きし，基礎完了後の埋戻し土として再利用した。</td></tr>
<tr><td>④副次的効果</td><td colspan="3">現場で発生する掘削土が減ることで，運搬車両の出入りが減り，近隣への騒音・振動を減らすことができた。</td></tr>
<tr><td rowspan="3">(1)事例3</td><td>①建設副産物対策</td><td>発生抑制，再使用
(再生利用)</td><td>②工種名等</td><td>内装工事</td></tr>
<tr><td>③実施したことと留意事項</td><td colspan="3">リサイクル処理するために，せっこうボードの端材を入れるための専用コンテナを設置し，せっこうで汚れないように周囲を養生した。</td></tr>
<tr><td>④副次的効果</td><td colspan="3">廃棄するせっこうボードを削減でき，再生利用により処分費の削減につながった。</td></tr>
<tr><td>(2)事例1</td><td>実施したことと留意事項</td><td colspan="3">現場で発生する金属端材を，アルミ，鉄，ステンレスなど種類別に集積できるように環境を整備し，回収業者へ処理をお願いした。</td></tr>
<tr><td>(2)事例2</td><td>実施したことと留意事項</td><td colspan="3">現場で発生する梱包用の段ボールを，その他の廃棄物と区分けし，古紙回収業者へ処理をお願いした。</td></tr>
</table>

第二次検定

第2章

施工全般

第2章 施工全般

CASE 1 仮設工事・災害防止

まとめ & 丸暗記　この節の学習内容とまとめ

■ 仮設工事

□ 鋼板製仮囲い（ゲートおよび通用口を除く）：
工事現場の敷地内から残土や雨水などが出ないように，幅木を設置し，すき間のないような構造とする

□ 仮設事務所：仮設事務所は工事現場にできるだけ近く，現場の状況が見渡せる位置に計画する

□ 外部枠組足場：足場の壁つなぎの間隔は，垂直方向９ｍ以下，水平方向８ｍ以下

□ 起伏式（ジブ）タワークレーン：
タワークレーンの設置は，立地条件，施工条件，機械の種類・能力などを考慮し，計画する

□ 建設用リフト：リフトは過積載にならないよう，最大積載荷重などの表示を行う

□ 交流アーク溶接機：溶接機の使用前に絶縁用保護具などの検査を行う

■ 災害防止

□ 墜落・転落による災害：
足場は，手すり先行足場を採用し，階段，登り桟橋などに手すりや中桟，幅木を設置する

□ 飛来・落下災害：資材などの落下防止のため，防護棚（朝顔）や防護構台を設置する

仮設工事・災害防止

1 仮設工事

建築工事における仮設工事などの設置計画に対する検討事項や安全点検事項などについて，次に示します。

①設置計画の検討・留意事項・安全点検事項

●鋼板製仮囲い（ゲートおよび通用口を除く）

・工事現場の敷地内から残土や雨水などが出ないよう幅木を設置し，すき間のないような構造とします。

・打込み材が風圧に対して十分な根入れ長さになっているか確認します。

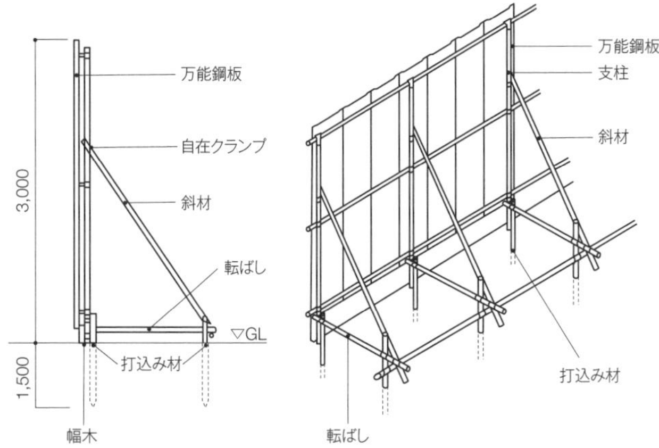

鋼板製仮囲い

●ゲート（車両出入口）

・扉は内開きや引き戸など，外部へ開かない構造のものとします。

・工事車両が搬出入できる有効な高さや幅とします。

●外部枠組足場

・壁つなぎの間隔は，垂直方向9ｍ以下，水平方向

仮設事務所

仮設事務所は工事現場にできるだけ近く，現場の状況が見渡せる位置に計画します。
工事中に支障がなく，工事終了まで移動しない位置を選定します。

仮設電力設備

仮設電力の供給は，施工計画に基づく工事用機器の使用計画などをもとに受電容量を検討します。
また，通路や道路面の配線の横断は原則禁止ですが，やむを得ず横断する場合は，絶縁被覆が損傷しないよう対策を講じます。

8m以下とします。

・最上層，5層以内ごとに水平材の補強を行います。

●移動式足場（ローリングタワー）

・作業床や昇降設備などの不備，接続部の緩みがないか，実施予定の作業が最大積載荷重を超えていないかなどの確認を行います。

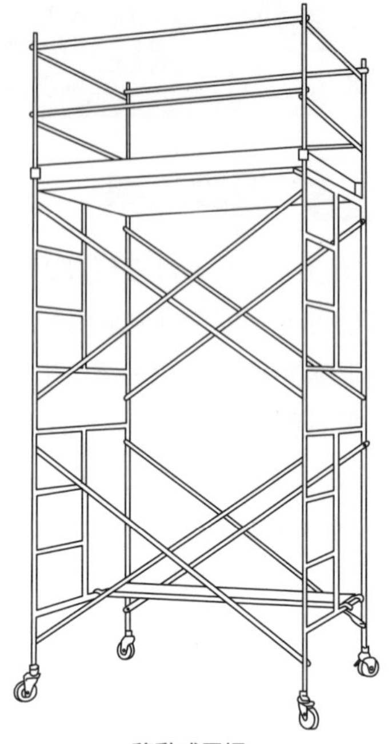

移動式足場

●場内仮設道路

・工事車両の動線と，作業員の動線はできるだけ分離させます。

・通行する重機の荷重，車幅などを調べ，必要に応じて補強します。

●荷受け構台

・荷揚げ材料の重量，荷受け構台に作用する風圧力などに耐えられる構造とします。

・工事の進捗による移転が必要な場合は組立て，解体が容易な構造とします。

起伏式（ジブ）タワークレーン

●起伏式（ジブ）タワークレーン

・クレーンの設置は，立地条件，施工条件，機械の種類・能力などを考慮し，計画します。

・クレーンの能力を超えて使用しないよう，揚重条件に合う荷重計画を行います。

●移動式クレーン

・ブレーキ，クラッチおよびコントローラーの機能の異常の有無を確認します。

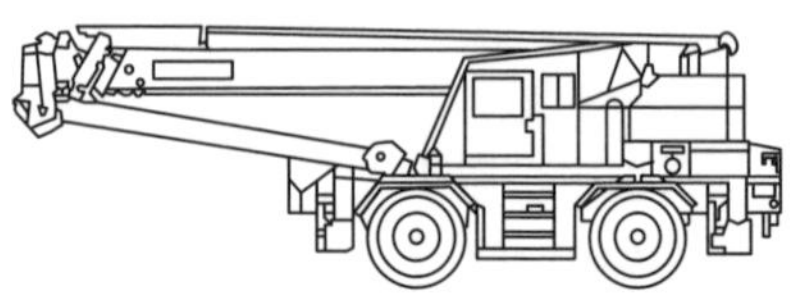

移動式クレーン

・巻過防止装置，過負荷警報装置その他の警報装置の異常の有無を確認します。

● 高所作業車

（クローラ式の垂直昇降型）

・作業範囲内に関係者以外の立入りを禁止します。

・荷物や搭乗者などの過積載に注意します。

● 工事用エレベーター

・昇降路は，荷物や人の落下などを防止するため，外周にネットなどを設置します。

・過積載に注意し，最大積載荷重などの表示を行います。

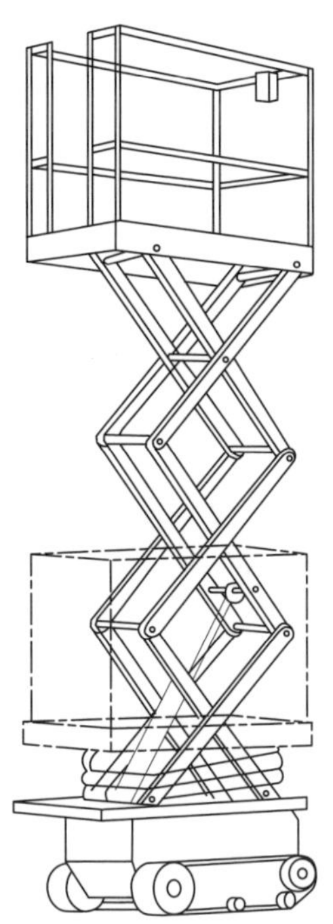

高所作業車

● 吊り足場

・床材は転位・脱落のないように足場桁，スターラップなどに取り付けます。

・作業床の幅は40 cm以上とし，すき間がないように留意します。

● バックホウ（バケット容量0.5 m^3程度）

・バックホウの回転範囲への立入りを禁止します。

・地盤沈下，掘削路肩の崩落による転落に注意した作業位置とします。

● ロングスパンエレベーター

・定期点検が実施されているか確認します。

・自動落下防止装置などの安全装置が正常に作動するか確認します。

● 建設用リフト

・過積載にならないよう，最大積載荷重などの表示を

仮設ゴンドラ

ゴンドラの積載荷重や定格速度などを確認し，工事予定の現場に適しているか確認します。

ゴンドラの作業範囲内に関係者以外が立ち入らないよう，仮囲いなどを設け，立入禁止の措置を行います。

交流アーク溶接機

溶接機は使用前に絶縁用保護具などの検査を行います。

自動電撃防止装置，感電防止用漏電しゃ断装置の動作確認を行います。

行います。
・転落・墜落防止装置の設置や動作を確認します。

2 災害防止

建築工事現場で災害発生のおそれのある作業や状況についての防止対策を次に示します。

①墜落・転落による災害

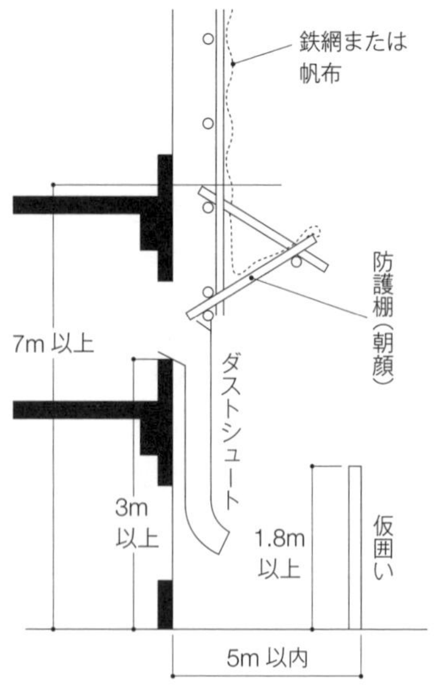

・足場は，手すり先行足場を採用し，階段，登り桟橋などに手すりや中桟，幅木を設置します。
・親綱と安全帯の適切な使用を徹底させます。

②飛来・落下災害

・資材などの落下防止のため，防護棚（朝顔）や防護構台を設置します。
・ごみなどの飛散防止のため，ダストシュートを用います。

③崩壊・倒壊災害

・掘削作業での崩壊防止のため，地盤の調査をあらかじめ行います。
・型枠支保工の組立て作業において，支保工の脚部は根がらみ，足場板などへの固定を行います。

④電気による災害

・溶接機などの使用による感電防止のため，自動電撃防止装置を接続します。
・作業を行う際，絶縁用保護具の使用を徹底します。

⑤車両系建設機械による災害

・移動式クレーンによる荷揚げでは，法面の崩落などが発生しやすい場所への設置はしません。
・つり上げ用専用金具については，ロック機構を設けます。

チャレンジ問題！

問1　難　**中**　易

建築工事における次の（1）から（3）の仮設物について，設置計画の作成に当たり，留意または検討すべき事項をそれぞれ2つ具体的に記述しなさい。

ただし，解答はそれぞれ異なる内容の記述とし，申請手続，届出および運用管理に関する記述は除くものとする。また，使用資機材に不良品はないものとする。

(1) つり足場
(2) 起伏式（ジブ）タワークレーン
(3) 仮設ゴンドラ

解答例

以下は解答例ですが，学科で学習した内容も含め，キーワードを覚えて，具体的に記述できるようにしましょう。

(1)	事項1	床材は転位・脱落のないように足場桁，スターラップなどに取り付けること。
	事項2	作業床の幅は40 cm以上とし，すき間がないように留意する。
(2)	事項1	クレーンの設置は，立地条件，施工条件，機械の種類・能力などを考慮し，計画する。
	事項2	クレーンの能力を超えて使用しないよう，揚重条件に合う荷重計画を行う。
(3)	事項1	ゴンドラの作業範囲内に関係者以外が立ち入らないよう，仮囲いを設けるなど，立入禁止の措置に留意する。
	事項2	現場で要求される積載荷重，定格速度などの能力に見合うゴンドラを検討する。

第2章  施工全般

CASE 2

躯体工事

まとめ & 丸暗記　この節の学習内容とまとめ

□ 根切り工事：
根切り工事において，掘削底面やその直下に難透水層がある場合，その下にある被圧地下水により掘削底面が持ち上がる現象を盤ぶくれという

□ オールケーシング工法：
場所打ちコンクリート杭地業のオールケーシング工法における掘削は，ケーシングチューブを揺動(ようどう)，回転圧入し，土砂の崩壊を防ぎながら，ハンマーグラブにより掘削する

□ 鉄筋のガス圧接：
ガス圧接の技量資格種別が１種の圧接作業可能範囲は，異形鉄筋の場合，呼び名D25以下とする

□ コンクリートの側圧：
型枠に作用するコンクリートの側圧は，打ち込んだコンクリートと型枠表面との摩擦係数が小さいほど，液体圧に近くなり，最大側圧は大となる

□ 高い位置からのコンクリートの打込み：
たて形シュートを用いる場合，その投入口と排出口との水平方向の距離は，垂直方向の高さの約$\frac{1}{2}$倍以下とする

□ スタッド溶接の検査：
スタッド溶接後の仕上がり高さおよび傾きの検査は，100本または主要部材１本もしくは１台に溶接した本数のいずれか少ないほうを１ロットとし，１ロットにつき１本行う

躯体工事

1 出題

躯体工事では，施工に対する管理項目や留意事項の知識が求められます。文章中の間違いを探し正しい語句を記入する形式と，指定の工事に対し管理事項や留意事項を記述する形式があります。ここでは過去に出題された問題を中心に各工事のポイントを示します。

2 地盤調査

①平板載荷試験

地盤の変形および支持力特性を調べるための試験で，直径30 cmの円形の鋼板にジャッキによる垂直荷重を与え，載荷圧力，載荷時間，沈下量を測定します。また，試験結果より求められる支持力特性は，載荷板直径の1.5～2.0倍の深さの地盤が対象となります。

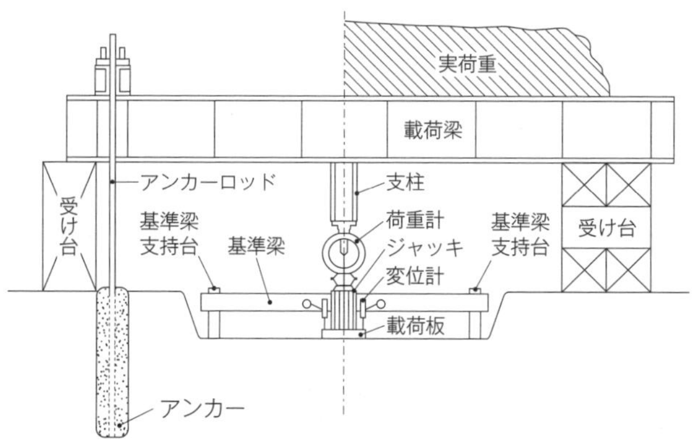

※公益社団法人　地盤工学会　「地盤工学・実務シリーズ30」P36，土の締め固め　より作成

平板載荷試験の注意点

試験地盤に礫が混入する場合には，礫の最大直径が載荷板直径の$\frac{1}{5}$程度を目安とし，この条件を満たさない場合は大型の載荷板を用いることが望ましいです。

試験地盤は，半無限の表面を持つとみなせるよう載荷板の中心から載荷板直径の3倍以上の範囲を水平に整地します。

計画最大荷重の値は，試験の目的が設計荷重を確認することにある場合は，長期設計荷重の3倍以上に設定する必要があります。

3 土工事・山留め工事

①根切り工事

根切り工事において，掘削底面付近の砂質地盤に上向きの浸透流が生じ，この水の浸透力が砂の水中での有効重量より大きくなり，砂粒子が水中で浮遊する状態をクイックサンドといいます。

クイックサンドが発生し，沸騰したような状態でその付近の地盤が崩壊する現象をボイリングといいます。また，掘削底面やその直下に難透水層があり，その下にある被圧地下水により**掘削底面が持ち上がる現象を盤ぶくれ**といいます。　**※ヒービングとの違いに注意。**

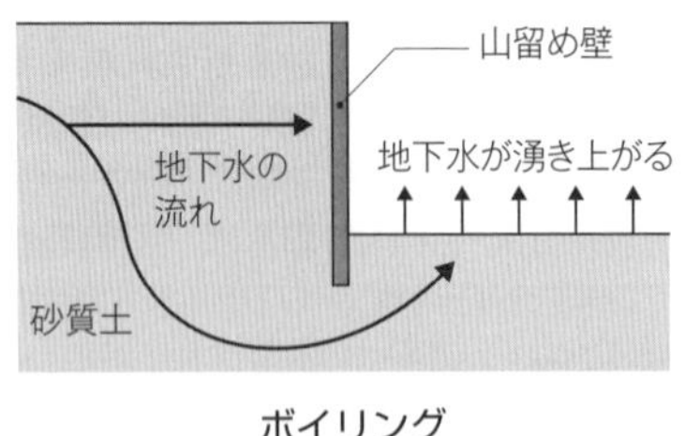

ボイリング

盤ぶくれ

機械式掘削での根切りは，床付け面を乱さないよう，通常床付け面上30～50 cmの土を残し，手掘りか，ショベルの刃を**平状**に替え掘削します。

床付け面を乱してしまった場合は，礫や砂質土であれば**転圧**（**水締めは間違い**）で締め固め，粘性土であれば礫や砂質土などの良質土に**置換**するか，セメントや石灰などによる**地盤改良**を行います。また，杭間地盤の掘りすぎや，かき乱しは，杭の**水平抵抗力**に悪影響を与えるため行いません。

②排水工法

地下水処理工法における**ディープウェル工法**やウェルポイント工法などの排水工法は，地下水の揚水によって水位を必要な位置まで低下させる工法であり，地下水位の低下量は，**揚水量**や地盤の**透水性**によって決まります。

必要揚水量が非常に多い場合，対象とする帯水層が深い場合や帯水層が砂礫層である場合には，**ディープウェル工法**が採用されます。

③山留め工事

山留め支保工において，地盤アンカーを用いる際に，敷地境界線からアンカー部分が出る場合，隣地の敷地所有者などの許可を得て施工します。また，アンカーの引抜き応力は設計耐力の1.1倍以上であることを全数確認します。

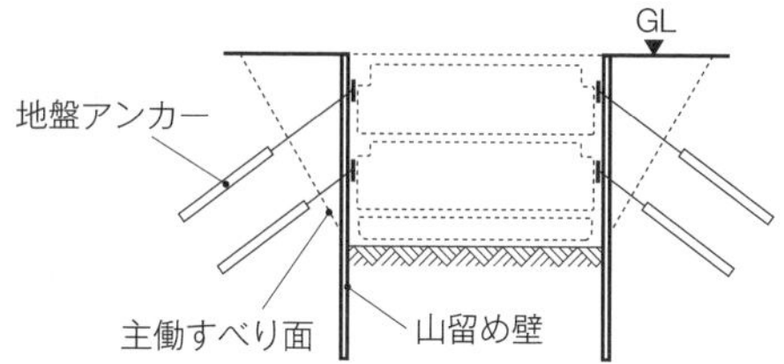

地盤アンカー工法

親杭横矢板工法における，横矢板の設置について，施工上の留意事項は，地盤を掘削後，地盤が緩まないうちに横矢板の設置を速やかに行ったり，横矢板の設置後は，横矢板の裏側に裏込め材を十分充填します。

4 地業工事

①オールケーシング工法

場所打ちコンクリート杭地業のオールケーシング工法における掘削は，ケーシングチューブを揺動，回転圧入し，土砂の崩壊を防ぎながら，ハンマーグラブにより掘削します。

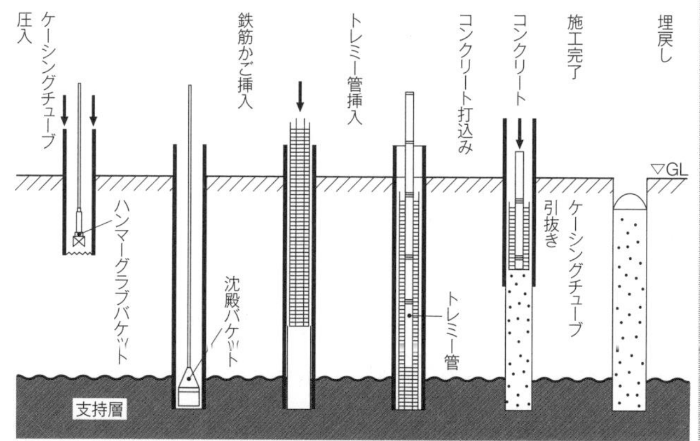

オールケーシング工法

プレロード導入の注意点
山留め工事において，切梁にプレロードの導入をするときは，切梁交差部の締付けボルトを緩めた状態で行うので，切梁が蛇行しないようにずれ止めを設けます。上下に交差して切梁を架設した場合は，下段切梁からプレロードの導入を行いますが，一度に両方向のずれ止めを取り付けると切梁の動きが拘束され，切梁が蛇行するなどの悪影響が起こるため，上下２度に分けて取り付ける必要があります。また，プレロードの導入に際し，同一方向の切梁はなるべく同時に加圧します。

埋込み工法の注意点
既製コンクリート杭の埋込み工法における，支持力を確保するための施工管理上の確認方法には，オーガーの駆動装置の抵抗値を確認したり，掘削土を採取し，土質を確認する方法があります。

常水面以下に細かい砂層が5m以上ある場合は，ケーシングチューブの外面を伝って下方に流れる水の浸透流や揺動による振動によって，周囲の砂が締め固められケーシングチューブが動かなくなることがあるので注意します。

支持層の確認は，ハンマーグラブでつかみ上げた土砂を土質柱状図および土質資料と対比して行います。

1次スライム処理は，孔内水が多い場合には，沈殿バケットを用いて処理し，コンクリート打込み直前までに沈殿物が多い場合には，2次スライム処理を行います。

②アースドリル工法

アースドリル工法は，アースドリル機のケリーバーの中心を杭心に正確に合わせ，機体を水平に据え付け，掘削孔が鉛直になるまでは慎重に掘削を行い，表層ケーシングを鉛直に立て込みます。ドリリングバケットを回転させることにより，杭孔を掘削します。

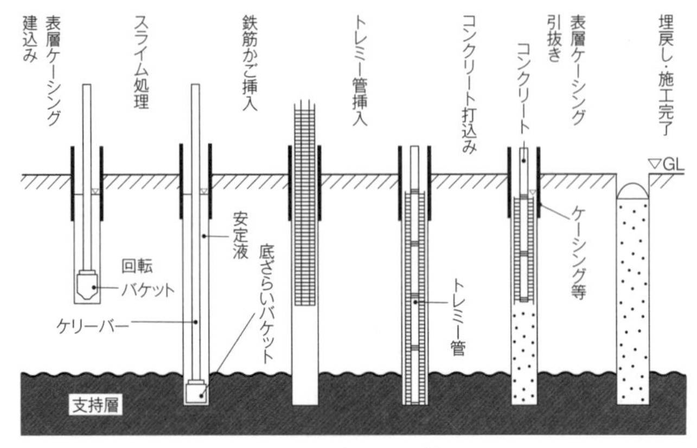

アースドリル工法

一般に掘削孔壁の保護は，地盤表層部はケーシングにより，ケーシング下端以深は，ベントナイトやCMC，分散剤などを主体とする安定液によりできるマッドケーキ（不透水膜）と水頭圧により保護します。

分散剤は液の劣化を防ぎ，繰り返し使用を可能にするものです。安定液の配合は，必要な造壁性や比重のもので，短時間に砂分を沈降させるため，できるだけ低粘度のものとするのがよいです。なお，粘性はファンネル粘性で表されますが，その数字が大きいほど粘性は高くなります。

スライム処理の施工上の留意事項については，コンクリート打設前に**水中ポンプ方式**や**エアーリフト方式**で除去します。

安定液の施工上の留意事項については，杭壁の崩壊を防ぐため，安定液面は**地下水位より高い位置**に設定し管理をします。

場所打ちコンクリート杭地業(アースドリル工法)のコンクリートの打設における施工上の留意事項は，コンクリート打設中に**トレミー管**をコンクリート中に**2m以上入れる**必要があります。また，コンクリート打設終了時に**余盛り**を規定通りに実施します。

5 鉄筋工事

①鉄筋の組立て

鉄筋工事において，鉄筋の組立てを行う場合の施工上の留意事項は，鉄筋のアキを，呼び径の**1.5倍**，粗骨材最大径の**1.25倍**，**25mm**のうち，最大の数値を選択したり，スペーサー[※1]を適切な位置に配置し，床スラブには**鋼製**や**コンクリート製**を使用します。

②鉄筋のガス圧接

鉄筋のガス圧接を行う場合，圧接部のふくらみの直径は，主筋などの径の**1.4倍以上**とし，かつ，その長さを主筋などの径の**1.1倍以上**とします。

また，圧接部のふくらみにおける圧接面のずれは，主筋等の径の$\frac{1}{4}$**以下**とし，かつ，鉄筋中心軸の偏心量は，主筋などの径の$\frac{1}{5}$**以下**とします。

ガス圧接の技量資格種別において，手動ガス圧接に

杭頭処理

場所打ちコンクリート杭工事における，杭頭処理の施工上の留意事項は，コンクリート打込み後14日以上経過後に杭頭処理を行います。また，杭本体や，鉄筋に有害な損傷を与えないよう，杭頭処理する必要があります。

※1

スペーサー

鉄筋工事における，バーサポートまたはスペーサーを設置する際の施工上の留意事項は，梁のスペーサーの間隔は1.5m程度とし，端部は1.5m以内に配置します。また，スラブのスペーサーは，上端筋，下端筋それぞれ1.3個/m^2程度配置します。

鉄筋の継手のずらし方

隣接する鉄筋の継手のずらし方において，ガス圧接継手とする場合は，隣り合う鉄筋のガス圧接部の位置を，400mm以上となるようにずらします。また，重ね継手とする場合は，隣り合う重ね継手の中心位置を，重ね継手長さの約0.5倍ずらすか，1.5倍以上ずらします。

ついては，1種から4種まであり，2種，3種，4種となるに従って，圧接作業可能な鉄筋径の範囲が**大きく**なります。技量資格種別が1種の圧接作業可能範囲は，異形鉄筋の場合は呼び名D 25**以下**です。

鉄筋のガス圧接を手動で行う場合，突き合わせた鉄筋の圧接端面間のすき間は**2 mm以下**で，偏心，曲がりのないことを確認し，還元炎で圧接端面間のすき間が完全に閉じるまで加圧しながら加熱します。

圧接端面間のすき間が完全に閉じた後，鉄筋の軸方向に適切な圧力を加えながら，**中性炎**により鉄筋の表面と中心部の温度差がなくなるように十分加熱します。このときの加熱範囲は，圧接面を中心に鉄筋径の**2倍程度**とします。

③外観検査

鉄筋のガス圧接継手の継手部の外観検査において，不合格となった圧接部の処置は，圧接部のふくらみの直径や長さが規定値に満たない場合，再加熱し，**加圧**して所定のふくらみに修正します。

圧接部の折曲がりの角度が**2度以上**の場合は，再加熱して修正します。

圧接部における鉄筋中心軸の**偏心量**が規定値を超えた場合は，圧接部を切り取って再圧接します。

6 型枠工事

①型枠組立て

型枠組立てにあたって，締付け時に丸セパレーターのせき板に対する傾きが**大きく**なると丸セパレーターの破断強度が**大幅に低下**するので，できるだけ**直角**に近くなるように取り付けます。

締付け金物は，締付け不足でも締付けすぎても不具合が生じるので，適正に使用することが重要です。締付け金物を締付けすぎると，せき板が**内側**に変形します。締付け金物の締付けすぎへの対策として，内端太（縦端太）を締付けボルトとできるだけ**近接**させるなどの方法があります。

また，柱の型枠の下部には，作業中発生したごみなどが取れるよう**掃除口**を設けます。

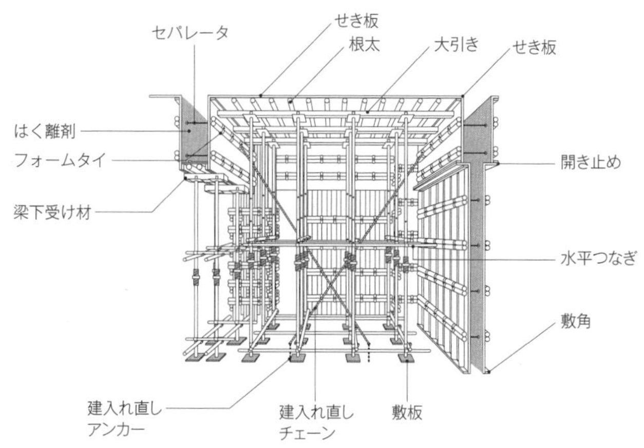

②鋼製デッキプレート

鉄筋コンクリート造の型枠工事において，床型枠用鋼製デッキプレート（フラットデッキプレート）の施工上の留意事項は，材料自体が変形しやすく，材料搬入時の衝撃に弱いため，運搬時の取扱いには十分注意する必要があります。

③コンクリートの側圧

型枠に作用するコンクリートの側圧に影響する要因として，コンクリートの打込み速さ，比重，打込み高さ，柱や壁などの部位などがあり，打込み速さが速ければコンクリートヘッドが大きくなり，最大側圧が大となります。また，せき板材質の透水性または漏水性が大きいと最大側圧は小となり，打ち込んだコンクリートと型枠表面との摩擦係数が小さいほど，液体圧に近くなり最大側圧は大となります。

コンクリートが軟らかければ，コンクリートの内部摩擦角が小さくなり，液体圧に近くなり最大側圧は大となります。同じ軟らかさの普通コンクリートと軽量コンクリートを同じ打込み速度で打設した場合の側圧は，軽量コンクリートの方が小さいです。

型枠工事において，支保工にパイプサポートを使用する場合の施工上の留意事項

パイプサポートを3本以上継がないようにします。2本継ぐときは，4本以上のボルトまたは専用の金具を用います。また，スラブ下，梁下の支保工の存置期間は，設計基準強度が100％以上の圧縮強度が得られたことが確認されるまでとします。

型枠支保工で，鋼管枠を支柱として用いるものにあっては，鋼管枠と鋼管枠との間に交差筋かいを設け，支柱の脚部の滑動を防止するための措置として，支柱の脚部の固定，根がらみの取付けなどを行います。また，パイプサポートを支柱として用いるものにあっては，支柱の高さが3.5ｍを超えるときは，高さ2ｍ以内ごとに水平つなぎを2方向に設ける必要があります。

7 コンクリート工事

①コンクリートの打込み

普通コンクリートを用いる工事において，コンクリートを密実に打ち込むための施工上の留意事項は，打設完了までの時間を120分以内，暑中は90分以内とします。また，コンクリートは打込み箇所の近くに落とし込み，横流ししないようにします。

型枠の高さが4.5 m以上の柱などにコンクリートを打ち込む場合，自由落下高さが高すぎるので，たて形シュートや打込み用ホースを接続してコンクリートの分離を防止します。

たて形シュートを用いる場合，その投入口と排出口との水平方向の距離は，垂直方向の高さの約$\frac{1}{2}$倍以下とします。

やむを得ず斜めシュートを使用する場合，その傾斜角度は水平に対して30度以上とします。

②コンクリートポンプ工法

コンクリートポンプ工法によりコンクリート打設を行う際，コンクリートポンプ1台当たりの1日の打込み量の上限は250 m^3を目安とし，輸送管の大きさは圧送距離，圧送高さ，コンクリートの圧送による品質への影響の程度などを考慮して決めます。輸送管の径が大きいほど圧力損失が小さくなります。

コンクリートの圧送に先立ち，ポンプおよび輸送管の内面の潤滑性の保持のため，水およびモルタルを圧送します。先送りモルタルは打設するコンクリートと同等以上の強度を有するものとし，モルタルは型枠内に打ち込まないことを原則とします。コンクリートの打込み速度は，スランプ18 cm程度の場合，打ち込む部位によっても変わりますが，20～30 m^3/hが目安となります。

また，スランプ10～15 cmのコンクリートの場合，公称棒径45 mmの棒形振動機1台当たりの締固め能力は，10～15 m^3/hです。なお，コンクリートポンプ1台当たりの圧送能力は，20～50 m^3/hです。

③暑中コンクリート

コンクリート工事において，暑中コンクリートでは，レディーミクストコンクリートの荷卸し時のコンクリート温度は，原則として35℃以下とし，コンクリートの練混ぜから打込み終了までの時間は，90分以内とします。打込み後の養生は，特に水分の急激な発散および日射による温度上昇を防ぐよう，コンクリート表面への散水により常に湿潤に保ちます。湿潤養生の開始時期は，コンクリート上面ではブリーディング水が消失した時点，せき板に接する面では脱型直後とします。

④塩化物含有量

日本工業規格（JIS）のレディーミクストコンクリートの規格では，指定がない場合のレディーミクストコンクリートの塩化物含有量は，荷卸し地点で，塩化物イオン量として0.30 kg/m^3以下と規定されています。

また，レディーミクストコンクリートに使用する砂の塩化物量については，プレテンション方式のプレストレストコンクリート部材に用いる場合を除き，塩化ナトリウム換算で0.04 % 以下と規定されています。

⑤スランプ試験

フレッシュコンクリートのスランプ試験は，高さ30 cmの金属製スランプコーンを用いて行い，試料をほぼ等しい量の3層に分けて詰め，各層ごとに，突き棒で均(なら)した後，25回一様に突きます。この割合で突いて材料の分離が生じるおそれのあるときは，分離を生じない程度に突き数を減らします。

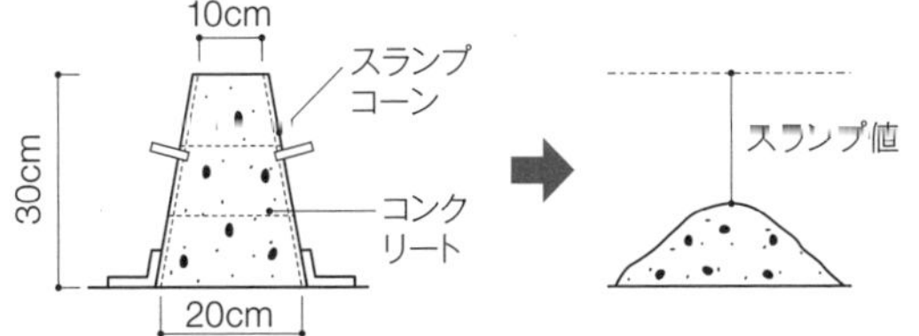

コールドジョイント防止

コンクリート工事の打込み時における，コールドジョイントの発生を防止するための施工上の留意事項は，打重ね時間の間隔を外気温が25℃以上で120分以内，25℃未満で150分以内とします。また，コンクリートの打込みは連続して行い，一体化するように打ち込みます。

コンクリートのひび割れ防止

普通コンクリートを用いる工事において，ひび割れを防止するためのコンクリートの調合上の留意事項は，ワーカビリティが得られる範囲でスランプ値を小さくし，単位水量を低減します。また，AE剤やAE減水剤を使用し，ワーカビリティを向上させます。打設後は，コンクリートの急激な乾燥を防止するために湿潤養生を行います。

8 鉄骨工事

①トルシア形高力ボルト

トルシア形高力ボルトの締付け完了後の検査は，すべてのボルトについてピンテールが破断されていることを確認し，1次締付け後に付したマークのずれを調べます。

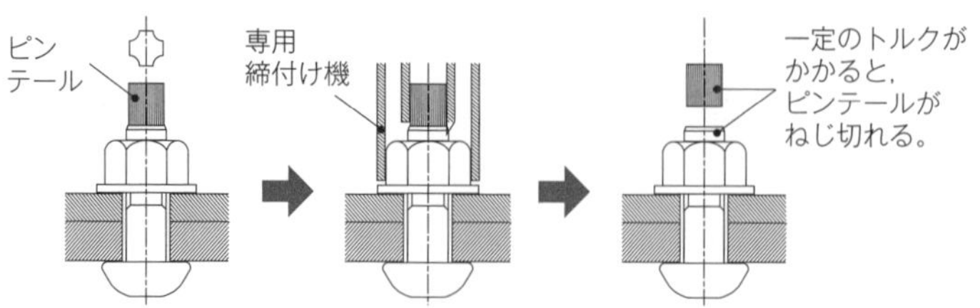

ナット回転量に著しいばらつきが認められる群については，そのボルト一群のすべてのボルトのナット回転量を測定し，平均回転角度を算出し，ナット回転量が平均回転角度±30度の範囲のものを合格とします。

鉄骨工事における，トルシア形高力ボルトの締付けの施工上の留意事項は，ボルトの座金とナットの裏表が正しくセットされているか確認します。また，マーキングのずれにより，共回り，軸回りの有無を確認します。

②現場溶接作業

鉄骨工事現場で用いられる主な溶接法には，被覆アーク溶接，ガスシールドアーク溶接，セルフシールドアーク溶接があります。それらを比較した場合，被覆アーク溶接は全姿勢溶接が可能であり，ガスシールドアーク溶接は作業能率が最もよいです。また，ガスシールドアーク溶接は，セルフシールドアーク溶接と比較して風に対して弱いです。現場溶接作業において，防風対策は特に配慮しなければならない事項です。

アーク熱によって溶かされた溶融金属は大気中の酸素や窒素が混入しやすく，凝固するまで適切な方法で外気から遮断する必要があります。このとき遮断材料として作用するものが，ガスシールドアーク溶接の場合シールドガスです。しかし，風の影響によりシールドガスに乱れが生じると，溶融金属の保護が不完全になりブローホールなどの欠陥が生じてしまいます。また，溶融金属中への窒素の混入は，溶融金属の破壊じん性を低下させます。

③スタッド溶接の検査

鉄骨工事におけるスタッド溶接後の仕上がり高さおよび傾きの検査は，100本または主要部材1本もしくは1台に溶接した本数のいずれか少ないほうを1ロットとし，1ロットにつき1本行います。

検査する1本をサンプリングする場合，1ロット全体の中でより長めかあるいは短そうなもの，または傾きの大きそうなものを選択します。

なお，スタッドが傾いている場合の仕上がり高さは，軸の中心でその軸長を測定します。

検査の合否の判定は限界許容差により，スタッド溶接後の仕上がり高さは指定された寸法の±2 mm以内，かつ，スタッド溶接後の傾きは5度以内を適合とし，検査したスタッドが適合の場合は，そのロットを合格とします。

検査の結果，不合格になった場合は同一ロットからさらに2本のスタッドを検査し，2本とも合格の場合はそのロットを合格とします。ただし，これら2本のスタッドのうち1本以上が不合格となった場合は，そのロット全数について検査します。

9 その他の工事

①建設重機

ラフテレーンクレーンと油圧トラッククレーンを比較した場合，狭所進入，狭隘地(きょうあいち)作業性に優れるのは，ラフテレーンクレーンです。

クローラクレーンのタワー式と直ブーム式を比較した場合，ブーム下のふところが大きく，より建物に接

建入れ直し
鉄骨工事において，建入れ直しを行う場合の施工上の留意事項は，ターンバックル付き筋かいを有する場合，その筋かいを用いて建入れ直しを行わないようにします。また，建入れ直しは，ひずみを修正したあとに行います。

仮ボルト
鉄骨工事の建方時における仮ボルトの施工上の留意事項は，本締めに用いるボルトを仮ボルトに使用しないようにします。また，エレクションピースの仮ボルトは，高力ボルトを使用して全数を締め付けます。

頭付きスタッドの溶接
鉄骨工事において，梁上に頭付きスタッドをアークスタッド溶接する場合の施工上の留意事項は，溶接前に母材に水分や油分などが付着していないか確認します。また，アークスタッド溶接作業は，直接溶接とし，下向き姿勢で行います。

近して作業が可能なのは，タワー式です。

また，定置式のタワークレーンの水平式と起伏式を比較した場合，つり上げ荷重が大きく揚程が高く取れるのは，**起伏式**です。

トラッククレーンの油圧式のブームと機械式のブームを比較した場合，一般的に，ブームの伸縮が容易なのは，**油圧式のブーム**です。

②屋内に設ける通路

作業場に通じる場所および作業場内には，労働者が使用するための安全な通路を設け，かつ，この安定性を常時有効に保持しなければいけません。主要な通路にはこれを保持するため，通路であることを示す表示をします。

屋内に設ける通路は用途に応じた幅を有し，**通路面から高さ1.8 m以内**に障害物を置いてはいけません。機械間またはこれと他の設備との間に設ける通路については，**幅80 cm以上**とします。

③木造（在来軸組工法）

木構造の在来軸組工法において，土台を締め付けるためのアンカーボルトは，隅，土台切れおよび土台継手際を押え，柱，間柱，土台継手の位置を避け，**間隔2.0 m以内**に埋め込みます。継手付近の場合は，押え勝手に上木を締め付けます。また，柱上部に30 mm×90 mm以上の筋かいが取り付く場合は，筋かいが取り付く柱心より200 mm 内外に埋め込みます。

チャレンジ問題！

問1　　難　中　易

次の（1）から（4）の問いに答えなさい。

ただし，解答はそれぞれ異なる内容の記述とし，材料の保管，作業環境（騒音，振動，気象条件等）および作業員の安全に関する記述は除くものとする。

(1) 山留め支保工において，地盤アンカーを用いる場合の施工上の留意事項を2つ，具体的に記述しなさい。
ただし，山留め壁に関する記述は除くものとする。

(2) 鉄筋工事において，鉄筋の組立てを行う場合の施工上の留意事項を2つ，具体的に記述しなさい。
ただし，鉄筋材料，加工およびガス圧接に関する記述は除くものとする。

(3) 普通コンクリートを用いる工事において，コンクリートを密実に打ち込むための施工上の留意事項を2つ，具体的に記述しなさい。
ただし，コンクリートの調合および養生に関する記述は除くものとする。

(4) 鉄骨工事において，建入れ直しを行う場合の施工上の留意事項を2つ，具体的に記述しなさい。
ただし，アンカーボルトおよび仮ボルトに関する記述は除くものとする。

解答例

(1)	事項1	敷地境界線からアンカー部分が出る場合，隣地の敷地所有者などの許可を事前に得て施工する。
	事項2	アンカーの引抜き応力は設計耐力の1.1倍以上であることを全数確認する。
(2)	事項1	鉄筋のアキを呼び径の1.5倍，粗骨材最大径の1.25倍，25 mmのうち，最大のものとする。
	事項2	スペーサーを適切な位置に配置し，床スラブには鋼製を使用する。
(3)	事項1	打設完了までの時間を120分以内，暑中は90分以内とする。
	事項2	コンクリートは打込み箇所の近くに落とし込み，横流ししないようにする。
(4)	事項1	建入れ直しは，ひずみを修正したあとに行う。
	事項2	ターンバックル付き筋かいを有する場合，その筋かいを用いて建入れ直しを行わないようにする。

第2章 施工全般

CASE 3 仕上げ工事

まとめ & 丸暗記　この節の学習内容とまとめ

□ アスファルト防水（密着工法）:
密着工法の流し張りに用いるアスファルトは，環境対応低煙低臭型防水工事用アスファルトとし，溶融温度の上限は，240℃

□ タイルの検査：
タイルの検査における標準品のタイルは，寸法，厚さ，反(そ)り，側反り，ばち，欠陥の有無，吸水率，耐凍害性，曲げ強度，色合いなどの品質検査表を提出し，工事監理者の承認を受ける

□ セルフレベリング材：
表面が自然に水平になる性質を持つ塗材のこと。
セルフレベリング材の流し込み中は，通風を避けて作業を行う

□ アクリル樹脂系非水分散形塗料：
有機溶剤を媒体として樹脂を分散させた非水分散形ワニスを用いた塗料で，常温で比較的短時間で硬化する

□ 防煙シャッター：
防火区画に用いる防煙シャッターは，表面がフラットでガイドレール内での遮煙性を確保できるオーバーラッピング形のスラットが用いられる

□ 軽量鉄骨天井下地：
屋内の軽量鉄骨天井下地の吊りボルトは，間隔を900 mm程度とし，周辺部は端から150 mm以内に鉛直に取り付ける

□ タイルカーペット：
タイルカーペットの張付けは，粘着はく離形の接着剤を床下地の全面に塗布し，適切なオープンタイムを取り，圧着しながら行う

仕上げ工事

1 出題

仕上げ工事では，躯体工事と同様，施工に対する管理項目や留意事項の選択・記述などが求められます。文章中から間違いを探し，正しい語句を記入する形式と，指定された工事に対し，管理事項や留意事項を記述する形式があります。過去に出題された問題を中心に各工事のポイントを示します。

2 防水工事

①アスファルト防水（密着工法）

アスファルト防水密着工法において，出隅および入隅は平場部のルーフィング類の張付けに先立ち，幅300 mm 程度のストレッチルーフィングを増張りし，コンクリートスラブの打継ぎ部は，絶縁用テープを張り付けた上に，幅300 mm程度のストレッチルーフィングを増張りします。なお，流し張りに用いるアスファルトは，環境対応低煙低臭型防水工事用アスファルトとし，溶融温度の上限は240 ℃とします。

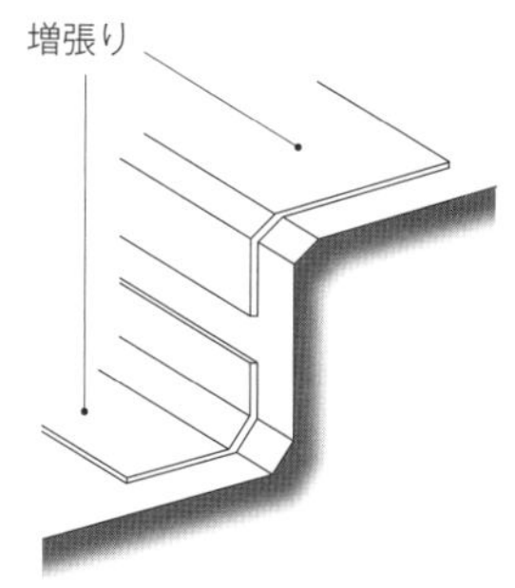

増張り：ストレッチルーフィング
or
改質アスファルトシート
幅300mm程度

プレキャストコンクリート板の継手目地部は，平場部のルーフィング類の張付けに先立ち，両側のプレ

アスファルト防水層のコンクリート下地
屋上アスファルト防水層を施工する前のコンクリート下地面の状態や形状についての留意事項は，下地面が十分に乾燥し，ごみなどがないことを確認します。また，平場部のコンクリートの表面は金ごて仕上げとします。

アスファルトルーフィング
屋上アスファルト防水工事において，平場部にアスファルトルーフィング類を張り付ける場合の，施工上の留意事項は，ルーフィングの重ね幅を長手・幅方向とも100mm程度とします。また，ルーフィングは水勾配に逆らわないように水下から水上に向かって張ります。

アスファルト防水保護層
屋上アスファルト防水保護層の平場部の工事における施工上の留意事項は，保護コンクリートの打設前に溶接金物を敷き込みます。また，保護コンクリートは水勾配を取ります。

キャストコンクリート板に100 mm程度張りかかる幅のストレッチルーフィングを用いて，絶縁増張りをします。

②改質アスファルトシート防水（常温粘着工法）

改質アスファルトシート防水常温粘着工法・断熱露出仕様の場合，立上り際の風による負圧は平場の一般部より大きくなるため，断熱材の上が絶縁工法となる立上り際の平場部幅500 mm程度は，防水層の1層目に粘着層付改質アスファルトシートを張り付けます。なお，入隅部では立上がりに100 mm程度立ち上げ，浮きや口アキが生じないよう張り付けます。

粘着層付改質アスファルトシートの張付けは，シート相互の重ね幅が長手・幅方向とも100 mm以上であることおよび原則として水上側のシートが水下側のシートの上になることを確認した後，シート裏面のはく離紙をはがしながら，転圧ローラーなどで平均に押し広げ転圧し密着させます。

③塗膜防水

ゴムアスファルト系塗膜防水材には，手塗りタイプと吹付けタイプがあり，手塗りタイプにはゴムアスファルトエマルションだけで乾燥造膜するものと硬化剤を用いて反応硬化させるものがあります。また，吹付けタイプには，乾燥造膜や反応硬化によるものの他に，専用吹付機を用いてゴムアスファルトエマルションと凝固剤を同時に吹き付けて，凝固や硬化を促進させ防水層を形成させるものがあり，鉄筋コンクリート造の地下外壁の外防水などに用いられます。

④ひび割れ補修

コンクリート打放し仕上げ外壁のひび割れ部の改修における樹脂注入工法は，外壁のひび割れ幅が0.2 mm 以上1.0 mm以下の場合に主に適用され，シール工法やUカットシール材充填工法に比べ耐久性が期待できる工法です。挙動のあるひび割れ部の注入に用いるエポキシ樹脂の種類は，軟質形とし，粘性による区分が低粘度または中粘度形とします。

3 タイル工事・張り石工事

①改良圧着張り工法

タイルを壁の下地モルタル面に，改良圧着張り工法で張り付ける場合，下地に適当な水湿しを行い，機械練りした張付けモルタルを2層塗りし，タイル裏面全体に張付けモルタルを塗り付け，直ちにたたき押さえをして張り付けます。

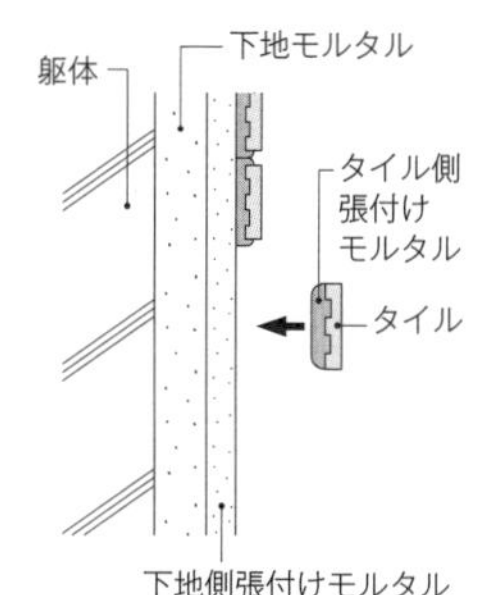

改良圧着張り工法

②密着張り（ヴィブラート）工法

壁のタイル張り下地モルタル面に陶磁器質タイル（小口タイル）を密着張りするときは，張付けモルタルを下地面に塗り，モルタルが軟らかいうちにタイル張り用振動工具を用いて振動を与えながら埋め込むように張り付けます。タイルの張付けは，上部から下部へと1段おきに数段張り付けたのち，その間にタイルを張ります。

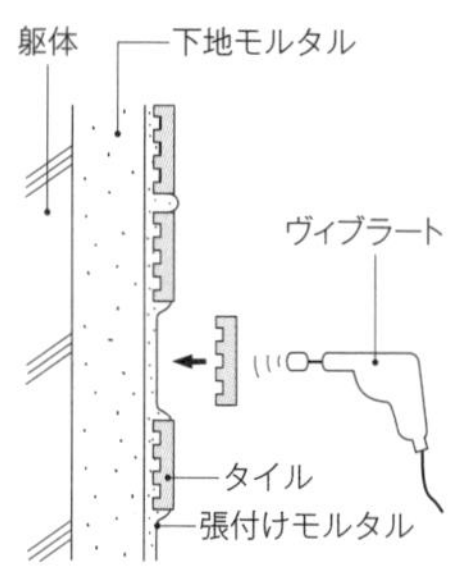

密着張り工法

③モザイクタイル張り工法

モザイクタイル張りでは，張付けモルタルを2層に分けて塗り付けるものとし，1層目はこて圧をかけて塗り付けます。

なお，外壁タイル張り面の伸縮調整目地の位置は，一般に縦目地を3m内外に割り付け，横

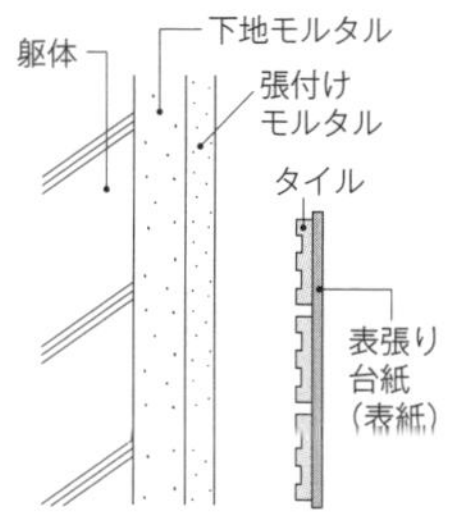

モザイクタイル張り

防水層の立上り部の納まり
パラペット天端にアルミニウム笠木を設ける場合の，施工上の留意事項は，笠木と固定金具の取付けは，はめ合い方式や，ボルトによるネジ締付けなどにより固定します。また，笠木取付け前に，天端の水勾配を確認します。

ルーフドレン
ルーフドレンは，下地，設置箇所および防水種別に応じた所定の管径のものを用い，防水層の張りかけ幅および塗りかけ幅が50mm程度以上確保できる形状とします。また，下地がコンクリートとなる場合は，ルーフドレンはコンクリート打設前に先付けすることを原則とします。取付けに際しては，ルーフドレンのつばの天端レベルを周辺コンクリート天端より約30～50mm下げ，コンクリート打設時の天端ならしでドレンに向かって斜めにすり付けを行います。

改良圧着張り工法
混練りから施工完了まで60分以内で使用し，一度に張り付ける面積は2m^{2}以下とします。

目地を4m内外ごとまたは各階ごとの打継ぎ目地に合わせます。

④マスク張り工法

セメントモルタルによる外壁タイル後張り工法において，マスク張りでは，張付けモルタルを塗り付けたタイルは，塗り付けてから**5分**を限度に張り付けます。50二丁ユニットタイルのマスク張りは，ユニットタイルの裏面に厚さ**4mm**程度のマスク板をあてがい，**金ごて**を用いて張付けモルタルを一定の厚さに塗り付けた後，直ちに壁面にユニットタイルを張り付け，**目地部**に張付けモルタルがはみ出すまでタイル表面からたたき板で十分たたき込みを行います。

マスク張り工法

⑤接着剤張り工法

鉄筋コンクリート造の内壁モルタル下地面への有機系接着剤によるタイル後張り工法における施工上の留意事項は，接着剤を下地面に塗り，くし目ごてで目を立てて，もみ込むようにタイルを押え付けます。また，目地直しは，張り付けたタイルが自由に動く間に行います。

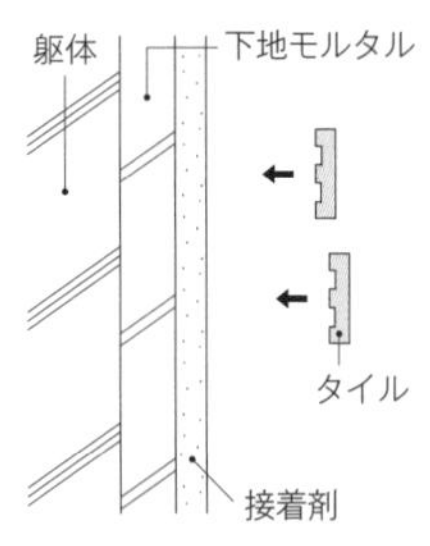

接着剤張り工法

⑥タイルの検査

タイルの検査における標準品のタイルは，寸法，厚さ，反り，側反り，ばち，欠陥の有無，**吸水率**，**耐凍害性**，**曲げ強度**，色合いなどの品質検査表を提出し，工事監理者の承認を受けます。特注品は，荷口見本による検査または工場における立会い検査のいずれかを実施します。

⑦接着強度検査

鉄筋コンクリート造のセメントモルタルによる外壁タイル後張り工法における引張接着強度検査は，施工後2週間以上経過した時点で引張接着試験機を用いて行い，引張接着強度と**破壊**状況に基づき合否を判定します。

下地がモルタル塗りの場合の試験体は，タイルの目地部分をコンクリート面まで切断して周囲と絶縁したものとし，試験体の数は，100 m^2 以下ごとに1個以上，かつ全面積で**3個以上**とします。

4 左官工事

①吸水調整材

左官工事における吸水調整材は，モルタル塗りの下地となるコンクリート面などに直接塗布することで，下地とモルタルの界面に薄い膜を形成させて，モルタル中の水分の下地への吸水（ドライアウト）による付着力の低下を防ぐものです。

吸水調整材塗布後の下塗りまでの間隔時間は，一般的には1時間以上としますが，長時間放置するとほこりなどの付着により接着を阻害することがあるので，1日程度で下塗りをすることが望ましいです。

②現場調合モルタル塗りの中塗り

内壁のコンクリート下地への現場調合モルタル塗りを3回塗り工法で行う場合，中塗り工程における施工上の留意事項は，下塗り後，2週間以上できるだけ長期間放置し，下地にひび割れが十分入った後に中塗りを行います。また，平坦になるよう定木ずりを行い，こてむらなく押えます。

③セメントモルタル塗り

仕上げ材の下地となるセメントモルタル塗りの表面仕上げには，金ごて仕上げ，木ごて仕上げ，はけ引き仕上げのほか，くし目引き仕上げがあり，その上に施工する仕上げ材の種類に応じて使い分けます。

一般塗装下地，壁紙張り下地の仕上げには，金ごて仕上げを用い，セメントモルタルによるタイル張付け，塗装，壁紙張りなどの下地の仕上げには木ごて仕上げを用います。はけ引き仕上げは，セメントモルタルによるタイル後張り工法の下地面に用います。

タイルのはく落防止
陶磁器質タイル張りにおいて，まぐさ，ひさし先端下部などはく落のおそれが大きい箇所に小口タイル以上の大きさのタイルを張る場合，はく落防止用引き金物として，径が0.6mm以上のステンレス鋼線をタイルに取り付け，引き金物を張付けモルタルに塗り込みます。なお，張付け後は，必要に応じて受木を添えて24時間以上支持します。

内壁空積工法
張り石工事の内壁空積工法は，高さ4m以下の壁の場合に適用され，一般に最下部の石材の取付けは外壁湿式工法に準じて行い，一般部の取付けは，下段の石材の横目地合端に取り付けただぼに合わせて目違いのないように据え付け，上端をステンレス製の引き金物で緊結します。また，引き金物と下地の緊結部分は，石裏と下地面との間に50×100mm程度に取付け用モルタルを充填して被覆します。

④セルフレベリング材塗り

セルフレベリング材とは，表面が自然に水平になる性質を持つ塗り材のことです。内装の床張物下地をセルフレベリング材塗りとする場合，軟度を一定に練り上げたセルフレベリング材を，レベルに合わせて流し込みます。流し込み中は，できる限り通風を避けて作業を行います。施工後の養生期間は，常温で7日以上，冬期間は14日以上とし，施工場所の気温が5℃以下の場合は施工しません。

5 屋根工事

①アスファルトルーフィング

金属板葺きによる屋根工事の下葺きに用いるアスファルトルーフィングは，軒先より葺き進め，軒先と平行に敷き込み，隣接するルーフィングの重ね幅は，シートの左右（長平方向）は200 mm以上，シートの上下（流れ方向）は100 mm 以上とします。

仮止めの際のステープル釘の打込み間隔は，ルーフィングの重ね屋根の流れ方向で300 mm程度，流れに直角方向では900 mm以内とします。

②金属板の折曲げ加工

金属板を折曲げ加工する場合，塗装，めっき，地肌にき裂が生じないよう切り目を入れず折り曲げます。金属板を小はぜ掛けとする場合は，はぜの折返し寸法と角度に注意し，小はぜ内に3～6 mm程度のすき間を設けて毛細管現象による雨水の浸入を防ぐようにします。

③金属製折板葺き

金属製折板葺きにおいて，タイトフレームの受梁への接合は，下底の両側をアーク溶接による隅肉溶接とし，隅肉溶接のサイズをタイトフレームの板厚と同じとします。溶接後はスラグを除去し，溶接部分やその周辺に防錆処置を行います。また，水上部分の折板と壁との取合い部に設ける雨押えは，壁際立上りを150 mm以上とし，重ね形折板の端部の端あき寸法は，50 mm以上とします。

タイトフレーム

6 塗装工事・吹付け工事

①パテ処理

素地ごしらえのパテ処理の工法には，パテしごき，パテかい，パテ付けの3種類があります。

パテかいは局部的にパテ処理をするもので，素地とパテ面との肌違いが仕上げに影響するため，注意が必要です。面の状況に応じて，面のくぼみ，すき間，目違いなどの部分を平滑にするためにパテを塗ります。

パテ付けは，パテかいのあと，表面が平滑になり，肌が一定になるようパテを全面に塗り付け，特に美装性を要求される仕上げの場合に行います。

②外装合成樹脂エマルション系薄付け仕上塗材仕上げ

外壁コンクリート面を外装合成樹脂エマルション系薄付け仕上塗材（外装薄塗材E）仕上げとする場合，主材2回塗りとする場合の工程内間隔時間は，吹付けやローラー塗りで2時間以上とします。また，コンクリート下地は，十分に乾燥させ，ダレ，塗り残しがないように下塗材を均一に塗り付けます。

③アクリル樹脂系非水分散形塗料

アクリル樹脂系非水分散形塗料（NAD）は，有機溶剤を媒体として樹脂を分散させた非水分散形ワニスを用いた塗料で，常温で比較的短時間で硬化し，耐水性や耐アルカリ性に優れた塗膜が得られます。

塗装方法は，はけ塗り，ローラーブラシ塗り，吹付け塗りがあり，吹付け塗りの場合は，塗料に適したノズルの径や種類を選定します。屋内塗装の場合，パテかいは水がかり部分には行いません。

④防水形合成樹脂エマルション系複層仕上塗材仕上げ

外壁コンクリート面に防水形合成樹脂エマルション

けらば包み

鋼板製折板葺き屋根におけるけらば包みの継手位置は，端部用タイトフレームの位置よりできるだけ近い方がよいです。また，けらば包み相互の継手の重ね幅は60 mm以上とし，当該重ね内部に不定形または定形シーリング材をはさみ込み，ドリリングタッピンねじなどで締め付けます。

研磨紙ずり

塗装工事における研磨紙ずりは，素地の汚れや錆，下地に付着している塵やほこりを取り除いて素地や下地を平滑にし，かつ，次工程で適用する塗装材料の付着性を確保するための足掛かりをつくり，仕上がりをよくするために行います。

研磨紙ずりは，下層塗膜およびパテが十分乾燥した後に行い，塗膜を過度に研(と)がないようにします。

系複層仕上塗材（防水形複層塗材Ｅ）を用いて外装仕上げとするときの施工上の留意事項は，コンクリート下地は，十分に乾燥させ，ダレ，塗り残しがないように下塗材を均一に塗り付け，出隅，入隅，目地部の周りなどをはけやローラーなどで増塗りします。

⑤内装合成樹脂エマルション系薄付け仕上塗材仕上げ

内壁を内装合成樹脂エマルション系薄付け仕上塗材仕上げとする場合，下地のセメントモルタル面を金ごてまたは木ごて仕上げとします。

吹付け塗りとするときは，下地面に対して直角に吹き付けられるようにスプレーガンのノズルは，やや上向きに保ち，一様に吹き付けます。主材2回塗りとする場合の工程内間隔時間は，2時間以上とします。

7 ガラス工事・建具工事・カーテンウォール工事

①ステンレス製建具

ステンレス製建具におけるステンレス鋼板の加工には普通曲げと角出し曲げ（角曲げ）があります。角出し曲げ（角曲げ）ができる板厚は一般に1.5 mm以上であり，3種類の加工方法があります。切込み後の残り板厚寸法が0.5 mm（ａ角），0.75 mm（ｂ角）の場合は裏板にて補強します。1.0 mm（ｃ角）の場合は補強不要です。ａ角は割れが生じやすいので，一般的にはｂ角，ｃ角を用います。

②アルミニウム製外部建具

鉄筋コンクリート造におけるアルミニウム製外部建具を取り付けるときの留意事項は，建具枠をくさびなどで仮止めし，位置を正確に決めてから躯体付けアンカーに溶接して本取付けを行います。

また，建具取付け用の躯体アンカーの打込み位置は，枠の隅より150 mm内外を端とし，中間は500 mm内外の間隔とします。

③２成分形変成シリコーン系シーリング材

鉄筋コンクリート造建物のアルミサッシの枠周りの目地に，2成分形変成シリコーン系シーリング材を充填するとき，シーリング材の練混ぜは，可使時間に使用できる量で，かつ1缶単位で行います。また，シーリング材の打継ぎは，目地の交差部や角部を避けて行います。

④防煙シャッター

防火区画に用いられ，表面がフラットでガイドレール内での遮煙性を確保できる**オーバーラッピング形**のスラットが用いられます。まぐさの遮煙機構は，シャッターが閉鎖したときに漏煙を抑制する構造で，材料は不燃材料や準不燃材料などとし，**座板**にアルミニウムを使う場合は**鋼板**で覆います。

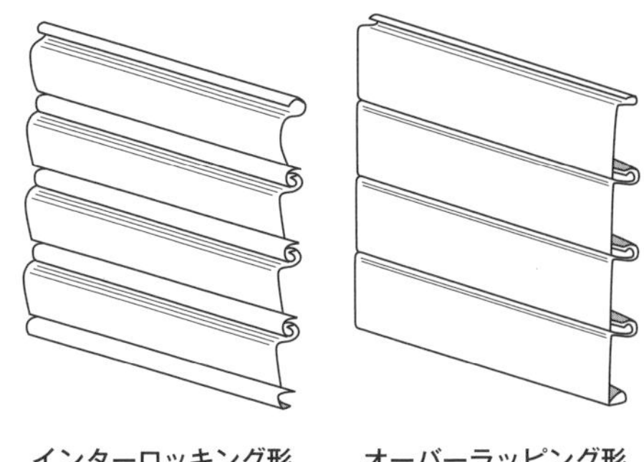

インターロッキング形　　オーバーラッピング形

⑤ ALC外壁パネルの取付け

ALC外壁パネルを横張りで取り付ける場合，通常，パネル積上げ段数**5段以下**ごとにパネル質量を支持する自重受け鋼材を設けます。また，自重受け鋼材を設けた**横目地**には，**伸縮目地**を設けます。

8 金属工事

①間仕切壁の軽量鉄骨壁下地

軽量鉄骨壁下地のランナー両端部の固定位置は，端部から**50 mm内側**とします。ランナーの固定間隔は，ランナーの形状や断面性能，軽量鉄骨壁の構成などにより**900 mm**程度を限度とします。上部ランナーの上端とスタッド天端の間隔は10 mm以下とし，スタッ

構造ガスケット構法
構造ガスケット構法によるガラスのはめ込みでは，ガラスのエッジクリアランスが大きくなるとガラスのかかり代が小さくなり，風圧を受けたときの構造ガスケットのリップのころびが大きくなるので，止水性の低下や，ガラスが外れたりガスケットがアンカー溝または金属枠から外れたりするおそれがあります。

バックアップ材
シーリング工事におけるバックアップ材は，特にワーキングジョイントに充填されるシーリング材の機能を十分に発揮させ，長期間の耐久性を維持するために目地に装填する成型材料です。シーリング材を目地構成材と相対する2面のみに接着させ，長期間の繰返しムーブメントに対する追従性の確保や，シーリング材の目地充填深さを確保する役割を担います。

シャッターのスラット
防火シャッターでは，インターロッキング形とし，防煙シャッターでは，オーバーラッピング形とします。

ドに取り付けるスペーサーの間隔は600 mm程度とします。 軽量鉄骨壁下地の施工において，軽量鉄骨天井下地にランナーを取り付ける場合，ランナーと天井下地材の野縁が直角の場合には，ランナーを野縁に，それぞれ間隔900 mm程度にタッピンねじの類または溶接で固定します。また，ランナーを上部鉄骨梁に取り付ける場合は，先付け金物を梁に溶接しておき，梁の耐火被覆などの終了後にランナーを取り付けます。

②軽量鉄骨天井下地

屋内の軽量鉄骨天井下地の吊りボルトは，間隔を900 mm程度とし，周辺部は端から150 mm以内に鉛直に取り付けます。また，下地張りのある場合の野縁の取付け間隔は，360 mm程度とします。

9 内装工事

①ビニル床シート

内装床工事において，ビニル床シートを平場部に張り付けるときの施工上の留意事項は，施工に先立ち，床シートを長めに切断，仮敷きして，24時間以上放置して巻きぐせをとります。また，接着剤は，所定のくし目ごてで下地面に均一に塗布します。

②フローリング類の張付け

木製床下地にフローリングボードや複合フローリングを釘留め工法で張るときの施工上の留意事項は，割付けを室の中心から行い，寸法の調整は壁際で行います。また，幅木や敷居下の板そばには，必要に応じて適切なすき間を設けます。

③タイルカーペット

タイルカーペットを事務室用フリーアクセスフロア下地に施工する場合，床パネル相互間の段差とすき間を1 mm以下に調整した後，床パネルの目地とタイルカーペットの目地を100 mm程度ずらして割付けを行います。

タイルカーペットの張付けは，粘着はく離形の接着剤を床下地の全面に塗布し，適切なオープンタイムを取り，圧着しながら行います。タイルカーペットは，割付けを部屋の中央部から行い，粘着はく離形の接着剤を床パ

ネルの全面に塗布し，適切なオープンタイムを取り，圧着しながら張り付けます。

④グリッパー工法

カーペットをグリッパー工法で敷くとき，下敷用フェルトの接合や敷仕舞は，突付けとし，すき間なく敷き込み，下地に固定します。また，カーペットの面積の広さに応じて，パワーストレッチャー，ニーキッカーを用いて伸長し，グリッパーに固定します。

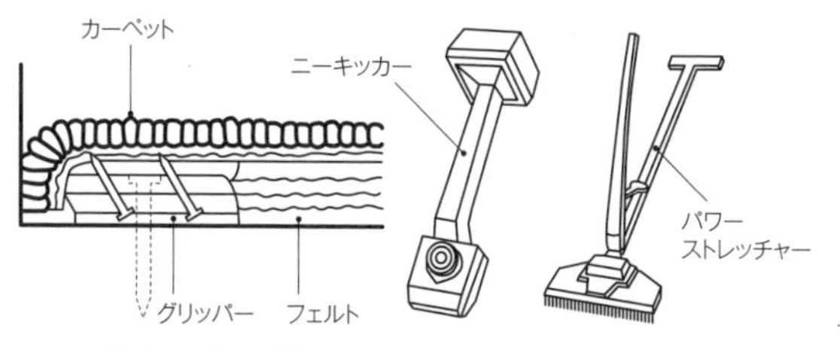

グリッパー工法

⑤せっこうボード直張り工法

せっこう系直張り用接着材によるせっこうボード直張り工法において，直張り用接着材は，1時間以内で使い切れる量を，たれない程度の硬さに水と練り合わせ，ボードの仕上がりまでの寸法の2倍以上の高さに団子状に盛り上げます。

⑥せっこうボードの取付け

内装工事において軽量鉄骨下地にせっこうボードを取り付ける場合，下地の裏面に10 mm以上の余長が得られる長さのドリリングタッピンねじを用い，留付け間隔は，天井ではボードの周辺部150 mm程度，中間部200 mm程度とし，壁ではボードの周辺部200 mm程度，中間部300 mm程度とします。また，留付け位置は，いずれもボードの周辺部では端部から10 mm程度内側の位置とし，ねじの頭がボードの表面より少しへこむように確実に締め込みます。

金属の線膨張係数

金属製手すりは，金属の温度変化による部材の伸縮を考慮して，通常5～10 m間隔程度ごとに伸縮調整部を設けます。使用する金属の線膨張係数を考慮し，温度差40℃の場合の部材伸縮量は，鋼は1 m当たり0.5 mm程度，アルミニウム合金は1 m当たり1.0 mm程度です。

せっこうボード下地に壁紙直張り

せっこうボード下地に使われる釘，ビスなどは，黄銅，ステンレスを除き，錆止め処理を行います。また，ビス孔の処理，ボードの継目などは平滑になるよう処理します。

ロックウール化粧吸音板張り

室内天井せっこうボード下地へのロックウール化粧吸音板張り工事における施工上の留意事項は，ステープルの打込み方向は表面の模様方向と平行にします。また，せっこうボード下地の目地とロックウール化粧吸音板の目地が重ならないようにします。

チャレンジ問題！

問1　　難　中　易

次の（1）から（8）の各記述において，記述ごとの①から③の下線部の語句のうち最も不適当な箇所番号を1つあげ適当な語句を記入しなさい。

(1) 改質アスファルトシート防水常温粘着工法・断熱露出仕様の場合，立上がり際の風による負圧は平場の一般部より大きくなるため，断熱材の上が絶縁工法となる立上がり際の平場部幅①300 mm程度は，防水層の②1層目に粘着層付改質アスファルトシートを張り付ける。なお，入隅部では立上がりに③100 mm程度立ち上げて，浮き・口アキが生じないように張り付ける。

(2) タイルの検査における標準品のタイルは，寸法，厚さ，反り，側反り，ばち，欠陥の有無，①吸水率，②耐凍害性，③圧縮強度，色合いなどの品質検査表を提出し，工事監理者の承認を受ける。
特注品は，荷口見本による検査または工場における立会い検査のいずれかを実施する。

(3) 金属板葺きによる屋根工事の下葺きに用いるアスファルトルーフィングは，軒先より葺き進め，隣接するルーフィングの重ね幅は，シートの短辺部は①200 mm以上，長辺部は100 mm以上とする。
仮止めを行う場合のステープル釘の打込み間隔は，ルーフィングの重ね屋根の流れ方向で②450 mm程度，流れに直角方向では③900 mm以内とする。

(4) 金属製手すりが長くなる場合には，金属の温度変化による部材の伸縮を考慮して，通常5～10 m間隔程度ごとに伸縮調整部を設ける。伸縮調整部を設ける間隔および伸縮調整幅は，使用する金属の線膨張係数を考慮して決める。温度差①40 ℃の場合の部材伸縮量は，鋼は1 m当たり②0.2 mm程度，アルミニウム合金は1 m当たり③1.0 mm程度である。

(5) 左官工事における吸水調整材は，モルタル塗りの下地となるコンクリート面等に直接塗布することで，下地とモルタルの界面に①厚い膜を形成させて，モルタル中の水分の下地への吸水（ドライアウト）による付着力の低下を防ぐものである。

吸水調整材塗布後の下塗りまでの間隔時間は，一般的には②1時間以上とするが，長時間放置するとほこり等の付着により接着を阻害することがあるので，③1日程度で下塗りをすることが望ましい。

(6) ステンレス製建具におけるステンレス鋼板の加工には普通曲げと角出し曲げ（角曲げ）がある。角出し曲げ（角曲げ）ができる板厚は一般に①2.0 mm以上であり，3種類の加工方法がある。

切込み後の残り板厚寸法が0.5 mm（a角），②0.75 mm（b角）の場合は裏板にて補強する。③1.0 mm（c角）の場合は補強不要である。a角は割れが生じやすいので，一般的にはb角，c角を用いる。

(7) アクリル樹脂系非水分散形塗料（NAD）は，有機溶剤を媒体として樹脂を分散させた非水分散形①エマルションを用いた塗料で，常温で比較的短時間で硬化し，②耐水性や耐アルカリ性に優れた塗膜が得られる。

塗装方法は，はけ塗り，ローラーブラシ塗りまたは吹付け塗りとし，吹付け塗りの場合は，塗料に適したノズルの径や種類を選定する。

屋内塗装の場合，パテかいは③水がかり部分には行わない。

(8) タイルカーペットを事務室用フリーアクセスフロア下地に施工する場合，床パネル相互間の段差とすき間を①1 mm以下に調整した後，床パネルの目地とタイルカーペットの目地を②100 mm程度ずらして割付けを行う。

カーペットの張付けは，粘着はく離形の接着剤を③カーペット裏の全面に塗布し，適切なオープンタイムをとり，圧着しながら行う。

解答

(1) ①500 mm (2) ③曲げ強度 (3) ②300 mm (4) ②0.5 mm (5) ①薄い (6) ①1.5 mm (7) ①ワニス (8) ③床下地

第2章 施工全般

CASE 4 工程表

まとめ & 丸暗記　この節の学習内容とまとめ

■ バーチャート工程表

□ 各工事と工程表との関係：

各工事と工程表との関係は，縦線を記入すると流れが明確になり，不適当な工程も把握しやすい

工種＼月次	1	2	3	4	5	6	7	8	9
	着工 ▽			地下躯体完了 ▽				躯体完了 ▽	
仮設工事	準備	乗入構台架け		乗入構台払し		ロングスパンエレベーター	外部足場		
土工事	山留め親杭 1次根切り	A 2次根切り	切梁払し						
杭地業工事	アースドリル杭	B							
鉄筋・型枠・コンクリート工事	捨コンクリート	基礎耐圧盤	B1F床 B1F立上り	1F立上り	2F立上り	3F立上り 4F立上り	5F立上り 6F立上り	塔屋・パラペット	防水保護

■ ネットワーク工程表

□ フリーフロート（FF）：

フリーフロート（FF）とは，ネットワーク工程表において，後続作業の最遅開始時刻にまったく影響を与えずに消費できる余裕時間のこと

□ クリティカルパス：

ネットワーク工程表で，１工程の中の作業にかかる日数が最も多い経路で，余裕日数が最も少ない

工程表

1 バーチャート工程表

バーチャートとは，作業項目や日程を横線で表した工程表のことです。近年の出題傾向は，ネットワーク工程表の出題が多いため，バーチャート工程表は，例題を通して一通り内容を確認しておきましょう。

例題

市街地での事務所ビルの建設工事における次に示す工程表に関し，次の (1) から (3) の問いに答えなさい。

なお，解答の旬日は，上旬，中旬，下旬で記述しなさい。

〔工事概要〕

用　　途：事務所

構造・規模：鉄骨造地上5階，地下1階延べ面積 3,200 m^2。ただし，地下1階は鉄骨鉄筋コンクリート造とする。

基　　礎：直接基礎（べた基礎）

山 留 め：ソイルセメント壁水平切梁工法とし，応力材の鋼材は引き抜かない。山留め壁は，地下外周壁の外型枠として兼用する。

揚　　重：鉄骨建方及びPCカーテンウォールの取付けは，クライミング式ジブクレーンで行う。

外部仕上げ：屋根はアスファルト防水の上，保護コンクリート直均し仕上げ，外壁のうち2面はスパンドレル方式の50角モザイクタイル打込みPCカーテンウォール，他の2面は工場で仕上げ済みのALCパネル。

(1) 工程表中の鉄骨工事のAおよび内装工事のBに該当する作業名をあげなさい。

工種＼月	1	2	3	4	5	6	7	8	9	10	11	12
	着工▽				地下躯体完了▽		躯体完了▽			受電▽		竣工▽
仮設工事	準備	乗入れ構台		クライミング式ジブクレーン		外部足場 ロングスパンエレベーター			仮設ゴンドラ		片付け清掃	
土工事	山留め壁 1次掘削	切梁 2次掘削										
地業工事	砂利地業・捨てコンクリート											
鉄筋・型枠 コンクリート工事			地下梁・B1F床 耐圧盤	B1F立上り・1F床		2F床 3F床	4F床 RF床 5F床	揚重機開口閉鎖	保護コンクリート			
鉄骨工事			A	B1F鉄骨建方・本締め デッキプレート敷き・頭付きスタッド溶接	地上鉄骨建方・本締め		合成耐火被覆吹付け					
内装工事									壁ボード張り 天井ボード張り	内部壁紙張り	B	
ALCパネル（外壁）工事						ALCパネル取付け						
PCカーテンウォール工事						PCカーテンウォール取付け						
建具工事							2～5Fガラス取付け	内部建具・ガラス取付け共	1F外部建具取付け 1Fガラス取付け			

(2) 作業の終了日が工程上最も不適当な作業名を工程表の中より選び，適当な工程となるように，その終了日を月次と旬日で定めなさい。

(3) 建具工事における2～5F外部建具取付けの作業工程は，未記入となっている。適当な工程となるように，その作業の開始日および終了日の期日を月次と旬日で定めなさい。

解答と解説

(1) A：アンカーボルト設置　B：床仕上げ張り

(2) 最も不適当な作業名：クライミング式ジブクレーン

終了日：8月中旬

工事概要に「PCカーテンウォールの取付けは，クライミング式ジブクレーンで行う」と記載があるため，少なくともPCカーテンウォールの取付け完了まではクライミング式ジブクレーンは必要です。

(3) 開始日：7月下旬　終了日：8月中旬

2～5F外部建具取付けは，PCカーテンウォール，ALCパネル取付けの工程と関連します。

各工事と工程表との関係
各工事と工程表との関係は，縦線を記入すると流れが明確になり，不適当な工程も把握しやすいです。

最早開始時刻（EST）
作業を最も早く開始できる時刻のこと。

最早終了時刻（EFT）
作業を最も早く終了できる時刻のこと。

最遅終了時刻（LFT）
作業を最も遅く終了できる時刻のこと。

最遅開始時刻（LST）
作業を最も遅く開始できる時刻のこと。

2 ネットワーク工程表

作業の流れと工期を網目状の図で表すもので，矢印（アクティビティ）で作業を表し，丸印（イベント）で作業の開始や終了などの区切りを表します。

近年，ネットワーク工程表の出題が多いため，第一次検定第3章のネットワーク工程表の箇所（P 210-215）をよく読んで，確認しておきましょう。

①ネットワーク工程表の基本事項

記号	用語	解説
○	丸印	イベント
⟶	矢印	各作業(アクティビティ)
---→	ダミー	架空作業。作業の相互関係を表す
F	フロート	作業の余裕時間
TF	トータルフロート	作業を最早開始時刻で始め，最遅終了時刻で完了する場合に生じる余裕時間のこと
FF	フリーフロート	後続作業の最遅開始時刻にまったく影響を与えないで消費できる余裕時間のこと
DF	ディペンデントフロート	後続作業に影響を及ぼす余裕時間のこと。計算式は［DF=TF−FF］
CP	クリティカルパス	最も余裕の無い最長経路で重点管理の対象

チャレンジ問題！

問1　**難**　中　易

市街地での事務所ビルの建設工事において，各階を施工量の異なるA工区とB工区に分けて工事を行うとき，右の躯体工事工程表（3階柱，4階床梁部分）に関し，次の（1）から（4）の問いに答えなさい。

工程表は作成中のもので，検査や設備関係の作業については省略している。

各作業の内容は作業内容表のとおりであり，Aで始まる作業名はA工区の作業を，Bで始まる作業名はB工区の作業を示すが，作業A2および作業B2については作業内容および担当する作業班を記載していない。

なお，各作業班は，各工区ごとに確保できているものとする。

また，各作業は一般的な手順に従って施工し，各作業班は複数の作業を同時に行わず，先行する作業が完了してから後続の作業を開始するものとする。

〔工事概要〕

用　　途：事務所

構造・規模：鉄筋コンクリート造，地下1階，地上6階，延べ面積3,200 m^2
鉄筋コンクリート製の壁はなく，階段は鉄骨造で別工程により施工する。

外　　壁：ALC パネル

(1) 作業A2および作業B2の作業内容を記述しなさい。

(2) 作業B7のフリーフロートを記入しなさい。

(3) ㊞始から㊞終までの総所要日数と，工事を令和元年10月23日（水曜日）より開始するときの工事完了日を記入しなさい。
ただし，作業休止日は，土曜日，日曜日，祝日，振替休日のほか，雨天1日とする。
なお，10月23日以降年末までの祝日は，文化の日（11月3日）と勤労感謝の日（11月23日）である。

(4) 工事着手に当たり，各作業班の手配状況を確認したところ，型枠作業班が1班しか手配できないため，1班で両工区の作業を行うこととなった。

この時に，次の記述の [　　] に当てはまる語句または数値をそれぞれ記入しなさい。

工程の見直しに当たって，型枠作業班は同じ工区の作業を続けて行うこととしたため，作業Ｂ３は，作業Ｂ２の完了後で作業 [あ] の完了後でないと開始できないこととなる。

このため，作業休止日が同じ場合，工事完了日は当初工程より暦日で [い] 日遅れることとなる。

躯体工事工程表（3階柱，4階床梁部分）

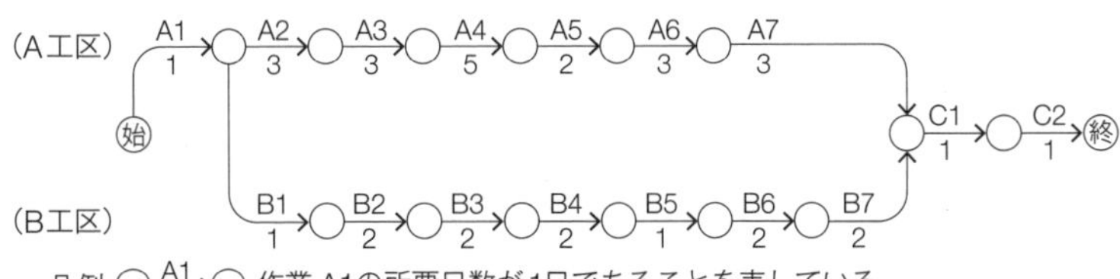

作業名	作業内容	担当する作業班
A1，B1	3階墨出し	墨出し作業班
A2，B2	[　　]	[　　]
A3，B3	柱型枠の組立て	型枠作業班
A4，B4	梁型枠の組立て（梁下支保工を含む）	型枠作業班
A5，B5	フラットデッキの敷設	型枠作業班
A6，B6	梁の配筋	鉄筋作業班
A7，B7	床の配筋	鉄筋作業班
C1	清掃及び打込み準備（A工区及びB工区）	清掃準備作業班
C2	コンクリート打込み（A工区及びB工区）	打込み作業班

解答

(1) 作業内容：柱の配筋

(2) 7日

(3) 総所要日数：22日，工事完了日：11月25日

(4) あ：A5，い：3日

第2章 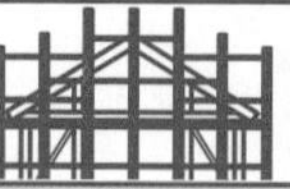 施工全般

CASE 5 法規

まとめ & 丸暗記　この節の学習内容とまとめ

■ 建設業法

□ 主任技術者及び監理技術者の職務等（第26条の4第1項）：

主任技術者及び監理技術者は，工事現場における建設工事を適正に実施するため，当該建設工事の施工計画の作成，工程管理，品質管理その他の技術上の管理及び当該建設工事の施工に従事する者の技術上の指導監督の職務を誠実に行わなければならない

■ 建築基準法施行令

□ 仮囲い（第136条の2の20）：

木造の建築物で高さが13 m若しくは軒の高さが9 mを超えるもの又は木造以外の建築物で2以上の階数を有するものについて，建築，修繕，模様替又は除却のための工事を行う場合においては，工事期間中工事現場の周囲にその地盤面（その地盤面が工事現場の周辺の地盤面より低い場合においては，工事現場の周辺の地盤面）からの高さが1.8 m以上の板塀その他これに類する仮囲いを設けなければならない

■ 労働安全衛生法

□ 元方事業者の講ずべき措置等（第29条の2）：

建設業に属する事業の元方事業者は，土砂等が崩壊するおそれのある場所，機械等が転倒するおそれのある場所その他の厚生労働省令で定める場所において関係請負人の労働者が当該事業の仕事の作業を行うときは，当該関係請負人が講ずべき当該場所に係る危険を防止するための措置が適正に講ぜられるように，技術上の指導その他の必要な措置を講じなければならない

法規

1 建設業法

建設業法の中から，元請負人の下請負人に対する義務，検査および引渡しなど，建設業法第24条，第26条を中心に穴埋め式や記述式で出題されています。以下の条文全体を確認しましょう。過去に出題された用語には［　　］で囲みをしています。

①建設工事の見積り等（第20条第１項・２項）

建設業者は，建設工事の［請負契約］を締結するに際して，工事内容に応じ，工事の種別ごとの［材料費］，労務費その他の［経費］の内訳を明らかにして，建設工事の見積りを行うよう努めなければならない。

建設業者は，建設工事の［注文者］から請求があったときは，請負契約が成立するまでの間に，建設工事の見積書を交付しなければならない。

②検査及び引渡し（第24条の４第１項・２項）

元請負人は，下請負人からその請け負った建設工事が完成した旨の［通知］を受けたときは，当該［通知］を受けた日から［20］日以内で，かつ，できる限り短い期間内に，その完成を確認するための［検査］を完了しなければならない。

元請負人は，検査によって建設工事の完成を確認した後，下請負人が申し出たときは，直ちに，当該建設工事の目的物の引渡しを受けなければならない。ただし，［下請契約］において定められた工事完成の時期から［20］日を経過した日以前の一定の日に引渡しを受ける旨の特約がされている場合には，この限りでない。

付帯工事
建設業者は，許可を受けた建設業に係る建設工事を請け負う場合においては，当該建設工事に付帯する他の建設業に係る建設工事を請け負うことができます。

現場代理人の選任等に関する通知
請負人は，請負契約の履行に関し工事現場に現場代理人を置く場合においては，当該現場代理人の権限に関する事項および当該現場代理人の行為についての注文者の請負人に対する意見の申出の方法（第3項において「現場代理人に関する事項」という）を，書面により注文者に通知しなければいけません。

下請負人の変更請求
注文者は，請負人に対して，建設工事の施工につき著しく不適当と認められる下請負人があるときは，その変更を請求することができます。ただし，あらかじめ注文者の書面による承諾を得て選定した下請負人については，この限りではありません。

③下請負人に対する特定建設業者の指導等（第24条の7第1項・2項）

発注者から直接建設工事を請け負った特定建設業者は，当該建設工事の下請負人が，その下請負に係る建設工事の施工に関し，この法律の規定又は建設工事の施工若しくは建設工事に従事する［労働者］の使用に関する法令の規定で政令で定めるものに違反しないよう，当該下請負人の［指導］に努めるものとする。

前述の特定建設業者は，その請け負った建設工事の下請負人である建設業を営む者が同項に規定する規定に違反していると認めたときは，当該建設業を営む者に対し，当該違反している事実を指摘して，その［是正］を求めるように努めるものとする。

④施工体制台帳及び施工体系図の作成等（第24条の8第4項）

特定建設業者は，国土交通省令で定めるところにより，当該建設工事における各下請負人の施工の［分担］関係を表示した［施工体系図］を作成し，これを当該工事現場の見やすい場所に掲げなければならない。

⑤主任技術者及び監理技術者の職務等（第26条の4第1項）

主任技術者及び［監理技術者］は，工事現場における建設工事を適正に実施するため，当該建設工事の［施工計画］の作成，［工程管理］，［品質管理］その他の技術上の管理及び当該建設工事の施工に従事する者の技術上の［指導監督］の職務を誠実に行わなければならない。

2 建築基準法施行令

建築基準法の中から，仮囲い，危害の防止など，建築基準法施行令第136条を中心に穴埋め式で出題されています。以下の条文全体を確認しましょう。

①仮囲い（第136条の2の20）

木造の建築物で高さが13 m若しくは［軒の高さ］が9 mを超えるもの又は木造以外の建築物で［2］以上の階数を有するものについて，建築，修繕，模様替又は除却のための工事を行う場合においては，工事期間中工事現場の周囲にその地盤面（その地盤面が工事現場の周辺の地盤面より［低い］場合においては，工事現場の周辺の地盤面）からの高さが 1.8 m 以上の板塀その他これに類する仮囲いを設けなければならない。ただし，これらと同等以上の効力を有する他の囲いがある場合又は工事現場の周辺若しくは工事の状況により危害防止上支障がない場合においては，この限りでない。

②根切り工事，山留め工事等を行う場合の危害の防止（第136条の3第6項）

建築工事等における根切り及び山留めについては，その工事の施工中必要に応じて点検を行ない，山留めを補強し，排水 を適当に行なう等これを安全な状態に維持するための措置を講ずるとともに，矢板等の抜取りに際しては，周辺の地盤の 沈下 による危害を防止するための措置を講じなければならない。

③落下物に対する防護（第136条の5第2項）

建築工事等を行なう場合において，建築のための工事をする部分が工事現場の境界線から水平距離が 5 m以内で，かつ，地盤面から高さが 7 m以上にあるとき，その他はつり，除却，外壁の修繕等に伴う落下物によって工事現場の周辺に危害を生ずるおそれがあるときは，国土交通大臣の定める基準に従って，工事現場の周囲その他危害防止上必要な部分を 鉄網 又は 帆布 でおおう等落下物による危害を防止するための措置を講じなければならない。

④建て方（第136条の6第1項）

建築物の建て方を行なうに当たっては，仮筋かい を取り付ける等荷重又は外力による 倒壊 を防止するための措置を講じなければならない。

特定建設業者の下請代金の支払期日等

特定建設業者が注文者となった下請契約における下請代金の支払期日は，下請負人からその請け負った建設工事の完成した旨の通知を受け，検査によって建設工事の完成を確認した後，下請負人が当該建設工事の引渡しを申し出た日から起算して50日を経過する日以前において，かつ，できる限り短い期間内において定められなければいけません。

施工体制台帳及び施工体系図の作成等

特定建設業者は，発注者から直接建設工事を請け負った場合において，当該建設工事を施工するために締結した下請契約の請負代金の額が政令で定める金額以上になるときは，建設工事の適正な施工を確保するため，施工体制台帳を作成し，工事現場ごとに備え置かなければいけません。

3 労働安全衛生法

労働安全衛生法の中から，事業者等の責務，元方事業者の講ずべき措置等，特定元方事業者等の講ずべき措置など，限られた範囲から穴埋め式で出題されています。以下の条文全体を確認しましょう。

①元方事業者の講ずべき措置等（第29条の2）

建設業に属する事業の 元方 事業者は，土砂等が崩壊するおそれのある場所，機械等が転倒するおそれのある場所その他の厚生労働省令で定める場所において 関係請負人 の労働者が当該事業の仕事の作業を行うときは，当該 関係請負人 が講ずべき当該場所に係る危険を防止するための措置が適正に講ぜられるように， 技術 上の 指導 その他の必要な措置を講じなければならない。

②特定元方事業者等の講ずべき措置（第30条第1項）

特定元方事業者は，その労働者及び関係請負人の労働者の作業が 同一 の場所において行われることによって生ずる 労働災害 を防止するため， 協議組織 の設置及び運営を行うこと，作業間の連絡及び調整を行うこと，作業場所を巡視すること，関係請負人が行う労働者の安全又は衛生のための教育に対する指導及び援助を行うこと等に関する必要な措置を講じなければならない。

③安全衛生教育（60条第1項）

事業者は，その事業場の業種が政令で定めるものに該当するときは，新たに職務につくこととなった職長その他の作業中の労働者を直接 指導 又は監督する者（作業主任者を除く。）に対し，次の事項について，厚生労働省令で定めるところにより，安全又は衛生のための教育を行わなければならない。

一　作業方法の決定及び労働者の 配置 に関すること

二　労働者に対する 指導 又は監督の方法に関すること

三　前二号に掲げるもののほか， 労働災害 を防止するため必要な事項で，厚生労働省令で定めるもの

チャレンジ問題！

問1

難　中　易

次の（1）から（3）の問いに答えなさい。

(1)「建設業法」に基づく元請負人の義務に関する次の文章において，[ ] にあてはまる語句を記述しなさい。
特定建設業者は，国土交通省令で定めるところにより，当該建設工事における各下請負人の施工の [①] 関係を表示した [②] を作成し，これを当該工事現場の見やすい場所に掲げなければならない。

(2)「建築基準法施行令」に基づく工事現場の危害の防止に関する次の文章において，[ ] にあてはまる語句を記述しなさい。
建築工事等における根切り及び山留めについては，その工事の施工中必要に応じて点検を行ない，山留めを補強し，[③] を適当に行なう等これを安全な状態に維持するための措置を講ずるとともに，矢板等の抜取りに際しては，周辺の地盤の [④] による危害を防止するための措置を講じなければならない。

(3)「労働安全衛生法」に基づく労働者の就業に当たっての措置に関する次の文章において，[ ] にあてはまる語句を記述しなさい。
事業者は，その事業場の業種が政令で定めるものに該当するときは，新たに職務につくこととなった職長その他の作業中の労働者を直接 [⑤] 又は監督する者（作業主任者を除く。）に対し，次の事項について，厚生労働省令で定めるところにより，安全又は衛生のための教育を行わなければならない。
一　作業方法の決定及び労働者の配置に関すること
二　労働者に対する [⑤] 又は監督の方法に関すること
三　前二号に掲げるもののほか，[⑥] を防止するため必要な事項で，厚生労働省令で定めるもの

解答

①分担　②施工体系図　③排水　④沈下　⑤指導　⑥労働災害

第二次検定

練習問題

練習問題（第二次検定）

第1章　施工経験記述

問1

建築工事における品質確保は，建築物の長寿命化を実現するために重要である。このため，施工者は，発注者のニーズおよび設計図書等を把握し，決められた工期やコスト等の条件の下で適切に品質管理を行うことが求められる。

あなたが経験した建築工事のうち，発注者および設計図書等により要求された品質を確保するため，重点的に品質管理を行った工事を1つ選び，工事概要を具体的に記述したうえで，次の（1）および（2）の問いに答えなさい。

なお，建築工事とは，建築基準法に定める建築物に係る工事とし，建築設備工事を除くものとする。

［工事概要］

イ．工事名

ロ．工事場所

ハ．工事の内容

新築等の場合：建物用途，構造，階数，延べ面積または施工数量，主な外部仕上げ，主要室の内部仕上げ

改修等の場合：建物用途，建物規模，主な改修内容および施工数量

ニ．工期等

（工期または工事に従事した期間を年号または西暦で年月まで記入）

ホ．あなたの立場

ヘ．あなたの業務内容

(1) 工事概要であげた工事で，あなたが現場で重点をおいて実施した品質管理の事例を2つあげ，次の①から④について具体的に記述しなさい。

ただし，2つの事例の②から④は，それぞれ異なる内容を記述するものとする。

① 工種名

② 施工に当たっての品質の目標およびそれを達成するために定めた重点品質管理項目

③ ②の重点品質管理項目を定めた理由および発生を予測した欠陥または不具合

④ ②の重点品質管理項目について，実施した内容およびその確認方法または検査方法

(2) 工事概要にあげた工事にかかわらず，あなたの今日までの工事経験を踏まえて，現場で行う組織的な品質管理活動について，次の①，②を具体的に記述しなさい。ただし，(1) ④と同じ内容の記述は不可とする。

① 品質管理活動の内容およびそれを協力会社等に伝達する手段または方法

② 品質管理活動によってもたらされるよい影響

解答例

品質管理を行った工事

イ	工事名	○○○マンション新築工事
ロ	工事場所	○○県○○市○○町○丁目○−○
ハ	工事の内容	共同住宅，RC造，地上6階建，延べ面積4,850 m^2 外壁：磁器タイル張り，内部床：ビニルシート張り，壁および天井：PB下地の上ビニルクロス張り
ニ	工期等	20○○年4月～20○○年3月
ホ	あなたの立場	現場代理人
ヘ	あなたの業務内容	建築工事の施工管理

(1) 品質管理の事例

事例1	①	工種名	外壁タイル工事
	②	品質の目標および重点品質管理項目	**品質の目標**：竣工後の外壁タイルの剥落防止。 **重点品質管理項目**：張付けモルタルの乾燥防止。
	③	②の重点品質管理項目を定めた理由および発生を予測した欠陥または不具合	**重点品質管理項目を定めた理由**：張付けモルタルが乾燥すると，接着力が低下するため。 **発生を予測した欠陥または不具合**：外壁タイルの剥落。
	④	②の重点品質管理項目について，実施した内容およびその確認方法または検査方法	**実施した内容**：下地面に対する張付けモルタルの1回の塗付け面積は，$2m^2$以内とし，混練りから施工完了まで60分以内で使用した。 **確認方法または検査方法**：チェックリストに施工した記録・施工の困難な箇所の施工写真を撮って記録した。

事例2	①	工種名	防水工事
	②	品質の目標および重点品質管理項目	**品質の目標**：屋上アスファルト防水の漏水防止。 **重点品質管理項目**：コンクリート下地面の凹凸や汚れをなくすこと，下地の十分な乾燥を確認すること。
	③	②の重点品質管理項目を定めた理由および発生を予測した欠陥または不具合	**重点品質管理項目を定めた理由**：コンクリート下地の凹凸や番線などの突起物，汚れおよび不十分な乾燥によるふくれの発生が防水層の破損の原因になるため。 **発生を予測した欠陥または不具合**：防水層のふくれの破損による漏水。
	④	②の重点品質管理項目について，実施した内容およびその確認方法または検査方法	**重点品質管理項目について実施した内容**：下地の凹凸や突起物等については目視で確認し，乾燥状態については高周波水分計により含水率を確認した。 **確認方法または検査方法**：確認項目についてチェックリストに記録した。

(2) 組織的な品質管理活動

①	品質管理活動の内容および協力会社等に伝達する手段または方法	各種工事に関する施工計画書を作成し，品質管理項目，要求品質，実施すべき内容を規定し，施工着手前には品質管理にかかわる会議を行い協力会社にその内容の伝達を徹底する。
②	品質管理活動によってもたらされるよい影響	具体的な作業内容，検査を標準化することにより，品質を一定レベル以上に保つことができる。

第2章 施工全般

問 1

次の（1）から（3）の建築工事における仮設物の設置を計画するに当たり，留意および検討すべき事項を2つ具体的に記述しなさい。

ただし，解答はそれぞれ異なる内容の記述とし，申請手続，届出および運用管理に関する記述は除くものとする。また，使用資機材に不良品はないものとする。

(1) 仮設ゴンドラ

(2) 場内仮設事務所

(3) 工事ゲート

解答例

(1)	仮設ゴンドラの吊り元は，事前調査により強度と安全性を確認した固定方法を採用する。
	仮設ゴンドラの機種の選定については，建物の大きさや形状，作業内容，使用現場の特性などに合わせて適切な機種を選定する。
(2)	仮設事務所の配置は，工事に支障のない位置で，作業員や資材等の出入りなどが見渡せる場所に設置するよう留意する。
	仮設事務所位置は，電力や給排水などが引き込みやすい建物周辺道路に近接した場所に配置する。
(3)	工事ゲートは，搬入を計画する車両が無理なく道路から進入可能な幅，有効高さは，車両限界高さの3.8 mを超える高さを確保することに留意する。
	工事ゲートとして，安全な車両の出入り，歩行者の安全確保に加え，侵入者防止に留意しつつ，強風などに対しても安全な強度を備えた構造を持つよう検討する。

問2

市街地での事務所ビルの新築工事において，各階を施工数量の異なるA工区とB工区に分けて工事を行うとき，右の躯体工事工程表（基準階の柱，上階の床，梁部分）に関し，次の（1）から（4）の問いに答えなさい。

工程表は検討中のもので，型枠工10人，鉄筋工6人をそれぞれ半数ずつの2班に割り振り，両工区の施工を同時に進める計画とした。

各作業班の作業内容は作業内容表のとおりであり，Aで始まる作業名はA工区の作業を，Bで始まる作業名はB工区の作業を，Cで始まる作業名は両工区同時に行う作業を示すが，作業A4，B4および作業A8，B8については作業内容を記載していない。

各作業は一般的な手順に従って施工されるものとし，検査や設備関係の作業については省略している。

なお，安全上の観点から鉄筋工事と型枠工事の同時施工は避け，作業A3，B3および作業A7，B7はA，B両工区の前工程が両方とも完了してから作業を行うこととする。

［工事概要］

用途：事務所

構造・規模：鉄筋コンクリート造，地上6階，塔屋1階，延べ面積3,000 m^2

階段は鉄骨造で，別工程により施工する。

(1) 作業A4，B4およびA8，B8の作業内容を記述しなさい。

(2) 作業B6のフリーフロートを記入しなさい。

(3) 次の記述の［　　］に当てはまる数値をそれぞれ記入しなさい。

A工区とB工区の施工数量の違いから，各作業に必要な総人数に差のある作業A1，B1から作業A4，B4までについて，最も効率のよい作業員の割振りに変え，所要日数の短縮を図ることとした。

ただし，一作業の1日当たりの最少人数は2人とし，一作業の途中での人数の変更はないものとする。

このとき，変更後の1日当たりの人数は，作業A1は2人，作業B1は4人に，作業A2は4人，作業B2は2人に，作業A3の人数は［あ］人となり，作業A4の人数は［い］人となる。

(4) (3) で求めた，作業A1，B1から作業A4，B4の工事ごと，工区ごとの割振り人数としたとき，(始)から(終)までの総所要日数を記入しなさい。

躯体工事工程表（基準階の柱，上階の床，梁部分）

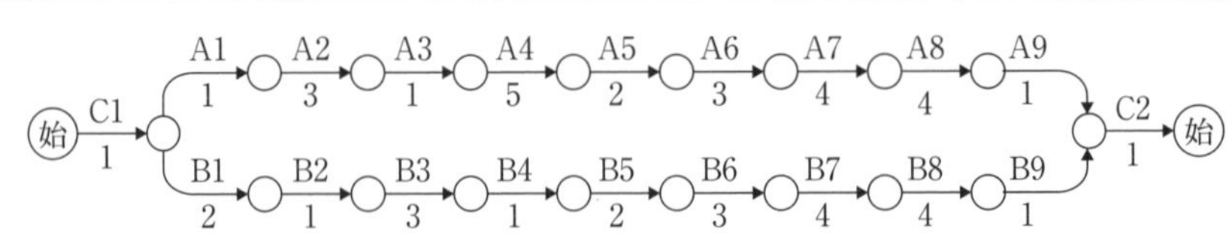

※ 凡例 ○—B1/2→○：作業B1の所要日数が2日であることを表している。

なお，工程表にダミー線は記載していない。

作業名	作業員（人）	所要日数（日）	必要総人数（人）	作業内容
C1	2	1	2	墨出し
A1	3	1	2	柱 配筋　※1
B1	3	2	4	
A2	3	3	8	壁配筋
B2	3	1	2	
A3	5	1	5	柱 型枠建込み
B3	5	3	14	
A4	5	5	24	□
B4	5	1	5	
A5	5	2	10	梁型枠組立て
B5	5	2	10	
A6	5	3	15	床型枠組立て
B6	5	3	15	
A7	3	4	12	梁配筋　※1
B7	3	4	12	
A8	3	4	12	□
B8	3	4	12	
A9	5	1	5	段差，立上り型枠建込み
B9	5	1	5	
C2	2（台）	1	2（台）	コンクリート打込み

※1：圧接は，配筋作業に合わせ別途作業員にて施工する。

検討用

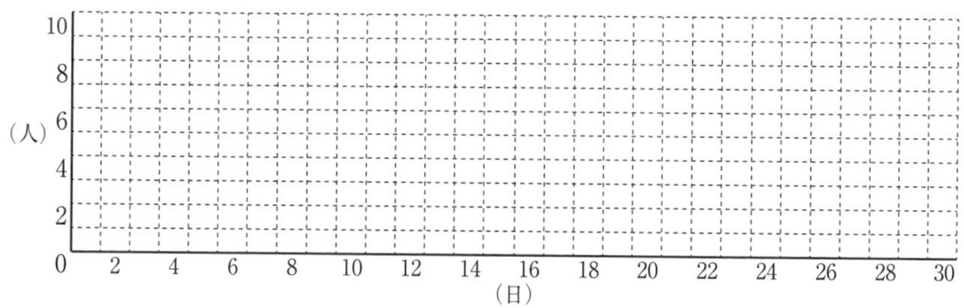

解説

(1) 作業A4，B4およびA8，B8の作業内容

作業A4，B4	作業A8，B8
壁型枠建込み	床配筋

(2) 作業B6のフリーフロート

2日

フリーフロートとは，作業が遅れた場合でも，次の作業に影響しない日数を指します。

作業A3，B3および作業A7，B7はA，B両工区の前工程が両方とも完了してから作業を行う必要があるため，その前のA2とB2を確認すると，A2が5日，B2が4日となり，A3とB3は5日目から作業開始となります。

続いて，A6は16日目，B6は11＋3＝14日となり，それぞれを引くと，16日－14日＝2日。よってフリーフロートは2日となります。

(3) 当てはまる数値

作業A3の人数　あ	3
作業A4の人数　い	8

当初検討中の山積み工程表

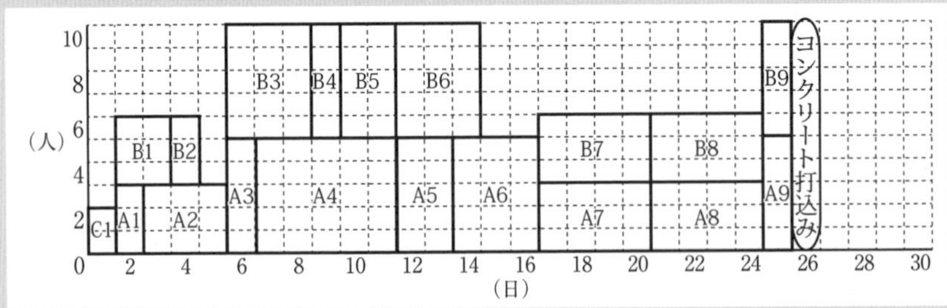

型枠工10人，鉄筋工6人が，最大1日で割り振れる作業員の人数です。そのうえで，最も効率のよい作業員の割振り，所要日数の短縮を考えます。

・作業名A1の変更後（必要総人数2人）
　作業員：3人 → 2人
　所要日数：1日→1日
・作業名B1の変更後（必要総人数4人）
　作業員：3人 → 4人
　所要日数：2日→1日
・作業名A2の変更後（必要総人数8人）
　作業員：3人 → 4人
　所要日数：3日→2日
・作業名B2の変更後（必要総人数2人）
　作業員：3人 → 2人
　所要日数：1日→1日

先に必要総人数の多いB3から検討します。

・作業名B3の変更後（必要総人数14人）

作業員：5人 → 7人

所要日数：3日→2日

・作業名A3の変更後（必要総人数5人）

作業員：5人 → 3人

所要日数：1日→2日

※型枠工10人であるから，A3＝10－7＝最大3人となります。

・作業名A4の変更後（必要総人数24人）

作業員：5人 → 8人

所要日数：5日→3日

・作業名B4の変更後（必要総人数5人）

作業員：5人 → 2人

所要日数：1日→3日

※型枠工10人であるから，B4＝10－8＝最大2人となります。

作業名A5～A9，B5～B9はそれぞれ同じ作業人数，所要日数等です。

(4) 所要日数の短縮後の山積み工程表

始から終までの総所要日数	24日

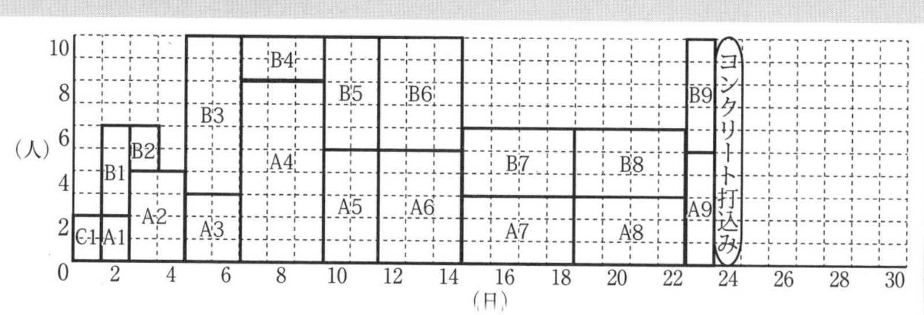

よって，総所要日数は24日となります。

問3

次の（1）から（4）の問いに答えなさい。

ただし，解答はそれぞれ異なる内容の記述とし，材料（仕様，品質，運搬，保管等），作業環境（騒音，振動，気象条件等）および作業員の安全に関する記述は除くものとする。

(1) 杭工事において，既製コンクリート杭の埋込み工法の施工上の留意事項を２つ，具体的に記述しなさい。ただし，養生に関する記述は除くものとする。

解答例

(1)	杭の建込みは，掘削孔壁が崩壊することがないように，安定液を用いながら杭心に合わせて鉛直に行い，アースオーガーが支持層に達した後，根固め液および杭周固定液を注入しながらアースオーガーを引き抜く。
	杭の施工精度は，傾斜$\frac{1}{100}$以内とし，杭心ずれ量は杭径の$\frac{1}{4}$，かつ100 mm以下とする。

(2) 型枠工事において，柱または梁型枠の加工，組立ての施工上の留意事項を２つ，具体的に記述しなさい。ただし，基礎梁および型枠支保工に関する記述は除くものとする。

解答例

(2)	柱型枠建込み前に柱脚部の清掃，水洗いなどを行う。建込み後には，ごみなどが入らない処置をとり，下部に掃除口を設ける。
	型枠内に配管，埋込み金物などがある場合は，構造耐力上支障のない位置に配置し，コンクリート打設時に外れないよう堅固に取り付ける。

(3) コンクリート工事において，コンクリート打込み後の養生に関する施工上の留意事項を２つ，具体的に記述しなさい。

なお，コンクリートに使用するセメントは普通ポルトランドセメントとし，計画供用期間の級は標準とする。

解答例

(3)	コンクリート打込み中と，打込み後5日間はコンクリート温度が2℃を下らないように養生する。
	冬期等で著しく気温が低い場合は，打込み後のコンクリートが凍結しないように保温・採暖をする。

(4) 鉄骨工事において，トルシア形高力ボルトの締付けに関する施工上の留意事項を2つ，具体的に記述しなさい。
ただし，締付け器具に関する記述は除くものとする。

解答例

(4)	トルシア形高力ボルトの本締めは専用のレンチを用いて，締付け完了後の検査は，すべてのボルトについてピンテールが破断されていることを確認し，一次締付け後のマーキングのずれを調べる。
	ナット回転量による締付け完了後の検査は，一次締め後の本締めによるナット回転量が120度±30度の範囲にあるものを合格とする。

問4

次の (1) から (8) の各記述において，ⓐからⓔの下線部のうち最も不適当な語句または数値とそれに替わる適当な語句または数値との組合せを，下の①～⑤の内から1つ選びなさい。

(1) 改質アスファルトシート防水常温粘着工法・断熱露出仕様の場合，立上り際の風によるⓐ 負圧は平場の一般部より大きくなるため，断熱材の上が絶縁工法となる立上り際の平場部の幅ⓑ 300mm程度は，防水層のⓒ 1層目に粘着層付改質アスファルトシートを張り付ける。

なお，ⓓ 入隅部では立上りにⓔ 100mm程度立ち上げて，浮きや口あきが生じないように張り付ける。

① ⓐ-正　② ⓑ-500　③ ⓒ- 2　④ ⓓ-出隅　⑤ ⓔ-150

解説

立上がり際の風による負圧は平場の一般部より大きくなるため，立上がり際の幅500 mm程度は，防水層の１層目に粘着層付改質アスファルトシートを張り付けます。 ▶解答 ②

(2) セメントモルタルによるタイル張りにおいて，まぐさ，庇先端ⓐ 下部など剥落のおそれが大きい箇所にⓑ 小口タイル以上の大きさのタイルを張る場合，径がⓒ 0.6mm以上のなましⓓ 鉄線を剥落防止用引金物として張付けモルタルに塗り込み，必要に応じて，受木を添えてⓔ 24時間以上支持する。

① ⓐ-見付　② ⓑ-モザイク　③ ⓒ-0.4
④ ⓓ-ステンレス　⑤ ⓔ-72

解説

まぐさおよび庇先端下部に小口タイル以上の大きさのタイルを張る場合は，径が0.6 mm以上のなましステンレス線をモルタルに塗り込み，必要に応じて，受木を添えて24時間以上支持します。 ▶解答 ④

(3) 長尺金属板葺の下葺のアスファルトルーフィングは軒先とⓐ 平行に敷き込み，軒先から順次棟へ向かって張り，隣接するルーフィングとの重ね幅は，流れ方向（上下）はⓑ 100mm以上，長手方向（左右）はⓒ 150mm以上重ね合わせる。

金属板を折曲げ加工する場合，塗装またはめっきおよび地肌に亀裂が生じないよう切れ目をⓓ 入れないで折り曲げる。金属板を小はぜ掛けとする場合は，はぜの折返し寸法と角度に注意し，小はぜ内に３～６ mm程度の隙間を設けて毛細管現象によるⓔ 雨水の浸入を防ぐようにする。

① ⓐ-垂直　② ⓑ-200　③ ⓒ-200
④ ⓓ-入れて　⑤ ⓔ-風

解説

長尺金属板葺の下葺のアスファルトルーフィングは軒先と平行に敷き込み，軒先から順次棟へ向かって張り，隣接するルーフィングとの重ね幅は，流れ方向（上下）は100 mm以上，長手方向（左右）は200 mm以上重ね合わせます。

長尺金属板を現場等で折り曲げる場合は，地肌に亀裂が生じないように十分曲げ半径を取り，切れ目を入れずに塗装，めっきを行います。 ▶解答 ③

(4) 内装の床張物下地をセルフレベリング材塗りとする場合，ⓐ 軟度を一定に練り上げたセルフレベリング材を，レベルに合わせて流し込む。流し込み中はできる限り通風をⓑ 良くして作業を行う。

施工後の養生期間は，常温で ⓒ 7日以上，冬期間は ⓓ 14日以上とし，施工場所の気温がⓔ 5℃以下の場合は施工しない。

① ⓐ-硬　② ⓑ-避けて　③ ⓒ-3　④ ⓓ-28　⑤ ⓔ-3

解説

セルフレベリング材が硬化する前に風が当たると，表層部分だけが動いて硬化後にしわが発生する場合があります。したがって，流し込み作業中はできる限り通風を避けて，施工後もセルフレベリング材が硬化するまでは，はなはだしい通風は避けます。 ▶解答 ②

(5) PCカーテンウォールの ⓐ ファスナー方式には，ロッキング方式，スウェイ方式がある。

ロッキング方式はPCパネルを ⓑ 回転させることにより，また，スウェイ方式は上部，下部ファスナーのⓒ 両方をルーズホールなどでⓓ 滑らせることにより，PCカーテンウォールをⓔ 層間変位に追従させるものである。

① ⓐ-取付　② ⓑ-滑らせる　③ ⓒ-どちらか

④ ⓓ-回転させる　⑤ ⓔ-地震

解説

ロッキング方式はPCパネルを回転させることにより，また，スウェイ方式は上部，下部ファスナーのどちらかをルーズホールなどで滑らせることにより，PCカーテンウォールを層間変位に追従させるものです。 ▶解答 ③

(6) 塗装工事における研磨紙ずりは，素地の汚れや錆，下地に付着しているⓐ 塵埃を取り除いて素地や下地をⓑ 粗面にし，かつ，次工程で適用する塗装材料のⓒ 付着性を確保するための足掛かりをつくり，ⓓ 仕上りを良くするために行う。

研磨紙ずりは，下層塗膜が十分 ⓔ 乾燥した後に行い，塗膜を過度に研がないようにする。

① ⓐ-油分　② ⓑ-平滑　③ ⓒ-作業
④ ⓓ-付着　⑤ ⓔ-硬化

解説

塗装工事における研磨紙ずりは，素地の汚れや錆，下地に付着している塵埃を取り除いて素地や下地を平滑にし，かつ，次工程で適用する塗装材料の付着性を確保するための足掛かりをつくり，仕上りをよくするために行います。 ▶解答 ②

(7) 居室の壁紙施工において，壁紙および壁紙施工用ⓐ でん粉系接着剤のⓑ ホルムアルデヒド放散量は，一般に，Fⓒ ☆☆☆☆としている。また，防火材の認定の表示は防火製品表示ⓓ ラベルを1区分（1室）ごとにⓔ 1枚以上張り付けて表示する。

① ⓐ-溶剤　②ⓑ-シンナー　③ ⓒ-☆☆☆
④ ⓓ-シール　⑤ ⓔ-2

解説

居室の壁紙施工において，壁紙および壁紙施工用でん粉系接着剤のホルムアルデヒド放散量は，一般に，F☆☆☆☆としています。現場施工後の防火材料の表示については各室またはこれに準ずる用途上の区分ごとに少なくとも2か所以上に表示マークを付する必要があります。 ▶解答 ⑤

(8) コンクリート打放し仕上げ外壁のひび割れ部の改修における樹脂注入工法は，外壁のひび割れ幅が0.2mm以上ⓐ 2.0mm以下の場合に主に適用され，シール工法やⓑ Uカットシール材充填工法に比べⓒ 耐久性が期待できる工法である。

挙動のあるひび割れ部の注入に用いるエポキシ樹脂の種類は，ⓓ 軟質形とし，粘性による区分がⓔ 低粘度形または中粘度形とする。

① ⓐ-1.0　② ⓑ-V　③ ⓒ-耐水
④ ⓓ-硬　⑤ ⓔ-高

解説

コンクリート打放し仕上げ外壁のひび割れ部の改修における樹脂注入工法は，ひび割れ幅が0.2 mm以上 1.0 mm以下の場合に主に適用されます。

▶解答 ①

問5

次の(1)から(3)の各法文において，[　　]に当てはまる正しい語句を，下の該当する枠内から1つ選びなさい。

(1) 建設業法（請負契約とみなす場合）

第24条　委託その他いかなる[ア]をもってするかを問わず，[イ]を得て建設工事の完成を目的として締結する契約は，建設工事の請負契約とみなして，この法律の規定を適用する。

ア	① 業務	② 許可	③ 立場	④ 名義	⑤ 資格
イ	① 報酬	② 利益	③ 許可	④ 承認	⑤ 信用

解説

各法文のとおりです。　▶解答　ア④　イ①

(2) 建築基準法施行令（建て方）

第136条の6　建築物の建て方を行なうに当たっては，仮筋かいを取り付ける等荷重又は外力による[ウ]を防止するための措置を講じなければならない。

2　鉄骨造の建築物の建て方の[エ]は，荷重及び外力に対して安全なものとしなければならない。

ウ	① 事故	② 災害	③ 変形	④ 傾倒	⑤ 倒壊
エ	① ワイヤロープ	② 仮筋かい	③ 仮締	④ 本締	⑤ 手順

解説

各法文のとおりです。　▶解答　ウ⑤　エ③

(3) 労働安全衛生法（元方事業者の講ずべき措置等）

第29条　元方事業者は，関係請負人及び関係請負人の労働者が，当該仕事に関し，この法律又はこれに基づく命令の規定に違反しないよう必要な[オ]を行なわなければならない。

2　元方事業者は，関係請負人又は関係請負人の労働者が，当該仕事に関し，この法律又はこれに基づく命令の規定に違反していると認めるときは，［カ］のため必要な指示を行なわなければならない。

3（略）

オ	① 説明	② 教育	③ 指導	④ 注意喚起	⑤ 契約
カ	① 衛生	② 是正	③ 改善	④ 安全	⑤ 健康

解説

各法文のとおりです。

▶解答　オ ③　カ ②

索 引

あ行

か行

さ行

た行

な行

は行

ま行

や行

ら行

わ行

英文

●近藤岳志

株式会社ATKdesign一級建築士事務所代表取締役社長。株式会社近藤木工所取締役設計部長。公益社団法人愛媛県建築士会松山支部理事。一般社団法人愛媛県建築士事務所協会理事。株式会社環・設計工房を経て、2008年にATKdesign二級建築士事務所を設立。2011年にATKdesign一級建築士事務所に改名後，2013年に事務所を法人化し，株式会社ATKdesign一級建築士事務所とする。現在は九州産業大学建築都市工学部の非常勤講師としても活躍している。

所有している主な国家資格は，１級建築士，１級建築施工管理技士，宅地建物取引士。

１級建築施工（きゅうけんちくせこう）　超速（ちょうそく）マスター　［第２版］

2021年４月１日　初　版　第１刷発行
2024年２月23日　第２版　第１刷発行

著　者	近藤岳志
発行者	多田敏男
発行所	TAC株式会社　出版事業部（TAC出版）
	〒101-8383　東京都千代田区神田三崎町3-2-18 電話03(5276)9492（営業） FAX 03(5276)9674 https://shuppan.tac-school.co.jp
組　版	株式会社　エディポック
印　刷	今家印刷　株式会社
製　本	東京美術紙工協業組合

ISBN 978-4-300-10591-7
N. D. C. 525

書籍の正誤に関するご確認とお問合せについて

書籍の記載内容に誤りではないかと思われる箇所がございましたら、以下の手順にてご確認とお問合せをしてくださいますよう、お願い申し上げます。
なお、正誤のお問合せ以外の**書籍内容に関する解説および受験指導などは、一切行っておりません。**
そのようなお問合せにつきましては、お答えいたしかねますので、あらかじめご了承ください。

1 「Cyber Book Store」にて正誤表を確認する

TAC出版書籍販売サイト「Cyber Book Store」のトップページ内「正誤表」コーナーにて、正誤表をご確認ください。

CYBER BOOK STORE TAC出版書籍販売サイト

URL:https://bookstore.tac-school.co.jp/

2 1の正誤表がない、あるいは正誤表に該当箇所の記載がない ⇒ 下記①、②のどちらかの方法で文書にて問合せをする

★ご注意ください★

お電話でのお問合せは、お受けいたしません。
①、②のどちらの方法でも、お問合せの際には、「お名前」とともに、
「対象の書籍名(○級・第○回対策も含む)およびその版数(第○版・○○年度版など)」
「お問合せ該当箇所の頁数と行数」
「誤りと思われる記載」
「正しいとお考えになる記載とその根拠」
を明記してください。
なお、回答までに1週間前後を要する場合もございます。あらかじめご了承ください。

① ウェブページ「Cyber Book Store」内の「お問合せフォーム」より問合せをする

【お問合せフォームアドレス】

https://bookstore.tac-school.co.jp/inquiry/

② メールにより問合せをする

【メール宛先 TAC出版】

syuppan-h@tac-school.co.jp

※土日祝日はお問合せ対応をおこなっておりません。
※正誤のお問合せ対応は、該当書籍の改訂版刊行月末日までといたします。

乱丁・落丁による交換は、該当書籍の改訂版刊行月末日までといたします。なお、書籍の在庫状況等により、お受けできない場合もございます。
また、各種本試験の実施の延期、中止を理由とした本書の返品はお受けいたしません。返金もいたしかねますので、あらかじめご了承くださいますようお願い申し上げます。

(2022年7月現在)